DESIGNING AND MANAGING THE SUPPLY CHAIN
CONCEPTS, STRATEGIES, AND CASE STUDIES

供应链设计与管理
概念、战略与案例研究

Business Administration Classics
工商管理经典译丛·运营管理系列

（第4版）(FOURTH EDITION)

大卫·辛奇–利维（David Simchi-Levi）

[美] 菲利普·卡明斯基（Philip Kaminsky）　　著

伊迪斯·辛奇–利维（Edith Simchi-Levi）

邵晓峰　译

中国人民大学出版社
·北京·

译者序

当今世界各种不确定因素不断叠加，加强供应链管理已成为企业应对风险、提升效率和建立竞争优势的重要途径。大卫·辛奇-利维教授、菲利普·卡明斯基教授和伊迪斯·辛奇-利维合著的《供应链设计与管理——概念、战略与案例研究（第4版）》是一本非常出色的供应链管理著作，自初版以来，已被国内外许多大学指定为运营管理和供应链管理相关课程的教学用书。我特别荣幸地参与了从第1版到第4版的翻译工作，也见证了此书的多次修订过程。随着全球经济环境的变迁，企业界和学术界对供应链管理的关注点也在发生变化。此外，数字化、机器学习、人工智能等技术的新发展，也在改变着企业从需求计划到客户交付等业务的管理方式。顺应这些新的变化和发展趋势，第4版引入了顾客价值与供应链战略的关联、商务分析与智能定价、物联网和区块链等新技术及其对供应链的影响等新概念和理论；同时，增加了柔性、风险管理以及可持续供应链等新的章节，并对这些重要的供应链管理主题进行了深入的讨论。

本书是最具影响力的供应链管理类经典著作之一，理论与实践并重，通俗易懂，涵盖的知识点和内容非常丰富，同时包含了大量的实例和案例，向读者展现了供应链管理的全貌，非常适合作为本科生和研究生（包括MBA学员）层次的供应链管理课程教学用书，也适合运营与供应链管理领域的从业人员阅读和参考。对于想深入了解供应链管理相关基本原理与方法的人士、供应链管理领域工作的专业人士以及致力于提升供应链能力的企业，本书将是不错的选择。

本书由上海交通大学安泰经济与管理学院邵晓峰教授组织翻译，其中第1~5章由邵晓峰翻译，博士生王彤参与了第6、7、12和13章的翻译工作，博士生王建参与了第8、9、16和17章的翻译工作，博士生袁至立参与了第10、11、14和15章的翻译工作。邵晓峰负责全书的最终审校和修改以及最后的统稿。本书是团队齐心协力的结晶，也得到了中国人民大学出版社以及译者所在单位领导与同事的大力支持和帮助，在此深表感谢！此外，本书的翻译工作是在参考了第1版、第2版和第3版翻译成果的基础上完成的。在此，特别向前三版的译者季建华教授以及参与各版翻译工作的团队成员致谢！

由于译者水平有限，译稿中难免有理解和表达方面的偏差，若有不当和错误之处，敬请读者批评指正。

邵晓峰

上海交通大学安泰经济与管理学院

序

本书初版于 1999 年 8 月，在众多的供应链管理出版物中脱颖而出。尽管当时已经有一些相关书籍，在一些学术刊物、行业杂志和通俗杂志上也涌现了大量的相关文章，但是，大多数出版物要么过于技术化——令从业者和学生无法读懂，要么缺乏所涉主题应有的广度和深度。显然，很难找到一本适合商学或工程类专业学生的供应链管理著作。《供应链设计与管理——概念、战略与案例研究》这本书恰好解决了这个问题！

本书一直都是极具影响力的供应链管理书籍。它将理论分析、案例研究和实例介绍有机结合，帮助无数的企业供应链管理从业人员、研究生和本科生学习和掌握了供应链管理的实务和科学知识。这是第一本全面涵盖了供应链主题的有足够深度的书籍，书中深入探讨了供应链管理领域面临的主要挑战。本书由从事多年供应链管理研究、咨询和软件开发的学术界和业界专家编撰而成。

本书在供应链领域做出了重要的贡献，是供应链管理发展过程中的一个里程碑。第 4 版增加了供应链管理领域的新主题，新增的章节内容涉及供应链柔性、供应链风险管理和可持续供应链等。

本书包括许多经典案例研究和新案例研究，还有大量实例，深入分析了涉及库存管理、网络设计、风险和战略伙伴等方面的技术性问题。因此，本书适合作为本科生、硕士生和MBA 学员的供应链管理课程的教学用书。由于每一章都自成体系，教师可以根据课时和教学需要，选择相关章节的内容。

我非常感谢作者，感谢他们为供应链领域写出这么杰出的著作。

李效良教授
Kleiner Perkins，Mayfield，Sequoia Capital 讲席教授
斯坦福全球供应链论坛主席
斯坦福大学

前　言

本书的发展历程

本书初版于 1999 年，主要内容来源于我们在西北大学教授的供应链管理课程和经理人员培训课程，以及我们在 LogicTools 公司做的大量咨询项目和开发的供应链决策支持系统。LogicTools 公司是我们在 1995 年创立的，2009 年被 IBM 收购。

自本书初版以来，我们一直在麻省理工学院和加州大学伯克利分校讲授高级经理人课程和常规课程，并继续开发多种供应链管理决策支持工具。通过这些课程，我们产生了许多关于供应链管理的革新性的和有效的教学思想。这些项目的重点是以较容易理解的方式，介绍供应链设计、控制和运作方面比较重要的新模型和解决方案。同样，LogicTools 公司的咨询项目和决策支持系统聚焦在如何将这些新技术用于解决客户面对的具体问题上。

这些进展促使我们修订了接下来的两个版本，2002 年出版了第 2 版，2007 年出版了第 3 版，在这两个版本中，我们补充了供应链管理的新方法、模型和技术，尤其是介绍和强调了供应链整合的框架。让我们感到特别欣慰的是，这些修订获得了成功，我们从使用方、学生、经理人员和咨询师那里得到了大量的反馈。

随着企业界和学术界对供应链管理兴趣的增长，许多企业采取了准时制、精益制造、离岸生产以及多频次零售交付等策略。这些宣传过度的管理策略可能会给企业带来成本的节约，但同时也给企业带来了快速增长的供应链风险。供应链风险问题已经在 2008 年金融危机、2011 年日本福岛大地震和泰国洪灾以及 2020 年全球新冠疫情等突发事件中，得到了充分暴露。

为了分析和阐释这些新的变化，大卫·辛奇-利维在 2011 年出版了商业著作《运营规则：通过柔性运营交付顾客价值》（*Operations Rules：Delivering Customer Value through Flexible Operations*）。在该书中，大卫·辛奇-利维提出了一系列基于科学和经验的运营规则，企业管理者可以遵循这些规则，实现运营绩效的快速提升。这本著作给出了企业成功的关键因素：企业提供的价值与供应链策略之间的关联；柔性能力，它促使企业进行供应链策略创新；有效的可持续发展能力和风险缓解策略。现在，在《供应链设计与管理——概念、战略与案例研究（第 4 版）》中，我们增加了新的章节，对这些重要的主题进行了深入的讨论。

最后，新的技术发展趋势，如数字化、高级分析，特别是机器学习、人工智能和自动化，正在改变企业从需求计划、促销决策到财务计划等业务管理的方式。在这个领域，我们从学术研究以及 Ops Rules 和 Opalytics 两家公司的数字化解决方案的大量开发和实施项目中获益匪浅，这两家公司是我们创立的，后来分别于 2016 年和 2018 年被埃森哲咨询公司收购。为了顺应发展趋势，在本书中，基于我们个人和集体在商务分析领域的研究增加了相关素材。

本书的使用对象

本书可以作为：

- MBA 学员的物流与供应链管理课程教材。
- 工业工程专业本科与研究生阶段的物流与供应链管理课程教材。
- 教师、咨询师以及供应链所有环节从业者的参考书。

本书强调可读性，管理者实务人员以及对相关行业的职业发展感兴趣的学生都易学易懂。

本书涵盖的内容

当然，供应链管理是一个非常广泛的领域，仅靠一本书，无法既保持足够的深度又涵盖所有的相关领域。实际上，学术界与企业界在界定相关领域上存在相当大的分歧。因此，我们试图对供应链管理的许多关键方面进行广泛的介绍。尽管许多基本的供应链管理问题是相关的，但我们仍然尽可能使每一章自成体系，从而使读者可以直接参考感兴趣的章节。

本书包括相互关联的四个部分：

第一部分（第 2～5 章）：重点介绍供应链管理的基础内容，涉及的主题包括库存管理、网络规划、供应合同、牛鞭效应和供应链中的信息价值。

第二部分（第 6～11 章）：涉及供应链的协调与整合，重点讨论的主题包括推-拉式系统、配送策略、供应商库存管理等战略联盟、采购及外包战略、产品和供应链的协调设计、柔性等。

第三部分（第 12～15 章）：主要关于战略问题，包括顾客价值主张与供应链战略的协调、风险管理、可持续供应链和智能定价。

第四部分（第 16～17 章）：重点放在供应链技术方面，包括销售和运营计划等业务流程、供应链信息技术、决策支持系统、与基础设施和构架有关的信息技术标准、物联网、无线射频识别和区块链技术。

每一章都提供了大量的案例分析和实例，其中数学和技术部分的内容可以跳过，不会影响连续性。

第 4 版新增内容

在第 4 版中，我们做了重大修订。事实上，在延续先前版本的结构与逻辑的同时，本书增加了以下新的章节：

- 第 11 章　柔性
- 第 13 章　风险管理
- 第 14 章　可持续供应链

此外，我们对其他章节也进行了相应的修订，引入了一些新的概念和理论，如顾客价值与供应链战略的关联（第 12 章）；商业分析与智能定价（第 15 章）；物联网、区块链等新技术及其对供应链的影响（第 17 章）。

第 4 版中的一些新素材引自大卫·辛奇-利维的研究成果。

● 第 11～14 章广泛引用了大卫·辛奇-利维在 2011 年由麻省理工学院出版社出版的著作《运营规则：通过柔性运营交付顾客价值》。

● 第 13 章引用了大卫·辛奇-利维等人在《哈佛商业评论》杂志上发表的论文：Simchi-Levi，D.，W. Schmidt，and Y. Wei. From Superstorms to Factory Fires：Managing Unpredictable Supply ChainDisruptions. *Harvard Business Review*，January-February 2014，pp. 96 - 101。

● 第 15 章的部分素材来自大卫·辛奇-利维等人发表的以下论文：Simchi-Levi，D. The New Frontier of Price Optimization. *Sloan Management Review*，Fall 2017，pp. 22 - 26；Simchi-Levi，D.，and M. X. Wu. Powering Retailers Digitization Through Analytics and Automation. Special issue of *International Journal of Production Research*，dedicated to 55 Best Scholars in Production Research for the 55th Volume Anniversary of *IJPR*，Volume 56，（2018）Issue 1 - 2，pp. 809 - 816。

● 第 15 章还参考了大卫·辛奇-利维等人发表的论文：Johnson，K.，A. B. H. Lee，and Simchi-Levi D. Analytics for an Online Retailer：Demand Forecasting and Price Optimization. *Manufacturing and Service Operations Management*，Volume 18，No. 1（2016），pp. 69 - 85。

目　录

第1章
供应链管理导论

1.1 什么是供应链管理

    当今全球市场竞争激烈，新产品的生命周期越来越短，风险因素日益增多（如来自气候、疫情、网络等方面的风险），顾客期望值不断提高，这些因素促使企业关注其供应链，并加大对供应链的投入。与此同时，新技术的发展和进步（例如，人工智能、物联网、无线射频识别（RFID）和区块链技术，以及数字化、智能分析和自动化技术等）推动供应链及其管理技术不断演变。

    在一条典型的供应链中，先要采购原材料，之后在一个或多个工厂生产产品，然后将产品运到仓库进行暂时储存，最后再运往零售商或客户。因此，为了降低成本、提高服务水平，有效的供应链策略应该考虑供应链中不同环节之间的交互作用。供应链，也称作物流网络，由供应商、制造商、仓库和配送中心以及零售网点组成，原材料、在制品库存和成品在这些环节之间流动（见图1-1）。

    在本书中，我们将提出并解释对有效供应链管理具有重要意义的概念、理念、实用工具和决策支持系统。那么，供应链管理的确切含义是什么？我们将其定义如下：

        供应链管理是用于高效集成供应商、制造商、仓库与商店的一系列方法，通过这些方法，生产出来的商品能以正确的数量，在正确的时间，被送往正确的地点，从而在满足服务水平要求的同时实现系统成本的最小化。

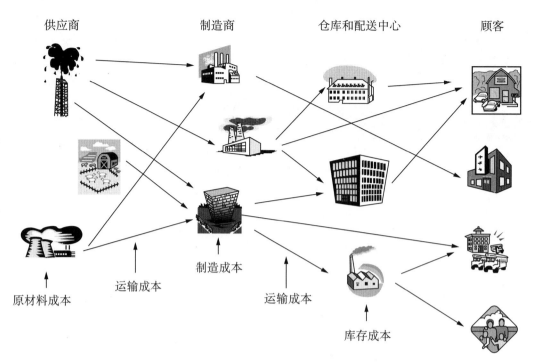

供应商　　　　　　制造商　　　　仓库和配送中心　　　　顾客

原材料成本　　运输成本　　　制造成本　　　运输成本　　　库存成本

图 1-1　物流网络

从这个定义可以得到几点结论。首先，凡是对成本有影响并在满足顾客需求过程中起作用的环节，都在供应链管理考虑之列：从供应商和制造商开始，经过仓库和配送中心，直到零售商和商店。实际上，在某些供应链分析中，还必须考虑供应商的供应商和顾客的顾客，因为这些环节也会影响供应链的绩效。

其次，供应链管理的目标是提升整个系统的效率和成本效益，同时考虑顾客服务和价值要求。供应链管理要实现系统总成本的最小化，包括运输和配送成本，以及原材料、在制品和成品的库存成本。因此，供应链管理的重点不是简单地最小化运输成本或降低库存，而是应该采用系统方法。

最后，由于供应链管理围绕着供应商、制造商、仓库和商店进行高效集成，因此供应链管理涵盖从企业战略层面到战术层面，再到运作层面的多个层面的活动。

那物流管理、价值链管理、需求链管理又是指什么呢？不同的公司、咨询师和学术界提出了各种各样的术语和概念，用来强调他们所认为的供应链管理中非常重要的问题。虽然其中的许多概念都非常有价值，富有见解，但基于本书的目的，我们将接下来所要讨论的一系列概念、方法、策略及思想统称为供应链管理。

供应链管理的难点是什么？我们会在本书中讨论各种各样的原因，但或多或少都与以下原因有关：

1. 供应链管理策略不能孤立地考虑。供应链管理策略直接受大多数组织都具有的另一条链——开发链的影响。开发链包含了一系列与新产品导入相关的活动。同样，开发链的相关决策，如产品设计和新产品导入，也会受具体供应链的特征的影响。因此，这两条链（即供应链和开发链）必须有机结合，以提升企业绩效。

2. 设计和管理供应链，实现系统总成本的最小化，并维持良好的系统服务水平，是一项极具挑战性的任务。事实上，要在降低成本的同时维持服务水平，即使是管理单一设施，通常也不容易。当涉及整个系统时，管理难度会以指数级别增加。寻找系统最优策略是一个全局优化的过程。

3. 不确定性和风险存在于每一条供应链中。顾客的需求永远不可能准确预测，在途时间存在不确定性，设备和车辆也会随时出现故障。同样，近年来，行业的一些发展趋势，包括致力于降低供应链成本的外包、离岸生产和精益制造等策略，都显著提高了供应链风险等级。因此，供应链的设计与管理需要尽可能消除不确定性和风险，并有效应对那些无法消除的不确定性和风险。

4. 不存在所谓普遍适用的供应链管理策略。事实上，不同的客户细分市场、渠道或者产品，所需的供应链策略也不同。因此，有必要对供应链进行细分，即在同一家企业，会存在多种供应链需求，每一条供应链聚焦于满足不同的顾客价值主张。但是，供应链细分会增加复杂度，导致企业失去规模经济效应。

在接下来的四节内容中，我们将详细讨论这些问题。

1.2 开发链

开发链是与新产品导入相关的一系列活动与流程，包括产品设计阶段、需要企业内部去开发的相关能力与知识、寻源决策和生产计划等。具体而言，开发链包括诸多决策，例如产品结构、企业内部生产什么和要从外部供应商处采购什么（即自制/外购决策、供应商选择、供应商早期参与及建立战略合作伙伴关系等）。

如图 1-2 所示，开发链与供应链会在生产环节产生交集。显然，开发链的特征和决策会对供应链产生影响。同样，供应链的特征也会影响产品设计策略，从而对开发链造成影响。

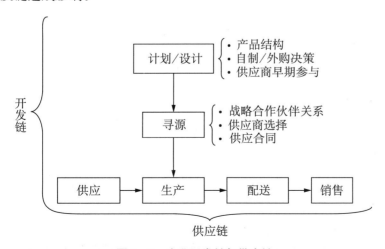

图 1-2 企业开发链与供应链

实例 1-1

惠普（HP）公司是最早关注开发链与供应链之间交互作用的公司之一。在喷墨式打印机的导入案例中，在制定产品结构决策时，公司不仅考虑了人工和物料成本，还考虑了整个产品生命周期中的供应链成本。近年来，惠普公司在制定供应链决策时，会同时考虑开发链和供应链的特征，例如哪种设计活动需要外包及需要哪种组织架构来管理外包的设计流程。

在大多数企业中，开发链和供应链通常被切分为不同的活动，由不同的管理者负责。一般来说，企业的研发副总裁负责开发链，生产副总裁负责生产环节，供应链或者物流副总裁负责订单履行。这种类型的组织结构通常会导致产品设计与供应链策略不匹配的现象。

更糟的是，在许多企业中，其他链条也同时与开发链和供应链发生交互作用。这些链条包括逆向物流链，即与产品或零部件回收相关的链条以及备件链。在本书中，我们探讨这些链条的不同特征，以便更好地理解其对产品和供应链策略的影响。我们会讨论如何考虑这些链条的特征，设计相关的分析框架，促进产品和策略的匹配。

1.3　全局优化

在寻找系统最优或全局最优的一体化方案时，是什么原因导致这一问题成为一个难题？以下的各种因素使供应链优化问题变得具有挑战性：

1. 供应链是一个复杂的网络。其设施在地理上布局很分散，很多情况下可能分布于全球。以下例子充分体现了当今典型的全球化企业的网络特征。

实例 1-2

英特尔公司是全球最大的芯片制造商之一，其主要竞争对手是三星电子。目前，英特尔公司拥有 11 家制造厂和 5 家封装/测试工厂，分布在北美、亚洲、欧洲和中东的 7 个国家。这些制造设施经 30 多个全球配送中心，每天向全球客户交付约 100 万片芯片。除了芯片，英特尔公司还提供多种其他产品，包括无线控制器和软件解决方案等。由于行业高度竞争，英特尔公司意识到供应链是企业成功的关键，采取了诸多创新方案，以缩短提前期、提升成本效益、促进环境的可持续发展。在实现所有这些目标的同时，企业的产品组合和产量也得到了快速增长。[1]

2. 供应链权衡问题通常不容易优化。供应链策略会影响到诸多绩效指标，如成本、时间和服务水平。这些指标往往是相互冲突的，如图1-3所示，实线代表效率与响应之间的权衡。效率指成本，响应则指速度，或者服务顾客的时间。这条曲线，有时也称为效率边界，代表了一系列可能的策略，每一种策略都有对应的成本（效率）和反应时间（响应）。事实上，高效率策略（即一种低成本供应链策略）一般不会强调高水准的服务，通常需要更长的时间来响应顾客需求。相反，快速响应策略会带来成本的上升，但是会缩短顾客响应时间。问题在于如何在各种指标之间找到均衡点，如我们在本书后面所讨论的，这是一项让人望而却步的挑战性工作。

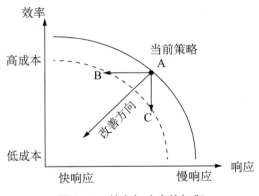

图1-3 效率与响应的权衡

当然，权衡问题并不只限于效率和响应之间。柔性与成本、成本与风险、库存与服务水平、质量与价格，这些都是需要权衡的决策问题。每一个权衡问题都会涉及类似于图1-3的情形。尽管存在这些权衡问题，但供应链创新可以提升绩效。为了讲清这一点，我们再来看图1-3，假设你的当前策略对应图中顶部效率边界曲线上的A点。这一策略的制定需要在效率和响应之间进行权衡分析。

现在想象，你可以设计一种新的策略，在某种程度上，将效率边界曲线向下移动。假如下移效率边界曲线是可行的，那么在同样的效率水平下，你可以提高响应能力，如图中的B点。类似地，在同样的响应水平下，你可以降低运营成本，如图中的C点，即提高运营效率。更重要的是，在B点和C点之间存在一系列的策略，使企业既可以改善效率，又可以提升响应能力。当然，挑战在于如何识别这些策略。

3. 供应链的不同环节通常具有不同甚至相互冲突的目标。例如，供应商希望制造商承诺大量采购并保持采购量的稳定，交货时间灵活一些。尽管大多数制造商希望生产能够稳定连续地进行，但是也需要具备柔性能力，以满足顾客的需要和不断变化的需求。因此，供应商的目标与制造商对柔性的期望之间存在直接的冲突。事实上，在制定生产决策时，往往缺乏关于顾客需求的准确信息，因此，制造商匹配供应和需求的能力在很大程度上取决于随需求信息的变化调整供应量的能力。同样，制造商大批量生产的目标与仓库和配送中心降低库存的目标存在冲突。更糟的是，降低库存水平的目标意味着运输成本的增加。

4. 供应链是一个动态系统，会随着时间不断演变。实际上，不仅是顾客需求和供应商能力会随时间变化，供应链关系也会随时间不断变化。例如，顾客地位的攀升，会迫使制造商和供应商生产出各种各样高质量的产品，最终的趋势是生产定制产品。

5. 系统随时间变化也是一个重要的因素。即便可以精确地获知顾客需求（例如，根据合约协定），计划过程仍需要考虑季节波动、流行元素、广告与促销、竞争对手定价策略等带来的影响，以及需求和成本参数随时间的变化。这些随时间变化的需求和成本参数会给供应链策略的制定带来挑战，导致企业难以制定有效的供应链策略，在满足顾客需求的同时实现系统成本最小化。

当然，全局最优意味着不仅供应链各个环节的优化是重要的，而且开发链和供应链的流程优化也不可或缺。也就是说，识别出优化或者协同开发链和供应链的流程与策略也是至关重要的。

1.4　管理不确定性和风险

供应链在不确定的环境中运转，设计供应链时也需要考虑不确定因素，否则可能会给企业带来巨大的风险，这也加大了全局优化的难度。导致这种情况的因素有很多：

1. 供应与需求的匹配问题是一项主要的挑战。

（1）2002 年，思科发布公告称，因电信行业市场需求的下滑，公司报废了价值高达 22.5 亿美元的库存。[2]

（2）2014 年 4 月，沃尔玛承认由于库存设置问题，公司损失了约 30 亿美元的销售额，而且在这一时期，公司的库存成本增速高于营收增速。[3]

（3）2019 年 7 月 31 日股市开市前，电路保护产品制造商力特公司（Littelfuse）发布了第二季度的财务数据。由于贸易局势紧张、汽车市场疲软、渠道库存积压等问题带来的冲击，公司第二季度的营收和利润双双暴跌。高库存是 2019 年度的主要问题之一，可能会继续拖累下半年的业绩。[4]

显然，问题在于，制造商必须在需求确定之前，提前几个月制订和执行相关的生产计划。在需求不确定的情况下，事先计划意味着巨大的财务和供应风险。

2. 即便顾客对特定产品的需求变化不大，供应链中库存和缺货水平波动也可能会很大。为了说明这一点，请参考图 1-4，该图显示了在一条典型的供应链中，分销商向工厂订货的波动远大于零售商需求的波动。

3. 预测无法完全解决问题。实际上，我们都认同预测的第一定律是"预测总是不准确的"。因此，即便拥有最先进的预测技术，也无法精确估计特定商品的需求。

4. 需求并不是影响不确定性的唯一因素。交货提前期、产量、运输时间以及零部件可得性，都会对供应链造成显著影响。

5. 近年来致力于降低成本的一些运营策略，比如精益制造、外包和离岸生产

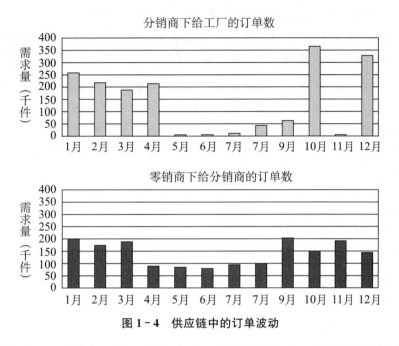

图 1-4　供应链中的订单波动

等，都明显地增加了风险。例如，有一家汽车制造商，其零件供应商在加拿大和墨西哥。当供应计划稳定和运输确定性较强时，零件可以根据固定的生产计划准时运到总装厂。然而，当发生不可预测的灾难时，比如"9·11"恐怖袭击、新冠疫情、港口罢工或者气象灾害，这种策略会因零件短缺而导致生产线停工。

　　同样，外包和离岸生产意味着供应链在地理空间上更加分散，因此自然灾难和人为灾难将会产生巨大的冲击。

实例 1-3

　　● 2011 年 3 月 11 日，日本东北部太平洋海域发生 9.0 级地震，是历史上第五大地震。地震引发了约 40 米高的海啸，震源深度约 10 千米，造成日本福岛的三座核电站发生放射性物质泄漏。这次灾难性事件极具破坏性，造成 25 000 人伤亡。这次事件不仅造成人道主义危机，还对日本经济造成严重损失，在此次地震中，约 125 000 栋房屋被破坏，经济损失超 2 000 亿美元。在灾难发生后的数个星期，约 80% 的日本汽车制造工厂被迫停产。据三菱日联摩根士丹利证券公司估计，其他工厂的开工率也不足 10%。

　　● 2005 年 8 月 29 日，卡特里娜飓风袭击了新奥尔良和墨西哥湾。宝洁公司的咖啡制造业务，如 Folgers 品牌，一半以上的供应来自受飓风影响严重的新奥尔良。6 个月后，宝洁的一名高管在接受《纽约时报》采访时谈到"宝洁的产品还是没货"。[5]

　　● 2002 年，美国西海岸港口罢工事件造成从西雅图到圣选戈的港口全部关闭。罢工导致水果蔬菜腐烂，商店得不到补货，工厂因零件短缺而关闭。经济学家估计这次罢工造成的经济损失高达 10 亿美元/天。[6]

● 2001 年 1 月 26 日早晨在印度古吉拉特邦发生的地震，导致纺织品运输延误，给许多美国服装制造商造成了巨大影响。[7]

尽管不确定性不能完全消除，但是我们将通过分析不同的实例，讨论如何通过产品设计、网络建模、信息技术、采购和库存策略来降低不确定性或减少其影响。我们将介绍一种新方法，用于识别供应链中隐藏的风险，这种方法被称为风险暴露指数。[8]此外，我们将分析多个例子，讨论如何利用产能冗余量、供应链柔性、感知和反应速度来降低或者抵消风险。

1.5　供应链细分和顾客价值主张

西班牙最大的服装企业 ZARA，以其时尚、新潮设计以及产品多样化为消费者所熟知。自 1974 年 ZARA 董事长阿曼西奥·奥特加·加纳（Amancio Ortega Gaona）开办第一家商店以来，企业追求的目标不仅是提供有竞争力的价格，更重要的是，为顾客提供符合市场潮流的时尚产品。这就需要 ZARA 构建一个与众不同的商业模式，能够区别于其竞争对手，如 GAP（全球最大的专业零售企业之一）。

当诸如 GAP 之类的零售企业通过将生产外包给远东等地区的制造商以降低成本时，ZARA 却构建了自己掌控的整条供应链，从制造、配送中心到零售网点。因为公司的业务聚焦于时尚、潮流产品，需求高度不确定，ZARA 向其布料供应商获得产能，但先不确定具体的颜色或图案，直到公司从市场获取更清晰的顾客偏好信息。零售商店通过信息技术系统向公司总部直接反馈信息，使得设计师能够在第一时间识别潮流趋势、新的设计和风格。

通过采用这种策略，ZARA 能够将新产品上市的时间缩短到 3～4 周，明显短于其竞争对手。相比之下，GAP 的战略聚焦于远东低成本制造，这也意味着管道更长，通常库存也会更多，因此，GAP 新产品导入的能力相对逊色。

ZARA 和 GAP 两家公司的例子传递了一个强有力的信息。在同样的市场运营的企业，提供的顾客价值主张不同，企业采用的运营与供应链策略也会不同。事实上，GAP 强调有竞争力的定价，其运营策略专注于提升效率，即运营策略的主要目标在于降低运营成本。与此不同，ZARA 的价值主张是为顾客提供符合潮流的时尚产品，其运营策略专注于速度，因此，公司设计了纵向一体化的供应链以提升响应能力。

再举一个例子，在 1988 年至 1996 年的 8 年时间里，戴尔公司的股东权益增长超 30 倍，远远高于竞争对手。[9]在这一时期，戴尔的成功可以归因于公司的虚拟集成策略，一种打破供应商、制造商和终端用户之间传统边界的策略。戴尔的策略是采购其他制造商生产的零部件来组装和销售电脑产品，这使得戴尔当时可以缓解资产投入、研发和人力资源管理的压力。同时，戴尔的直销模式可以让消费者自己配置电脑，因此，公司的顾客价值主张聚焦于顾客体验。为了实现这一价值主张，戴尔设计了其供应链策略，能够快速响应顾客的定制订单。

2000 年下半年，戴尔遭遇了经营困境，部分原因在于 PC 市场发生的变化：市场的高增长已经从线上转移到线下零售、从发达国家转移到发展中国家，因为这些地区的消费者不习惯或不喜欢在线上购买电脑。在这一转变下，企业需要重新思考其供应链策略，因为直销的顾客价值主张与零售渠道的价值主张是不一样的。事实上，零售渠道意味着强调价格，因此，需要更高效的供应链策略。因此，引入零售渠道需要设计多种供应链策略，一种专注于响应，另外一种专注于效率。

戴尔案例给供应链经理们提供了一个重要的经验教训：没有所谓普遍适用的供应链策略。面对产品特征、顾客和渠道的多样化，企业需要采用细分的供应链策略。当然，关键问题是如何确定合适的细分数量：太多细分会增加供应链的复杂度，而单一策略却无法有效应对不同的顾客价值主张、产品特点和渠道要求。

1.6　供应链管理的演化

20 世纪 80 年代，许多企业开发出新的制造技术和策略，从而降低了成本，并能在不同的市场更好地参与竞争。准时制造、看板管理、精益生产、全面质量管理等策略开始变得越来越流行，企业也投入了大量的资源去推进这些策略在企业中的实施与应用。然而，到了 20 世纪 90 年代，许多企业已经将生产成本降到了实际可能的极限。这些企业开始在供应链上探索有效的管理策略，以此作为进一步增加利润和市场份额的改善方向。

事实上，物流和供应链成本在美国经济中起着重要作用：由美国供应链管理专业协会（CSCMP）主办、创办于 1989 年的《美国物流年度报告》每年都提供包含运输成本、库存持有成本和物流总成本在内的整个国家的物流费用情况和趋势。从图 1-5 可以看出，美国物流成本在 20 世纪 80 年代早期大概占国内生产总值（GDP）的 12%，2003 年之前稳步下降。物流成本的绝对值则令人非常震惊。1998年总费用为 8 840 亿美元，2005 年则为 11 800 亿美元。11 800 亿美元比起 2004 年的费用增加了 1 560 亿美元。如果考虑到美国经济在 2005 年下滑，而物流成本增加了约 15%，这个数字就显得更加惊人。根据《美国物流年度报告》，费用的增加是"高燃油成本、卡车司机和铁路能力短缺、离岸生产和外包，以及安全成本"造成的。

在 2008 年和 2009 年，物流成本占美国 GDP 的比重以及物流成本绝对值都有所下降，从 2007 年的 14 000 亿美元下降到了 2008 年的 13 400 亿美元，2009 年进一步下降到 11 000 亿美元。这实际上与 2008 年的金融危机有关。金融危机后，物流成本稳步上升，到 2018 年，达到了 16 300 亿美元。

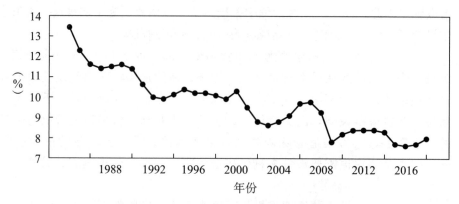

图 1-5　物流成本占美国 GDP 的比重

此外，进一步分析美国物流成本的各项成本构成，我们可以发现有意义的结论。根据图 1-6 中的数据（源自《美国物流年度报告》），我们发现运输成本是物流成本中占比最大的项目，其次是库存成本，稍微高于 1/2 的运输成本。近年来，这两项成本稳步上涨，只在 2009 年，库存成本和运输成本出现了小幅度的下降。

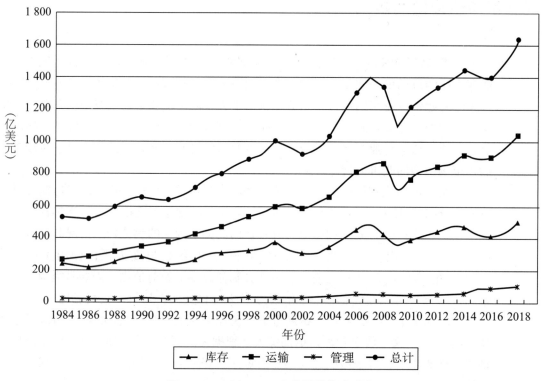

图 1-6　1984—2018 年美国总物流成本

这些巨额的成本费用涉及许多不必要的成本要素，如供应链中多余的库存设置、低效的运输策略以及其他不经济的做法。例如，有专家认为，通过实施更有效的供应链策略，低毛利行业——食品杂货行业有潜力实现 300 亿美元的成本节约，即相当于该行业年运营成本的 10%。[10]

为了说明这个问题，考虑如下两个例子：

1. 一袋谷类食品从工厂到超市要花超过 3 个月的时间。

2. 一辆新车，从工厂运到经销商处，平均需要 15 天。而实际上，实际的路途运输时间只需 4～5 天。

因此，在 20 世纪 90 年代，许多企业开始关注采取相关策略降低本企业及其供应链合作伙伴的成本。

供需双方之间的战略合作伙伴关系是有效供应链管理策略的重要组成要素之一，有利于双方共同降低成本。

实际上，宝洁、金佰利等制造商和沃尔玛等零售巨头都将战略合作伙伴关系视为企业战略的重要构成要素。许多公司，如 3M、柯达、陶氏化学、时代华纳和通用汽车，将公司物流运营中的大部分业务委托给第三方物流服务提供商。

此外，通过供应链合作伙伴之间的信息共享，制造商可以利用零售商的实时销售数据更好地预测需求，并缩短提前期。信息共享还有助于制造商控制供应链中的订单波动（即牛鞭效应，参见第 5 章），从而降低库存和保证平稳生产。

实例 1-4

纺织与化工企业美利肯（Milliken）是最早采用实时信息技术的企业之一。美利肯与几家服装供应商和大型百货商店合作，这些企业利用百货商店的销售点（POS）数据来协同企业的订单和生产计划。通过信息共享，从美利肯纺织工厂收到订单到百货商店最终收到服装的提前期，由原来的 18 周缩短到了 3 周。[11]

20 世纪 90 年代，在降低成本和提高利润的巨大压力下，许多工业企业采用了外包策略，从采购到生产制造，几乎将所有环节外包。事实上，在 90 年代中期，典型企业的采购量占公司销售额的比重显著上升。1998—2000 年间，电子行业元件外包量的比重由 15% 上升到了 40%。[12]

在 90 年代后期和 21 世纪初，互联网和电子商务模式导致大家期望通过采用新技术和商务模式来解决许多供应链问题。大家认为，电子商务策略能够减少企业成本、提高服务水平和柔性能力，最终提高企业利润。但在现实中，这些预期往往没能实现，不少电子商务企业最终失败了。在很多情况下，一些备受瞩目的互联网企业的失败可以归咎于物流策略。

实例 1-5

创立于 1999 年 1 月的 Furniture.com 公司，尽管只有少数几个品牌，但提供的产品种类成千上万，这些产品来自多家家具制造商。公司在 2000 年前 9 个月的销售额为 2 200 万美元，每月网站访问量达 100 万人次。但公司在 2000 年 11 月倒闭了，其倒闭归咎于物流问题，尤其是低效率的交货环节。起初，Furniture.com

公司利用承运商将产品从中心仓库运送到客户手中。由于运输成本高昂，公司与六个地区分销商建立了联盟。遗憾的是，公司没有维持好联盟关系，维修和退货处理等许多问题无法得到解决。

当然，在许多情况下，互联网引入了新的渠道，建立了直接面对消费者的商业模式。这些新的渠道需要公司学习新的技能，同时也增加了现有供应链的复杂性。

实例 1-6

根据思腾思特咨询公司（Stern Stewart）EVA 1000 数据库的数据，从 1988 年到 1996 年的 8 年时间里，戴尔公司股东权益增长超 30 倍，远远高于竞争对手。在这一经营期间，戴尔的成功可以归因于公司的虚拟集成策略，一种打破供应商、制造商和终端用户之间传统边界的策略。戴尔的策略是采购其他制造商生产的零部件来组装和销售电脑产品，这使得戴尔当时可以缓解资产投入、研发和人力资源管理的压力。同时，戴尔的直销模式和按订单生产策略客观上消除了产成品库存。这些经营策略使得戴尔比竞争对手增长更快，并且只维持 8 天的库存。

令人意外的是，在 21 世纪 00 年代中期，戴尔等电子商务企业开始通过零售渠道销售产品，与此同时，许多传统的零售商（如沃尔玛）开始建立起企业的在线商店。在这样的背景下，企业有必要制定供应链的细分策略，正如本书前面提到的，不同渠道关注的顾客价值主张不同，因此，需要采用不同的供应链策略。

在 21 世纪 00 年代后期和 10 年代初期，这一发展趋势又提出了整合多种渠道的需求，即全渠道策略。在全渠道策略中，企业关注增强客户体验，而无论客户使用哪一种渠道。事实上，当今的消费者通常会同时从实体店和在线商店搜索产品，尤其是使用移动设备和采纳社会媒介推荐。因此，在全渠道策略中，客户在线下的订单有多种发货方式：从附近的商店发货；从零售商的配送中心发货；或者商店为客户预留商品，客户从商店自提商品。这就意味着，在全渠道策略中，所有渠道共享库存，可以充分利用风险分担效应，因此，可以降低成本和提升服务水平（参见第 2 章）。

在过去的 2～5 年中，这些发展趋势促使企业开始进行供应链的数字化转型。供应链数字化是关于数字化技术、高级分析技术和自动化技术在供应链中的应用。数字化指建立专用的主数据，将整个供应链中的信息加以汇总。高级分析侧重于将三个层面的分析——统计（诊断分析层面）、机器学习（预测）和优化（解决方案）进行整合，目的在于改善供应链计划。关于这三个层面的分析，我们可以这样理解，其核心在于理解客户或供应商的行为（统计）、预测未来的行为（机器学习）、改进决策（优化）。最后，自动化是关于如何将数据和分析进行集成，以修正或改善供应链流程。

根据最近一份行业调研报告数据，供应链数字化带来的效果不仅包括成本的降低、营收的增加和利润的提高，而且包括客户体验和品牌信任度的提升。[13]这份调研报告还指出，最早一批开展供应链数字化的企业主要关注两大领域：需求预测和端到端的可视化。

伴随这些新的发展，企业界也意识到外包、离岸生产、精益制造和准时制生产等致力于降低制造和供应链成本的策略明显增加了供应链风险。因此，在过去几年里，一些领先的企业开始关注那些在降低成本与风险管理之间找到了最佳平衡的策略。

企业采用了许多方法来管理供应链中的风险：

- 在供应链中设置冗余，这样即使供应链中的某一部分失效，比如仓库发生火灾或者港口关闭，供应链也能满足需求。
- 利用实时信息，更好地感知和响应突发事件。
- 在设计供应合同时考虑柔性问题，从而更好地匹配供应与需求、应对风险。
- 改善供应链流程，将风险评估指标纳入供应链流程管理。

当然，上述方法中，许多都依赖于能够提供可视化能力和供应商绩效评估能力的技术。同样，库存计划系统的应用，可以更好地管理供应链中的库存，有助于企业更好地分析产品设计方案对供应链成本和风险的影响，从而促进开发链与供应链的整合。

实例 1-7

联合技术公司（United Technologies Corp.）通过采用第三方供应商软件，对供应商绩效进行持续衡量和评价。根据供应商的历史交货数据和外部财务数据，联合技术公司的供应商软件能够进行供应商风险预警。借助供应商绩效和风险预警系统，管理团队协助一级供应商改善供应链，并降低其上游供应商的风险。联合技术公司称，这些措施显著加速了库存周转，减少了质量成本（包括加班费、废料等）。[14]

总之，近年来，供应链所遇到的挑战并没有减少，迫切需要应对。实际上，近年来行业的发展趋势使供应链管理变得越来越具有挑战性。这些发展趋势包括：（1）提前期变长的全球供应链；（2）客户期望的提升和改变；（3）发展中国家劳动力成本的上升；（4）物流成本的上升（见图 1-6）；（5）供应链风险上升、供应和需求的波动程度加剧；（6）供应链可持续发展重要性的提高；（7）新冠疫情导致电子商务渠道重要性的提高，增加了供应链成本。在本书中，我们将展开讨论新技术和供应链策略如何帮助企业迎接这些挑战。

1.7　复杂性

前面提到的都是一些供应链管理成功的例子，如宝洁、沃尔玛、联合技术公司等。这些例子说明在某些行业，供应链管理或许是企业成功最重要的一个因素。事实上，在计算机和打印机行业中，大多数制造商使用相同的供应商和同样的技术，它们往往在成本和服务方面竞争，而成本和服务也是供应链管理定义中的两个关键要素。

以上例子还引出了一个重要问题。如果说这些企业已经通过实施战略伙伴合作、采用信息共享技术或者运用风险缓解策略改善了供应链绩效，那么，是什么原因阻碍了其他企业采用同样的技术改进供应链绩效呢？

通过前面的讨论，我们认为该问题的答案涉及成功企业所拥有的三项至关重要的能力：

● 供应链策略与产品特性匹配的能力。实际上，在那些技术频繁变化、产品高频更新的行业，产品的供应链策略必定从根本上不同于那些更新速度慢的产品的供应链策略。同样，产品设计策略及其与供应链特征的关系也依赖于产品的更新速度。因此，开发链和供应链的交集会影响产品设计和供应链策略。

● 替换传统供应链策略的能力。在传统供应链中，每个环节或参与方在做决策时，很少考虑对供应链中其他伙伴的影响，而正是与这些合作伙伴一起才能建立起全局优化的供应链。

● 有效管理不确定性和风险的能力。正如前文所述，外包、离岸生产等管理策略以及精益生产、准时制等生产策略明显提高了企业风险等级。与此相伴的，还有显著增加的需求不确定性。实际上，在高新技术行业，产品生命周期变得越来越短。尤其是计算机和打印机产品，许多型号只有几个月的生命周期，以至于制造商可能只有一笔订单或只生产一个批次。由于是新产品，缺乏历史数据，制造商难以预测客户需求。与此同时，在这些行业，产品型号的增多大大提高了具体型号产品需求预测的难度。此外，在这些行业，产品价格通常下降得很快，大大降低了产品在其生命周期中的价值。[15]

实例 1-8

有一家生产工业用继电器的韩国制造商，其服务水平为 70%，即订单满足率只有 70%。而另一方面，库存却在持续上涨，其中许多产品需求量很低。根据库存周转率指标，即年出货量与平均库存的比例，这家制造商的库存周转率只有 4 次。在电子行业，领先企业的库存周转率通常为 9 次。如果这家韩国制造商能将库存周转率提高到这个水平，就可以显著地降低库存水平。因此，这家制造商正在寻求新的策略，期望在未来三年，将服务水平提高到 99%，并大幅降低库存水平和成本。

几年前，大多数分析师认为不可能同时实现改善服务和降低库存水平这两个目标。实际上，传统的库存理论告诉我们，要提高服务水平，企业就必须增加库存和成本。令人惊奇的是，随着信息与通信技术的发展，以及对供应链策略更深入的理解，产生了一些创新性方法，可以同时实现这两个目标。在以后的章节中，我们将尽可能详细地介绍这方面的方法和策略。我们将重点说明为何要采用某些特定的策略，如何权衡不同的策略，以及实践中如何应用具体策略。

1.8　供应链管理中的关键问题

在本节，我们介绍后续章节中将详细讨论的供应链管理问题。这些问题涵盖了企业的全系列活动，从战略层到战术层，再到运作层。

- 战略层决策对企业有长期的效应。包括产品设计、自制与外包、供应商选择、战略合作，以及仓库和制造工厂的数量、布局、容量及物流网络中的物料流等决策。
- 战术层决策需要每年或每季度更新。通常包括采购与生产决策、库存策略与运输策略，还包括拜访顾客的频率。
- 运作层决策是每天进行的，包括调度、确定提前期、制定路线和车辆装载。

以下我们将介绍其中一些关键的问题以及不同决策之间的权衡。

配送网络配置　考虑几家生产工厂向一群地理上分散的零售商提供产品的情况。目前的仓库布局被认为是不合理的，管理层希望重新组织或重新设计配送网络。原因可能是需求模式的改变，或一些现有仓库租约合同到期。另外，需求模式的改变可能需要改变工厂的产量、选择新供应商，以及变更配送网络中货物的流动方式。管理层应如何选择仓库的位置和容量，确定各种产品在每个工厂的生产量，并设定设施之间的运输流，包括生产厂到仓库、仓库到零售商，以确保这些决策可以使生产、库存和运输的总成本最小化，并满足必要的服务水平要求？这是一个复杂的优化问题，需要先进的技术和方法来求解。

库存控制　考虑零售商要管理某个特定产品库存的情况。由于顾客需求随时间不断变化，零售商只能用历史数据来预测需求。零售商的目标是确定订货点和订货量，使订货成本和库存持有成本最小化。从本质上讲，零售商为什么先要持有库存？是因为顾客需求存在不确定性，供应过程存在不确定性，还是其他原因？如果是因为顾客需求的不确定性，有没有什么方法可以降低需求的不确定性？如果使用预测工具预测顾客需求，结果会有什么影响？零售商的采购量应该大于需求预测值，还是小于需求预测值，或者等于需求预测值？此外，库存周转率应为多少？这是否会随行业不同而不同？

供应链柔性　柔性是获取竞争优势、降低成本和提升响应能力的强有力手段。实际上，丰田的精益制造、戴尔的直销或者百事装瓶集团（PBG）的成功案例（参见第 11 章），其企业战略的核心是柔性运营，即将企业的商业模式与顾客价值主张进行匹配。那么，柔性究竟指什么？在本书中，我们将柔性定义为：在不增加运营与供应链成本以及不影响或不严重影响响应时间的前提下，对变化的响应能力。在这里，我们讲的变化是指需求量、商品价格、劳动力成本、汇率、技术、设备可用性上的变化，或者实际上是指市场条件或生产和物流环境的任何变化。企业如何获取柔性能力呢？我们将企业获取柔性能力所采取的不同策略划分为三大类：系统设计、流程设计和产品设计。系统设计是关于如何通过制造和配送策略或能力的冗余设置来获取柔性能力。流程设计指柔性的劳动力、精益制造、组织和管理架构、采购策略（如柔性合同）、双源采购和外包。产品设计则聚焦于模块化产品结构设计、标准化零部件和接口、延迟策略、零部件替代方案，这些都可以提高企业的柔性能力。

生产采购　在许多行业，需要有效权衡运输和生产成本。具体来说，降低生产成本通常意味着每个工厂只负责少量品种的产品，从而可以通过大批量生产降低生产成本。然而，这可能会导致运输成本的大幅度增加。同样，降低运输成本通常意味着每个工厂都是柔性的，具备生产多数甚至是全部产品的能力，但这会减小生产批量，从而增加生产成本。在这两种成本中寻找平衡点不是一件容易的事情，需要企业每月或每季度都去做。

供应合同　在传统的供应链策略中，供应链中的每一方只关注自己的利润，很少在制定决策时考虑对其他供应链伙伴的影响。供应方和买方的关系是通过供应合同来建立的，合同中规定了价格、数量折扣、交货提前期、质量、退货等条款。问题是，供应合同是否可以取代传统供应链策略以优化整个供应链绩效？具体来说，数量折扣和收益共享合同对供应链绩效有何影响？供应商是否可以采用某些定价策略激励买方增加采购量，同时还能增加供应商的利润？

配送策略　许多企业都面临一个重要挑战，就是究竟应该采用集中型的配送系统，还是分散型的配送系统。每种策略对库存水平和运输成本的影响是什么？对服务水平的影响又是什么？此外，什么情况下产品应该由中央仓库空运到各个需求点？这些问题不仅对于需要决定配送策略的企业来说非常重要，而且对于相互竞争的零售商思考合作问题同样重要。例如，销售相同品牌的经销商是否应共享库存？如果共享库存，经销商的竞争优势是什么？

供应链集成和战略合作伙伴　如前文所述，由于供应链本身的动态性和不同环节或合作伙伴所追求目标的冲突性，设计与实现全局优化的供应链是相当困难的。但是，戴尔、沃尔玛和宝洁的成功案例说明，集成并全局优化供应链不但可以实现，还可以对企业的绩效和市场份额产生巨大的影响。当然，有人可能会认为这三家企业都是各自行业中的大企业，它们可以采用其他小企业没办法使用的技术和策略。但是，在当今的竞争市场，大多数企业没有可选的余地，必须整合其供应链并进行战略合作。这样的压力源于企业的客户和其他供应链伙伴。如何才能成功地实现供应链集成呢？显然，信息共享和运作规划是成功集成供应链的关键。但哪些信息应该共享呢？如何使用这些共享信息？信息如何影响供应链的设计与运作？在企业内部，以及与外部合作伙伴，需要达到哪种程度的集成？此外，有哪些类型的伙伴关系可以采用，在给定的情况下应该采取哪种类型的伙伴关系？

外包和离岸生产策略　试想某企业的供应链策略不仅涉及协调供应链内的不同活动，还包括决策哪些产品自制、哪些产品采购。企业应如何界定属于自己核心竞争力的制造活动？哪些制造活动需要安排在企业内部完成？哪些制造活动不属于核心竞争力，其相应产品和零部件是否需要从外部供应商购买？问题的答案是否与产品结构有关？外包存在什么风险？如何才能将这些风险降至最低？当企业进行外包时，如何保证按时供应产品？在什么情况下，企业应该从两个供应商处采购同一个零部件？此外，即使企业决定不外包，什么时候应将生产转移到其他地区？离岸生产对库存水平和资金成本的影响是什么？有什么风险？

产品设计　好的产品设计方案在供应链中起着重要作用。很显然，某些产品设计方案相对其他设计方案会增加库存成本或运输成本，而其他设计方案可能有利于缩短生产提前期。不过，产品重新设计通常代价很高。什么时候值得去重新设计产品以降低物流成本或缩短供应链提前期？是否可以通过产品设计来缓解顾客需求的不确定性问题？是否能够量化这种策略带来的成本节约？为了采用新的产品设计方案，供应链应作何改变？最后，诸如大规模定制等新模式日益流行，供应链管理对这些模式的成功实施将起何种作用？

信息技术和决策支持系统　信息技术是有效供应链管理得以实现的关键。实际上，目前供应链管理之所以引起人们如此大的兴趣，一方面是因为充分的数据带来了更多机会，另一方面是因为完善的数据分析可以带来成本节约。供应链管理的主要问题不在于是否能够获取数据，而在于传送哪些数据。也就是说，哪些数据对供应链管理非常重要？哪些数据可以忽略？这些数据应当如何分析和使用？互联网的影响是什么？电子商务起什么作用？在企业内部和供应链伙伴之间需要哪些基础设施？最后，由于信息技术和决策支持系统都可以用于供应链，这些技术是否可以当作获得市场竞争优势的工具？如果可以，什么原因阻碍了其他企业使用同样的技术？

顾客价值　顾客价值是企业对顾客所做贡献的测量指标，它基于企业提供的所有产品、服务和无形影响。近几年，这一指标已经取代了质量和顾客满意度等指标。显然，如果企业希望满足顾客的需要并提供价值，有效供应链管理就非常关键。但是，该如何衡量顾客价值？同样重要的问题是，顾客价值主张与供应链策略之间存在什么样的关系？当不同的顾客细分市场、产品或渠道对应的顾客价值不同，企业该如何决策？在传统的世界和网络世界里，产品价格和品牌的关系如何？

智能定价　收益管理策略在航空、酒店和汽车租赁等行业得到了成功应用。近年来，许多制造商、零售商和承运商采用了各种收益管理方法和技术来提高供应链绩效。在这种情况下，企业通过整合定价和库存（或可用能力）来影响市场需求并提高利润。这是如何实现的呢？在提升企业绩效的过程中，机器学习和优化技术的作用是什么？智能定价策略是否可以用于改善供应链绩效？返利策略对供应链有什么影响？

可持续发展　近几年，受到来自政府、客户和贸易伙伴的压力，一些企业的高层管理开始关注企业的社会责任，特别是企业的供应链对环境造成的影响。当然，企业社会责任不仅是关于绿色供应链的问题，还涉及一系列有利于社会和环境的决策问题。但是，多数企业的高层管理将企业社会责任视为慈善活动或者合规要求，但实际情况远非如此。在一个过度供应的经济中，很多产品是可以互换替代的，企业社会责任可以提供获得新收入来源、提升效率和构建独特品牌的机会。

在接下来的章节中，我们将详细讨论以上问题和相关策略。在各章，我们关注开发链或供应链，聚焦于如何实现供应链的全局优化，如何管理供应链中的风险和不确定性。表 1-1 概括了供应链管理的关键问题。

表 1-1　供应链管理的关键问题

	链	全局优化	管理风险和不确定性
配送网络配置	供应链	✓	
库存控制	供应链		✓
生产采购	供应链	✓	
供应合同	供应链、开发链	✓	✓
配送策略	供应链	✓	✓
战略合作伙伴	开发链	✓	
外包和离岸生产	开发链	✓	
产品设计	开发链		✓
信息技术	供应链	✓	✓
顾客价值	供应链、开发链	✓	✓
智能定价	供应链	✓	

1.9　本书目标和概况

由于诸多原因，最近几年，对物流和供应链管理的兴趣呈现爆炸性的增长趋势。这种兴趣促使许多公司对其供应链开展研究。20 世纪 90 年代和 21 世纪初，物流和供应链管理分析主要是根据直觉和经验进行的，在分析过程中很少使用分析工具或设计工具。在近几十年里，涌现了大量技术和工具，可以辅助企业进行供应链管理。

与此同时，学术界也开发出了各种定律或供应链规则，这些定律和规则具有普适性，适用于不同的地区、文化背景和产品。本书涉及的规则都有其科学来源和依据，是通过数学方法或经验方法得出的。在这里，数学方法指我们是通过具体的数学模型推导得出的规则。例如影响变动性与供应链绩效、库存与服务水平、柔性与成本，以及信息和提前期与波动性之间关系的基本原理。

经验方法主要是在对各种企业的战略和绩效进行观察、仔细分析研究的基础上设计的基本规则。这些规则同样具有普适性，但是与其他任何实证研究方法一样，不同于数据模型推导，需要在相关数据源的背景下加以使用。例如，关于解释渠道特征、产品属性和供应链策略之间关系的原理。

本书介绍许多定律，并基于作者的供应链经验，采用最佳实践加以补充说明。我们希望本书不仅能成为 MBA 层次的物流与供应链教学用书，还可以成为教师、咨询师和供应链流程各环节管理人员的参考书。本书每一章都包含案例研究、大量实例和问题讨论。另外，每一章都自成体系，学习的时候可以跳过数学和技术部分，这不会影响本书的连续性。因此，我们相信任何只对供应链管理某个方面感兴趣的人都可以使用本书。例如，制造经理通过柔性策略在不提高成本的情况下提高服务水平，供应链经理努力发现隐藏在供应链中的风险，运输经理决定使用某种运输模式，库存控制经理想要在生产流畅的同时尽可能降低库存，采购/供应经理要设计公司与供应商和客户的供应合同，物流经理管理整个公司的供应链，所有这些人都可以从本书获得帮助。

本书包括的章节涵盖以下主题：

- 库存管理。
- 物流网络规划。
- 战略性产品及产品零部件的供应合同。
- 信息价值及供应链中信息的有效运用。
- 供应链整合。
- 集中型和分散型的配送策略。
- 战略联盟。
- 外包、离岸生产和采购战略。
- 全球物流和风险管理战略。
- 供应链管理与产品设计。
- 供应链柔性。
- 顾客价值。
- 供应链风险管理。
- 可持续供应链。
- 收益管理和定价策略。
- 信息技术和业务流程。
- 技术标准及对供应链的影响。

讨论题

1. 考虑国内某汽车制造商的供应链。

（1）汽车供应链包括哪些组成环节？

（2）供应链中涉及哪些不同的企业？

（3）这些企业的目标是什么？

（4）举例说明这条供应链中存在的冲突目标。

（5）罕见事件或意外事件会给这条供应链带来哪些风险？

2. 考虑银行提供的消费者抵押服务。

（1）抵押供应链包括哪些组成环节？

（2）这条供应链中，是否包含多家企业？这些企业的目标是什么？

（3）产品供应链和服务供应链的相似之处是什么？区别是什么？

3. 请举例说明供应链如何随时间而变化。

4. 纵向一体化的企业拥有、管理并运作所有相关的业务职能。横向一体化的企业由一些独立运营的企业组成，公司总部提供品牌、指导和一般策略。比较这两种类型企业的供应链策略。

5. 如果一个企业是完全纵向一体化的，有效供应链管理是否仍然重要？

6. 考虑某家主要销售罐装蜜桃的食品加工企业的供应链。在这条供应链中，不确定性的来源是什么？

7. 考虑某企业重新设计其物流网络的决策问题。集中设置几个仓库的优点是什么？靠近最终用户设置多个仓库的优点是什么？

8. 考虑某企业选择运输服务提供商的决策问题。选择卡车承运商的优点是什么？选择 UPS 等快递公司的优点是什么？

9. 企业库存水平高有什么优点？有什么缺点？库存水平低有什么优点和缺点？

10. 供应链建立冗余有哪些途径？供应链建立冗余的优点和缺点是什么？

11. 参考图 1-6，运输成本增加的原因是什么？库存成本增加的原因是什么？它们是否相互影响？如何相互影响？

参考文献

第2章
库存管理与风险分担

学习完本章，你应该能够回答以下问题：

- 企业如何应对顾客需求的波动？
- 服务与库存水平之间存在什么样的关系？
- 提前期及其波动对库存水平有何影响？
- 什么是有效的库存管理策略？
- 有哪些方法可以用来预测未来需求？

2.1 引 言

在许多行业和供应链中，库存是最主要的成本之一。以美国为例，在库存上的投资高达1万多亿美元。对于许多管理者来说，有效的供应链管理等同于降低供应链库存水平。当然，这只是关于供应链管理的最简单观点——事实上，供应链中有效库存管理的目标是在正确的地点、正确的时间拥有正确数量的库存，从而在满足客户服务水平的同时使系统成本最小化，而不合理地降低库存水平可能会明显影响客户服务。实际上，与库存有关的决策对客户服务水平和供应链系统成本有着重大影响，在复杂的供应链中，管理库存是一项极具挑战性的任务。

正如我们在第1章所讨论的，一条典型的供应链一般由供应商、制造商（将原材料转变为成品）、仓库和配送中心（成品从这里配送给顾客）等组成。库存存在于供应链的各个环节，主要有以下几种形式：

- 原材料库存。
- 零部件库存。
- 在制品库存，指制造过程中不断增值的产品。
- 成品库存。

每种形式的库存需要不同的库存控制机制或方法。然而，确定这些库存机制比较困难，因为确定有效的生产、配送和库存控制策略，从而降低系统成本、改善服务水平，必须考虑供应链不同层次之间的相互影响。然而，改善这些库存控制机制所带来的好处也将是巨大的。

实例 2-1

通用汽车（GM）是拥有全球最大的生产和配送网络的企业之一，多年来，公司持续关注如何采用先进的技术，更有效地管理供应链中的库存。1984 年，通用汽车的配送网络由 20 000 家供应商、133 家零部件制造厂、31 家装配厂和 11 000 家经销商组成。运输成本大约为 41 亿美元，其中 60％为原材料的运输。另外，当时公司的库存价值达 74 亿美元，70％是在制品，剩下的都是成品。通用汽车采用了一种决策工具，用来降低库存和运输总成本。事实上，通过调整运输量（如库存策略）和路线（如运输策略），公司库存成本年降幅达到 26％。[1]

既然库存管理起来费用很高而且难度很大，为什么还要持有库存呢？持有库存有多方面原因，库存控制机制需要将这些因素考虑在内。持有库存的原因如下：

1. 未能预料的客户需求变化。客户需求总是难以预测，最近几年，客户需求的不确定性有所增加，因为：

（1）越来越多产品的生命周期在缩短。这意味着客户需求的历史数据无法获取或数据量很有限（见第 1 章）。

（2）市场上许多竞争性产品出现。产品种类的迅速增加使得预测特定型号产品的难度不断增加。事实上，预测一组产品的需求，即预测在同一市场上竞争的所有产品的总需求相对容易一些，而预测具体产品的需求则困难得多。我们将在 2.3 节、第 6 章和第 10 章进一步讨论该问题。

2. 在很多情况下，供应的数量和质量、供应成本和交货时间存在显著的不确定性。

3. 提前期。即使在需求或供应中不存在不确定性，由于交货有提前期，也需要持有库存。

4. 运输和制造中的规模经济。不管运输是自营还是外包，整车运输通常要比小批量运输经济。这促使企业倾向于大批量运输产品，从而导致库存持有量上升。实际上，许多提供运输服务的企业通过提供运价折扣鼓励客户大量运输（见第 3 章）。同样，当产品大批量生产时，制造流程会更高效，但需要制造商持有更多的原材料和成品库存。这反过来又促使制造商激励分销商和零售商进行大批量采购，从而也导致了高库存水平。

　　减少需求和供应的不确定性，缩短提前期，或者减小规模经济，可能会降低所需的库存，但这些因素无法彻底消除。只要消费者在最后一刻决策，天气和交通问题无法预料，产品生产地与产品销售地不一致，或者空车和满车运输成本存在差异，企业就总会倾向于持有库存。尽管持有库存的道理很明确，然而，在正确的时间、地点持有正确数量的库存通常难以做到。

　　● 2014 年 4 月，沃尔玛承认由于库存设置问题，公司损失了约 30 亿美元的销售额，而且在这一时期，公司的库存成本增速还高于营收增速。[2]

　　● 2014 年，因为库存积压，露露乐蒙（Lululemon）股票大跌 15%。因为没能预测到流行趋势的变化，产品库存激增，公司不得不下调盈利预期。[3]

　　● 库存问题带来的影响不仅仅是财务方面。美国医药行业经常遭受药品短缺的困扰。药品短缺问题给美国医疗质量造成了严重而广泛的影响。[4]

　　以上这些例子提出了库存管理和需求预测中的两个重要问题。由于在大多数情况下，需求是不确定的，需求预测是确定订货批量的关键依据。但是需求预测与最优订货量之间的关系是什么？订货量应该等于、大于还是小于预测的需求？如果订货量不等于预测需求，会偏离多少？这些问题将在本章讨论。

　　用于决策如何管理库存的策略、方法或技术称为企业的库存策略。为了制定有效的库存策略，管理者必须考虑供应链的许多特性。

　　1. 首要而且最重要的是顾客需求，顾客需求可能是事先知道的或随机的。在后一种情况下，当可以获取历史数据时，可以使用预测工具来估计顾客的平均需求和顾客需求变动量（经常用标准差来衡量）。

　　2. 系统中的提前期包括制造和运输时间，以及供应商的提前期。提前期可能是已知的和稳定的，也可能是不确定的。

　　3. 需要考虑不同产品的数量。这些产品可能在制造产能、资金预算或储存空间等资源方面竞争，也可能使频繁采购和运输变得经济可行，因此，各种产品的库存策略相互影响。

　　4. 计划期的长度。

　　5. 成本，包括订货成本和库存成本。

　　（1）订货成本一般包括两部分：产品购买成本和运输成本。产品购买成本与规模经济有关，也就是说，订单量越大，产品单价越低。

　　（2）库存持有成本，或保管成本，包括：

　　1）各州的税、财产税和库存保险。

　　2）维护保养费用。

　　3）过期成本，源于产品变质（如食品）或市场变化（如时尚类产品）导致库存价值丧失或贬值的风险。

　　4）机会成本，代表投资于其他方面而非库存的投资回报。

　　6. 服务水平要求。顾客需求是不确定的，通常不可能百分之百地满足，所以管理层需要确定一个可以接受的服务水平。

2.2　单阶段库存控制

我们首先考虑供应链中的单阶段库存管理。根据单阶段库存问题的特点，有多种库存管理技术和方法可供使用。

2.2.1　稳定需求——经济批量模型

经典的经济批量模型由福特·哈里斯（Ford Harris）于 1915 年提出，尽管它是一个简单的模型，但说明了订货成本和存储成本之间的权衡。考虑有一个仓库面临单一产品的稳定需求。仓库从供应商处订货，假定供应商有无穷数量的产品。模型的假设如下：

- 需求速度是恒定的，每天需求 D 件产品。
- 订货批量固定，每次订货 Q 件，也就是每次仓库向供应商订购 Q 件产品。
- 仓库每次订货都会发生一个固定成本（准备成本）K。
- 库存持有成本为 h，即每天保管每单位库存的成本。
- 提前期，发出订单到收到货物所需的时间，这里假设为零。
- 初始库存为零。
- 计划期无限长。

我们的目标是寻找最优的订货策略，以在满足需求（即不出现缺货）的同时，使每年的平均采购和保管总成本最小。

这是真实库存系统的一个最简化的版本。在一段很长的时期内需求固定的假设是不现实的。产品补货通常需要一段时间，固定订货批量的要求会受到一些限制。但不管怎样，经济批量模型能反映需求相对稳定的库存系统中的各种主要权衡问题，从这个模型中得到的结论有助于我们在更复杂的现实系统中制定有效的库存策略。

我们很容易发现，在上面描述的经济批量模型的最优策略中，当库存降到零的时候，补货量会准时送达。这称为零库存订货特点，采用当库存降到零的时候立即订货并同时收货的策略时，就会看到这种现象。很明显，当库存降到零时再订货是成本较低的一种策略，因为节约了库存持有成本。

为了在经济批量模型中寻找最优订货策略，我们假设库存水平是时间的函数（见图 2-1）。我们称之为锯齿状库存模式。两次相邻补货之间的时间为一个周期。因此，整个周期 T 内的库存总成本为：

$$K+\frac{hTQ}{2}$$

式中，K 为每次订货时会发生一次的固定成本，而库存持有成本可以看成单位产品在单位时间持有成本 h 和平均库存水平 $Q/2$ 及周期 T 的乘积。

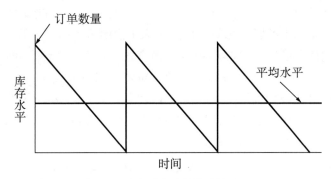

图 2-1　随时间变化的库存水平

由于库存水平在周期 T 内由 Q 向 0 变化，单位时间的需求稳定为 D 件，因此 $Q=TD$。我们将成本除以 T，并将 T 用 Q/D 替换，可得单位时间的总平均成本为：

$$\frac{KD}{Q} + \frac{hQ}{2}$$

应用简单的微积分，很容易得到使成本最小的解所对应的订货量 Q^*：

$$Q^* = \sqrt{\frac{2KD}{h}}$$

通过这个简单的模型，可以发现这个模型的两个重要特点。

1. 最优策略平衡了单位时间库存持有成本和单位时间准备成本。实际上，单位时间准备成本$=KD/Q$，单位时间库存持有成本$=hQ/2$（见图 2-2）。因此，增加订货批量会增加单位时间库存持有成本，同时会减少单位时间准备成本。当单位时间准备成本（KD/Q）等于单位时间库存持有成本（$hQ/2$）时，我们可以得到最优订货批量。也就是

$$\frac{KD}{Q} = \frac{hQ}{2}$$

或

$$Q^* = \sqrt{\frac{2KD}{h}}$$

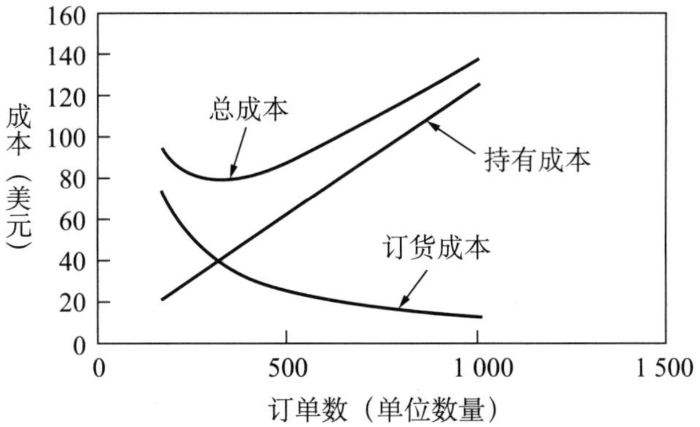

图 2-2　经济批量模型：单位时间的总成本

2. 总库存成本对于订货批量并不敏感。也就是说，改变订货批量对年准备成本和库存持有成本的影响相对不敏感。为了说明这个问题，假定决策者令订货批量 Q 等于最优订货批量 Q^* 乘以系数 b。换言之，对于一个给定的 b，$Q=bQ^*$。因此，$b=1$ 意味着决策者采用经济订货批量。如果 $b=1.2$（或 $b=0.8$），则决策者采用的订货批量比最优订货批量多（或少）了 20%。表 2-1 给出了系数 b 变动对总成本的影响。例如，如果决策者订货批量较最优订货批量多 20%（$b=1.2$），那么总成本相对最优成本的增加值不超过 1.6%。

表 2-1 灵敏度分析

b	0.5	0.8	0.9	1	1.1	1.2	1.5	2
成本增加	25.0%	2.5%	0.5%	0	0.4%	1.6%	8.9%	25.0%

实例 2-2

假设有一家五金供应仓库，根据合同每星期向当地制造公司供应 1 000 单位的特制紧固件。仓库向上游的供应商补货，每次订货和运输费用是 20 美元。仓库以 1 美元的单价采购紧固件，同时以 5 美元的价格卖给当地公司。年持有成本是库存价值的 25%，也就是一年 0.25 美元。仓库经理想知道当库存降至零时，每次应该订购多少产品。

要回答这个问题，我们可以应用前面的公式。每年的需求量（假设制造公司一年工作 50 周）为 50 000 单位，每单位产品的年持有成本是 0.25 美元，每次固定成本是 20 美元。因此，仓库每次下订单的最优订货量为 2 828 单位。

2.2.2 随时间变动的已知需求

当需求随时间变动时，存在类似的成本权衡问题，在这种情况下，订货量随时间而变。考虑以下问题：某仓库可以在每期（如每周）补货来满足计划期的需求。这一库存模型的假设如下：

- 该模型用于确定 T 期（我们称之为模型的计划期）各期的订货量。
- 第 t 期的需求为 D_t。
- 订货量随时间变化，第 t 期的订货量为 Q_t。
- 其他假设条件与经济订货批量模型：
  ◇ 仓库每次订货都会发生一个固定成本（准备成本）K。
  ◇ 库存持有成本为 h，即保管每单位库存的单位时间成本。
  ◇ 提前期，从发出订单到收到货物所需的时间，这里假设为零。
  ◇ 初始库存为零。

在这一问题中，我们的目的是确定一组订货量，在满足所有需求（即不允许缺货）的同时，使订货费用和库存持有成本最小化。和经济订货批量模型一样，这是现实库存模型的一个简化版本，具有同样的局限性。但是，该模型放松了经济订货批量模型的一个关键限制条件，即订货量随时间变动，可以反映变化的需求。

求解该模型得到一组有效的订货量，其关键在于以下观察：在任何时期，在持有上期剩余库存的同时进行补货是没有意义的，因为一旦下达订单，就会产生固定成本 K。在这种情况下，订货量需要考虑整期所需的量。因此，在任何下达订单的时候 t，订货量是未来若干期需求的加总，即 D_t，或 $D_t + D_{t+1}$，或 $D_t + D_{t+1} + D_{t+2}$ 等。给定这些观察结果，可以利用数学工具求解最佳的订货计划。

实例 2-3

考虑实例 2-2 提到的五金供应仓库。现在，不再是向当地制造公司每周交付 1 000 件特制紧固件的问题，仓库与制造公司签订了合同，在未来 10 周需要根据每周的需求交付不同数量的紧固件（见表 2-2）。

表 2-2　未来 10 周的需求量

周	1	2	3	4	5	6	7	8	9	10
需求量	500	700	1 000	800	900	500	300	400	800	1 100

仓库向上游的供应商补货，每次订货和运输费用是 20 美元。仓库以 1 美元的单价采购紧固件，同时以 5 美元的价格卖给当地制造公司。年持有成本是库存价值的 25%，也就是一年 0.25 美元（每周约为 0.005 美元）。仓库经理想知道未来 10 周每周应该订购多少件产品。

这一问题的求解可以借助数学优化工具，求解得到的最优结果为：第 1 周采购 2 200 件，第 4 周采购 2 900 件，第 9 周采购 1 900 件。这一策略的总成本为 7 099.43 美元。其他策略的成本比较如下：每周采购一次，满足该周需求，总成本为 7 200 美元；每两周采购一次，总成本为 7 116.83 美元；第一周一次性采购 10 周的量，总成本为 7 174.33 美元。

2.2.3　需求不确定性的影响

前面的模型讨论了固定成本和库存持有成本之间的权衡问题。但是，模型忽略了需求不确定性和预测的问题。事实上，许多公司认为世界是可以预测的，在销售季节到来以前就做好预测，并根据需求预测制定生产和库存决策。尽管这些公司清楚地认识到，在预测时需求存在不确定性，但是在具体做计划使用预测数据时，却把预测值当成了现实的需求数据。因此，在这种情况下，我们需要记住关于预测的以下定律：

1. 预测总是不准确的。
2. 预测的期限越长，预测误差越大。
3. 综合预测更准确。

上述定律中，第一条意味着供应和需求很难匹配。第二条意味着顾客的长期需求更难预测，例如预测期限长达 12～18 个月。第三条指出，虽然很难预测顾客对单个库存单位（SKU）的需求，但预测产品系列内所有 SKU 的总需求会容易许多。这个定律是风险分担效应的一个例子（见 2.3 节）。

2.2.4　单期模型

为了更好地理解需求不确定性的影响，我们考虑一系列更具体和复杂的情形。首先，我们考虑某种生命周期非常短的产品，公司只有一次订货机会。在需求产生之前，公司必须决定库存量以便满足需求。如果库存过多，公司会因库存过多而有所损失。如果库存太少，公司将失去一些客户和订单，从而使利润受损。

依据历史数据，公司通常可以预测各种需求情况和每种情况发生的机会或概率。给定某种具体的库存策略，公司可以估计与每种需求情况相关的利润。因此，给定一个订货批量，公司可以对每种情况下的利润根据其发生的概率加权，从而计算出特定订货量下的平均利润或期望利润。公司应该采用平均利润最大化的订货量。

实例 2-4

考虑一个设计、生产并销售夏季时尚服饰（如泳装）的公司。在夏季到来的 6 个月前，公司必须确定其所有产品的生产数量。由于没有明确的迹象表明市场会对新的设计产生什么反应，公司需要使用不同的工具来预测每种款式的需求，并计划相应的生产和供应量。在这种情况下，需要进行权衡的问题就很清楚了：过高估计顾客需求会导致库存销售不掉，过低估计顾客需求会导致缺货并失去潜在客户。

为了辅助做出这些管理决策，市场管理部门使用过去 5 年的历史数据，结合当前的经济状况和其他因素，构建泳装需求的概率预测模型。基于可能的天气状况和竞争对手的行为，公司对即将到来的夏季估计了几种可能的销售状态，并为每种状态设定了发生的概率。例如，市场部门估计销售 8 000 件的情况发生概率为 11%；其他情景有不同的销售量，分别对应不同的发生概率。这些情况在图 2-3 中详细说明。根据概率加权，预测的平均需求为 13 000 件，但是实际需求可能大于或小于平均需求。

我们还有以下数据：

- 为了开始生产，制造商必须先投资 100 000 美元，该投资额与要生产的数量无关，这笔费用可视为固定生产成本。
- 可变生产成本为每件 80 美元。
- 在夏季每件泳装的售价为 125 美元。
- 在夏季没有被售出的泳装将以 20 美元的价格出售给折扣店，我们称此价值

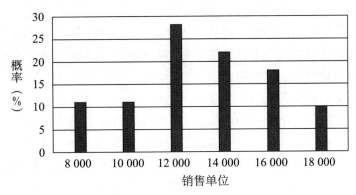

图 2-3 概率预测

为残值。

为了确定最优的生产量，公司需要了解生产数量、顾客需求和利润之间的关系。

假定制造商生产 10 000 件，而需求实际是 12 000 件。显而易见，利润等于夏季的销售收入减去可变生产成本和固定生产成本。即

利润＝125×10 000－80×10 000－100 000＝350 000（美元）

如果公司生产 10 000 件泳装而需求只有 8 000 件，利润等于夏季销售收入，加上残值，减去可变生产成本和固定生产成本。即

利润＝125×8 000＋20×2 000－80×10 000－100 000＝140 000（美元）

注意，需求为 8 000 件的概率为 11％，而需求为 12 000 件的概率为 27％。因此，生产 10 000 件泳装产生 350 000 美元利润的概率为 27％，产生 140 000 美元利润的概率为 11％。同样，可以计算出每种给定状况下生产 10 000 件泳装的利润。此时，我们可以确定生产 10 000 件的期望（或平均）利润。这个期望利润就是所有需求状况下的利润分别乘以各状况对应的概率相加而成。

当然，我们希望找到平均利润最大时的订货量。图 2-4 绘出了随产量变动的平均利润函数。图中显示最优生产量（或者说是平均利润最大的生产量）大约为 12 000 件。

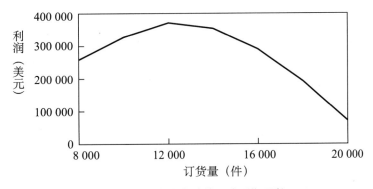

图 2-4 随产量变动的平均利润函数

有意思的是，期望利润最大时的订货量不一定等于平均需求。事实上，在前面的案例中，期望利润最大化时的订货量是 12 000 件，但平均需求是 13 000 件。

那么最优订货量或生产批量和平均需求之间存在什么样的关系呢？最优订货量是否应该总是如前面案例所示小于平均需求？为了回答这个问题，我们计算再多生产一件泳装的边际利润和边际成本。如果这件泳装在夏季卖出，则边际利润是每件售价与生产泳装的单位可变成本之差。如果这件泳装在夏季未能售出，则边际成本是可变生产成本与残值之差。因此，如果在夏季没能销售出去这件多生产的泳装，其产生的边际成本大于在夏季销售这件泳装所获得的利润，那么最优生产量一般小于平均需求。如果情况相反，那么最优生产量通常大于平均需求。

实例 2-5

让我们回到实例 2-4。在这个例子中，平均需求是每年 13 000 件，前面我们得到的最优订货量约为 12 000 件。为什么会这样？

为了回答这个问题，我们计算多生产一件泳装的边际利润和边际成本。如果这件泳装在夏天能够销售出去，那么边际利润是 45 美元。如果这件泳装在夏天没能销售出去，那么边际成本是 60 美元。因此，在销售季节这件多生产的泳装没有售出的成本大于售出所获得的利润，于是最优生产批量小于平均需求。

当然，这在企业目标是平均利润最大化的情况下是成立的。对于其他类型的投资，如果销售没有达到预期目标，库存投资就会面临下跌风险；如果需求超过预期，库存投资就有好的收益。有意思的是，在我们的模型中可以描述出盈利潜质和下跌风险，从而有利于库存投资管理决策。

实例 2-6

再次考虑上述实例。图 2-4 给出的是随产量变动的平均利润函数。图中给出了最优生产量，或者说是平均利润最大的生产量，约为 12 000 件。我们还可以发现生产 9 000 件和生产 16 000 件获得的平均利润相同，为 294 000 美元。如果出于某种原因，我们必须在 9 000 件和 16 000 件之间选择，该选择多少？

为了回答这个问题，我们需要更好地理解与特定决策相关的风险。出于这个目的，我们构造了利润的频率直方图（见图 2-5），该图提供了有关 9 000 件和 16 000 件两种给定产量的潜在利润。例如，考虑产量为 16 000 件时的利润。图中显示利润的分布并不是对称的。损失 220 000 美元的概率为 11%，获得至少 410 000 美元利润的概率为 50%。另一方面，在频率直方图中，产量为 9 000 件时只有两种可能的结果：利润为 200 000 美元的概率是 11%，利润为 305 000 美元的概率是 89%。因此，虽然生产 16 000 件和 9 000 件具有同样的平均利润，但当我们增加产量后，可能的风险和可能的回报都会增加。因此，为了增加获取更高利润

的机会而承担损失风险上升的做法，可能是可取的，也可能是不可取的，这取决于
企业的决策偏好。

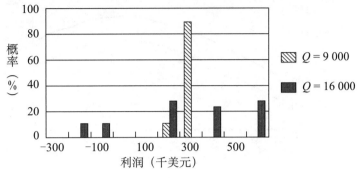

图 2-5　利润的频率直方图

总结如下：

● 最优订货量不一定等于预测需求或平均需求。实际上，最优订货量取决于多
销售一件产品所产生的边际利润和边际成本。更重要的是，固定成本对产量没有影
响，只对是否生产的决策有影响。因此，当确定生产时，产量与固定生产成本无关。

● 平均利润一般会随订货量增加而增加，直到订货量达到一个特定值，之后
再继续增加会导致平均利润开始下降。

● 当我们增加产量，风险——即遭受损失的概率——也会变大。与此同时，
获得较大利润的概率也会变大。这就是风险和回报之间的权衡问题。

2.2.5　初始库存

在前面的模型中，我们考虑的是销售季节非常短，公司只有一次订货或者生产
机会去满足需求。接下来，我们考虑类似的一种情形，不过公司目前已经拥有一些
库存，这些库存可能是上个销售季节剩下的。如果没有额外的订单或生产，目前拥
有的库存可以用来满足需求。当然，公司不可能出售多于其初始库存水平的产品。
另外，如果下达订单，就必须支付固定成本，同时也能获得额外的库存。因此，当
具有初始库存时，需要权衡的问题是，要么避免支付固定成本而只拥有少量的存
货，要么支付固定成本从而拥有更多的存货。

实例 2-7

回顾前面的例子，假定现在所考虑的泳装是去年生产的一种款式，该制造商初
始库存为 5 000 件。假定这种款式的需求遵循前面所介绍的同样的情景模式，制造
商是否应该生产？如果要生产，应该生产多少件？

如果该制造商不再生产泳装，则销售不超过 5 000 件，也不会有额外的固定成
本。但是如果制造商决定生产，就要支付与生产数量无关的固定生产成本。

为了求解这一问题，参考图 2-6，图中的实线代表不包括固定生产成本的平均利润，而虚线则代表包括固定生产成本的平均利润。

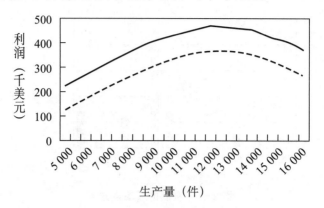

图 2-6　利润和初始库存的影响

在图 2-6 中，虚线与图 2-4 中的曲线相同，而实线部分对应于每种产量的曲线位置都在虚线之上；两条曲线垂直距离之差就是固定生产成本。注意，如果什么也不生产，平均利润可以从图 2-6 中的实线中得到，等于：

225 000（由图中得到）＋5 000×80＝625 000（美元）

其中，后一部分是可变成本，已经包含在 225 000 美元中（我们假设在前期，已经支出了可变生产成本；如果没有的话，就不需要加上这一部分的成本）。

另一方面，如果制造商决定生产，显然，库存会从 5 000 件上升到 12 000 件。因此，此时的平均利润从图中虚线得到并等于：

371 000（由图中得到）＋5 000×80＝771 000（美元）

在这里，我们同样假设可变生产成本在前一期已经支付。由于将库存增加到 12 000 件的平均利润大于不生产产品时的利润，最优策略是生产 7 000 件（＝12 000 件－5 000 件）。

现在考虑初始库存为 10 000 件的情况。根据同样的分析，很容易发现没有必要再生产其余的泳装，因为初始库存 10 000 件的平均利润要大于再生产 2 000 件使库存达到 12 000 件时的平均利润。这是因为如果不生产，就不需要支付固定生产成本；如果生产，则要支付与生产量无关的固定生产成本。

因此，如果生产，我们可以获得的最大平均利润为 375 000 美元。这与我们有 8 500 件初始库存并决定不生产时的平均利润相当。因此，当初始库存低于 8 500 件时，我们决定生产并使库存增加到 12 000 件。如果初始库存超过 8 500 件，则不再生产。

从泳装实例的分析中，可以发现一种在库存管理实践中非常有用的库存策略：当库存水平低于特定值 s 时，我们订货（或生产）以提高库存水平到 S。这个策略被称为 (s, S) 策略或最小最大策略。我们一般称 s 为订货点，称 S 为最大库存水平。最后，可以发现如果没有固定成本，最优库存量将是最大库存水平，要不断地订购足够的数量来提高库存到既定的水平。

实例2-8

在泳装生产的例子中，订货点是 8 500 件，最大库存水平是 12 000 件。两个水平之间的差距由与订货、生产或运输相关的固定成本决定。

2.2.6　报童模型

在前面的例子中（从实例 2-4 开始），给定一系列可能的需求情景以及每一种需求情况的发生概率，我们讨论库存决策问题。有时候，需求不是按情景产生，而是服从某种分布。例如，根据预测，需求服从正态分布，具有给定的均值和标准差。换言之，概率需求服从著名的钟形曲线，可以用均值和标准差加以描述。

在这种情况下，我们通常采用著名的报童模型来确定合适的订货量。面对不确定的销售需求，报纸销售商需要决策究竟应该采购多少份报纸的问题，报童模型的名字起源于这种决策情景。报童模型假设：

- 需采购 Q 单位的某种产品以满足随机需求。
- 需求连续分布，其累积分布函数为 $F(x)$。换言之，对于任何采购量 Q，$F(Q)$ 指随机需求小于或者等于 Q 的概率。
- 每单位库存的采购成本为 c，销售价格为 p，因而，每单位产品的利润为 $(p-c)$。

利用微积分，很容易求解得到最佳的采购量 Q^*，使得需求小于或等于 Q^* 的概率满足

$$F(Q^*) = \frac{p-c}{p}$$

实例2-9

我们再次回到泳装生产的例子。在这个例子中，每件泳装的生产成本为 80 美元，销售价格为 125 美元。假如需求服从正态分布，均值为 13 000，标准差为 4 000，则最优订货量满足以下等式：

$$F(Q^*) = \frac{125-80}{125}$$

利用 Excel 公式（＝NORM. INV（$F(Q^*)$，13 000，4 000）），可以很容易求解得到最优订货量为 11 566 件。

2.2.7　多次订货

前文分析的模型假定，在一个计划期内，决策制定者只有一次订货决策。例如，时尚类产品的销售季节通常很短，不太可能有机会根据实际的顾客需求进行再

次订货。但在实际情况中，决策制定者会在一年中的任何时间重复订货。

例如，考虑某个分销商面对的产品需求是随机的，分销商通过向制造商采购来满足需求。当然，制造商无法立即满足分销商的订单——无论分销商何时发出订单，都需要经历一个固定的交货提前期。由于需求是随机的，而且制造商有一个固定的交货提前期，所以即便没有订货准备成本，分销商也需要备库存。经销商备库存的原因有三点：

1. 为了满足提前期内产生的需求。由于订货不可能立即就满足，因此，手头必须备一定的库存来满足从订单发出到收到订货这段时间的顾客需求。

2. 为了应对需求的不确定性。

3. 为了平衡年库存持有成本和年订货固定成本。我们已经了解到，频繁订货会降低库存水平而可降低库存持有成本，但会导致年订货成本上升。

虽然这些问题直觉上很清楚，但分销商要确定采用何种具体的库存策略并不简单。为了对库存进行有效管理，分销商需要决定何时订购，以及订购多少。我们将对以下两种策略进行区分：

● 连续检查策略。在这种策略中，需要实时监控库存，当库存降至某个水平或订货点时就下达订单。当库存可以连续检查的时候，这种库存策略最适用——如采用库存管理计算机系统。

● 定期检查策略。在这种策略中，每过一段固定的时间间隔就检查一次库存水平，每次检查以后确定合适的订购数量。当频繁检查库存和下达订单不可行或不便利的时候，这种订货策略就比较适用。

2.2.8 连续检查策略

我们先假设某个库存管理系统，系统中的库存可以被实时监控。与定期检查系统相比，连续检查系统提供的库存管理策略的反应性更强（为什么？）。

针对连续检查策略，我们做出以下假设：

● 每日需求是随机的，服从正态分布。换言之，和报童模型分析一样，我们假设需求可以用平均值和标准差进行描述。

● 分销商每次向制造厂采购产品，需要支付一个固定的成本 K，再加上与订购量成比例的费用。

● 库存持有成本按单位时间保管单位库存的费用计算。

● 对库存水平进行实时监控，如果发出一份订单，订货经过固定提前期后到达。

● 如果顾客订单到达时，经销商无库存满足顾客需求（例如，分销商已经断货了），则这笔订单将流失。

● 分销商设置了要求达到的服务水平。服务水平是在提前期内不出现缺货的概率。例如，分销商希望确保提前期内至少满足 95％ 的顾客需求，这里的服务水平为 95％。

为了分析分销商应该采用的库存策略，我们需要以下信息：

AVG＝分销商的平均日需求量

STD＝分销商日需求的标准差

L＝从供应商到分销商的补货提前期（天数）

h＝分销商单位库存每天的持有成本

α＝服务水平，即缺货的概率为 $1-\alpha$

另外，我们需要定义库存状况的概念，任何时刻的库存状况是指仓库的实际库存加上分销商未到的订货减去缺货。

为了描述分销商应该采用的策略，先让我们回顾一下由含初始库存的单期库存模型延伸得到的 (s, S) 模型。在 (s, S) 模型中，当库存降到 s 水平，我们就采购足够的产品使库存达到 S 水平。对于连续检查模型，我们采用比较简单的方法，此方法为 (Q, R) 策略——无论何时库存降到订货点 R，都订购 Q 单位产品。

订货点 R 由两部分组成。首先是提前期内的平均库存量，它是日平均需求与提前期的乘积。这确保了当分销商发出订单后，系统有足够的库存满足提前期内的期望需求。提前期内的平均库存需求为：

$$L \times AVG$$

第二个部分代表安全库存，是分销商需要在仓库和途中设置，以防止提前期内需求偏离平均值的库存数量。这个数量由下式计算：

$$z \times STD \times \sqrt{L}$$

式中，z 是一个常数，称为安全系数。这个常数与服务水平相关。因此，订货点等于

$$L \times AVG + z \times STD \times \sqrt{L}$$

安全系数 z 可以从统计表中查找，以确保提前期内的缺货概率为 $1-\alpha$。这意味着订货点必须满足

$$\Pr\{提前期需求 \geqslant L \times AVG + z \times STD \times \sqrt{L}\} = 1-\alpha$$

表 2-3 给出了满足不同服务水平 α 所对应的一系列 z 值。

表 2-3 服务水平和安全系数 z

服务水平	90%	91%	92%	93%	94%	95%	96%	97%	98%	99%	99.9%
z	1.29	1.34	1.41	1.48	1.56	1.65	1.75	1.88	2.05	2.33	3.08

订货量 Q 应该是多少呢？虽然计算这个模型的最优订货量不是很容易，但前面我们所介绍的经济订货批量对于该模型是很有效的。前面介绍的经济订货批量的计算公式如下：

$$Q = \sqrt{\frac{2K \times AVG}{h}}$$

如果顾客需求没有波动，无论何时，当库存量为 $L \times AVG$ 时，分销商将订购数量为 Q 的产品，因为需要等 L 天才能收到订货。但是，如果需求存在波动，当库存下降到订货点 R 时，分销商就应该发出订货量为 Q 的订单。

图 2-7 列举了在（Q, R）策略下，库存水平随时间变化的情况。那么，（Q, R）策略的平均库存水平有多少呢？可以看到在两次相邻订货之间，最小库存水平就在订货到达前一刻，而最大库存水平则在订货到达之时。在收到订货前的期望库存水平为安全库存：

$$z \times STD \times \sqrt{L}$$

而订货到达之际的期望库存水平为：

$$Q + z \times STD \times \sqrt{L}$$

因此，平均库存水平等于

$$Q/2 + z \times STD \times \sqrt{L}$$

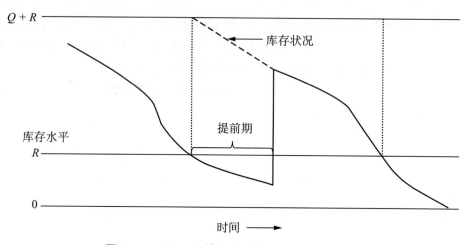

图 2-7　（Q, R）策略中随时间变化的库存水平

实例 2-10

考虑某电视机分销商，从家电制造工厂采购电视机，然后将产品销售给零售商。假设电视机分销商需要为仓库中某型号的电视机制定库存策略。分销商每发出一份电视机订单，需要支付一笔固定订货成本 4 500 美元，这个成本与订货批量无关。分销商的电视机采购成本为每台 250 美元，平均库存年持有成本是产品成本的 18%。补货提前期为两个星期。

表 2-4 给出了前 12 个月的月销售数据。假设分销商希望维持 97% 的服务水平，那么订货点和订货量应该为多少？

表 2-4　历史数据

月份	9	10	11	12	1	2	3	4	5	6	7	8
销售量（台）	200	152	100	221	287	176	151	198	246	309	98	156

根据表 2-4 中的数据，可以计算得到，平均月需求为 191.17 台，月需求的标准差是 66.53。

由于提前期为两个星期，我们将月平均需求和标准差转化为周平均需求和周标准差，计算如下：

$$周平均需求 = \frac{月平均需求}{4.3}$$

$$周需求的标准差 = \frac{月需求的标准差}{\sqrt{4.3}}$$

表 2-5 给出了计算得到的相关结果。这样我们就可以计算提前期内的平均需求和安全库存，根据表 2-3，按照 97% 的服务水平，找到对应的安全系数为 1.9（或更精确的 1.88）。安全库存加上提前期内的平均需求，即为订货点。所有这些数据都在表 2-5 中给出。

表 2-5　库存分析

参数	周平均需求	周需求标准差	提前期内的平均需求	安全库存	订货点
值	44.46	32.09	88.9	86.3	174

为了确定订货量 Q，计算单位电视机的周库存持有成本为：

$$\frac{0.18 \times 250}{52} = 0.87(美元)$$

或 87 美分。这意味着订货批量 Q 可以计算如下：

$$Q = \sqrt{\frac{2 \times 4\,500 \times 44.58}{0.87}} = 678(台)$$

也就是说，无论何时，当库存水平降至 174 台，分销商应下达订单，采购 678 台电视机。最后，平均库存水平等于

$$678/2 + 85.30 = 424 （台）$$

相当于，分销商平均持有 10 个星期（424/44.46）的库存。

2.2.9　可变提前期

很多情况下，交付到仓库的提前期固定且事先知道假设不一定成立。在实际情况中，到仓库的交付提前期可能是随机的或事先无法确定的。在这些情况下，我们假设提前期服从正态分布，定义 $AVGL$ 为平均提前期，定义 $STDL$ 为提前期的标准差。在这种情况下，订货点 R 计算如下：

$$R = AVG \times AVGL + z\sqrt{AVGL \times STD^2 + AVG^2 \times STDL^2}$$

式中，$AVG \times AVGL$ 代表提前期内的平均需求，而

$$\sqrt{AVGL \times STD^2 + AVG^2 \times STDL^2}$$

代表提前期内需求的标准差。因此，需要设置的安全库存为：

$$z\sqrt{AVGL \times STD^2 + AVG^2 \times STDL^2}$$

如前所述，订货批量 Q 满足以下公式：

$$Q = \sqrt{\frac{2K \times AVG}{h}}$$

2.2.10 **定期检查策略**

在很多实际情况中，库存水平的检查是周期性的，间隔期是固定的，每次检查后需订购适当的数量。如果间隔期相对很短（例如一天），就可以采用修正后的 (Q, R) 策略。(Q, R) 策略不能直接使用，因为当仓库下单的时候，库存水平可能已经降到订货点之下。为了解决这个问题，定义两种库存水平 s 和 S，每次检查库存，如果库存下降到 s 以下，就订购足够多的产品使库存量达到 S。我们把修正的 (Q, R) 策略称为 (s, S) 策略。虽然 s 和 S 最优值的确定比较困难，但一种有效的近似方法是，假设在连续检查的情况下，计算出 Q 和 R，然后令 s 等于 R，S 等于 $R + Q$。

如果库存连续检查的时间比较长（例如每周或每月），库存检查之后下单就是可行的。由于库存水平检查是周期性的，发出订单的固定成本是沉没成本，可以忽略；可以假设，固定成本用于确定检查周期。订购的批量经过一定的提前期后到达。

在这种情况下，仓库应该采用什么样的库存策略？由于固定成本在这种情况下不起作用，库存策略只由一个参数——基本库存水平来刻画。也就是说，仓库要确定一个目标库存水平——基本库存水平，并在每次检查库存后，订购足够的货物使库存状况上升到基本库存水平。

有效的基本库存水平应该是多少？为了求解这个问题，令 r 为检查周期的长度——我们假定每隔长度为 r 的时间发出一次订货。L 是提前期，AVG 是仓库的平均日需求，STD 是日需求的标准差。

注意，在仓库发出订货的时候，订货要使库存量上升至基本库存水平。在下一批订货到来之前，这一水平的库存应能防止仓库出现缺货。由于下一批订货在 $r + L$ 天后到来，当前的订货要足以满足 $r + L$ 天内的平均需求。

因此，基本库存水平应包含两部分。$r + L$ 天内的平均需求，等于 $(r + L) \times AVG$。而安全库存，即仓库用以保障 $r + L$ 天内需求偏离平均需求时的供应，其计算公式如下：

$$z \times STD \times \sqrt{r + L}$$

式中，z 为安全系数。

图 2-8 列举了采用这种策略时库存水平随时间变化的情况。在这种情况下，平均库存水平是多少？如前所述，库存水平在收到订货之际达到最大，在临收货前为最小。因此，收到订货时的期望库存水平为：

$$r \times AVG + z \times STD \times \sqrt{r + L}$$

而临收货前的期望库存水平就是安全库存，为：

$$z \times STD \times \sqrt{r + L}$$

因此，平均库存水平是这两个水平的平均值，为：

$$\frac{r \times AVG}{2} + z \times STD \times \sqrt{r+L}$$

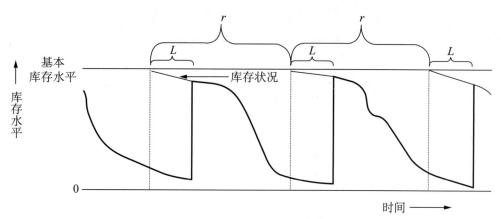

图 2-8 定期检查策略下随时间变化的库存水平

实例 2-11

我们继续前面的例子，并假定经销商每 3 个星期发一次电视机订单。由于提前期是 2 个星期，基本库存水平需要覆盖 5 个星期。因此，该时期内的平均需求为：

$$44.46 \times 5 = 222.3$$

按照 97% 的服务水平计算，安全库存如下：

$$1.9 \times 32.09 \times \sqrt{5} = 136.3$$

因此，基本库存水平为 223+136＝359。也就是说，分销商每 3 个星期发出一次订货，使库存量升至 359 台电视机的水平。这里，平均库存水平等于

$$\frac{3 \times 44.46}{2} + 1.9 \times 32.09 \times \sqrt{5} = 202.98$$

这意味着，经销商平均持有 5 个星期（202.98/44.46）的库存。

2.2.11 服务水平优化

到现在为止，我们假设库存优化的目标是在给定服务水平的前提下，确定最优库存策略。现在的问题是，企业如何确定合理的服务水平。有时候，服务水平是由下游客户决定的。换言之，零售商可以要求供应商维持特定的服务水平，而供应商则依据这个设定的服务目标来管理其库存。

在其他情况下，企业拥有一定的灵活性来设置合理的服务水平。图 2-9 给出了库存和服务水平之间的权衡问题：在其他条件相同的情况下，服务水平越高，库存水平就越高。同样，在相同的库存水平下，企业供货的提前期越长，其所提供的服务水平就越低。最后，服务水平的边际影响随着库存水平的下降而降低。也就是说，库存水平越低，每单位库存对服务水平的影响就越大，进而影响到期望利润。

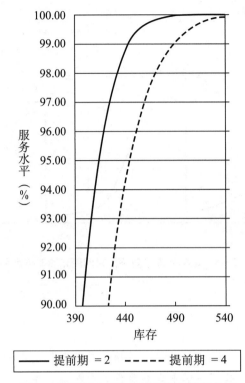

图 2-9　服务水平与库存及提前期的关系

因此，在决策每个 SKU 的服务水平时，零售商可能采用的策略应该使所有或部分产品的期望利润最大化。即给定所有产品的某一服务水平，我们为每一个 SKU 确定服务水平，从而使期望利润最大化。当其他情况都相同时，具有以下特性的产品的服务水平比较高：

- 高边际利润。
- 高产量。
- 低变动性。
- 较短的提前期。

图 2-10 描述了利润最大化对服务水平的影响。纵轴代表年销售额，横轴代表需求不稳定性。每个圆圈代表一种产品，圆圈的大小则与边际利润成比例。整体的目标服务水平是 95%。从图中可见，多数高边际利润、高产量和低不稳定性的产品的服务水平高于 99%（灰色圆圈表示）。另一方面，低边际利润、低产量和高不稳定性的产品的服务水平低于 95%。

2.3　风险分担

风险分担是缓解供应链波动的一种很有用的方法。风险分担意味着如果汇集各地的需求，需求的波动程度将会降低。这是因为，当我们汇集不同地区的需求，某

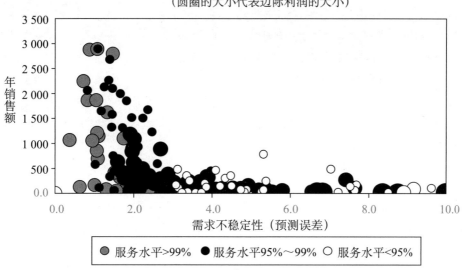

某一仓库的产品
（圆圈的大小代表边际利润的大小）

● 服务水平>99%　　● 服务水平95%～99%　　○ 服务水平<95%

图 2-10　不同 SKU 的服务水平优化

一顾客的高需求有可能被另一顾客的低需求抵消。需求波动程度的降低可以减少安全库存的设置，从而减少平均库存。

为了理解风险分担效应，有必要了解需求的标准差和变异系数。标准差用来衡量需求偏离平均需求的大小，而变异系数是标准差和平均需求的比值。

$$变异系数 = \frac{标准差}{平均需求}$$

在这里，了解标准差和变异系数的区别是非常重要的，这两个指标都度量顾客需求的波动性。实际上，标准差衡量顾客需求波动的绝对值，而变异系数衡量顾客需求相对平均需求的波动程度。

有了这些背景知识，接下来，我们通过案例来了解风险分担的作用。

案例

风险分担

ACME 是美国东北部一家制造和分销电子设备的公司，公司正面临着一个配送问题。目前的配送系统将东北地区分成两个市场，每个市场配有一个仓库。其中一个仓库位于新泽西州的帕拉姆斯，另一个仓库位于马萨诸塞州的牛顿。顾客一般是零售商，直接向仓库订货。在目前的配送系统中，根据市场划分，顾客被分配到对应的市场，向相应市场的仓库订货。

仓库向位于芝加哥的制造厂订货。制造厂将产品交付到仓库的提前期为一个星期，制造厂有足够的产能满足所有仓库的订单。目前，仓库的配送策略能够维持 97% 的服务水平，这意味着每个仓库使用的库存策略要确保缺货率不大于 3%。当然，不能满足的订单将流失，无法通过以后的交货来补偿。

由于最初的配送系统是 7 年前设计的，公司新任命的首席执行官决定重新审视目前的物流和配送系统。ACME 在其供应链中处理大约 1 500 种产品，服务东北地区大约 10 000 个顾客。ACME 考虑采用以下的替换策略：用位于帕拉姆斯和牛顿之间的一个仓库替代现有的两个仓库。我们称这种配送系统为集中型配送系统。首席执行官认为，无论采用何种配送策略，都需要维持 97% 的服务水平。

显然，相比只有一个仓库的配送策略，目前具有两个仓库的配送系统有一个重要的优点：由于每个仓库更靠近一组特定的顾客，可以缩短交货时间。但是，公司提出的新方案也有其重要的优势，新方案可以使 ACME 以更低的库存水平达到同样 97% 的服务水平，或者以同样的库存水平实现更高的服务水平。

直觉上，这可以解释如下：由于需求是随机的，某个零售商高于平均水平的需求很可能被另一个零售商低于平均水平的需求抵消。随着仓库所服务的零售商数量增加，这种情况出现的可能性会变大。实际上，这正是前面所介绍的预测第 3 定律：综合预测更准确。

如果决定采用集中型配送系统，并维持 97% 的服务水平，那么，ACME 能减少多少库存？

为了回答这个问题，我们需要对 ACME 目前和未来配送系统中采用的库存策略进行更加详细的分析。尽管应该对所有产品展开详细分析，但在这里，我们只选取其中两种具体产品 A 和 B 进行分析和解释。

对于这两种产品，仓库向工厂订货的固定成本为每次 60 美元，单位产品库存持有成本为每星期 0.27 美元。在目前的配送系统中，从仓库到顾客的运输成本是平均每件 1.05 美元。在集中型配送系统中，从中心仓库运往顾客的运输成本为平均每件 1.10 美元。为了进行分析，我们假定两个系统的交货提前期相同。

表 2-6 和表 2-7 分别提供了产品 A 和 B 的历史销售数据。表中包括每种产品过去 8 周内在各市场的周需求量数据。从表中数据可知，产品 B 的销售速度相对较慢——产品 B 的需求相对产品 A 的需求要小。

表 2-6　产品 A 的历史数据

周	1	2	3	4	5	6	7	8
马萨诸塞州	33	45	37	38	55	30	18	58
新泽西州	46	35	41	40	26	48	18	55
合计	79	80	78	78	81	78	36	113

表 2-7　产品 B 的历史数据

周	1	2	3	4	5	6	7	8
马萨诸塞州	0	2	3	0	0	1	3	0
新泽西州	2	4	0	0	3	1	0	0
合计	2	6	3	0	3	2	3	0

表 2-8 给出了每种产品平均周需求和周需求标准差的数据，同时给出了每个仓库需求的变异系数。

表 2-8　历史数据汇总

	产品	平均需求	需求标准差	变异系数
马萨诸塞州	A	39.3	13.2	0.34
马萨诸塞州	B	1.1	1.4	1.21
新泽西州	A	38.6	12.0	0.31
新泽西州	B	1.3	1.6	1.26
合计	A	77.9	20.7	0.27
合计	B	2.4	1.9	0.81

标准差衡量顾客需求波动的绝对值，变异系数衡量顾客需求相对平均需求的波动程度。我们可以发现，产品 A 需求的标准差大于产品 B，而产品 B 需求的变异系数大于产品 A。两种产品之间的需求波动差异对最后的分析有很大影响。

最后需要注意的是，在集中型配送系统中，每种产品的平均需求是现有仓库平均需求之和。但是中心仓库所面对的需求波动程度由标准差或变异系数衡量，远小于两个仓库的需求波动之和。这对于目前的配送系统和新配送系统的库存水平有重大影响。这些库存水平的计算方法见前面几节，计算结果见表 2-9。

表 2-9　库存水平

	产品	提前期内平均需求	安全库存	订货点	Q
马萨诸塞州	A	39.3	24.8	64	132
马萨诸塞州	B	1.1	2.5	4	22
新泽西州	A	38.6	24.8	62	131
新泽西州	B	1.3	3.0	4	24
合计	A	77.9	38.9	117	186
合计	B	2.4	3.6	6	32

产品 A 在新泽西州的帕拉姆斯仓库的平均库存水平约为：

安全库存＋$Q/2$＝88

类似地，在马萨诸塞州的牛顿仓库，产品 A 的平均库存为 91 件，而在中心仓库里的平均库存为 132 件。因此，当 ACME 将目前的系统改为集中型系统，产品 A 的平均库存显著下降了 36%。

产品 B 在帕拉姆斯的平均库存为 15 件，在牛顿的平均库存为 14 件，在中心仓库的平均库存为 20 件。因此，ACME 可以将产品 B 的平均库存减少 43%。

这个案例形象地说明了风险分担的效应。通过风险分担的需求汇集，可以降低需求的波动程度，从而减少安全库存和平均库存。例如，在上面的集中型配送系统中，中心仓库为所有顾客提供配送服务，使需求波动程度减小，这可以通过标准差和变异系数来衡量。

有关风险分担效应，我们总结以下三个关键点：

1. 集中库存同时减少了系统的安全库存和平均库存。可以做如下解释：在集中型配送系统中，无论何时，当一个区域市场的需求高于平均需求，而另一个区域市场的需求低于平均需求时，仓库中原来分配给一个市场的库存可以重新分配给另一个市场。在分散型配送系统中，在不同市场的仓库之间重新分配库存几乎是不可能的。

2. 变异系数越大，从集中型系统中获得的好处就越多，即通过风险分担得到的改善越大。这可以解释如下：平均库存包括两部分——与平均需求成比例的部分（Q）和与需求标准差成比例的部分（安全库存）。在这里，平均库存的减少主要通过安全库存的减少来实现，因此，变异系数越高，安全库存对库存降低的影响就越大。

3. 从风险分担中得到的改善依赖于一个市场相对于另一个市场的需求行为。我们把一个市场的需求增大、另一个市场的需求也增大的现象，称为两个市场的需求是正相关的。类似地，市场需求正相关的时候，一个市场需求减小，另一个市场需求也会减小。两个市场需求的正相关性越高，通过风险分担所能获得的改善就越小。

在第 6 章，我们将讨论风险分担的其他例子。在本章，风险分担是按顾客汇集需求来体现，而在第 6 章，我们将通过汇总各种产品或不同时间段的需求来分析风险分担效应。

2.4 集中型与分散型系统

前一节的分析提出了一个重要的实际问题：在比较集中型系统和分散型系统时，我们需要权衡什么？

安全库存。很明显，当企业从分散型系统向集中型系统转变时，安全库存会减少。安全库存减少的程度取决于一些参数，包括变异系数和不同市场需求之间的相关程度。

服务水平。当集中型和分散型系统拥有同样的安全库存时，集中型系统的服务水平相对较高。如前所述，服务水平的提高程度取决于变异系数和不同市场需求之间的相关程度。

管理费用。一般来说，分散型系统中的管理费用较高，因为其规模经济效应较小。

顾客提前期。由于在分散型系统中，仓库距离顾客更近，因此，响应时间通常更短（见第 3 章）。

运输成本。运输成本的影响依赖于具体的情况。一方面，当增加仓库数量时，出库运输成本——从仓库向顾客交货的运输成本——会减少，因为仓库离市场更近；另一方面，入库运输成本——从工厂运输到仓库的成本——会增加。因此，对总运输成本的净影响，无法直接判断。

2.5　供应链中的库存管理

到目前为止，我们所考虑的大多数库存模型和实例都假定，单一环节（例如，某个仓库或某个零售环节）管理库存的问题，目的在于尽可能降低总成本。

在本节，我们考虑一条由多个环节组成的串行供应链，这些环节同属于一家公司。串行供应链由一系列环节组成，每一环节仅供货给单一下游环节，直到最终环节满足最终客户需求。例如，一家制造商供货给一家批发商，这家批发商供货给单一分销商。这一分销商供货给一家零售商，从而最终满足客户需求。

如果这条串行供应链由一家公司拥有，公司的目标是管理库存以减少系统成本，那么对于该公司来说，需要考虑不同环节的交互作用和这些交互作用对每个环节库存策略的影响。

我们假设：

1. 库存决策由一个决策者制定，其目标是使系统成本最小。
2. 决策者能了解到每个零售商和仓库的库存信息。

在这些假设下，基于级库存的库存策略是管理系统库存的一种有效方法（值得注意的是，该问题的最优策略通常很难求解，但这里介绍的策略是非常有效的）。

为了理解这一策略，有必要先介绍级库存的概念。在一个配送系统中，每一环节或每一层次（如仓库或零售商）通常被称为一级。因此，在供应链系统的任何环节或层次的级库存等于该级的现有库存加上所有下游库存（下游是指接近客户的环节）。

如图 2-11 所示，分销商的级库存等于分销商的库存加上零售商的在途库存和现有库存。同样，分销商的级库存状况是指分销商的级库存加上分销商的在途订货量减去缺货量（见图 2-11）。

管理串行供应链系统，如下方法是比较有效的。首先，零售商库存可以采用前面介绍的 (Q, R) 策略加以管理。根据前面讨论的公式，零售商的订货点和订货量计算如下：

$$R = L \times AVG + z \times STD \times \sqrt{L}$$

$$Q^* = \sqrt{\frac{2KD}{h}}$$

在这种情况下，提前期 L 是指从零售商下达订单到收到货物之间的时间，假设仓库拥有足够的存货。只要库存降至订货点 R 之下，零售商就订购 Q 单位的产品。类似地，分销商的订货点 R 和订货量 Q 也可以这样计算。在这种情况下，分销商的库存策略是控制其级库存状况，只要级库存状况低于 R，分销商就订购 Q 单位产品。

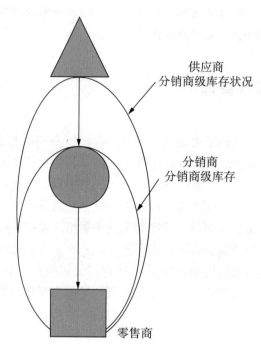

图 2-11　串行供应链

分销商级库存状况的订货点应如何计算？在这里，订货点为：

$$R = L^e \times AVG + z \times STD \times \sqrt{L^e}$$

式中，L^e 为级提前期，定义为零售商和分销商之间的提前期加上分销商和供应商之间的提前期；AVG 为零售商的平均需求；STD 为零售商需求的标准差。

接下来，批发商和制造商的库存管理可以采用类似方法。在这里，需适当调整提前期，并采用合理的级库存。

实例 2-12

考虑前面描述的四阶段供应链。假设零售商面对的平均周需求为 45，需求标准差为 32。此外，假设各环节需要维持 97% 的服务水平（$z=1.88$），各环节之间以及制造商与其供应商之间的提前期是一周。各环节的固定订货成本和持有成本如表 2-10 所示，表 2-10 同时给出了订货量。

表 2-10　成本参数和订货量

	K	D	H	Q
零售商	250	45	1.2	137
分销商	200	45	0.9	141
批发商	205	45	0.8	152
制造商	500	45	0.7	255

接下来，采用不同的级库存，各环节的订货点计算如下：

零售商：

$$R = 1 \times 45 + 1.88 \times 32 \times \sqrt{1} = 105$$

分销商：

$$R = 2 \times 45 + 1.88 \times 32 \times \sqrt{2} = 175$$

批发商：

$$R = 3 \times 45 + 1.88 \times 32 \times \sqrt{3} = 239$$

制造商：

$$R = 4 \times 45 + 1.88 \times 32 \times \sqrt{4} = 300$$

在每一级，当级库存状况低于该级的订货点时，就订购 Q 单位产品。

如果供应链的某一环节涉及不止一个设施，这时怎么办？例如，单一仓库供应多家零售商的两阶段供应链。在这种情况下，相同的方法完全可以适用，只是在这里，仓库的级库存是指仓库拥有的库存加上所有零售商的在途库存和持有库存。类似地，仓库的级库存状况是仓库的级库存加上仓库的在途库存减去缺货量（见图 2-12）。

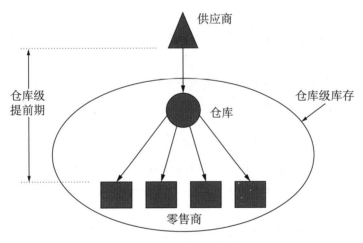

图 2-12　仓库级库存

为了管理这个系统中的库存，和前面一样，先计算每一个零售商的订货点 R 和订货批量 Q，当零售商的库存状况低于订货点 R，就订购 Q 单位的产品。

与仓库级库存状况相关的订货点应如何计算？在这里，订货点为：

$$R = L^e \times AVG + z \times STD \times \sqrt{L^e}$$

式中，L^e 为级提前期，即零售商和仓库之间的提前期加上仓库和供应商之间的提前期；AVG 为所有零售商的平均需求（即综合需求的平均值）；STD 为所有零售商总需求的标准差。

实例 2-13

考虑实例 2-10 中的电视机分销商。在那个例子中，我们为仓库确定了库存策略。现在，假设仓库向一组零售商供货。表 2-3 提供了零售商总需求的历史数据。两周的提前期是指级提前期——仓库发出订单并将货物送达顾客的时间。因此，分销商需要在系统中确保 174 单位的总库存量，即大约 5 周的供应量，包含在运至仓库的途中、仓库中、运至零售商的途中和零售商处的库存量。

零售商又应如何计算？在这种情况下，我们需要进行同样的计算，但这次使用仓库到零售商所对应的提前期。

例如，假定零售商需要一周才能从仓库收到订货。采用前面同样的方法，确保 97% 的服务水平，我们可以得到该零售商的订货点 R 为 20。因此，当零售商库存为 20 时，需要发出一个订单。很明显，如果其他零售商面对不同的需求或提前期，则其订货点也将不同。

这一方法可以扩展至更复杂的供应链——具有更多层次的供应链，前提条件是供应链是集中控制的，且决策者可以获取各级库存的信息。

2.6　实际问题

向物料和库存管理经理调查有效降低库存的策略时，通常排在前几位的策略包括[5]：

1. 定期库存检查。在这个策略中，每隔固定的时间，检查库存一次，同时做出订货量的决策。通过定期库存检查策略，可以识别滞销和过时产品，从而有利于管理层持续降低库存水平。

2. 消耗速度、提前期和安全库存的严格管理。这使得企业可以确保库存维持在合理的水平。通过采用这样的库存控制过程，企业可以发现连续数月消耗速度减慢的情况。如果不采取适当的措施，消耗速度的降低意味着同一时期内库存水平的上升。

3. 降低安全库存水平。这可能要通过缩短提前期来实现。

4. 引入或加强周期盘点活动。系统每天对部分库存进行盘点，以取代每年的库存实物盘点。在这种系统中，每种产品在一年中都将被盘点数次。

5. ABC 分类法。在这种策略中，产品被分成三大类。A 类产品包括所有高回报产品，一般占全年销售额的 80% 和库存种类的 20%。B 类产品占全年销售额的 15%，而 C 类产品代表低回报产品，价值只占全年销售额的 5%。由于 A 类产品占企业业务的大部分，应当对其使用高频率的定期检查策略（例如每周检查）。对 B 类产品也可以使用定期检查策略，但其检查频率要低于 A 类产品。最后根据产品的价值，对 C 类中的较贵产品，企业可以不备库存，对 C 类中的便宜产品，可以备大量库存。

6. 将更多库存或库存所有权转移给供应商。

7. 定量方法。这些方法类似于本章所介绍的方法，主要关注库存持有成本和订货成本之间的权衡问题。

通常来说，库存管理经理并不特别关注降低成本，而更加关注降低库存水平。事实上，在很多行业，物料经理通常会尽最大努力去提高库存周转率。库存周转率定义如下：

$$库存周转率 = \frac{年销售额}{平均库存水平}$$

根据这一定义，随着库存周转率的上升，平均库存水平将下降。例如，相比竞争对手塔吉特（Target），零售巨头沃尔玛具有更高的库存周转率。[6] 这表明，沃尔玛有更高的流动性、更小的商品过时风险，以及更少的库存投资。当然，降低库存水平并不总是合理的，因为这可能增加失去销售机会的风险。

因此，问题在于，在实践中企业的库存周转率多大合理？一般来说，实践中，企业的库存周转率每年都会变化，不同行业的库存周转率也不同。[7] 表 2-11 给出了 2020 年不同行业的库存周转率数据。

表 2-11　不同行业的库存周转率

行业	周转率
科技	205.11
消费品	20.87
运输	12.01
服务	11.29
医疗	10.94
零售	9.45
商业连锁	6.32

资料来源：http://csimarket.com/screening/index.php?s=it&pageS=1&fis=.

2.7　预　测

在本章，我们已经强调了与预测相关的问题。我们已经了解了预测的三条定律：

1. 预测总是不准确的。
2. 预测的期限越长，预测误差越大。
3. 综合预测更准确。

不管怎样，预测是管理工具箱中的一个关键工具。我们已经知道，尽管预测本身有困难，但管理人员可以通过预测更好地进行库存管理。另外，预测不仅仅用于库存决策，也有助于解决其他决策问题，例如是否进入特定市场、是否扩大产能或是否实施促销计划等。在这一节，我们将探讨不同的预测方法，这些方法可以单独或结合使用。当然，就预测内容而言，可以单独写一本书（已经有许多这方面的书籍）。在本书中，我们的目标是介绍几种不同的预测方法，并讨论各种预测方法适用的条件。

尽管预测工具和方法有许多种，但基本可以划分为以下四大类[8]：

- 判断方法，涉及专家意见的收集。
- 市场研究方法，涉及消费者行为的定性研究。
- 时间序列方法，通过过去的结果推测未来结果的数学方法。
- 因果方法，基于各种系统变量进行预测的数学方法。

下面，我们将详细讨论这些方法。

2.7.1 判断方法

判断方法以系统的方式，将不同专家的意见有效地结合起来。例如，销售人员（或经销商）更靠近市场，通常对预期的销售有更好的感觉。销售人员汇总意见法，就是根据合理的方法，把每个销售人员做出的销售预期结合在一起。

为了达成多数人的一致，可以考虑使用专家座谈法。在这一方法中，通过沟通和公开地分享信息，能够达成较好的预测共识。这些专家既可以是外部专家，也可以是公司内部各职能领域的专家。

德尔菲法是一种结构化技术，使一组专家达成共识，却不需要把这些专家召集到一起。实际上，这种方法可以避免专家组中个别有很强影响力的人主导整个决策过程。在德尔菲法中，对专家组中的每位成员进行意见调查，一般是书面形式。调查结果被汇总并整理，然后每位成员在看到整理的调查结果后，可以调整自己的意见。这个过程通过几次的反复，最后将达到共识。

例如，回顾本章中的泳装生产案例。在该案例中，泳装公司使用概率预测进行生产和库存决策。这个预测由几种不同的情况组成，每种情况有一定的发生概率。这种概率预测十有八九就是由市场部门通过上面列出的一种或多种判断方法得出的。

2.7.2 市场研究方法

市场测试和市场调查是进行预测的有价值的工具，尤其是对于新推出的产品。在市场测试中，通过测试几组潜在顾客对产品的反应，可以估算整个市场对产品的预期需求。市场调查涉及收集多种潜在顾客的数据，一般通过面谈、电话调查和问卷调查等方法来收集数据。

2.7.3 时间序列方法

时间序列方法是使用大量过去的数据（即预测值的历史数据）来估计未来的数据。常用的时间序列方法有多种，每种方法各有优点和缺点。我们将在第 5 章探讨时间序列预测方法与牛鞭效应之间的关系。

下面，我们将介绍几种常用的时间序列方法。[9]

移动平均法。预测值是以往几期实际需求数据的平均值。移动平均法的关键在于选择多少个需求数据进行移动平均，从而将数据中的不规则效应最小化。在第 5 章，我们会介绍移动平均预测对牛鞭效应的影响。在这种情况下，如果我们利用以往几期的需求数据（D_{t-1}，D_{t-2}，D_{t-3}，…）预测第 t 期的需求 F_t，则采用 n 期移动平均的预测值，为：

$$F_t = \frac{\sum_{i=1}^{n} D_{t-i}}{n}$$

指数平滑法。预测值是上一次预测值和上一期的实际需求值的加权平均。该方法与移动平均法较为类似。不同之处在于，预测值是所有历史数据的加权平均值，越是近期的数据权重越大。指数平滑预测采用 0 到 1 之间的参数 α，代表上一期观察数据的权重，因此

$$F_t = \alpha D_{t-1} + (1-\alpha) F_{t-1}$$

趋势数据的预测方法。前面两种方法假定数据没有明显的趋势。如果数据有趋势，使用回归分析和霍氏（Holt's）方法效果会更好，因为这些方法考虑了数据的趋势。回归分析将数据点拟合成一条直线，而霍氏方法则利用指数平滑的概念，随时间对回归线的截距和斜率的预测值进行更新。

季节性数据的预测方法。有许多方法适用于带季节性变化的需求。例如，季节分解方法从数据中除去了季节性模式的部分，并对这些处理过的数据应用上面列举的预测方法。与霍氏方法类似，温特（Winter's）方法是一种在指数平滑中考虑趋势和季节性的方法。

更复杂的预测方法。现在，学者提出了许多更复杂的预测方法。但是，实践中一般不使用这些更复杂的方法，实践证明复杂的方法不一定比简单方法更准确。

2.7.4　因果方法

上面介绍的时间序列方法完全基于预测数据的历史值，而因果方法所基于的数据不是历史值。具体而言，预测数据是其他数据的函数。例如，用因果法预测下季度的销售，预测值可能是通货膨胀、国民生产总值、失业率、天气或其他相关数据的函数。

2.7.5　选择合适的预测技术

有这么多预测技术可用，特定情况下使用哪种技术更合适？钱伯斯（Chambers）、穆里克（Mullick）和史密斯（Smith）（CMS）在《哈佛商业评论》上发表文章，提出了有助于这一决策的三个问题。[10]

• 预测的目的是什么？预测结果将如何使用？如果是预测销售总额，采用较简单的技术可能是合适的，如果需要更详细的销售预测，更高级的预测技术可能是必要的。

● 需要预测的系统的动态性如何？系统是否对某些类型的经济数据有敏感性？如果是，因果方法将更合适。需求是否具有季节性变化、上升或下降的趋势？这些特征都将影响预测工具的选择。

● 过去对将来的影响有多重要？如果很重要，时间序列方法就更合适。如果系统变化太显著，致使过往数据的作用下降，则判断方法或市场研究方法更有效。

CMS还指出在产品生命周期的不同阶段，需要不同的预测技术。在产品开发阶段，市场研究方法可以预测不同产品和设计的潜在销量。在产品试制阶段，额外的市场研究有较好的价值，而判断方法对预测产品的将来需求有用。在快速成长阶段，时间序列方法可能最有价值。

此外，一旦产品变得成熟，时间序列方法和因果方法都可能有用，其中因果方法根据对经济数据的估计可以预测长期的销售业绩。

最后，通过结合使用这一节介绍的不同技术，预测的质量通常会得到改善。吉奥葛夫（Georgoff）和莫迪克（Murdick）发现"综合预测的结果，通常大大优于单一的估计、预测技术和专家的分析"。[11] 显然这是真实的，因为在给定情况下，一般很难直接从几种可用预测技术中挑出最有效的技术。

小 结

在供应链中，匹配供应和需求是一项巨大的挑战。为了削减成本并保证服务水平，需要考虑库存持有成本和准备成本、提前期、提前期波动和需求预测。库存管理的第一定律是，预测总是不准确的。因此，简单的需求预测值对于制定有效的库存策略是不够的。实际上，本章介绍的库存管理策略还需要考虑需求波动性信息。

库存管理的第二定律是，预测的期限越长，预测误差越大。这说明当预测期限变长时，预测的精度会下降。

库存管理的第三定律是，综合预测更准确。也就是说，综合的需求数据波动更小。这是风险分担效应的理论基础，风险分担能够在不降低服务水平的同时降低库存。

尽管预测有许多缺点，但预测仍然是有必要的。目前，有许多方法可以用来改善预测。

在本章，我们讨论了统一管理系统中的库存决策问题。当然，在很多情况下，不同管理者或公司拥有或运营供应链的不同环节。在第4章，我们将探讨在分散型系统中有效管理库存的合同和策略。

讨论题

1. 企业如何应对顾客需求的巨大波动？

2. 服务和库存水平之间存在什么样的关系？

3. 提前期、提前期波动对库存水平有什么影响？

4. 在确定目标服务水平时，管理层应考虑哪些因素？

5. 考虑前面分析的 (Q, R) 策略。请解释为什么收到订货前的期望库存水平为：

$$z \times STD \times \sqrt{L}$$

而收到订货时的期望库存水平为：

$$Q + z \times STD \times \sqrt{L}$$

6. 考虑前面分析的基本库存策略。请解释为什么收到订货时的期望库存水平等于

$$r \times AVG + z \times STD \times \sqrt{r+L}$$

而收到订货前的期望库存水平为：

$$z \times STD \times \sqrt{r+L}$$

7. 假设你经营一家百货商店。请你列举销售的五种产品，对应库存管理的目标服务水平从低到高排列。请假设你的订货依据。

8. 考虑由一家制造厂、一家直接转运中心和两个零售点组成的供应链。商品从制造厂运到直接转运中心，再运到零售点。令 L_1 为从制造厂到直接转运中心的提前期，L_2 为从直接转运中心到每个零售点的提前期。令 $L = L_1 + L_2$。在下面的分析中，我们将固定 L，变动 L_1 和 L_2。

（1）比较两个系统的安全库存，其中一个系统从直接转运中心到零售点的提前期为零（$L_1 = L$ 且 $L_2 = 0$），另一个系统从制造厂到直接转运中心的提前期为零（$L_1 = 0$ 且 $L_2 = L$）。

（2）为了降低安全库存，直接转运中心应该靠近制造厂，还是靠近零售点？为此，分析增加 L_1 并相应减少 L_2 对总安全库存的影响。

9. 假定你正在考虑选择供应商。你愿意选提前期较短但波动很大的供应商，还是提前期较长但波动很小的供应商？

10. 尽管我们一般将库存相关成本分成固定部分和可变部分进行建模，但是实际情况更复杂。请讨论，在短期内固定不变但长期内会发生变化的库存相关成本。

11. 忽略随机性的经济批量模型在何时有用？

12. 高需求波动有什么不利的地方？是否有什么好处？

13. 请给出一个按照地区、时间和产品汇集需求的风险分担的具体例子。

14. 你认为在什么时候，两家商店对同一种产品的需求是正相关的？什么时候又是负相关的？

15. 考虑由索尼公司推出的第一款随身听。讨论在产品生命周期的开始阶段、中间阶段和末尾阶段，哪种预测方法更有用。现在，考虑近期推出的苹果随身听型号。你如何评价所使用预测技术的变化？

16. 技术问题：KLF 电子公司是一家美国电子设备制造商。公司有一个制造厂，位于加利福尼亚的圣何塞。KLF 电子公司将其产品配送到 5 个地区仓库，分

别位于亚特兰大、波士顿、芝加哥、达拉斯和洛杉矶。在目前的配送系统中，将美国分成 5 个主要的市场，每个市场由相应的一个仓库负责供货。顾客一般是零售商，它们直接向本地区的地区仓库订货。这意味着，在目前的配送系统中，每个顾客被分配到单一的市场，并只向一个地区仓库订货。

仓库向制造厂订货。制造厂一般要花两个星期来满足任何一个地区仓库的订货。目前，KLF 电子公司向顾客提供的服务水平是 90%。最近几年，公司发现竞争越来越激烈，顾客要求改善服务水平并降低成本的压力越来越大。为了改善服务水平并降低成本，KLF 电子公司考虑变更采用 5 个仓库的配送策略为仅用一个中央仓库的策略。中央仓库在现有仓库中进行选择。公司的首席执行官认为，无论使用什么配送策略，公司都应该确保服务水平上升到 97%。

请回答以下三个问题：

（1）一份对 5 个地区市场顾客需求的详细分析发现，5 个地区市场的需求非常相似。也就是说，如果一个地区的周需求高于平均周需求，其他地区的周需求也会偏高。这一发现对新系统的吸引力有何影响？

（2）为了进行严格的分析，你选择了一个典型的产品 A。表 2-12 给出了该产品在过去 12 周内每个地区市场的周需求数据。每份订单（仓库发给制造厂）需要 5 550 美元的准备成本，库存持有成本为每单位每周 1.25 美元。在目前的配送系统里，单位产品从制造厂运输到仓库的平均成本在表 2-13 中给出（见入库一栏）。表 2-13 还给出了单位产品运输到地区市场各商店的平均成本（见出库一栏）。最后，表 2-14 提供了单位产品从现有地区仓库运输到其他地区市场的平均成本，假定地区仓库变成中央仓库。

表 2-12　历史数据

周	1	2	3	4	5	6	7	8	9	10	11	12
亚特兰大	33	45	37	38	55	30	18	58	47	37	23	55
波士顿	26	35	41	40	46	48	55	18	62	44	30	45
芝加哥	44	34	22	55	48	72	62	28	27	95	35	45
达拉斯	27	42	35	40	51	64	70	65	55	43	38	47
洛杉矶	32	43	54	40	46	74	40	35	45	38	48	56

表 2-13　单位产品运输成本

仓库	入库	出库
亚特兰大	12	13
波士顿	11.50	13
芝加哥	11	13
达拉斯	9	13
洛杉矶	7	13

表 2 - 14 集中型系统中单位产品的运输成本

	亚特兰大	波士顿	芝加哥	达拉斯	洛杉矶
亚特兰大	13	14	14	15	17
波士顿	14	13	8	15	17
芝加哥	14	8	13	15	16
达拉斯	15	15	15	13	8
洛杉矶	17	17	16	8	13

假定只考虑产品 A，比较两种系统，你将推荐哪个系统？为了回答这个问题，你需要基于历史需求数据，比较两种策略下的成本和平均库存水平。同样，你还需要确定哪个地区仓库更适合选为中央仓库。

（3）假设在集中型配送策略中，产品的配送采用 UPS 快递服务，可以保证产品在 3 天内到达中央仓库（0.5 周）。当然，在这种情况下，从制造厂到仓库的单位运输成本将增加。事实上，在这个例子中，运输成本将增加 50%。例如，从制造厂运到亚特兰大仓库的单位成本变成 18 美元。你是否推荐这种策略？请解释你的答案。

参考文献

第3章
网络规划 *

比斯公司*

比斯公司（Bis）是一家制造和分销涂料的公司。目前，该公司拥有八家制造厂，分别位于亚特兰大和丹佛等城市，面向遍布全美的 2 000 家零售店客户，包括家得宝、沃尔玛等。目前的配送系统中，所有产品先运往遍布全美的 17 个仓库，然后经仓库再配送给零售客户。

公司成立于 1964 年，起初是一个家族企业，公司在 20 世纪 70 年代和 80 年代以稳定的速度增长。目前，比斯公司有 12 个股东，并由一名新任命的首席执行官（CEO）负责经营。

在涂料行业中，毛利大约是 20%，比斯公司以差不多的价格生产、销售约 4 000 个不同的库存单位（SKU）。尽管利润率较高，但新上任的 CEO 认为，公司的配送网络不是最有效的。在最近的股东会议上，CEO 指出目前公司使用的配送策略是 20 年前设计的，一直没有调整过。该配送策略涉及以下步骤：

- 在制造厂生产并储存。
- 分拣、装载，运输到仓库中心。
- 卸货并储存于仓库。
- 分拣、装载，并发运到商店。

因此，股东们决定借助外界的帮助来改进公司的物流网络和供应链策略。经过销售部

---

* 比斯公司是一个虚构的公司。案例中的材料参照了我们从几家公司获得的经验。

门连续 6 个月的工作，你公司可以获得这份合约。在签订这份合约的时候，你公司承诺在不影响对方利润率的前提下，改进效率并降低服务成本。在初始的建议中，你公司提到"通过再造整个配送网络，可以兑现这一承诺"。再造整个配送网络，以及承诺设计并实施新的配送策略，正是这些方案建议，吸引了比斯公司的股东。

你公司项目小组提出了三个需要解决的问题：

第一，比斯公司应该采用的最佳物流网络配置是什么？从前期的分析中得出一个重要发现：在比斯公司采用的单层网络中，卡车利用率比较低，从而导致运输成本居高不下。因此，建议比斯公司考虑将物流网络变为双层配送网络，包含一级仓库和二级仓库。一级仓库从工厂接收货物，转运到二级仓库，再由二级仓库服务各个零售店。由于一级仓库的数量较少，卡车的利用率可以大幅提高，因而可以降低运输成本。现在的主要问题是确定一级仓库和二级仓库的数量、选址和规模大小。

第二，在新的物流网络中，公司应该将库存放在什么位置？库存量要设置为多少？具体来说，就是供应链中 4 000 个 SKU 的库存产品如何放置？是要把全部库存都放在各仓库，还是放一部分在一级仓库、其他放在二级仓库？

第三，每种产品应该由哪个工厂来生产？是每个工厂生产较少品种的产品以扩大规模效益、降低生产成本，还是以更好的柔性生产，以更多品种的产品来满足附近的零售店并降低配送成本？

为了确定最优网络配置，你已经把全国的零售店划分成 550 个地区，把产品分成 5 大系列，并收集到了以下数据：

1. 2019 年度，每个客户区对每种产品系列的需求量（以 SKU 表示）。
2. 每个工厂的年生产能力（以 SKU 表示）。
3. 每个仓库的最大容量（以 SKU 表示），包括新仓库和现有仓库。
4. 从工厂到仓库和从仓库到客户，每个产品系列每英里的运输成本。
5. 建造仓库的准备成本和关闭现有设施的成本。
6. 新仓库可能的选址地点。

由于市场上有大量的竞争产品，顾客服务是比斯公司特别关心的问题。具体的服务水平无法用具体的金额来度量。但是，CEO 认为，为了保持竞争力，交货时间不应超过一天。

比斯公司刚完成一个综合市场研究，表明其市场将有显著的增长。预计这个增长在不同的顾客区将基本一致，但具体产品之间会有所变动。表 3-1 给出了 2020 年和 2021 年的预计年增长系数。

表 3-1　预计年增长系数

产品系列	1	2	3	4	5
增长系数	1.07	1.03	1.06	1.05	1.06

八家工厂的可变生产成本随着产品和工厂的不同而不同。考虑到成本和风险，CEO 和公司股东反对建造新的工厂。但是，管理层希望能够将每个工厂生产的重点产品系列进

行调整，以降低包括运输成本在内的整个供应链成本，而不是像以前那样只考虑工厂的生产成本最小化。

比斯公司希望解决以下问题：

1. 比斯公司需要从现有的配送网络转变成双层配送网络吗？需要设置多少一级配送中心和二级配送中心？需要选在什么地方？

2. 在这个过程中，设计的模型是否真能代表比斯公司的物流网络？比斯公司如何验证这个模型？将客户和产品的数据汇总处理对模型的精度有何影响？

3. 对于新的物流网络，最优的库存策略是什么？是否每个仓库都要持有所有产品的库存？

4. 比斯公司的生产策略是否要转变成每个工厂只生产少量产品系列的模式？这种转变对运输成本将有怎样的影响？

学习完本章，你应该能够回答以下问题：

- 企业如何开发体现其物流网络特征的模型？
- 企业如何验证这个模型？
- 把客户和产品数据进行汇总处理后对模型精度有何影响？
- 企业如何决策库存应该放置在何处？
- 需求的不确定性和波动性会对库存定位决策造成怎样的影响？
- 在多个工厂能够生产多种产品的情况下，企业如何决策各工厂生产的产品类型？
- 企业如何知道是否、何时以及何地需要扩大生产能力？

3.1 引　言

实体供应链由供应商、制造商、仓库和配送中心以及零售网点组成，涉及原材料、在制品和成品库存在各环节之间的流动。在第 2 章，我们讨论了在已经构建好的供应链中如何管理库存的各种方法。在本章，我们聚焦于网络规划，通过网络规划流程，企业组织和管理供应链以实现如下目的：

- 在生产成本、运输成本和库存成本之间找到合适的平衡点。
- 通过高效的库存管理，满足供应和需求之间的匹配。
- 通过将产品安排在合适的工厂生产，实现资源利用效率的最大化。

当然，这是一个复杂且涉及多个层级的过程，需要对网络设计、库存定位与管理、资源利用等问题进行综合决策，以降低成本、提高服务水平。网络规划流程往往可划分为以下三个步骤：

1. 网络设计。包括生产工厂和仓库的数量、选址和大小的决策，从仓库向零售店配送的策略等。关键的采购决策也往往在这个过程中制定，通常决策考虑的时间范围涉及若干年。

2. 库存定位。包括库存点的决策、仓库供货工厂的选择，确定哪些工厂生产并存放库存，哪些工厂按订单生产、不持有库存。当然，这些决策与第 2 章讨论的库存管理策略有很大的联系。

3. 资源分配。有了物流网络和库存存放点之后，第三步的目标就是确定不同产品的生产和包装是不是在合适的工厂进行。工厂的采购策略应该是怎样的？每个工厂应该有多大的生产能力，以满足季节性波动？

在本章，我们将对每个步骤进行讨论并提供相应的案例。

3.2 网络设计

网络设计就是对供应链配置和基础设施所做的决策。正如第 1 章所解释的，网络设计是对公司有长远影响的战略决策。网络设计涉及的问题关系到工厂、仓库和零售店，同时也关系到配送和采购。

由于需求模式、产品组合、生产流程、采购策略、设施运营成本等方面的变动，供应链基础设施通常需要重新评估。同时，兼并收购也会促使不同的物流网络进行整合。

在下面的讨论中，我们关注以下关键决策问题：

1. 确定设施（如仓库和工厂）的合适数量。

2. 确定每个设施的位置。

3. 确定每个设施的规模。

4. 为每种产品分配设施产能。

5. 确定采购需求。

6. 确定配送策略，也就是将客户分配给对应的仓库。

在这里，决策目标是设计或重新配置物流网络，从而在满足各种服务水平的要求下，使系统年成本最小化，其中包括生产和采购成本、库存持有成本、设施运营成本（储存、搬运和固定成本）以及运输成本。

在这样的决策背景下，需要进行权衡的问题一目了然。增加仓库数量一般会造成：

- 由于减少了平均到达客户的运输时间，从而改进了服务水平。

- 为了确保每个仓库能够应付顾客需求的不确定性而增加安全库存，从而增加了库存成本。

- 管理费用和准备成本的增加。

- 减少了出库运输成本，即从仓库至顾客的运输成本。

- 增加了入库运输成本，即从供应商/制造厂到仓库的运输成本。

从本质上来说，企业必须在新设仓库增加的成本和缩短与顾客的距离带来的好处之间进行权衡。因此，仓库选址决策对于确定供应链产品配送渠道是否有效至关重要。

　　我们将在下文中介绍一些有关数据收集和成本计算的问题，这对于模型优化是必须的。其中，有些资料参考了其他物流教材。[1]

3.2.1　数据收集

　　一个典型的网络配置问题，涉及大量的数据，包括的信息有：
1. 顾客、零售商、现有仓库/配送中心、工厂和供应商的位置。
2. 所有产品的数量和特殊的运输方式（如冷冻运输）。
3. 每个区域顾客对每种产品的年需要量。
4. 每种运输模式的运输费率。
5. 仓库成本，包括劳动力、仓库保管费用和固定运营维护费。
6. 顾客订单交付的频率和规模。
7. 订单处理成本。
8. 顾客服务要求和目标。
9. 生产与采购成本及能力。

3.2.2　数据汇总处理

　　快速浏览以上的数据清单，就会发现模型优化设计所需的数据量是惊人的。例如，典型的软饮料产品的配送系统包含 10 000～120 000 名顾客。同样，在一个零售物流网络中，如沃尔玛和杰西潘尼公司（JC Penney），在网络中流转的产品种类达数千种甚至数十万种。

　　出于这个原因，第一步的数据汇总处理很重要。在处理数据时，可以按照以下步骤进行：

　　1. 采用网格或其他聚类技术，将距离较近的顾客集合起来。位于一个单元格内或一个族内的所有顾客可看作位于单元格或族中心的一个顾客。这些单元格或族称为顾客区。根据 5 位或 3 位邮政编码划分顾客，是一种非常有效的技术。注意，如果按照服务水平或交货频率对顾客分类，就需要根据顾客分类进行数据的汇总处理。这意味着，在每一类中，单独进行顾客数据的汇总处理。

　　2. 根据以下原则，将产品划分为合理数量的产品组：

　　（1）配送模式。所有从同一个源头分拣并送往同样顾客的产品可以归成一类。有时不仅需要按照配送模式，还要按照重量和体积等物流特征进行数据处理。也就是说，在具有同种配送模式的产品中，将单位体积和重量相似的产品划分为一个产品组。

　　（2）产品类型。在许多情况下，不同的产品可能仅仅在产品型号、款式或包装形式上有所不同。这些产品也可以划分成一类。

　　当然，用汇总处理后的数据替代原始的详细数据时，需要分析和考虑对模型效果的影响。我们从以下两个方面说明这个问题。

　　1. 即使存在能够根据原始详细数据解决物流网络设计问题的技术，采用数据汇总处理技术仍然很有用，因为企业在顾客和产品层次预测需求的能力通常比较弱。通过数据汇总处理，可以减少需求的波动程度，因此，在汇总层面进行的需求预测会更精确。

2. 大量研究表明，将顾客汇总处理后，划分为 150～200 个区域，总运输成本估算值的误差通常不超过 1%。[2]

实践中，在数据汇总处理过程中，通常可以遵循以下指导原则：

- 将需求点数据汇总处理，划分为至少 200 个区域。如果顾客按照服务水平或交货频率分类，则在每一类中，顾客数至少 200 个。
- 确保每个区有大致相等的总需求量，这意味着每个区的面积可能不等。
- 将汇总的需求点设置在每个区的中心。
- 将产品汇总划分成 20～50 个产品组。

实例 3-1

为了说明数据汇总处理对需求波动的影响，考虑一个简单例子，对只有两个顾客（例如零售店）的需求数据进行汇总处理。表 3-2 给出了顾客在过去 7 年中的需求数据。

表 3-2　两个顾客的历史数据

	2014 年	2015 年	2016 年	2017 年	2018 年	2019 年	2020 年
顾客 1	22 346	28 549	19 567	25 457	31 986	21 897	19 854
顾客 2	17 835	21 765	19 875	24 346	22 876	14 653	24 987
总计	40 181	50 314	39 442	49 803	54 862	36 550	44 841

假定这些数据准确反映下一年度每个顾客的配送需求量。表 3-3 提供了每个顾客和两个顾客汇总处理后的平均年需求及其标准差和变异系数。关于标准差和变异系数差别的讨论，参见第 2 章。

表 3-3　历史数据汇总

统计量	平均年需求	年需求标准差	变异系数
顾客 1	24 237	4 658	0.192
顾客 2	20 905	3 427	0.173
总计	45 142	6 757	0.150

注意，数据汇总处理后的年需求量等于每个顾客平均年需求的加总。但是，数据汇总处理后需求的波动程度（通常采用标准差和变异系数来衡量）小于两个顾客情况下需求的波动程度。

3.2.3　运输费率

构建有效配送网络模型的下一步是估计运输费率。大多数运输费率（包括卡车、铁路及其他运输方式）的计算与运输距离基本呈线性关系，不与运量呈线性关系。我们将区分内部车队和外部车队的运输成本。

公司自有卡车运输成本的估计相对简单，涉及每辆卡车的年费用、年行驶里程、年运量，以及卡车的有效运力。通过收集所有这些信息，可以计算每单个库存单位每英里的运输成本。

在模型中，考虑外部运输车队的运输费率要复杂得多。我们将区分两种运输模式：整车运输（TL）和零担运输（LTL）。

在美国，整车运输承运人将全国分成几个区。基本上每个州就是一个区，但是某些特大的州例外，如佛罗里达或纽约，被分成两个区。承运人向客户提供州际运费表。数据库提供了两个区域之间每辆卡车每英里的价格。例如，计算从伊利诺伊的芝加哥到马萨诸塞的波士顿的整车运输成本，我们需要先知道这两个区之间每英里的价格，然后乘以芝加哥和波士顿之间的距离。非对称性是整车运输成本结构的一个重要特征。例如，从伊利诺伊到纽约的运输成本要高于从纽约到伊利诺伊的运输成本。

在零担运输行业，一般包含三种运输费率：等级费率、特价费率和商品费率。等级费率是标准费率，几乎所有商品都有相应的标准费率。《分级运输费率表》对每种运输设定一个级别或类别，从《分级运输费率表》中可查到各种运输的等级费率。例如，通过广泛使用《统一运输分类表》可以将铁路运输分成 31 个等级。而《国家机动车辆运输分类表》则包括 23 个等级。在所有情况下，等级越高，相应的商品运输费率越高。确定某个产品的具体类别涉及很多因素，包括产品密度、搬运和运输的难易度、破损责任。

一旦费率确定，就需要确定费率基准数。费率基准数一般等于出发地和目的地之间的近似距离。有了商品的运输等级和费率基准数，就可以从承运商的价目表（诸如运输费率表）中得到每百磅（或英担（cwt））的具体运输费率。

另外两种运输费率，即特价费率和商品费率，用于提供例外的更便宜的费率（特价），或针对特定商品的费率（商品）。更详细的讨论可参阅约翰逊（Johnson）和伍德（Wood）的著作[3]以及巴顿（Patton）的文章[4]。大多数承运人提供包含所有这些运输费率的数据库文件，这些数据库一般可添加到决策支持系统中。

零担运输费率的繁多以及卡车运输业高度分散的特征，产生了对精密复杂的运输费率计算的软件需求。其中 SMC3 的 RateWare 费率软件，是业界广泛使用的费率计算软件工具。[5]这个软件工具可以处理各式各样的承运人价目表，还能与 SMC3 的 CzarLite 费率结合使用，CzarLite 是一种基于邮政编码使用最为广泛的零担运输费率表。与承运人价目表不同，CzarLite 提供了一个市场价格列表，该表中的价格是通过地区内、地区间和全国范围零担运输定价调研得到的。这为托运人提供了一个公平的定价系统，并防止由于个别承运人运作偏离市场而影响托运人的选择。因此，CzarLite 费率常被用于托运人、承运人和第三方物流提供商之间进行零担运输合约的协商的参考数据。

图 3-1 中，我们提供了某个承运人以芝加哥出发距离为变量、运输量为 4 000

磅的收费函数。费用包括两个等级：等级 100 和等级 150。在这个例子中，我们可以发现，运输成本函数不是线性的。

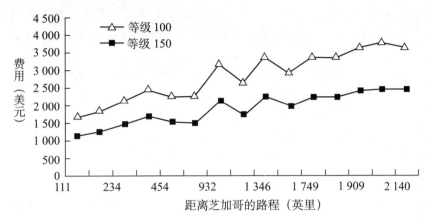

图 3-1　运输量为 4 000 磅的运输费率

3.2.4　里程估计

如前文所述，从某个特定起始点到特定目的地的产品运输成本是两地之间距离的函数。因此，我们需要使用工具来估计距离。我们可以使用街道网络或直线距离来估计距离。具体而言，假定要估计 a，b 两点之间的距离，我们需要知道 lon_a 和 lat_a，即 a 点的经度和纬度（b 点同样）。然后，用英里表示的从 a 到 b 之间的直线距离 D_{ab} 可以按照下式计算：

$$D_{ab} = 69 \times \sqrt{(lon_a - lon_b)^2 + (lat_a - lat_b)^2}$$

由于经度和纬度是度数值，其中值 69 代表在美国大陆上与每一纬度相当的英里距离的近似值。由于没有考虑地球的曲率，这一等式只对短距离较为准确。在考虑地球曲率下衡量较长距离时，我们使用由美国地质勘探局（U. S. Geological Survey）提出的近似公式[6]：

$$D_{ab} = 2 \times 69 \times \sin^{-1} \sqrt{[\sin(A)]^2 + \cos(lat_a) \times \cos(lat_b) \times [\sin(B)]^2}$$

式中，$A = \dfrac{lat_a - lat_b}{2}$；$B = \dfrac{lon_a - lon_b}{2}$。

根据这些公式，可以计算出相当精确的距离，但这两种情况都少估了实际的路程距离。为了纠正这些误差，我们将 D_{ab} 乘以一个系数 ρ。一般地，在都市区 $\rho = 1.3$，而美国大陆 $\rho = 1.14$。

实例 3-2

考虑某个制造商，要从伊利诺伊的芝加哥运输一整车产品到马萨诸塞的波士顿。制造商采用某整车运输承运商的服务，该承运商提供的费率为每卡车每英里105 美分。为了计算这次运输的成本，我们需要相关地理数据。表 3-4 提供了每个城市的经度和纬度。

应用以上公式，可以计算出从芝加哥到波士顿的直线距离为 855 英里。考虑绕行系数为 1.14，可以估计出，实际路程为 974 英里。与实际值 965 英里比较，估计值相对比较准确。因此，基于路程估计值算出的运输成本为 1 023 美元。

表 3 - 4　地理信息

城市	经度	纬度
芝加哥	−87.65	41.85
波士顿	−71.06	42.36

注：表中的度数是十进制，因此，87.65 度代表地理表示法的度/分进制下的 87 度 39 分。经度代表东西向位置，任何在子午线西部的位置，其经度为负。纬度代表南北向位置，任何位于赤道以南的位置，其纬度为负。

在实际计费中，使用准确的距离数据会更合适，两点之间的确切距离数据可以通过地理信息系统（GIS）获得。但是，采用地理信息系统一般会显著减慢供应链规划工具的运行速度，而在大多数应用中，上面介绍的近似技术基本能满足精度要求。

3.2.5　仓储成本

仓库和配送中心的成本包括三个主要的部分：

1. 搬运成本。包括与每年流经仓库的货物量成比例的劳动力和设施成本。

2. 固定成本。包括那些与在仓库中周转的库存数量不成比例的成本因素。固定成本通常与仓库规模（容量）成比例，但不是线性比例关系（见图 3 - 2）。从图 3 - 2 中可见，在特定范围的仓库规模下，成本不变。

3. 储存成本。代表库存持有成本，与平均库存水平成比例。

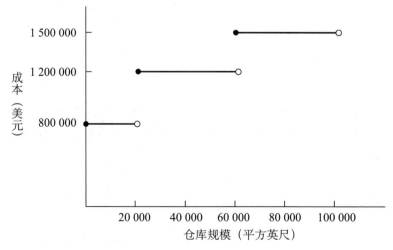

图 3 - 2　仓库固定成本与仓库容量的关系

搬运成本的估计较为容易，而其他两种成本的估计则相对困难。为了说明这个差异，假定某顾客一年需要 1 000 单位的产品。这 1 000 单位产品不需要同时在仓库中流转，因此，平均库存水平将远小于 1 000 单位。当为供应链规划构建数据时，我们需要将年流量转化为随时间变化的库存数量。同样，年周转量和该产品的平均库存，都无法说明需要多少空间来存放这些产品。这是因为，仓库需要的空间与库存的峰值成比例，而非年流量或平均库存。

克服这一困难的有效方法是利用库存周转率。库存周转率的定义如下：

$$库存周转率 = \frac{年销售量}{平均库存水平}$$

在我们的案例中，库存周转率是每年从仓库流出的总量与平均库存水平的比例。因此，如果该比率为 λ，平均库存水平等于年流量除以 λ。将平均库存水平乘以单位库存持有成本可以得到每年的储存成本。最后，为了计算固定成本，我们需要估计仓库的规模。这将在下面讨论。

3.2.6　仓库容量

配送网络模型的另一个重要输入参数是仓库的实际容量。问题是给定每年流经仓库的货物量，如何估计必需的实际空间。在分析这一问题时，库存周转率指标同样适用。如前所述，将仓库的年流量除以库存周转率，可以计算得到平均库存水平。假定有一个稳定的运输和交货计划，如图 3-3 所示，所需的储存空间大致为平均库存水平的两倍。在实践中，存放在仓库的托盘当然需要额外的空间用于搬运和进出，因此，考虑到走廊、分拣、分类和处理设备，以及 AGV（自动导引小车），我们一般要将需要的储存空间乘以相应的系数（＞1）。这个系数取决于具体的应用问题，这样我们可以更精确地评估仓库可用的空间。实践中常用的系数是 3。系数使用方式如下：考虑一种情况，仓库的年流量为 1 000 单位，库存周转率为 10。这说明平均库存为 100 单位，但是如果每单位需要 10 平方英尺空间，则产品需要的空间为 2 000 平方英尺。因此整个仓库需要的空间为 6 000 平方英尺。

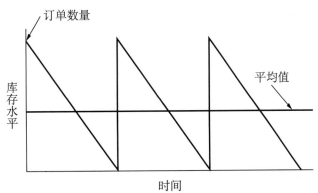

图 3-3　随时间变化的库存水平

3.2.7　潜在的仓库位置

有效确定新仓库潜在的位置也很重要。一般来说，这些位置应该满足以下条件：

- 地理和基础设施条件。
- 自然资源和劳动力可得性。
- 当地行业和税收制度。
- 公共利益。

这样一来，一般只有若干个位置满足所有的要求，这些就是新设施的潜在位置。

3.2.8　服务水平要求

在这里，服务水平的定义有多种方式。例如，我们可能规定服务仓库到客户的最大距离，这就保证了仓库可以在合理的时间内为顾客服务。有时候我们必须认识到，对于某些顾客，如那些在农村和偏远地区的顾客，很难提供同样的服务水平。在这种情况下，可以将服务水平定义为，距离仓库不超过规定值的顾客数占所有此仓库服务顾客数的比例。例如，95％的顾客距离为其服务的仓库在 200 英里以内。

3.2.9　未来需求

如第 1 章所述，战略层决策对公司有着长期的影响。实际上，关于仓库数量、位置和规模的决策，对公司的影响至少有 3~5 年。这意味着，在进行网络设计时，需要考虑顾客需求在以后数年的变化。解决这一问题，通常可以采用基于情景的方法，并结合净现值计算分析。例如，各种可能的情景，代表计划期内各种可能出现的需求模式。可以将这些情景直接输入到模型中，以确定最优的配送策略。

3.2.10　模型和数据验证

前几小节介绍了为网络配置模型进行数据收集、制表和筛选时会遇到的困难。但一旦完成，我们如何确保数据和模型能正确地反映网络设计问题？

这一问题的处理过程，即为模型和数据验证过程。一般可以先使用模型和收集到的数据重构现有的网络，然后将模型输出与现有数据进行比较。

验证的重要性无须赘述。设计的模型要模拟现有运作条件，包括所有在当前网络配置下产生的成本——仓储、库存、生产和运输成本，算出相应的目标函数值。这些数据可以与公司实际的会计信息进行比较。这通常是确定是否存在数据错误、假设不合理、模型有缺陷等问题的最好方法。

例如，在某个项目里，在验证过程中计算的运输成本总是低于从会计数据中获得的成本。经过对配送实际情况进行仔细检查，咨询人员得到的结论是，卡车的有效运力只达到卡车额定运力的 30%，这意味着卡车每次运输的负载很小。因此，验证过程不仅有助于核准模型中的一些参数，还能对现有网络的利用率提出可能的改进建议。

此外，模型和数据验证还有助于通过网络配置，进行局部和小范围的改动，检验该系统如何反映这些改变对成本和服务水平的影响。特别是在这一步骤，还包括设置一系列假设的分析问题。其中，包括估计关闭一个现有仓库对系统绩效的影响。或者，改变现有网络中的物料流向，以观察成本的变化。通常，主管人员对系统的这些微小改动的结果有相当好的直觉，因此，他们很容易就能发现模型中的错误。但是，当系统需要彻底重新设计时，直觉就变得不太可靠了。总结下来，模型的验证过程一般涉及以下问题：

- 模型是否有意义？
- 数据是否匹配？
- 模型的结果是否可以被完全解释？
- 是否进行灵敏度分析？

验证对于确定模型和数据的有效性很关键，除此之外，验证过程还有其他好处。特别是，验证过程可以帮助用户在运作现状与优化后可能的改进之间建立联系。

3.2.11　求解技术

一旦数据收集好、计算并经过验证，下一步就是对物流网络进行优化配置。实践中，一般采用两种技术：

1. 数学优化技术，包括：
- 准确算法，该方法可以确保寻找到最优方案，即成本最小的方案。
- 启发式算法，该方法可以寻找到较好的方案，但不一定是最优方案。
2. 仿真模型，该方法用于评估设计者所设计的具体方案。

启发式算法以及准确算法的必要性　首先，从数学优化技术开始我们的讨论。为了理解启发式算法的效果以及准确算法的必要性，让我们先分析由乔弗利昂（Geoffrion）和范·罗伊（Van Roy）给出的例子。[7]

实例 3-3

考虑以下配送系统：
- 单一产品。
- 两个制造厂，以 $p1$ 和 $p2$ 表示。
- 制造厂 $p2$ 实际的产能为 60 000 单位。

- 两个制造厂的生产成本相同。
- 两个现有的仓库 $w1$ 和 $w2$，具有相同的仓库搬运成本。
- 三个市场区域 $c1$，$c2$ 和 $c3$，需求分别是 50 000，100 000 和 50 000。
- 表 3-5 给出了每单位产品的配送成本。例如，从制造厂 $p1$ 到仓库 $w2$ 的单位产品配送成本是 5 美元。

表 3-5　每单位产品的配送成本　　　　　　　　　　单位：美元

仓库	$p1$	$p2$	$c1$	$c2$	$c3$
$w1$	0	4	3	4	5
$w2$	5	2	2	1	2

我们的目标是找到合适的配送策略，确定供应商经仓库到市场区域的产品流，该策略要满足不超过 $p2$ 的产能约束，满足各市场区域的需求，并最小化总配送成本。可以看到，相比前面所讨论的物流网络配置问题，这个问题的求解相对容易。这里，假定设施选址不是我们需要思考的问题，我们只尝试寻找有效的配送策略。为此，直觉上可以考虑如下两种启发式算法：

启发式算法 1

对于每个市场，我们选择最便宜的仓库来满足需求。因此，$c1$，$c2$ 和 $c3$ 都将使用仓库 $w2$ 来供货。然后，为这个仓库选择配送成本最便宜的制造厂。这样，将首先从 $p2$ 配送 60 000 单位，剩下的 140 000 单位由 $p1$ 供应。总成本是

$$2\times50\ 000+1\times100\ 000+2\times50\ 000+2\times60\ 000+5\times140\ 000=1\ 120\ 000（美元）$$

启发式算法 2

对于每个市场，选择总配送成本最低的仓库，即考虑入库和出库配送成本。因此，对于市场区域 $c1$，考虑路径 $p1{\rightarrow}w1{\rightarrow}c1$，$p1{\rightarrow}w2{\rightarrow}c1$，$p2{\rightarrow}w1{\rightarrow}c1$，$p2{\rightarrow}w2{\rightarrow}c1$。

在所有这些方案中，成本最低的是 $p1{\rightarrow}w1{\rightarrow}c1$，因此，为 $c1$ 选择 $w1$。通过类似分析，我们为 $c2$ 选择 $w2$，为 $c3$ 选择 $w2$。

这意味着，仓库 $w1$ 共需要配送 50 000 单位，而仓库 $w2$ 共配送 150 000 单位。最佳的入库配送模式是，制造厂 $p1$ 向仓库 $w1$ 供应 50 000 单位，制造厂 $p2$ 向仓库 $w2$ 供应 60 000 单位，制造厂 $p1$ 向仓库 $w2$ 供应 90 000 单位。该策略的总成本是 920 000 美元。

遗憾的是，两种启发式算法都没有产生最好的或成本最小的策略。为了寻找最好的配送策略，考虑以下优化模型。实际上，以上配送问题可以描述成下面的线性规划问题。[*]

令

- $x(p1,\ w1)$，$x(p1,\ w2)$，$x(p2,\ w1)$ 和 $x(p2,\ w2)$ 为从制造厂到仓库的流量。

---

[*]　这一部分需要线性规划的基础知识，可以跳过而不影响学习的连贯性。

- $x(w1, c1)$，$x(w1, c2)$，$x(w1, c3)$ 为从仓库 $w1$ 到顾客区 $c1$，$c2$ 和 $c3$ 的流量。
- $x(w2, c1)$，$x(w2, c2)$，$x(w2, c3)$ 为从仓库 $w2$ 到顾客区 $c1$，$c2$ 和 $c3$ 的流量。

我们要求解的线性规划模型是

$$\min \{0x(p1,w1)+5x(p1,w2)+4x(p2,w1)+2x(p2,w2)+3x(w1,c1)$$
$$+4x(w1,c2)+5x(w1,c3)+2x(w2,c1)+1x(w2,c2)+2x(w2,c3)\}$$

服从以下约束：

$$x(p2,w1)+x(p2,w2) \leqslant 60\ 000$$
$$x(p1,w1)+x(p2,w1) = x(w1,c1)+x(w1,c2)+x(w1,c3)$$
$$x(p1,w2)+x(p2,w2) = x(w2,c1)+x(w2,c2)+x(w2,c3)$$
$$x(w1,c1)+x(w2,c1) = 50\ 000$$
$$x(w1,c2)+x(w2,c2) = 100\ 000$$
$$x(w1,c3)+x(w2,c3) = 50\ 000$$

所有的流量大于或等于零。

我们可以很容易在 Excel 软件中构建这个模型，并使用 Excel 中的线性规划模块来寻找最优配送策略。有关如何构建 Excel 模型，可以参考相关的应用管理科学书籍。[8] 表 3-6 给出了这个问题的最优配送策略。

表 3-6 最优配送策略

仓库	$p1$	$p2$	$c1$	$c2$	$c3$
$w1$	140 000	0	50 000	40 000	50 000
$w2$	0	60 000	0	60 000	0

最优配送策略的总成本为 740 000 美元。

这个例子说明了优化技术的价值。通过优化技术确定的策略，可以显著降低系统总成本。当然，我们要分析和求解的物流网络配置模型，一般会比上面描述的例子复杂得多。其中，一个关键的差别在于，是否需要选择仓库、配送中心或直接转运中心等设施的位置。不过，在这些决策问题中，线性规划不再合适，而需要采用整数规划技术。这是因为，线性规划只能处理连续变量，而是否选择在某个特定城市设置仓库的决策涉及 0-1 变量，不准备设置时变量值为 0，准备设置时变量值则为 1。

因此，物流网络配置模型是一个整数规划模型，而整数规划模型一般很难求解。对物流网络配置问题准确算法有兴趣的读者，可以参阅《物流的逻辑》[9] 一书。

仿真模型与优化技术 前面介绍的优化技术存在一些局限性。优化技术一般处理静态的模型，通常给定年需求或平均需求，而不考虑需求随时间的变化。基于仿真的工具则考虑了系统的动态性，并对所设计的系统做出绩效评估。因此，用户必须为仿真模型提供一系列设计方案。

这意味着，仿真模型允许用户进行微观层次上的分析。事实上，仿真模型可以包括[10]：

1. 个体的订货模式。

2. 具体的库存策略。

3. 仓库中库存的移动。

然而，仿真模型只能为预先设定好的物流网络设计构造模型。换言之，给定仓库、零售商等的配置，仿真模型可以估计该配置下的运作成本。如果要考虑不同的配置（例如，有些顾客可能要更换为其服务的仓库），模型就需要重新运行。

在第 16 章更详细的介绍中，你会发现仿真并不是一种优化工具。对于得出特定配置的绩效，仿真很有用，但对于从大量潜在配置中确定最有效的配置，仿真的用处不大。另外，包含顾客个体的订货模式、特定库存和生产策略、日常配送策略等详细信息的仿真模型，需要大量的计算时间，才能得到期望精度的系统绩效值。这意味着，在使用仿真工具时，一般只能考虑少量方案。

因此，如果系统动态性不是关键问题，静态模型就很合适，可以使用数学优化技术。从我们的经验来看，实践中使用的网络配置模型基本上都属于这一类型。当具体的系统动态性比较重要时，可以采用由哈克斯（Hax）和坎迪亚（Candea）提出的两阶段方法[11]，该方法同时利用了仿真和优化技术的优点：

1. 考虑最重要的成本因素，在宏观层次上使用优化模型生成一系列成本最小化方案。

2. 用仿真模型来评价第一阶段产生的方案。

3.2.12　供应链规划工具的关键特征

对于供应链规划工具，一个关键的要求是灵活性。在此，我们将灵活性定义为系统体现大量现有网络特征的能力。事实上，根据每个特定的应用，在相应的一系列设计方案中，总可以找到一个适用的。在这些可选方案中，一个极端方案是彻底重新优化现有的网络。这意味着，每个仓库都可能开放或关闭，所有的运输流可能都要重新定向。而另一个极端方案就需要在优化模型中考虑以下必要特征：

1. 顾客的具体服务水平要求。

2. 现有仓库。大多数情况下，已经有一些仓库，并且还没超过使用年限，因此，模型不能关闭这些仓库。

3. 现有仓库的扩容。前提是现有仓库可以扩容。

4. 具体的流转模式。很多情况下，具体流转模式（例如，从某一特定仓库运往一系列特定顾客）不能改动，或者某些制造厂不制造或不能制造某种产品。

5. 仓库到仓库之间的流转。有些情况下，货物可能会从一个仓库流向另一个仓库。

6. 生产与物料清单。有些情况下，最终装配由仓库进行，模型需要考虑这一因素。因此，用户必须提供用于装配最终成品的零部件信息。此外，模型还需要考虑生产线的生产信息。

对于供应链规划工具，仅仅包括上面介绍的这些特征是不够的，还应该在处理上述问题的同时不降低其有效性。后面这个要求与所谓的系统鲁棒性（robustness）直接相关。这个要求确保了系统生成解决方案的相对质量（例如成本和服务水平）不依赖于特定的环境、数据的可变性或特殊的设定。如果给定的供应链规划工具鲁棒性不足，就很难确定其对特定问题的有效性如何。

3.3　库存定位与物流协调

库存定位的重要性以及协调库存决策和运输策略的必要性，一直都是显而易见的。然而，在复杂供应链中，管理库存通常非常困难，同时会对顾客服务水平和供应链成本有比较大的影响。

在第 2 章，我们详细讨论了与库存相关的问题。库存的形式可能有以下几种：
- 原材料库存。
- 在制品库存。
- 成品库存。

以上的每种库存都有其特殊的库存控制策略。然而，要决定采用何种控制策略比较困难。能够降低系统成本和改进服务水平的高效生产、配送和库存控制策略，必须考虑供应链不同环节之间的相互作用。一旦采取了合适的库存策略，就可以给企业带来巨大的效益。在第 2 章，我们讨论了很多控制策略和方法，并重点分析了能够解决需求不确定性问题的方法。

3.3.1　战略性安全库存

第 2 章中的讨论主要是针对单个设施（例如仓库或零售店）的库存进行管理，以尽可能降低成本，或者是一个公司对所辖的多个设施的库存进行合理控制以降低成本。在本部分，我们继续讨论多个设施属于同一家公司的情况。优化目标是管理库存，以使系统成本最小，因此，需要同时考虑多个设施之间的相互作用，以及这种作用对各设施库存策略的影响。

一种管理生产工厂库存的策略是订单到达后再安排生产，也就是按订单生产（make-to-order，MTO）的策略，区别于以前论过的按库存生产的策略（make-to-stock，MTS）。在复杂供应链中，进行库存管理的一个重要问题就是在何处存放安全库存，也就是哪处设施用来按订单生产，哪处设施按库存生产？这个问题的答案，显然要根据要求的服务水平、供应网络、提前期以及各种运营约束等确定。这样一来，管理层需要专注于战略模型，以使企业能够有效设置供应链安全库存。这是一个比较难的优化问题，超出了本书所介绍的技术和方法。

为了理解这里所涉及的问题，需要思考以下模型。考虑一个单产品、单设施的定期检查库存模型。令

- SI 为发出订单到该设施接收货物的时间，这个时间又称为到达服务时间。
- S 为该设施向顾客做出的承诺服务时间。
- T 为该设施的加工时间。

当然，我们必须假设 $SI+T>S$，否则该设施就不需要设置库存了。

我们假设该设施对库存实行定期检查策略（见第 2 章），需求服从第 2 章所描述的正态分布（严格来说，我们认为需求在一定时间范围内是独立分布且服从正态分布）。给定确定值 SI，S 和 T，假设没有准备成本，该设施需要设置的安全库存为：

$$zh\sqrt{SI+T-S}$$

式中，z 是与服务水平有关的安全库存因子；h 是库存持有成本；$SI+T-S$ 的值是该设施的净提前期。

现在考虑两阶段供应链模型，设施 2 为设施 1 提供产品，设施 1 向最终顾客提供产品。定义 SI_1，S_1 和 T_1 为设施 1 的到达服务时间、承诺服务时间和设施加工时间；设施 2 的各符号有相应含义。这样 S_1 为对顾客的承诺服务时间，S_2 为设施 2 对设施 1 的承诺服务时间，因此，有 $S_2=SI_1$，SI_2 为供应商对设施 2 的承诺服务时间。所有这些关系如图 3-4 所示。

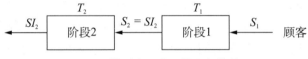

图 3-4　模型中两个设施之间的关系

我们的目标是，在不要求外部供应商提供新服务承诺的前提下，使供应链成本最小化。我们注意到，如果减少从设施 2 到设施 1 的承诺服务时间，就能够优化设施 1 和设施 2 的库存量。实际上，在这个例子中，设施 1 的库存量会减少，而设施 2 的库存量会增加。这样，整体的目标就是选择每个设施合适的承诺服务时间，从而选择库存的存放位置和存放量，以减少系统安全库存成本。

为了说明权衡问题以及供应链中战略性存放安全库存的影响，考虑下面的例子。

案例

ElecComp 公司

ElecComp 公司是一家生产电路板和其他高科技零部件的合同制造商。公司销售大约 27 000 种高价值产品，而这些产品的生命周期相对较短。行业内的竞争促使 ElecComp 公司向顾客承诺比较短的交货提前期，一般比普通制造业的提前期要短很多。然而，生产过程非常复杂，包括不同阶段的一系列复杂组装。

由于生产提前期较长，而顾客提前期较短，ElecComp 公司备有较多的成品库存。这样，公司通过预测长期需求来管理库存，也就是推动式供应链策略。这种情况导致公司需要有很大的安全库存量，并带来了相应的财务负担和缺货风险。

ElecComp 公司的管理层很早就意识到，推动式供应链策略不适合该公司的长远战略计划。然而，由于较长的生产提前期，基于订单的拉动式供应链策略也是不合适的。

基于此，ElecComp 公司计划制定新的供应链策略，其目标是：

1. 减少库存和财务风险。

2. 向顾客提供有竞争力的响应时间。

上述目标可以通过以下手段实现：

- 在生产和组装的多个阶段确定最优的库存位置。
- 对每个阶段的每种零部件计算出合理的安全库存量。

对 ElecComp 公司的供应链进行重新设计，主要是建立一个混合型的供应链，也就是供应链的一部分是推动式生产，即基于按库存生产的策略；而其余部分是拉动式生产，即基于按订单生产的策略。注意，按库存生产的设施需要保证安全库存，而按订单生产的设施则不备库存。因此，问题的关键是确定在供应链上的什么位置，将按库存生产的方式转变为按订单生产的方式，也就是确定"推-拉边界"。

ElecComp 公司采用了新的推拉结合策略，并取得了显著的成效。在同样的顾客提前期内，按照生产线的不同，安全库存减少了 40%～60%。更重要的是，ElecComp 公司发现即使将顾客提前期再缩短 50%，在安全库存上也还能够减少 30%。

为了对分析过程有更好的理解，参照图 3-5，图中的成品（零件 1）在达拉斯由两个零件组装而成，这两个零件分别来自蒙哥马利工厂和达拉斯的另外一家工厂。图中的每个方框都标明了产品的价值，方框下面的数字表示该零件在该工厂需要的加工时间，图中的箱式图表示安全库存的多少。设施之间的转运时间也在图上标出，同时还标出了每个设施向下游承诺的提前期。例如，组装厂向顾客承诺了 30 天的提前期，这表明任何订单都会在 30 天内被满足，而蒙哥马利工厂对组装厂承诺的提前期是 88 天。组装厂为了达到 30 天的承诺提前期，就需要在工厂保有成品库存。

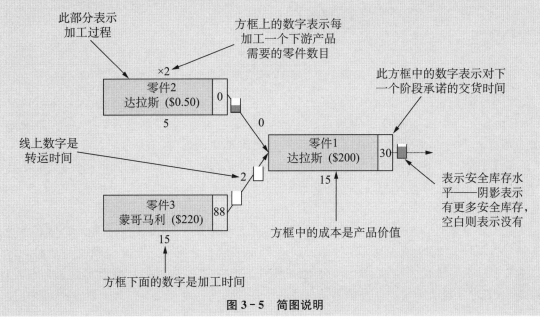

图 3-5　简图说明

我们注意到，如果 ElecComp 公司能够将蒙哥马利工厂承诺的提前期从88天降到40天或50天，组装厂就能够减少成品库存，而同时蒙哥马利工厂需要增加库存。当然，ElecComp 公司的目标是减少系统库存和生产成本。通过对整个供应链进行优化，计算出每个阶段合理的库存量。

例如，如果蒙哥马利工厂将承诺提前期减少到13天，组装厂就不需要任何成品库存。任何顾客订单都会带来对零件2和零件3的需求。因为零件2有大量库存，所以零件2可以马上到达，而零件3需要15天才能到达组装厂——13天的蒙哥马利工厂承诺提前期加上2天的运输时间。另外，还需要15天在组装厂内进行加工。这样，最后成品可以在给顾客的承诺期内交货。因此，在这个例子中，组装厂是按订单生产的，也就是拉动式生产；而蒙哥马利工厂需要保有库存，因此是推动式生产，也就是按库存生产。

现在，权衡问题就比较清楚了，考虑图3-6描述的产品结构。浅灰色方框（零件4，5，7）代表外部供应商，深灰色方框代表 ElecComp 公司内部的设施或工厂。注意，组装厂对顾客的承诺提前期是30天，并且保有库存以满足这种承诺。更准确地说，组装厂和零件2的生产工厂都是按库存生产，其他工厂都是按订单生产。

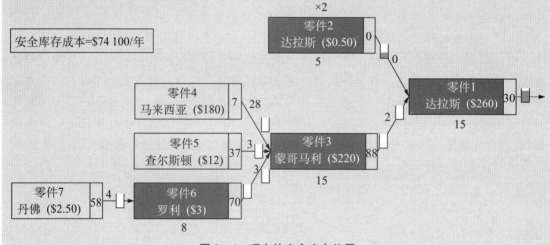

图3-6　现在的安全库存位置

图3-7描述了同样能够提供30天提前期的优化后的供应链。我们注意到通过调整 ElecComp 公司内部各个设施的承诺提前期，组装厂开始按订单生产，并且不需要备成品库存。另外，罗利和蒙哥马利工厂需要提供更短的承诺服务时间并保有库存。

那么，在这个优化策略中，哪里是拉动式，哪里是推动式？组装厂和生产零件2的达拉斯工厂都是按订单生产的，因此是拉动式生产策略；而蒙哥马利工厂是按库存生产的，因此是推动式生产策略。优化后的供应链降低了39%的安全库存。

此时，可以进一步分析向顾客提供更短的提前期的影响。ElecComp 公司管理层考虑将顾客提前期从30天减少到15天。图3-8描述了这种情况下的优化的供应链策略，可以看到影响是显著的。根据图3-6中的基准值，库存减少了28%，而顾客提前期减半。在表3-7中可以看到这个研究的总结。

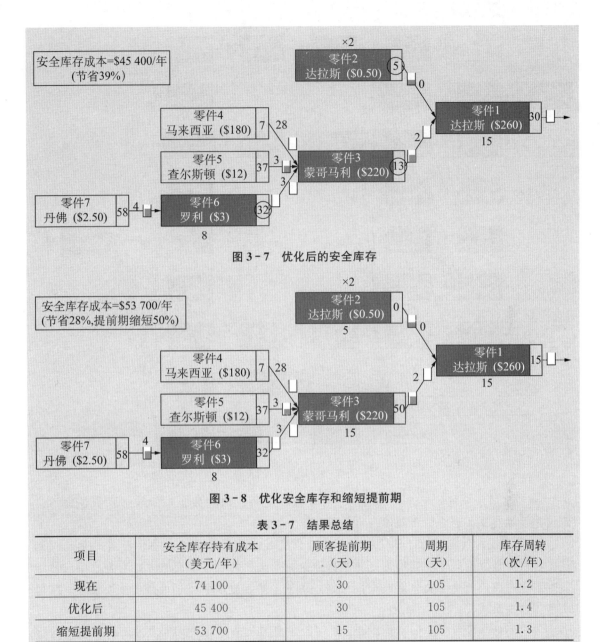

图 3-7　优化后的安全库存

图 3-8　优化安全库存和缩短提前期

表 3-7　结果总结

项目	安全库存持有成本 （美元/年）	顾客提前期 （天）	周期 （天）	库存周转 （次/年）
现在	74 100	30	105	1.2
优化后	45 400	30	105	1.4
缩短提前期	53 700	15	105	1.3

最后，图 3-9 和图 3-10 给出了一个更复杂的产品结构。图 3-9 是优化前的情况，而图 3-10 是优化了推-拉边界位置和各个设施的库存水平之后的情况，优化的效果同样明显。通过正确决策哪些设施按库存生产，哪些设施按订单生产，在保证顾客提前期不变的前提下，库存成本降低了 60% 以上。

总而言之，通过采用多阶段库存优化技术，ElecComp 公司能够显著降低库存成本，同时可以保证预期服务时间不变，甚至显著降低。这是通过以下措施实现的：

1. 确定推-拉边界。也就是确定需要按库存生产的设施，并设置安全库存。其余的设施按订单生产，不备安全库存。这样就可以将库存放置在供应链中成本较低的地方。

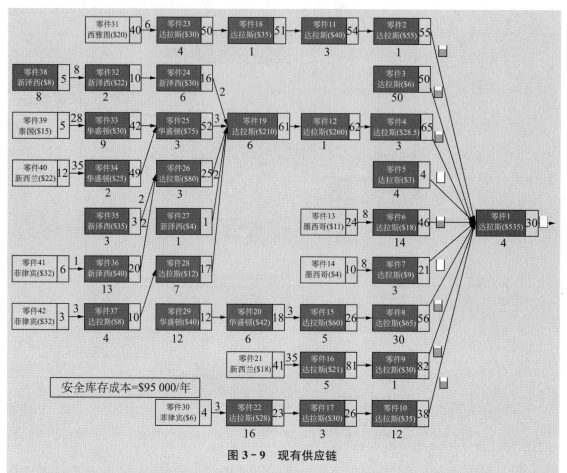

图 3-9 现有供应链

2. 利用风险分担效应。根据风险分担效应，用于多种成品生产的零部件需求的不确定性小于最终成品需求的不确定性（见第2章）。

3. 将传统的供应链局部优化策略替换为供应链全局优化策略。在供应链局部优化策略中，供应链上的每个环节都选择使本部分效益最大化的策略，而不考虑对整条供应链的影响。而在供应链全局优化策略中，从整体角度出发，为每个环节选择合适的策略，从而使整体效益最大化。

为了更好地理解 ElecComp 公司应用的新供应链的影响，请参见图 3-11，图中给出了安全库存成本和提前期之间的关系。黑色的平滑曲线表示传统的安全库存成本和提前期之间的关系，这条曲线是供应链局部优化决策的结果，而虚线则是公司通过全局优化并确定了推-拉边界之后的结果。

通过全局优化确定了推-拉边界，使得曲线向下移动，意味着：

1. 对于相同的提前期，企业可以显著降低成本。

2. 对于相同的成本，企业可以显著缩短提前期。

最后，我们可以发现，代表成本和顾客提前期之间传统关系的曲线比较平滑，而代表推-拉边界优化影响的曲线则有很多跳跃点。跳跃之处表示推-拉边界的变化，成本实现了显著节约。

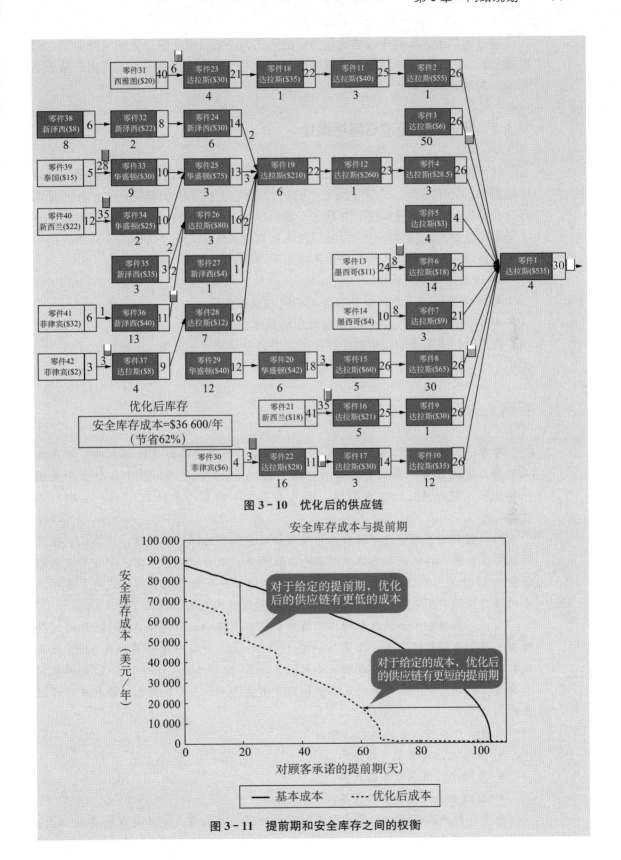

图 3-10 优化后的供应链

图 3-11 提前期和安全库存之间的权衡

通过运用上述案例中描述的新供应链模式，企业一般能够显著缩短提前期，同时降低成本。这种策略使得企业能够比其竞争对手更快地满足需求，优化产品成本结构，获取定价优势。

3.3.2 集成库存定位与网络设计

任何网络设计项目都会遇到的一个难点是，如何评估网络对库存特别是库存定位的影响。具体而言，根据经验，一般的公司倾向于在靠近顾客的地方备大量库存，在其他地方备少量库存，并且乐于囤积尽量多的原材料。显然，这种策略是基于局部优化做出的决策。每个设施只考虑局部的最优化，而不考虑决策对供应链中其他设施带来的影响。这往往会带来以下不利的后果：

- 较低的库存周转率。
- 不同地区、不同产品具有各不相同的服务水平。
- 有时需要加急运送，从而导致运输成本过高。

以上讨论表明供应链中的库存设置需要遵循全局优化模型，下面的例子进一步说明了优化过程和结果。

实例 3 - 4

考虑一家生产消费品的美国公司，目前公司的供应链为单级供应链，即产品从制造厂流向仓库，再流向零售店。供应链现有 17 个仓库，其中 6 个位于美国中部地区。现有供应链效率较低，因为入库卡车的利用率只有 63%，运输成本过高。

公司刚完成了网络设计项目，将单级供应链转型为两级供应链，产品从制造厂运往一级仓库，再从一级仓库运到各个二级仓库，最后运到零售店。新方案使仓库数量从 17 个减少到 14 个，其中 5 个为一级仓库，9 个为二级仓库。这对卡车利用率的提高作用非常明显，大概达到了 82%，运输成本也因此降低了约 13%。

当然，难题在于如何在新的供应链中优化设置库存，即每一个 SKU 都同时存放在一级仓库和二级仓库，还是某一类 SKU 存放在一级仓库而其他类 SKU 只存放在二级仓库。为了更好地理解，参见图 3 - 12，该图给出 4 000 个 SKU 的顾客需求情况。纵轴表示平均每周销量，横轴则是用变异系数表示的需求波动程度（详细参考第 2 章）。

注意，产品可以分为三大类型：

- 波动大、需求量少的产品。
- 波动小、需求量多的产品。
- 波动小、需求量少的产品。

对于每种产品类型，需要采取不同的供应链策略。首先，库存风险是波动大、需求量少这类产品的主要风险，那么这类产品就应该存放在一级仓库，以使各个零售店的需求能够集中起来，降低库存成本。

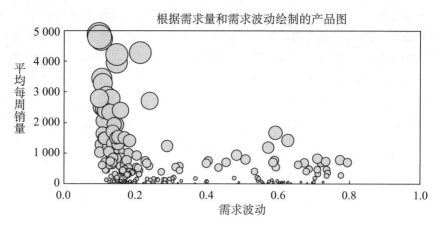

图 3 - 12　根据需求量和波动程度区分的 SKU 样本图

其次，波动小、需求量多的产品应该存放在靠近终端消费者的地方，也就是二级仓库，这样能够更好地降低运输成本。

最后，对于波动小、需求量少的产品，分析要复杂一点，因为有其他更多因素需要考虑，如利润水平等。

在实例 3 - 4 的分析中，我们可以得出一个比较直观的结论，即对于波动大、需求量少的产品来说，需求不确定性是一个非常重要的影响因素。因此，应该将库存集中在一级仓库以利用风险分担的优势，这是一种拉动式策略。另外，对于波动小、需求量多的产品，需要利用规模经济效应，尽可能降低运输成本，因此库存应该存放在比较靠近顾客的地方，这是一种推动式策略。这个框架与第 6 章提出的更具一般性的框架很相似。

3.4　资源分配

对于给定的物流网络，公司需要制订供应链主计划，按照月、季或者年的时间长度来决定资源的有效使用。供应链主计划可以定义为协调分配生产和配送资源以达到利润最大或系统成本最低目标的过程。在这个过程中，公司要考虑整个计划期内的需求预测，也就是月度、季度或年度需求以及安全库存需求。确定这些需求，采用的模型与上一节分析的模型类似。

合理分配生产、运输、库存资源以满足最终需求，是一项比较具有挑战性的任务，特别是在企业面临季节性需求、生产能力受限、竞争性的促销活动或需求预测高度不确定性时。实际上，何时生产以及生产多少、在哪里存放库存、是否租用仓库等决策问题会对整个供应链的绩效产生巨大影响。

传统的供应链规划过程是人工操作，并由公司的每一个职能部门分别独立完成。生产计划一般在工厂制订，并独立于库存计划，通常事后需要将这两个计划进行协调。这意味着，各个部门只能"优化"一个参数，通常是生产成本。

容易理解，在现代供应链中，上述的顺序决策是不能奏效的。例如，仅侧重于生产成本，通常意味着每个工厂生产单一类型的产品，从而进行大批量生产，减少平均固定费用。然而，这可能会增加运输费用，同时生产某些产品的工厂可能远离需求市场。另外，降低运输成本，通常会要求每个工厂生产多种类型的产品，使顾客能够从就近工厂获得产品。

要找到能够平衡上述两种成本的方法，需要将顺序决策过程替换为考虑供应链不同层面交互作用的决策过程，以识别能够使供应链绩效达到最优的策略。这个决策过程称为全局优化过程，需要有一个以优化为基础的决策支持系统。决策支持系统将供应链建模为大型混合整数线性规划问题，能够充分考虑到供应链的复杂性和动态性。

决策支持工具需要以下数据：

- 设施地点：工厂、配送中心和需求点。
- 运输资源，包括内部运输部门和一般承运商。
- 产品和产品信息。
- 生产线的信息，如最小批量、生产能力、成本等。
- 仓库容量和其他信息，如特定仓库具有某些技术（如冷柜），可以储存某些特定产品。
- 按地区、产品和时间预测的需求。

根据计划流程的目标，输出的结果聚焦于以下两个方面：

- 采购策略。在计划期内，每种产品需要在什么地方生产？
- 供应链主计划。生产量是多少？不同产品、地点和时间段内的生产量、运输规模及仓储需求分别是多少？

在某些应用中，供应链主计划是详细生产调度系统的主要输入要素。在这种情况下，生产调度系统根据供应链主计划提供的生产量和交期等信息，制定详细的生产排程和时间表。这使得计划人员能够整合后端供应链，即制造和生产，以及前端供应链，即需求计划和订单满足（见图 3 - 13）。此图说明一个重要的问题，补货系统的关注重点是服务水平。策略型规划（即公司产生供应链主计划的过程）的关注重点是成本最小化或利润最大化。最后，供应链的详细生产排程部分要关注可行性。也就是说，所排定的详细生产时间表需满足所有生产条件的制约因素，并符合由供应链主计划规定的所有交期要求。在第 11 章，我们还会详细讨论供应链的柔性问题。

图 3 - 13　扩展型供应链——从生产到订单满足

当然，策略型规划流程的输出结果，也就是供应链主计划，需要在供应链的各个参与方之间共享，以提高合作和协调效果。例如，配送中心的管理人员可以利用这些信息更好地计划劳动力和运输需求。类似地，工厂管理人员利用这个计划可以确保有充足的原材料供应。

此外，通过供应链主计划工具，管理人员可以在规划前期识别供应链中的潜在问题，从而可以回答以下问题：

- 租用的仓库能否缓解仓库容量问题？
- 应在何时、何处设置应对季节性或满足促销需求的库存？
- 是否可以重新安排仓库位置以减轻仓库容量压力？
- 预测的变化将对供应链产生什么影响？
- 工厂加班或外包生产将有什么影响？
- 每个仓库应该由哪个工厂补货？
- 公司使用海运还是空运？海运意味着较长的运输时间，因此需要较高的库存水平。而空运可以显著缩短交货时间，降低库存水平，但运输成本会大大提高。
- 为满足地区性突发需求，是在不同仓库之间调货，还是从工厂紧急调货？

策略型规划工具还具有另外一项重要能力，即能够分析需求计划和资源利用率，以实现利润最大化。这使得决策者能够平衡促销、新产品推出，以及需求方式的变化和供应链成本。因此，计划人员可以分析不同定价策略的影响，并识别利润率不达标的市场、商店或客户。

当然，我们首先必须决定把重点放在成本最小化还是利润最大化上。在不同的情况下，这个问题可能会有不同的答案。显然，在供应链结构固定或经济衰退导致供大于求的情况下，成本最小化目标是十分重要的。在这种情况下，重点是有效分配资源，以最低的成本满足需求。另外，在经济增长导致供不应求时，利润最大化目标更为重要。在这种情况下，有限的自然资源或成本高昂的制造过程导致产能有限，比如化学和电子工业，因此，决定为谁供货和供货多少比节约成本更重要。

最后，制订供应链主计划的有效规划工具，还必须能够有助于提高供应链模型的精度。当然，这是有违直觉的，因为供应链模型的精度取决于需求预测的准确性，这是模型的一个输入要素。值得注意的是，需求预测的精度通常依赖于时间。也就是说，近期需求预测的准确性要远远高于远期需求预测，例如，预测前四个星期的准确性会大大高于后几个星期的准确性。这意味着，针对近期预测，计划人员应该建立更详细的模型，比如每周的需求信息。另外，针对远期预测，计划人员在建立模型时可以预测一个月或者两三周的总需求量。也就是说，对于远期预测，汇总了更长时间段的需求。因此，根据风险分担的原理，预测的精度会有所提高。

总之，供应链主计划有助于解决供应链中的一些基本权衡问题，如生产准备成本与运输成本、生产批量大小与生产能力。供应链主计划综合考虑了生产、供应、仓储、运输、税收、库存等成本，以及产能和其他随时间变化的参数。

实例 3-5

这个例子说明了供应链主计划如何动态且持续地帮助一家大型食品制造企业管理其供应链。在这家食品制造企业，生产和配送的决策一般由部门做出，即使在部门级别，这些决策往往也是大规模的问题。事实上，一个典型的部门包括上百种产品、多个工厂、每个工厂的多条生产线、多个仓库（包括物流设施），要考虑不同包装的物料结构表，及一年52周对每种产品在各区域的需求预测。预测会考虑到季节性因素和促销计划。年度预测是很重要的，因为如果要在年底促销，可能需要在较早的时候就增加产量。同时，还需要考虑生产和仓储能力的限制，以及产品有限的货架寿命。最后，生产计划会涉及许多职能部门，包括采购、生产、运输、配送和库存管理。

过去，公司的供应链规划过程是由人工操作的，由公司的每一个职能部门分别独立完成。也就是说，生产计划一般在工厂制订，并独立于库存计划，通常事后这两个计划需要进行协调。这意味着，各个部门只能"优化"一个参数，通常是生产成本。通过采用策略型规划工具，公司能够减少整个系统的成本，更好地利用制造和仓储等资源。事实上，从详细的比较中可以发现，使用策略型规划工具的结果与人工操作电子表格的结果相比，能够减少整个供应链的总成本（见图3-14）。

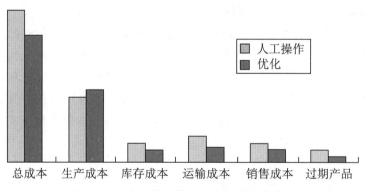

图 3-14 人工操作情况和优化情况的对比

小 结

优化供应链绩效非常困难，原因有各部门目标的冲突、需求和供给的不确定性以及供应链的动态性等。然而，通过网络规划，结合网络设计、库存定位、资源分配等，企业可以在全局范围内优化供应链的绩效。这种优化的实现要考虑到整个网络，同时要考虑到生产、仓储、运输、库存成本以及服务水平的要求。

表3-8总结了网络设计、库存定位与管理和资源分配等规划活动的几个关键方面。如表所示，网络设计一般涉及较长期的计划，通常要延续多年，并且针对较

大范围内的产品，能产生较高的投资回报。而资源分配（供应链主计划）的规划范围通常是月度或季度，且规划的频率较高（例如每隔几周），通常结果也会很快呈现。库存规划重点关注短期的需求不确定性、提前期、加工时间或供应情况，规划的频率较高（例如每月），根据最新预测和预测误差，确定当前合理的安全库存。库存规划也可用于策略性决策中，如确定在供应链中的什么位置放置库存，以及在什么阶段按库存生产、什么阶段按订单生产。

表 3-8　网络规划特性

	网络设计	库存定位与管理	资源分配
决策重点	基础设施	安全库存	生产及配送
计划期限	年度	月度	月度
综合程度	产品族	项目	一类产品
频率	年度	月度/每周	月度/每周
投资回报率	高	中	中
实施时间	很短	短	短
用户	很少	少	少

讨论题

1. 对于企业而言，为什么定期检查物流网络设计很重要？随着时间的推移，企业对其物流网络的需求如何变化？

2. 在企业中，谁需要参与物流网络设计项目（运营、销售、市场等部门的经理）？如何参与？

3. KLF 是一家美国电子设备制造企业。公司在加利福尼亚州圣何塞拥有一个制造厂。

KLF 通过位于亚特兰大、波士顿、芝加哥、达拉斯和洛杉矶 5 个地区的仓库配送产品。在目前的配送系统中，将美国市场划分为 5 个主要市场，每个市场由一个地区仓库负责。顾客一般是零售商，直接从本市场区域的地区仓库订货。在当前的配送系统中，每个顾客被分配到对应的市场并由相应的地区仓库来为其提供配送服务。

制造厂直接向仓库发货。制造厂一般需要花两周来满足每个地区仓库的订货需求。最近几年，随着竞争和客户压力的增加，KLF 需要改进服务水平并降低成本。为此，KLF 将考虑替换其现有 5 个地区仓库的配送策略，改为通过一个中心仓库来负责所有顾客的订单。

请描述你将如何设计由单一仓库构成的新物流网络。请提供分析的框架及主要步骤。具体而言，你需要什么数据？相对于现有的配送策略，新策略有何优势和劣势？

4. 在潜在仓库位置的选择决策中，考虑地理和基础设施条件、自然资源和劳动力可得性、地方行业和税收法规，以及公共利益等问题是很重要的。对于以下行业，针对上面列出的问题，给出会影响仓库潜在位置选择的具体例子：

(1) 汽车制造；

(2) 医药；

(3) 图书；

(4) 飞机制造；

(5) 图书分销；

(6) 家具制造和配送；

(7) 个人电脑制造。

5. 考虑医药和化学这两个行业。在医药行业，产品利润率很高，一般使用隔夜送达。在化学行业，产品利润率较低，出库运输成本远高于入库运输成本。这些特征对这两个行业的仓库数量有何影响？你认为哪个行业的仓库会更多，是化学行业还是医药行业？

6. 在 3.2 节，我们介绍了整车运输费率结构是不对称的，为什么不对称？

7. 请讨论构成仓库搬运成本、固定成本和储存成本的具体内容。

8. 求解问题时，采用准确算法和启发式算法优化技术有什么不同？

9. 什么是仿真？仿真如何帮助求解复杂的物流问题？

参考文献

第 4 章
供应合同

美国工具公司

美国工具公司（American Tool Works，ATW）是一家生产电钻、锤子等高端电动工具和手工工具的美国顶级制造商。这家公司的生产基地遍布全球，主要市场在欧洲和北美。产品主要通过分销商和经销商销售产品，同时也有直销业务，将产品直接出售给房主和工匠。

ATW 和分销商及经销商建立了非常成功的合作伙伴关系。公司收入的 80％ 是通过分销商和经销商这条渠道实现的。新管理团队在 2004 年接管了公司，因此，这条渠道是新管理团队关注的焦点。ATW 和分销商及经销商之间的关系有两种形式：

- 大的分销商倾向于和 ATW 达成供应商管理库存（VMI）协议。根据协议，ATW 管理分销商的各种产品库存，并在必要的时候补货。

- 中型和小型分销商不具有参与供应商管理库存的技术能力，因为这些分销商不具备给 ATW 自动传递必要的销售和库存信息的技术。

很多分销商不仅销售 ATW 的产品，还销售 ATW 竞争对手的许多产品。

大的分销商通常对供应商管理库存的绩效非常满意。ATW 供应链副总裁戴夫·莫里森（Dave Morrison）最近和主要经销商召开了一系列会议。在这些谈话中，经销商强调以下几点：

- 经销商的销售人员可以引导客户购买 ATW 的产品或者竞争对手的产品。也就是说，购买者通常会就产品/品牌组合来咨询分销商销售团队的意见。

- 目前，分销商的销售团队做决策主要根据以下因素：

(1) 不同产品或品牌的舒适度。

(2) 促销品。

(3) 利润。

● ATW 产品在分销商处的库存水平不影响销售，因为在供应商管理库存中，送货是多频次的，一般达到一周几次。

● 对于很多产品，由于要室内储存，存放空间是有限的，而由供应商管理库存，在维持或提高服务水平的同时显著降低了库存水平，进而减少了需要的存放空间。

戴夫也和许多小分销商会面。小分销商认为购买 ATW 产品的三个原因是：品牌知名度、质量和销售支持。和大分销商的情况一样，这些小分销商也表示销售人员可以引导需求到特定的产品/品牌组合。有意思的是，在访谈中，小分销商提供了以下事实：

● 60%的销售是由购买者事先指定的，分销商在其选择的品牌或产品上没有影响。

● 余下的40%，在很大程度上可以被分销商的销售队伍引导。

● 销售人员会根据现有库存情况，引导需求。

● 针对这些小分销商，ATW 的竞争对手采取了许多方法来增加销售。其中，某个竞争对手是通过承诺（工具未售出可回购）来鼓励分销商增加产品的存货。另外一个竞争对手则采用了销售激励方案，将制造商和分销商提供的资金存到某一账号，这些资金用于销售人员的年度奖励。

总结与分销商的访谈结果之后，戴夫对供应商管理库存项目的绩效感到非常有信心。然而，他有一种预感，关于与中小分销商的合作，既存在增大销量的巨大机会，也存在风险，竞争对手可能会从中小型分销商那里夺走 ATW 的一些业务。

学习完本章，你应该能够回答以下问题：

● ATW 采取什么措施能增加中小型分销商的存货？

● ATW 采取什么措施能提高中小型分销商的销量？

● 在和中小型分销商交易时，为什么 ATW 的竞争对手采用案例中所描述的两种方法？

● ATW 应该采用这些方法吗？

● ATW 应该尝试不同的方法吗？公司应该考虑哪些可行的方法？

4.1 引　言

我们发现，多年来，企业的外包水平在稳步提高。很多企业外包了从特定组件的生产、物流与配送活动，到整个产品的设计与装配的所有业务。此外，根据多份调研报告，被调查企业表示，会继续维持或者增加外包业务量。[1]

有意思的是，现在许多品牌制造商将其某些产品的全部设计与生产进行外包。例如，2011 年，全球约 94%的笔记本电脑由中国的原始设计制造商（ODM）

组装。[2]

外包的一个重要驱动因素是，寻找低成本国家进行外包生产，能显著减少制造商的劳动力成本。同时，远东地区的许多公司具有设计和生产高质量、低成本产品的能力。这种发展意味着机遇和挑战并存。

事实上，随着外包程度的加深，对于原始设备制造商（OEM）来说，采购职能成为其控制公司命运的关键。因此，许多原始设备制造商致力于和战略性零部件或产品的供应商紧密合作。在大多数情况下，需要通过有效的供应合同来实现供应链协调。

对于非战略性零部件，原始设备制造商采用不同的方法。非战略性零部件可以从多家供应商那里采购，市场反应的灵活性比与供应商建立长久的合作关系更加重要。实际上，某些商品，比如电子元件、计算机存储器、钢材、油、谷物或棉花，通常有大量的供应商可供选择，并且可以从现货市场上购买。因为产品高度标准化，从一家供应商转换到另一家供应商一般不存在很大的问题。

在本章，我们将讨论关于战略性零部件和非战略性零部件的有效供应合同。

4.2 战略性零部件

有效的采购策略需要与供应商建立合作关系。合作关系可以采用多种形式，包括正式的或非正式的，但是为了确保充足的供应和及时交货，采购方和供应商通常会签订供应合同。供货合同能够解决采购方和供应商之间存在的问题，无论采购方是从供应商那里采购原材料的制造商，还是采购零部件的原始设备制造，或者是采购产品的零售商。在一个典型的供应合同中，采购方和供应商会在以下方面达成协议：

- 价格和数量折扣。
- 最小和最大采购批量。
- 交货提前期和交付计划。
- 产品或物料质量。
- 退货政策。

如接下来的讨论所述，供应合同是一种非常有效的工具，可以用来满足产品的充足供应和需求以及其他更高要求。

4.2.1 供应合同

为了说明不同类型的供应合同对供应链绩效的影响和重要性，考虑一个由采购方和供应商组成的典型两阶段供应链。在这样的供应链中，事件发生顺序是：采购方首先进行预测，以利润最大化为目标，决定从供应商那里订购多少单位产品，并且下单给供应商；供应商根据买方下达的订单做出反应。因此，在这个供应链中，供应商是按订单生产，而买方是在掌握客户需求之前，根据预测做出采购决策。

显然，这一事件发生顺序是一个依次决策的过程，因此，我们称这类供应链为序贯供应链。在序贯供应链中，每一方考虑其他方决策的影响，独立确定自己的行动。显然，这不是一种有效的供应链伙伴战略，因为在序贯供应链中，并不考虑整个供应链的最优结果。

为了讨论序贯供应链面临的挑战及不同类型的供应合同对供应链绩效的重要性和影响，根据第2章分析的泳装案例，考虑以下例子。

实例 4-1

再次思考第2章讨论的泳装案例。在这个案例中，我们假定供应链涉及两家公司：一个零售商（面向顾客需求）和一个制造商（生产并向零售商销售泳装）。泳装的需求模式满足前面设定的情景，零售价格和成本信息如下：

- 在夏季，泳装的零售价为125美元。
- 零售商向制造商支付的批发价是每件80美元。
- 夏季销售不掉的任何泳装，以每件20美元的价格出售给折扣店。

对于制造商，信息如下：

- 固定生产成本为100 000美元。
- 可变生产成本为每件35美元。

从这些数据可以看出，零售商的边际利润和制造商的边际利润相等，都为每件45美元。同样，除了固定生产成本，零售商的售价、残值和可变成本与前面例子中的售价、残值和可变成本相同。这意味着，零售商在夏季销售一件泳装的边际利润是45美元，小于在季末出售给折扣店的边际损失60美元。

零售商应该向制造商订购多少产品？回想我们在泳装案例中得到的最后结论：最优订货量依赖于边际利润和边际损失，而不依赖于固定成本。事实上，图4-1中的实线代表了零售商的平均利润，表明零售商的最优策略是订购12 000件，能够获得470 700美元的平均利润。如果零售商发出这笔订单，制造商的利润就是：

$$12\ 000 \times (80 - 35) - 100\ 000 = 440\ 000\ （美元）$$

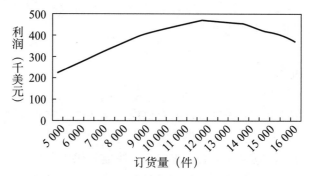

图4-1 零售商的期望利润与订货量的函数关系

在前面的例子中，零售商要承担库存量超过销售量的所有风险，而制造商不需要承担这种风险。实际上，由于制造商不承担风险，制造商希望零售商尽可能多订货，而零售商因为巨大的财务风险会控制订单数量。当然，因为零售商控制订单数量，所以缺货发生概率会明显提高。如果制造商愿意并能够同零售商分摊风险，对于零售商来说，订购更多产品可能是有利可图的，因而可以降低缺货概率，并增加了制造商和零售商双方的利润。

实际上，促使供需双方分摊风险的供应合同有多种，这些供应合同可以增加供应链双方的利润。

回购合同 在回购合同中，卖方同意以高于残值的协议价，买回买方卖不出去的商品。显然，回购合同能够激励买方订购更多的产品，因为卖不掉产品的风险降低了。另外，卖方的风险明显提高。因此，在设计回购合同时，要使买方订货量的增加以及由此产生的缺货概率的降低，足以补偿卖方增加的风险。让我们回到泳装的例子。

实例 4-2

假定制造商同意以 55 美元的价格从零售商处回购销售不掉的泳装。在这种情况下，零售商的边际利润为 45 美元，大于边际损失 35 美元，因此，零售商会订购多于平均需求的产品。事实上，在这个合同下，图 4-2 中的实线代表零售商的平均利润，虚线代表制造商的平均利润。如图所示，零售商会增加订货量到 14 000 件，获得 513 800 美元的平均利润而制造商的平均利润则增加到 471 900 美元。因此，双方的总平均利润从序贯供应链的 910 700 美元（470 700＋440 000）增加到回购合同下的 985 700 美元（513 800＋471 900）。

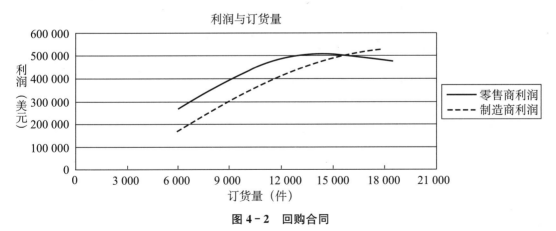

图 4-2 回购合同

收入共享合同 在序贯供应链中，零售商只订购有限数量的产品，其中一个重要原因是批发价太高。如果零售商可以说服制造商降低批发价，零售商就会订购更多产品。当然，如果不能销售更多产品，批发价下降会减少制造商的利润。收入共享合同解决了这个问题。在收入共享合同里，买方将自己的一部分收入与卖方分享，以换取批发价的折扣。也就是说，在这个合同中，买方将产品销售获得的部分收入转移给了制造商。请看泳装的实例。

实例 4-3

假定泳装制造商和零售商签订一份收入共享合同，其中制造商同意将批发价由 80 美元降至 60 美元，同时，零售商将产品销售收入的 15% 分给制造商。在这个合同下，图 4-3 中的实线代表零售商的平均利润，而虚线代表制造商的平均利润。如图所示，在这种情况下，零售商将会增加订货量到 14 000 件（与回购合同一样），获得 504 325 美元的利润。尽管批发价下降，但零售商增加订购可以使制造商的利润增至 481 375 美元。因此，供应链总利润为 985 700 美元（504 325 ＋ 481 375）。也就是说，批发价的降低和收入共享的结合，增加了双方的利润。

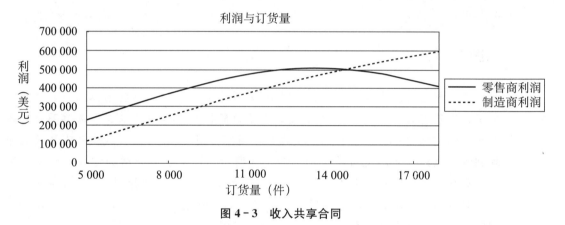

图 4-3　收入共享合同

其他类型的供应合同也同样有效[3]，表 4-1 汇总了这些合同。

表 4-1　战略性零部件合同

合同	特性
回购合同	返还所有未售出产品的部分金额
收入共享合同	供应商提供价格折扣，买方与供应商分享销售收入
数量灵活合同	返还部分未售出产品的全部金额
销售返利合同	达到销售目标后给予激励

数量灵活合同　在数量灵活合同中，供应商返还退货产品（没有销售掉的部分）的全部资金。在合同中规定退货数量的上限，退货数量不得大于此上限。因此，这个合同对部分退回的产品给予全额返还，而回购合同则对所有退回产品给予部分金额的返还。[4]

销售返利合同　在销售返利合同中，在销售超过一定数量后，零售商每多销售一件将获得供应商提供的返利。采用返利方式，可以直接激励零售商增加销量。

全局优化　前面介绍的各种合同提出了一个重要问题：供应商和零售商能够实

现的最大利润是多少？为了回答这个问题，我们采用一种完全不同的方法。如果让一个没有偏见的决策制定者确定整个供应链的最优策略，结果会怎样？这个没有偏见的决策制定者，会把供应链中制造商和零售商双方看成一家企业中的两个成员。也就意味着，将会忽略在两者之间的资金转移，没有偏见的决策制定者所做的决策将会最大化供应链利润。

当然，这种没有偏见的决策制定者通常并不存在。然而，有效的供应合同可以激励供应链合作伙伴去改变传统策略。传统策略中每一方都以自身利润最大化为目标，而在供应链全局优化中，整个供应链的利润是最大化的。但全局优化的困难在于，需要公司将决策制定权交给一个无偏见的决策制定者。

这就是供应合同如此重要的原因。通过允许买方和供应方分摊风险和共享潜在利益，供应合同可以帮助企业实现全局优化，而不需要借助无偏见的决策制定者。事实表明，只有仔细设计供应合同，供应链才可以获得与全局优化同样的利润。

实例 4-4

在泳装例子中，全局优化所涉及的相关数据为：售价 125 美元、残值 20 美元、可变生产成本 35 美元和固定生产成本。在这种情况下，零售商向制造商的支付已经没有意义了，因为我们只关注外部的成本和收入。很明显，这时供应链的边际利润为 90 美元（125-35），明显高于边际损失 15 美元（35-20），因此，供应链产量将高于平均需求。实际上，图 4-4 给出了全局优化策略，最优产量为 16 000 件，这意味着整个供应链的期望利润为 1 014 500 美元。

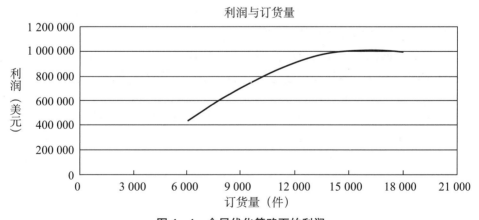

利润与订货量

图 4-4　全局优化策略下的利润

另外，从实施的角度来看，全局优化的缺点在于，没有解决利润在供应链伙伴之间的分配机制。全局优化只提供了最好或最优策略，供应链可以通过一系列改进活动来增加利润。供应合同则提供了如何在供应链成员之间分配利润的机制。

更重要的是，有效供应合同在为每个伙伴分配利润时，任何伙伴都不可能通过偏离最优行动而获得更大利润。也就是说，对于买卖双方中的任何一方，没有任何激励会使他们偏离实现全局最优的行动。

下面这个例子，尽管有些旧，却很经典，说明了供应合同在实践中的影响。

实例 4 - 5

直到 1998 年，音像租赁店一直是以 65 美元的单位价格向电影发行商购买新影片的拷贝，以 3 美元的单位价格租赁给顾客。由于采购价格过高，租赁店不可能采购足够多的拷贝来满足在电影发行 10 周内的顾客需求的峰值。因此，顾客服务水平较低。在 1998 年的一次调查中，大约 20% 的顾客租不到自己最想看的片子。因此，1998 年，音像商百视达（Blockbuster）与电影发行商制定了一份收入共享合同，合同规定每份拷贝的批发价从 65 美元降至 8 美元，同时，电影拷贝每租赁一次，百视达需支付给发行商出租价格的 30%～45%。这份收入共享合同对百视达的收入和市场份额产生了巨大的影响，在接下来的 10 年，收入共享合同主导了整个行业的连锁经营。[5] 当然，尽管合同的力量很强大，但也无法阻止技术的进步。在百视达创新性提出收入共享合约后 5 年，其连锁门店增加到了 9 000 多个，大部分经营都很成功。但时至今日，只剩下了一家，位于俄勒冈州本德市。[6]

当然，在上述案例中，百视达从中获益非常显著，每个拷贝的购买价格从 65 美元急剧下降到 8 美元。电影发行商的收益却不明显，参见本章问题讨论第 3 题的相关内容。

4.2.2 局限性

如果供应合同如此有效，那为什么在实践中，看不到越来越多的公司运用供应合同呢？答案当然和各种执行问题有关。

例如，回购合同需要供应商拥有有效的逆向物流系统，但实际上，这样会增加物流成本。此外，零售商销售竞争性的产品，如果这些产品中有些有回购合同而有些没有，那么零售商会采取一些激励措施，去推动没有回购合同的产品销售。这是事实，因为在这种情况下，对于没有回购合同的产品，零售商需要承担的风险很大。回购合同是吸引人的，但过去主要应用于图书和杂志行业，这是因为在图书和杂志行业中，零售商不具备在不同产品中转移需求的影响力。当杂志或图书销售不掉时，零售商销毁这些库存，只需要把封面寄回出版社作为产品已销毁的凭证。

收入共享合同同样具有较大的局限性。收入共享合同需要卖方监控买方的收入，从而增加了管理费用。实例 4 - 6 中的诉讼案例很好地说明了监控收入的重要性。

实例 4 - 6

2002 年 6 月，三家独立音像零售商提出的诉讼被驳回，起诉的主要内容是被排除在收入共享合约名单之外。原因是这些独立的零售商不具备允许发行商监控收入的信息基础设施。

当然，信息技术并非可以解决一切。在买方和卖方之间建立起信任关系，不仅重要，而且非常困难。

另一个主要局限是，在收入共享合同中，买方有动机推动具有较高边际收益的竞争性产品的销售。也就是说，收入共享合同通常降低了买方的边际利润，因为部分收入将转移给卖方。因此，买方有动力去推动其他产品的销售，尤其是从竞争供应商处采购的、没有签订收入共享合同的类似产品。

4.3 按库存生产/按订单生产供应链的合同

目前，在讨论的所有合同中，一个关键假设是供应商拥有按订单生产的供应链。这意味着，在前面分析的序贯供应链中，卖方不承担风险而买方承担了所有风险。前面讲述的这些合同，提供了将部分风险从买方转移给卖方的机制。因此，一个重要的问题是，当卖方面对的是按库存生产的供应链，合适的合同应该是怎样的？

为了更好地理解有关问题，请考虑以下实例。

实例 4-7

爱立信向美国电话电报公司（AT&T）销售电信网络设备，从伟创力等多家供应商处采购零部件。由于零部件提前期存在显著差异，爱立信采用的制造策略与伟创力不同。具体而言，零部件提前期决定了伟创力采用按库存生产方式，而爱立信在收到来自 AT&T 的订单之后才制定生产决策。[7]

可以看出，爱立信从 AT&T 收到订单后才装配产品，而伟创力按库存生产，需要在收到爱立信订单之前生产产品。这意味着，在这个供应链中，卖方承担了全部风险而买方没有风险。下面的例子很好地阐述了这种类型的关系所引起的问题。

实例 4-8

考虑时尚产品（如滑雪服）的供应链。在这个例子中，销售季节始于 9 月，并于 12 月结束。在这个供应链中，事件的先后顺序如下。生产比销售季节提早 12 个月开始，也早于分销商向制造商下达订单的时间。当生产开始之后 6 个月，分销商向制造商下达订单。这时候，制造商已经完成生产，而分销商也已经收到零售商的确认订单。因此，制造商在收到分销商订单之前生产滑雪服。对滑雪服的需求模式满足前面设定的情景（见实例 4-1），分销商的价格和成本信息如下：

- 分销商以每件滑雪服 125 美元的价格出售给零售商。
- 分销商向制造商支付的批发价是每件 80 美元。

制造商有关成本的信息如下：

- 固定生产成本为 100 000 美元。
- 可变生产成本为每件 55 美元。
- 剩余的滑雪服库存，制造商以每件 20 美元的价格出售给折扣店。

从以上这些数据可知，制造商的边际利润是 25 美元，积压库存的边际损失是 60 美元。由于边际损失大于边际利润，制造商应生产少于平均需求的产品，即少于 13 000 件。那么制造商究竟应该生产多少件产品呢？如图 4 - 5 所示，制造商的平均利润是关于生产数量的函数，制造商的最优策略是制造 12 000 件，能够获得 160 400 美元的期望利润。在这个例子中，分销商的期望利润是 510 300 美元。

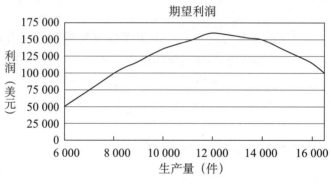

图 4 - 5　制造商的期望利润

可以看到，与泳装案例不同，这里制造商承担了超出销售需求的多余产能的全部风险，而分销商不承担任何风险。事实上，由于不承担任何风险，分销商期望制造商生产尽可能多的产品，而制造商由于巨大的财务风险会控制生产数量。

同样，在这里，也可以采用多种供应合同进行风险分摊，减少制造商的风险，并激励制造商增加产能，从而增加买方和卖方的利润。

补偿合同　在补偿合同（pay-back contract）中，买方同意支付协议价来补偿卖方已生产但买方未购买的产品。显然，在补偿合同下，卖方倾向于生产更多产品，因为这种合同可使闲置能力的风险降低。另外，买方的风险将明显增加。因此，在设计补偿合同时，要使增加的生产数量足以弥补买方增加的风险。让我们回到滑雪服的例子。

实例 4 - 9

假设分销商同意支付 18 美元/件，补偿由制造商生产但没有被分销商购买的产品。

在这种情况下，制造商的边际损失是 55—20—18＝17 美元，而边际利润是 25 美元。因此，制造商有动机生产多于平均需求的产品。图 4 - 6 表示制造商的平均利润，图4-7表示分销商的平均利润。如图所示，在这个例子中，制造商将增加产量到14 000件产品，能够获得180 280美元的平均利润，同时，分销商的平均利润将增加到525 420美元。因此，双方的总平均利润，从序贯供应链的670 700美元（160 400＋510 300）增加到使用补偿合同的705 700美元（180 280＋525 420）。

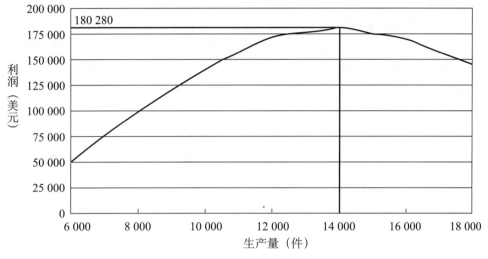

图4-6　制造商的平均利润（补偿合同）

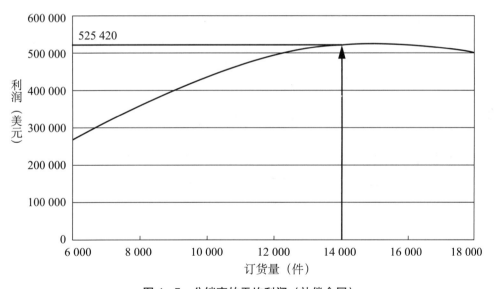

图4-7　分销商的平均利润（补偿合同）

成本分摊合同　在序贯供应链中，制造商不愿意生产足够多产品的一个重要原因是高昂的生产成本。如果制造商可以说服分销商分摊其中一部分生产成本，制造商就有动力生产更多产品。当然，分销商如果无法销售更多产品，支付部分生产成本会减少公司的利润。成本分摊合同可以解决这一问题。在成本分摊合同中，在买方分摊部分生产成本的同时，卖方给分销商提供批发价的折扣。接下来，继续以滑雪服为例。

实例 4-10

假定滑雪服的制造商和分销商签订一份成本分摊合同，其中，制造商同意将批发价由 80 美元降至 62 美元，作为回报，分销商承担制造商生产成本的 33%。图 4-8 所示的是制造商在这个合同下的平均利润，图 4-9 则表示在这一合同下分销商的平均利润。如图所示，本案例中，尽管批发价降低，制造商还是会增加产量到 14 000 件（与补偿合同一样），可以获得 182 380 美元的利润，同时分销商的利润也将增加到 523 320 美元。因此，供应链的总利润是 705 700 美元，与补偿合同中的利润相同。

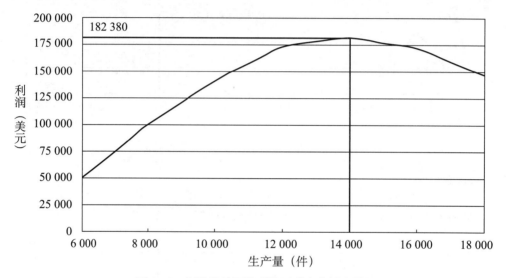

图 4-8　制造商的平均利润（成本分摊合同）

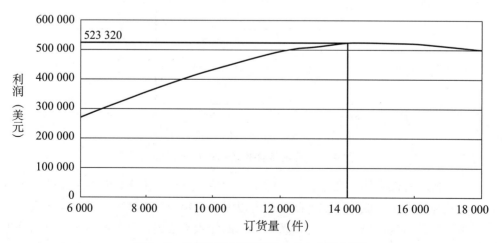

图 4-9　分销商的平均利润（成本分摊合同）

成本分摊合同存在的一个问题是，需要制造商与分销商共享生产成本信息，而有时候，这是制造商不愿意做的。那么，在实践中，如何实施这种合同呢？通常，这个问题需要通过协议来解决，在协议中，分销商采购一种或多种制造商需要的零部件。这些由分销商采购的零部件直接运送到制造商的工厂，由工厂来完成成品的生产，但成本归分销商。

最后，很容易看出，在滑雪服的例子中，补偿合同和成本分摊合同都能够实现供应链利润的最大化。也就是说，这些合同被选中的原因是使每种情况下供应链利润与全局优化的利润相同。

实例 4-11

电子行业某个大型原始设备制造商（OEM）与一家制造伙伴（CM）签订协议，由这家 CM 负责设计和生产 OEM 使用的零部件。OEM 则利用其采购优势，从供应商那里采购 CM 使用的关键零部件。这些零部件再通过寄售方式或买卖方式，转移给 CM。OEM 具有采购优势，意味着可以获得比 CM 采购更优惠的价格。此外，这种策略确保从 CM 那里采购零部件的其他竞争对手无法从 OEM 的采购优势中获益。

实例 4-12

在滑雪服的例子中，对供应链进行全局优化所涉及的相关数据包括售价 125 美元、残值 20 美元、可变生产成本 55 美元和固定生产成本（100 000 美元）。在本例中，零售商向制造商支付的成本没有意义，因为我们只关注外部的成本和收入。显然，这里供应链的边际利润是 70 美元（125－55），明显高于边际损失 35 美元（55－20），因此，供应链生产量将高于平均需求。实际上，如图 4-10 所示，在全局优化策略中，最优产量为 14 000 件，这意味着整个供应链的期望利润是 705 700 美元，和补偿合同及成本分摊合同下的利润相同。

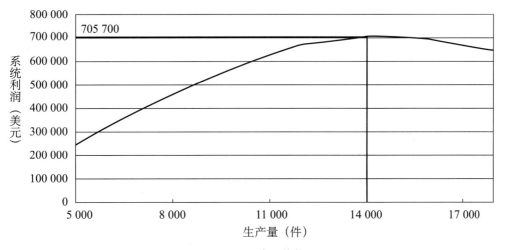

图 4-10　全局优化

4.4 信息不对称下的合同

到目前为止，讨论中的一个重要假设是买方和卖方共享同一需求预测。很容易理解，当卖方需要根据买方的预测安排产能时，买方倾向于放大预测量。事实上，正如《彭博商业周刊》观察的那样：公司经常放大预测（在这里指的是电子和电信企业，消费品、运输等其他领域同样存在这种现象）。[8]

为了更好地理解这个问题，思考实例 4-7 中的情况。在这个例子中，伟创力根据从爱立信那里得到的需求预测安排产能，爱立信与终端客户 AT&T 联系。伟创力从爱立信那里得到的预测值可能已经被放大了，但这无法证实。事实上，由于预测高于实际需求的情况总会有一定的发生概率，供应商无法证明这一差别是预测放大引起的。

因此，一个重要问题是，能否设计出确保有效信息共享的合同。

有趣的是，这个问题的答案是肯定的。[9]事实上，以下两种合同能确保有效信息的共享。

- 能力预订合同。买方必须支付卖方一定的费用，预订某一水平的产能。预订价格由卖方设计，用来激励买方透露其真实的预测。也就是说，通过选择预订的产能，买方透露了其真实预测。

- 预购合同。买方在卖方规划产能之前下单，卖方将收取买方预购价，而当需求实现时，任何增加的订单都要收取不同的价格。同样，买方向卖方做出的初始承诺，提供了买方的真实预测信息。

4.5 非战略性零部件合同

为了满足多种采购需要，买方通常致力于签订长期合同。然而，近年来，针对非战略性零部件，许多公司开始依赖于更有弹性的合同。在这种情况下，产品可以从许多供应商那里购买，这种合同所带来的市场灵活响应比与供应商建立长久合作关系更加重要。实际上，许多商品，比如电子元件、计算机存储器、钢材、油、谷物或棉花，通常有大量的供应商可供选择，并且可以从现货市场上购买。通过选择多个供应源（例如，选择不同的供应商，或与单个供应商签订多种弹性合同），采购方可以减少采购成本，并对市场反应更加迅速与灵活。针对不同的情况，每个供应源都可能重要，因此，这种采购策略的目标是防止任何不利情况来减少成本。

因此，标准化商品的有效采购策略是降低成本并减少风险。风险包括：

- 需求不确定导致的库存风险。
- 动态市场价格导致的价格或财务风险。

- 零部件的有限可得性导致的短缺风险。

例如，思考汽车制造商采购电子元件，或计算机生产商采购存储器的情况。在这种情况下，供应和顾客需求的不确定性会产生这样的问题：现在采购，还是在将来市场情况更好的条件下采购？如果现在采购，可能会面临库存短缺或产品卖不出去的库存风险。如果依赖现货市场，则可能会面临价格风险以及找不到足够供应的短缺风险。

虽然标准化商品具有非战略性特点，但为这些产品制定有效的采购策略仍然是非常重要的，因为公司可能完全依赖于它们。同时，供应和顾客需求的不确定性引出了这样的问题：是现在采购，还是等将来市场情况变好时再采购？

长期合同　长期合同也称远期合同或固定承诺合同，长期合同消除了财务风险。这些合同约定在将来的某个时间，交付固定数量的货物。卖方和买方就交付价格和数量达成一致。因此，在这种情况下，买方不承担财务风险，但由于需求不确定和订单数量不能调整，会承担巨大的库存风险。

柔性或期权合同　期权合同是一种减少库存风险的方法。在期权合同中，买方预先支付一小部分产品的预购价，卖方做出一定水平的产能承诺。初期支付的费用通常被用作预订价格或保险金。如果买方没有行使期权，就会失去初期支付的费用。买方可以购买不超过期权水平的任何数量产品，并为购买的每单位产品支付另外的价格，这个价格在签订合同的时候就已经约定。这种价格称为执行价格或履约价格。当然，买方为购买的每单位产品所支付的总价格（预订价格加执行价格）通常高于长期合同中的单位价格。

显然，期权合同为买方提供了根据实际需求来调整订货量的灵活性，从而减少了库存风险。期权合同把库存风险从买方转移给了卖方，因为卖方现在面临着需求的不确定性。这与长期合同形成对比，长期合同中买方承担所有的库存风险。

在实际操作中，柔性合同是一种用来分摊买方和卖方风险的相关策略。在柔性合同中，签订合同时，双方确定了固定的供应量，交付（和支付）的数量可以改变，但不能超出合同签订时所规定的比例。

现货购买　买方在公开市场上寻找额外的供应。公司可以利用独立的电子市场或企业自己的电子市场来选择供应商，详见第 9 章。这种策略关注的是，在市场上寻找新供应商，并通过竞争降低产品价格。

组合合同　创新性的公司（例如惠普）把组合方法应用于供应合同。在这种情况下，买方为了提高期望利润并降低风险，同时签订多种合同。这些合同在价格和灵活性上有所区别，因此，可以使买方抵消库存、缺货和现货价格的风险。组合合同对大宗商品尤其有意义，因为有很多供应商可供选择，针对每一个供应商都可采用不同类型的合同。因此，买方为了减少期望的采购和库存持有成本，就会有兴趣采用几种不同的互补合同。

为了寻求有效的合同，买方需要在低价格低灵活性（长期）合同、适当的价格较好的灵活性（期权）合同以及不确定价格和供应数量并且没有承诺（现货市场）的方式之间进行合理组合。尤其是，买方必须在不同的合同之间进行优化组合：在长期合同中承诺多少？我们把这种承诺称为基本承诺水平。多少量从出售期权合同的公司购买？我们把这个称为期权水平。最后，有多少量不作承诺？如果需求很大，买方需要在现货市场上寻求额外供应。

惠普公司在采购电子元件或存储器时，采购策略中采用了组合方法，采购成本的 50％投资于长期合同，35％投资于期权合同，剩下的在现货市场中使用。表 4-2 汇总了这些合同。

表 4-2　非战略性零部件供应合同

合同	特征
长期合同	事前确定的固定承诺
柔性或期权合同	预先支付购买的期权
现货购买	即时购买
组合合同	将前三种合同进行策略性组合

组合合同如何抵制风险？如果需求远大于预期，长期合同和期权合同都不能满足，公司就必须使用现货市场寻求额外的供应。通常，这是在现货市场上采购的最坏时机，因为价格会因短缺而提高。因此，买方可以通过谨慎地选择基本承诺水平和期权水平，在价格风险、短缺风险和库存风险之间权衡。例如，同样的期权水平下，初始合同采购越多，买方承担的价格风险越小，而库存风险越大。初始合同采购越少，对现货市场的依赖度越高，价格和短缺风险越大。同样，相同的基本承诺水平下，期权越多，卖方承担的库存风险就越大，因为买方可能只履行小部分期权。表 4-3 总结了相关的权衡问题，其中括号里的一方承担了大部分风险。

表 4-3　组合合同的风险权衡

高		
	库存风险（卖方）	N/A*
期权水平		
	价格和短缺风险（买方）	库存风险（买方）
低		
	低　　基本承诺水平　　高	

* 给定一种情况，或者期权水平或者基本承诺水平可能很高，但二者不可能同时很高。

小　结

买卖双方之间的关系存在多种形式，可以是正式的和非正式的，但是为了确保供应充足和及时交货，买方和卖方通常会签订供应合同。在这一章，我们主要讨论如何把这些合同当作有效的工具实现全局优化，更好地管理成本和风险之间的权衡，以及激励供应链合作伙伴共享真实的客户需求预测数据。

讨论题

1. 在什么样的情况下，回购合同适用？在什么样的情况下，补偿合同适用？期权合同呢？这些合同之间有什么关系？讨论一下回购合同和补偿合同是否是期权合同的特殊形式。

2. 考虑一家制造商和一家供应商的情况。在需求实现之前的 6 个月，制造商和供应商必须签订供应合同，事件发生顺序如下：采购合同在 2 月签订，需求在 8 月开始的 10 个星期内实现。

供应商在 8 月初把零部件交付给制造商，而制造商是按订单生产。因此，我们可以忽略任何库存持有成本。我们假设 10 个星期销售期结束时，没有售出的产品价值为零。目标是确定一种采购策略，实现期望利润最大化。

具体而言，考虑一家需要寻找电力供应源的制造商。这个制造商以 20 美元的单价生产产品并销售给终端客户，我们假设生产成本的唯一构成项目便是电力成本。为了简化案例，我们假设一单位电力可以产出一单位成品，在这里制造商拥有电力需求分布的信息。更准确地说，制造商知道电力的需求与概率如表 4-4 所示。

表 4-4　电力的需求与概率

需求	概率（%）
800	11
1 000	11
1 200	28
1 400	22
1 600	18
1 800	10

两家电力公司可以供应：
- 公司 1 提供固定的承诺合同：以 10 美元的单价提前购买电力。
- 公司 2 提供期权合同，需要预先以每单位 6 美元支付预订价格，交付时每单位再另外支付 6 美元。

制造商应该使用什么样的采购策略？

3. 在实例 4-5 中，我们讨论了百视达与电影发行商之间的收入共享合同。在这个案例中，百视达的获益非常明显：每个拷贝的购买价格从 65 美元急剧下降到 8 美元。发行商的获益是什么？（提示：考虑发行商的成本结构。）

4. 再次考虑百视达与电影发行商之间的收入共享合同。这个合同对双方都非常有利。经济学家对收入共享合同已经研究了很多年，你认为为什么百视达与电影发行商直到 1998 年才采用收入共享合同？

5. 在本章，我们讨论了很多按库存生产和按订单生产的系统中的战略性零部件的供应合同，这些合同可以用来协调供应链。请回答以下问题：

（1）为什么按库存生产的系统和按订单生产的系统需要不同类型的供应合同？

（2）对于按库存生产的合同，不种类型的合同有什么优缺点？你选择其中一种合同的具体原因是什么？

（3）对于按订单生产的合同，不种类型的合同有什么优缺点？你选择其中一种合同的具体原因是什么？

6. 请根据第 4 章供应合同提供的电子表格和表 4-5，回答下列问题：

表 4-5　相关数据

分销商售价	100 美元
残值	20 美元
固定生产成本	130 000 美元
可变生产成本	35 美元

（1）如果采用回购合同，制造商以每件 65 美元的价格将产品卖给分销商，为了使供应链的总利润等于全局优化时的总利润，回购量是多少？

（2）如果采用收入共享合同，制造商向分销商收取的价格是多少才合适？为了使供应链的总利润等于全局优化时的总利润，收入共享水平是多少？

7. 在本章，我们讨论了战略性零部件的两种类型的供应合同。其中一种是制造商在分销商下达订单之后生产产品，但分销商下达的订单是在需求明确之前做出的；另一种是制造商在收到分销商订单之前就生产产品，而分销商是在需求明确之后才下达订单的。讨论其他可能的情形，并描述供应合同在新的情况下如何给供应链带来益处。

8. 在 4.5 节描述的组合合同方法中，当期权水平很高而基本承诺水平很低时，卖方承担了全部风险。为什么卖方同意承担这些风险？

9. 考虑表 4-6 中的需求情景：

表 4-6　需求情景

数量	概率（%）
2 000	3
2 100	8
2 200	15
2 300	30
2 400	17
2 500	12
2 600	10
2 700	5

假设制造商的生产成本是每单位 20 美元。分销商在销售季节，以 50 美元的单价出售给最终客户，没有卖出的产品在销售季节后以 10 美元的单价出售。

a. 在全局优化中，系统的最优生产数量和期望利润是多少？

b. 假设制造商是按订单生产的，也就是说，事件的时间顺序如下：

- 分销商在收到最终客户需求信息之前下达订单；
- 制造商根据分销商订购的数量生产；
- 客户需求产生。

i. 假设制造商以 40 美元的单价将产品卖给分销商，分销商将订购多少？制造商和分销商的期望利润是多少？

ii. 设计一份期权合同，在这份合同下，制造商和分销商都将获得高于上一问题（即问题 i）中的期望利润。制造商和分销商的期望利润是多少？

c. 假设制造商是按库存生产的，也就是说，事件的时间顺序如下：

- 制造商生产一定数量的产品；
- 分销商收到客户订单；
- 分销商向制造商订购产品。

i. 采用问题 b（i）中的批发价格，计算制造商的生产/库存水平。制造商和分销商的期望利润是多少？将结果同问题 b（i）相比较。

ii. 设计一份成本分摊合同，在这个合同中，制造商和分销商都将获得高于问题 c（i）的期望利润，计算制造商和分销商的期望利润。

10. 使用问题 9 中的数据，假设制造商拥有如表 4-7 所示的放大的需求预测。

表 4-7　放大的需求预测

数量	概率（%）
2 200	5
2 300	6
2 400	10
2 500	17
2 600	30
2 700	17
2 800	12
2 900	3

a. 假设制造商是按订单生产的（事件的时间顺序见 9b）。使用问题 9b（ii）中的合同，确定订货量、制造商和分销商的期望利润。将答案同 9b（ii）比较。

b. 假设制造商是按库存生产的（事件的时间顺序见 9c）。使用问题 9c（ii）中的合同，确定生产量、制造商和分销商的期望利润。将答案同 9c（ii）比较。

c. 如果你是分销商，你可以选择向制造商披露真实的需求预测或放大需求预测的信息，在每种情况下你会怎么做？请解释原因。

参考文献

第 5 章
信息价值

学习完本章，你应该能够回答以下问题：

- 企业如何应对需求波动程度增大的问题？
- 在供应链中传递需求信息的作用是什么？
- VMI 策略能够解决运营相关问题吗？
- 供应链如何满足不同合作伙伴和环节之间相互冲突的目标？

5.1 引 言

我们生活在信息时代，数据仓库、网络服务、XML、移动网络、互联网和内部网等只是日常被提到的诸多技术中的一部分而已。在第 16 章和第 17 章，我们将详细研究这些技术，并讨论实施这些技术所面临的问题。在本章，我们讨论采用信息技术所带来的价值，并具体探讨在整个供应链中获取越来越多信息的可能性，以及信息获取对有效设计和管理集成化供应链的意义。

获取丰富信息的意义是巨大的。供应链权威人士和咨询师强调：在现代供应链中，信息代替了库存。我们并不想对这种观点提出异议，但其含义是模糊的。毕竟从某种意义上来说，顾客需要的是产品，而不仅仅是信息。不管怎么样，信息改变了供应链有效管理的方式，并且这些改变可能导致更低的库存。本章的目的就是要描述信息如何影响供应链的设计和运作。我们要证明通过有效地利用目前获得的信息，企业能够比以往任何时候都更有效和更高效地设计和管理供应链。

读者可以很清楚地理解，有了关于整个供应链中库存水平、订单、生产和交货情况等准确的信息，供应链管理人员至少不会比在无法获取这些信息的情况下，更无效地管理供应链。毕竟，我们还可以选择忽略这些信息。然而，正如我们所知道的，有效使用这些信息在为改善供应链设计和管理方式提供巨大机会的同时，也确实使供应链的设计和管理变得更加复杂，因为我们必须考虑更多的问题。

我们认为信息充沛的价值在于：

- 有助于减少供应链中需求的变动性。
- 有助于供应商考虑促销和市场变化等因素，做出更好的预测。
- 能够协调制造和销售系统及其策略。
- 通过提供查找商品位置的定位工具，零售商可以更好地为顾客服务。
- 能够使零售商更快地对供应问题做出反应，并进行调整适应。
- 能够缩短提前期。

事实表明，在许多行业，供应链上的合作企业并不愿意进行信息共享，会夸大预测或者滥用共享信息。因此，在讨论和说明信息共享的好处后，我们将讨论如何采用激励机制，促进供应链合作企业之间的信息共享。

本章涉及的很多内容，是在我们的几篇关于牛鞭效应论文的原创性研究基础上编写而成的。[1]

5.2　牛鞭效应

多年来，供应商和零售商已经注意到，尽管某种具体产品的顾客需求波动并不大，但供应链中的库存和延期交货水平的波动却很大。例如，在研究"帮宝适"产品的市场需求时，宝洁的管理层发现了一个很有意思的现象。如所预料的，该产品的零售数量相当稳定，没有哪一天或哪一个月的需求特别高或特别低。然而，公司的管理层发现，分销商向工厂下达的订单的波动程度，要比零售数量的波动程度大得多。此外，宝洁向其供应商下达的订单波动程度更大。这种随着往供应链上游前进，需求波动程度增大的现象称为牛鞭效应。

图 5-1 列举了一个简单的四阶段供应链：单个零售商、单个批发商、单个分销商和单个制造商。零售商观察顾客需求，然后向批发商订货，批发商向分销商订货，而分销商则向制造商订货。图 5-2 给出了不同成员的订单量随时间变化的情况。如图所示，随着往供应链上游移动，需求波动程度越来越大。

为了理解需求波动性增大对供应链的影响，考虑一下本例中的第二阶段——批发商。批发商接受零售商的订单，并向其供应商——分销商订货。为了确定这些订单的订货量，批发商必须预测零售商的需求。如果不能获知顾客的需求数据，批发商就必须依据零售商向其发出的历史订单进行预测。

因为零售商订单的波动性明显大于顾客需求的波动性（见图 5-2），为了满足与零售商同样的服务水平，批发商不得不持有比零售商更多的安全库存，或者维持比零售商更高的能力。

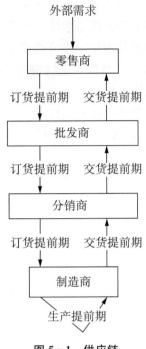

图 5 - 1　供应链

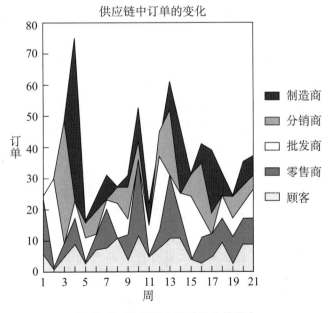

图 5 - 2　供应链中波动程度的增大

　　这种分析同样适用于分销商和制造商，结果导致这些供应链成员维持更高的库存水平，从而产生更高的成本。

　　例如，考虑一条简单的小配件供应链。单个工厂——配件制造公司，向单个零售商——配件商店供货。配件商店平均的年需求量为 5 200 单位，配件制造公司每周向配件商店发货。如果配件商店的订单波动性小，那么每周大约运送 100 单位的产品，配件制造公司的生产能力和周交付能力只需约 100 单位就行了。如果周波动性很大，在某些星期配件制造公司必须生产并交付 400 单位，而有些星期则一单位都不需要，那么我们就很容易理解，供应商的生产和交付能力必须提高，但在有些星期内供应商的产能会闲置。当然，配件制造公司可以在需求低的星期内建立库存，在需求高的星期内供应这些产品，但这就增加了库存持有成本。

因此，重要的是，要找到能使我们控制牛鞭效应的技术和工具，即控制供应链需求波动性的增加。为此，我们首先需要了解导致供应链波动程度增大的主要因素。

1. 需求预测。供应链各环节所使用的传统库存管理技术（见第 2 章）会导致牛鞭效应。为了解释预测与牛鞭效应之间的关系，我们需要回顾一下供应链中的库存控制策略。如第 2 章所讨论的，能够较好地应用于供应链各个阶段的策略是定期检查策略，这种库存策略通过一个单独的参数来表达，即基本库存水平，也就是说，仓库要确定的目标库存水平就是基本库存水平。在每一周期，检查库存情况，仓库根据实际库存情况发出订单，把库存提高到基本库存水平。

通常，基本库存水平等于提前期和检查期内的平均需求，加上提前期和检查期内需求的标准差的若干倍数，后一部分称为安全库存。通常来说，管理人员利用平滑预测技术来预测平均需求和需求方差。所有预测技术的一个重要特征是，观察的数据越多，我们对顾客需求的平均值和标准差（或方差）的修正就越多。因为安全库存和基本库存水平取决于这些估计值，决策者不得不改变订货数量，因此，增大了需求的波动性。

2. 提前期。我们很容易发现，需求波动性的增加随着提前期的加长而放大。为此，回顾在第 2 章中，通过将平均需求和需求标准差乘上提前期和检查期之和的函数，我们计算得出相应的安全库存水平和基本库存水平。因此，提前期变长，需求波动性的微小变化意味着安全库存和基本库存水平的较大变化，从而订货量会随之发生很大变化。这当然导致需求波动性的增加。

3. 批量订货。批量订货的影响很容易理解。如果零售商采用（Q，R）库存策略或者最小-最大库存策略进行批量订货，批发商就会接到一个大订单，接着是一段时间没有订单，接着又是一个大订单，等等。因此，批发商看到的是一个扭曲的和高度波动的订货方式。

有必要提醒读者，企业采用批量订货有几方面的原因。首先，如第 2 章指出的，一个具有固定订货成本的公司采用（Q，R）库存策略或者（s，S）库存策略，这将导致批量订货。其次，随着运输成本越来越大，零售商可能会通过大量采购（如整车采购）来获得运输折扣。这可能导致某些星期有大订单，而某些星期根本没有订单。最后，在许多企业出现的季节性或年度性销售配额或折扣，也会导致周期性的大订单。

4. 价格波动。价格波动也能导致牛鞭效应。如果价格波动，零售商往往会在价格较低时备货。在许多行业，在特定时期或针对大量采购所采取的促销、折扣等措施也加剧了牛鞭效应。这些被称为预购的行为，意味着零售商在分销商和制造商打折或促销时将采购较大的数量，而在其他情况下将订购相对较少的数量。

5. 虚报订单。在缺货期间，零售商会增加订货量，这也放大了牛鞭效应。当零售商和分销商察觉到某种产品可能出现供应短缺现象，估计供应商供应的货物量只能是订货量的某个比例，零售商和分销商通常就会增大订货量。但当短缺期一过，零售商又回到原来的正常订单。这样导致了需求预测的扭曲和波动。

5.2.1　牛鞭效应的定量分析 [*]

到目前为止，我们已经讨论了使供应链需求波动性增大的因素，为了更好地理解和控制牛鞭效应，我们认为有必要对牛鞭效应进行定量分析，即对供应链上各阶段波动的增大程度进行定量计算。这不仅有助于分析需求波动性增加的程度，而且有助于说明预测方法、提前期与需求波动性增大之间的关系。

为了对供应链的牛鞭效应进行定量分析，我们考虑一个简单的两阶段供应链，零售商观察顾客的需求，并向制造商订货。假设零售商向制造商订货的提前期 L 是固定的，那么零售商在 t 期末发出的订单，会在 $t+L$ 期初收到订货。同时，假设零售商采用简单的定期检查策略（见第 2 章），每一期零售商检查库存，向其上游订货，订购的数量恰好使库存达到目标水平。注意，本例的检查周期是 1。

因此，如第 2 章所讨论的，基本库存水平的计算如下：

$$L \times AVG + z \times STD \times \sqrt{L}$$

式中，AVG 和 STD 分别是顾客日（或周）需求的平均值和标准差；常数 z 是安全系数，可以从统计表中选取，其作用是保证在提前期内不发生缺货的概率等于指定的服务水平。

为了实施这个库存策略，零售商必须根据观察到的顾客需求数据，估计需求的平均值和标准差。因此，实际上，随着平均需求和标准差估计值的变化，最高库存水平也会相应发生变化。

具体来说，t 期的最高库存水平 y_t 是根据观察到的需求估计得到的：

$$y_t = \hat{\mu}_t L + z \sqrt{LS_t}$$

式中，$\hat{\mu}_t$ 和 S_t 分别为 t 期顾客日需求的平均值和标准差的估计值。

假设零售商使用一种最简单的预测方法：移动平均法。换言之，在每期内零售商估计的平均需求是前 p 期需求观察值的平均值。零售商以同样的方式估计需求的标准差。即，如果 D_i 代表 i 期的顾客需求，则

$$\hat{\mu}_t = \frac{\sum_{i=t-p}^{t-1} D_i}{p}$$

$$S_t^2 = \frac{\sum_{i=t-p}^{t-1} (D_i - \hat{\mu}_t)^2}{p-1}$$

---

[*]　读者可跳过这部分内容，而不会影响阅读的连续性。

注意，以上表达式表明在每期零售商都要根据最近的 p 期需求观察值，计算一个新的平均值和标准差。因为每期的需求平均值和标准差的估计值都有变化，所以每期的目标库存水平也是变化的。

这样的话，我们能够对牛鞭效应进行定量计算，即能够计算制造商面对的需求的波动程度，并把这个值与零售商遇到的需求的波动程度进行比较。如果零售商观察到的顾客需求的方差为 Var(D)，那么这个零售商向制造商发出的订单需求的方差 Var(Q) 相对于顾客需求的方差满足

$$\frac{\text{Var}(Q)}{\text{Var}(D)} \geqslant 1 + \frac{2L}{p} + \frac{2L^2}{p^2}$$

图 5-3 给出的是针对不同的提前期，观察值 p 与波动放大程度下限值之间的关系。当 p 很大且 L 很短时，预测误差所引起的牛鞭效应可忽略不计。牛鞭效应随着提前期的增加和 p 值的减小而放大。

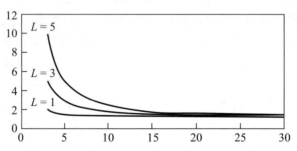

图 5-3　波动放大程度下限值随 p 的变化情况

例如，假设零售商根据前 5 期需求观察值估计平均需求，即 $p=5$。再假设零售商在 t 期末发出的订单，在 $t+1$ 期初收到货物。这意味着提前期 $L=1$（更精确地，是提前期加上检查期）。这样，零售商对制造商订单需求的方差，将至少比零售商观察到的顾客需求方差大 40％，即

$$\frac{\text{Var}(Q)}{\text{Var}(D)} \geqslant 1.4$$

接下来，考虑同一个零售商，但现在假设零售商采用 10 期需求观察值（即 $p=10$），来估计需求的平均值和标准差。计算结果表明，零售商对制造商订单需求的方差，至少是零售商观察到的顾客需求方差的 1.2 倍。换句话说，通过增加移动平均法使用的观察值数量，零售商能够显著地降低向制造商订货的波动程度。

5.2.2　集中信息对牛鞭效应的影响

最常用的减小牛鞭效应的建议之一，是在供应链内部集中需求信息，即为供应链每一阶段提供有关顾客实际需求的全部信息。为了理解集中需求信息为什么能够减小牛鞭效应，请注意，如果需求信息集中起来，供应链的每一阶段都可使用顾客的实际需求数据来进行更加准确的预测，而不是依赖于前一阶段发出的历史订单来预测。根据前一阶段发出的历史订单来预测，需求的波动性要比实际顾客需求的波

动性大得多。

在本部分，我们分析供应链内部共享顾客需求信息的价值。为此，再考虑图 5－1 描述的四阶段供应链——由一个零售商、批发商、分销商和制造商组成的供应链。为了确定集中需求信息对牛鞭效应的影响，我们区分两种类型的供应链：一种是集中需求信息的供应链，另一种是分散需求信息的供应链。

集中需求信息的供应链

在第一种类型的供应链中（集中型供应链），处于供应链第一阶段的零售商观察顾客需求，采用移动平均法利用 p 期需求观察值对平均需求进行预测，根据预测的平均需求确定目标库存水平，然后向批发商发出订单。处于供应链第二阶段的批发商收到订单和零售商预测的平均需求数据，并根据这个预测值确定其目标库存水平，然后向分销商发出订单。同样，处于供应链第三阶段的分销商收到订单和零售商预测的平均需求信息，根据这个预测值来确定其目标库存水平，然后向供应链的第四阶段——制造商发出订单。

在集中型供应链中，供应链的每一阶段都接到零售商预测的平均需求信息，并根据这个平均需求来确定基本库存策略。因此，在本例中我们已经把需求信息、预测方法和库存策略集中起来了。

根据以上分析，我们不难表示供应链上第 k 阶段发出订单的方差 $\mathrm{Var}(Q^k)$ 相对于顾客需求的方差 $\mathrm{Var}(D)$ 的关系，即

$$\frac{\mathrm{Var}(Q^k)}{\mathrm{Var}(D)} \geqslant 1 + \frac{2\sum_{i=1}^{k}L_i}{p} + \frac{2\left(\sum_{i=1}^{k}L_i\right)^2}{p^2}$$

式中，L_i 是第 i 阶段与第 $i+1$ 阶段之间的提前期。L_i 意味着供应链成员 i 在 t 期末发出的订单到 $t+L_i$ 期初接到订货。例如，如果零售商在 t 期末的订货在 $t+2$ 期初到货，那么 $L_1=2$。同样，如果批发商向分销商订货的提前期为两期，那么 $L_2=2$；如果分销商向制造商的提前期也是两期，那么 $L_3=2$。在本例中，从零售商到制造商的总提前期为：

$$L_1 + L_2 + L_3 = 6（期）$$

供应链上第 k 阶段发出的订单的方差表达式，与前面给出的零售商发出订单的方差表达式非常相似，其中 k 阶段的提前期之和 $\sum_{i=1}^{k}L_i$ 代替了单个阶段的提前期 L。因此，我们可以发现，供应链任意一个给定阶段发出订单的方差是该阶段与零售商之间的总提前期的一个递增函数。这就意味着，当我们向供应链上游移动，订单的方差越来越大。因此，供应链第二阶段发出的订单比零售商（第一阶段）发出的订单的波动性更大，第三阶段发出的订单比第二阶段发出的订单的波动性更大，依此类推。

分散需求信息的供应链

我们考虑的第二种类型的供应链是分散型供应链。在这里，零售商不让供应链其他环节得到其预测的平均需求信息。因而，批发商必须根据零售商发出的订单估计平均需求。我们假定批发商采用移动平均法利用 p 期需求观察值，即零售商最

近的 p 次订单数据来预测平均需求，然后确定其目标库存水平，并向其供应商——分销商订货。同样，分销商利用批发商发出的 p 个历史订单的订货量数据进行移动平均预测，估计需求的平均值和标准差，并确定目标库存水平。根据其目标库存水平，分销商向供应链第四阶段下达订单。

结果在该系统中，供应链第 k 阶段发出订单的方差 $\mathrm{Var}(Q^k)$ 相对于顾客需求的方差 $\mathrm{Var}(D)$，满足

$$\frac{\mathrm{Var}(Q^k)}{\mathrm{Var}(D)} \geq \prod_{i=1}^{k}\left(1+\frac{2L_i}{p}+\frac{2L_i^2}{p^2}\right)$$

式中，L_i 是第 i 阶段和第 $i+1$ 阶段之间的提前期。

注意，供应链上第 k 阶段发出订单的方差表达式与集中型例子中零售商发出订单的方差表达式非常相似，但是，现在供应链每一阶段的方差是以成倍的速度增加。此外，随着向供应链上游移动，订单的方差变得更大，结果批发商发出订单的波动性比零售商发出订单的波动性要大得多。

集中信息的价值和管理意义

我们已经知道，不管是哪种类型的供应链，是集中型的或是分散型的，订货量的方差都随着我们向供应链上游移动而逐级放大，因此，批发商发出的订单比零售商发出的订单波动性更大，依此类推。这两种类型的供应链的区别在于，当我们从供应链的一个阶段移到另一个阶段时，这种需求波动性放大的幅度不同。

以上结论表明，在集中型供应链中，订单方差的增大表现为以提前期加总的方式增大，而在分散型供应链中则以成倍方式增大。也就是说，在分散型供应链中，只有零售商了解顾客的需求，这就导致了比集中型供应链更大的波动性，尤其是当提前期很长时，这种差别就更加显著，因为在集中型供应链中，供应链的每个阶段都能获得顾客的需求信息。因此，我们可以得出这样的结论：集中需求信息能够显著地减小牛鞭效应。

图 5-4 很好地说明了牛鞭效应减小的情况，如图所示，当每一阶段的提前期 $L_i=1$ 时，集中型和分散型系统中阶段 k（$k=3$ 和 $k=5$）分别发出订单的波动性与顾客需求的波动性的比率。同时，该图也表示了零售商发出订单的波动性与顾客需求的波动性的比率（$k=1$）。

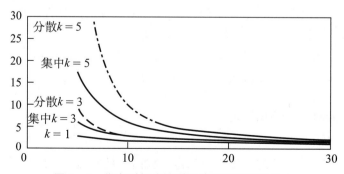

图 5-4　集中型与分散型系统波动程度的增大

因此，可以清楚地看到，在供应链的各阶段共享需求信息，可以显著地减小牛鞭效应。实际上，当需求信息集中时，供应链的每一阶段都可利用实际的顾客需求信息来预测平均需求。相反，当供应链的需求信息不共享时，每一阶段必须利用前一阶段发出的订单来预测平均需求。正如前面我们已经了解的，这些订单比实际的顾客需求数据具有更大的波动性，因此，根据这些订单预测的需求波动性更大，从而导致订单的更大波动。

最后，有必要指出的是，即使供应链的需求信息完全共享，并且供应链的所有阶段都使用同样的预测方法和库存策略，牛鞭效应仍然存在。也就是说，如果供应链的每个阶段都采用简单的基本库存策略，并且使用同样的顾客需求数据和预测技术来预测预期需求，那么我们仍将看到牛鞭效应的存在。然而，分析也表明，如果信息没有共享，即如果供应链的各阶段没有获得顾客需求信息，那么需求波动性的增幅是非常大的。因此，我们得出结论：集中需求信息能够显著地减小牛鞭效应，但不能消除牛鞭效应。

5.2.3 应对牛鞭效应的方法

在对牛鞭效应的形成原因进行探讨和定量分析之后，接下来，我们给出若干种减小牛鞭效应或消除其影响的方法。这些方法包括减少不确定性、减少变动性、缩短提前期以及建立战略伙伴关系。下面对这些方法做简单的讨论。

1. 降低不确定性。减少或消除牛鞭效应最常用的方法是通过集中需求信息，即为供应链的各阶段提供实际顾客需求的全部信息，来降低整个供应链的不确定性。前述结果证明，集中需求信息能够减小牛鞭效应。

需要注意的是，即使每个阶段采用同样的需求数据，每一阶段也可能采用不同的预测方法和不同的采购策略，这两者都可能引起牛鞭效应。此外，前述结果表明，即使每一阶段都采用同样的需求数据、同样的预测方法和同样的订货策略，牛鞭效应也继续存在。

2. 降低变动性。我们可以通过降低顾客需求过程内在的变动性，来减小牛鞭效应的影响。例如，如果我们能够降低零售商所观察到的顾客需求的波动性，那么即使出现了牛鞭效应，批发商所观察到的需求的波动性也会相对减小。

我们可以通过采用诸如"天天低价"等策略来降低顾客需求的变动性。当零售商推行天天低价策略时，提供的是单一稳定的商品价格，而不是带有周期性价格促销的定时价格。通过消除价格促销，零售商可以消除这种促销引起的需求的急剧变化。因此，天天低价策略能够形成更加稳定的、变动更小的顾客需求模式。

3. 缩短提前期。前述结果清楚地表明，提前期放大了需求预测的误差。我们已经证明，提前期的延长对供应链上各阶段的需求波动产生显著的影响。因此，缩短提前期能够大大减小整个供应链的牛鞭效应。

我们注意到，提前期通常由两部分组成：订货提前期（即生产和运输时间）和信息提前期（即订单处理时间）。这种区分是很必要的，因为我们可以通过使用直接转运缩短订货提前期，通过使用电子数据交换（EDI）缩短信息提前期。

4. 战略伙伴关系。我们也可以通过实施战略伙伴关系来消除牛鞭效应。战略伙伴关系改变了信息共享和库存管理的方式，可能会消除牛鞭效应的影响。例如，在供应商管理库存中（VMI，见第 8 章），制造商管理其在零售网点的库存，决定在每一期该持有多少库存量以及该向零售商发运多少商品。在 VMI 中，制造商不需要依赖零售商发出的订单，因而，可以彻底地避免牛鞭效应的发生。

5.3　信息共享与激励

前面的分析表明，需求信息的集中化很大程度上减小了需求信息向供应链上游传递时出现的波动性。这些上游企业明显能从合作关系中受益，因为这种合作关系能激励零售商把顾客需求数据提供给供应链的其他环节。实际上，前面的分析表明，如果能够获取原始设备制造商和零售商所提供的真实预测数据，供应链上游企业的情况会更好。

遗憾的是，在特定行业这种情况并不一定会发生。例如，电子和电信公司通常会放大预测。[2]这个行业的一个问题是，原始设备制造商通常采用订单装配策略，而与原始设备制造商签订合同的制造商因为提前期长的原因，通常需要在原始设备制造商订货之前提前备好产能。这种不对称意味着供应商将承担所有风险，因此，供应商不愿意备足够的产能（见第 4 章的详细讨论）。因此，原始设备制造商可能做出的一种反应就是，过分放大预测来促使供应商建立更多产能。可是，这样一个蓄意放大的需求预测可能导致供应商对这些预测值完全不理睬。

现有的理论研究讨论了两种类型的合同，可以激励采购方提供准确的需求预测。[3]

当企业与供应链中的合作伙伴共享信息时，如何确保提供的信息不会被竞争对手利用或者不会导致合作伙伴变成竞争对手，这是一个挑战。为了更好地理解这个问题，请看下面的实例。

实例 5-1

下面的文章节选说明了供应链合作企业之间共享数据存在一定的危害。[4]

亚马逊的混合商业模式（既是零售商，又是平台市场）能够很好地服务其客户。但是双重身份一方面会令平台上的第三方卖家感到不安，另一方面也招来了美国和欧洲的反垄断审查。

其中亚马逊被监管部门审查的一项业务是，这家电子商务巨头不断扩大自有品牌产品，第三方卖家（这些企业是亚马逊的业务合作伙伴，销售额占亚马逊营收的一半以上）长期以来一直担心亚马逊利用第三方卖家数据与第三方卖家竞争。亚马逊的两名前雇员向雅虎财经揭露，亚马逊团队会利用来自第三方卖家的信息开发亚马逊自有品牌产品，包括亚马逊倍思（AmazonBasics）——亚马逊最成功的自有品牌之一。他们还提出了亚马逊对员工权限管控松散的问题，员工可以获取平台数据。

据这两名前雇员说，内部数据要比公开获得的数据或通过卖家可用的第三方工具获取的数据要详细具体得多。根据这两名前员工（要求匿名，因为曾与亚马逊签署过保密协议或担心受到亚马逊的报复）的说法，内部员工可以查看汇总数据，如搜索兴趣，并可以从亚马逊的数据仓库中拉出具体产品的分析报告，帮助亚马逊制定相应的决策。

前雇员透露，通过在数据仓库中设置搜索功能，亚马逊能够分析平台的各种数据库，包括在各大品类下的头部产品清单和畅销产品清单、定价策略、退货数据和评论数据。

其中一名前雇员（曾在亚马逊从事亚马逊倍思品牌的创建工作）透露，亚马逊会运用相关指标来确定所谓的"灵感产品"，然后向卖家购买样品，对产品开展逆向工程，再由设计团队与采购团队合作，寻找代工制造商。

在对雅虎财经做出申明时，亚马逊的一名发言人指出，公司有相关政策严格禁止员工有以上行为。但是亚马逊没有确认，开发自有品牌产品的员工是否能够查询第三方卖家的数据。在 6 月份，亚马逊全球消费品事业部 CEO 杰夫·威克（Jeff Wike）申明，在创建自有品牌产品时，公司不允许任何人获取单个卖家的数据。

该发言人说："我们对员工进行了广泛的培训，并且有相应的技术控制方法，对违反行为有严格审查制度。任何违反这一政策的员工都会受到严肃处理。"威克也指出，亚马逊采用的数据只是"头部卖家名单"，"这些数据任何人都能轻易获得"。"因此，亚马逊在创建自有品牌产品时用的数据，也就是通过搜索出来的哪些产品销量最好的数据。"

在 7 月份，在对众议院司法委员会做出回应时，亚马逊再次声明公司禁止在自有品牌策略中使用与具体卖家相关的数据。公司在回应中提到："和其他零售商一样，我们使用的是汇总数据（如总销量数据）和客户购买行为数据（如搜索量数据），来找出给定时期需求量大的品类和产品。"前雇员承认使用的数据并没有涉及具体卖家的数据，但公司会分析具体产品和品类的数据。亚马逊开发自有品牌产品的团队归属零售团队，而零售团队是独立于亚马逊平台市场的部门。前雇员透露，零售部门和平台市场部门是独立运行的，具有不同的管理和财务目标。但这两个部门具有相同的数据仓库访问权限，这就使得零售团队有可能使用第三方卖家的数据来开发自有品牌产品。

同时，前雇员又指出，关于数据访问的限制并没有做到位，"一旦你拥有数据仓库的访问权限，你就可以查看公司的任何数据"。有数据仓库访问权限的员工能够拉出具体的订单或者特定卖家的销量数据或者某个特定卖家代码和 ID 下所有的产品。

一名亚马逊前经理指出，一旦员工拥有权限，只要有合法的业务理由，所有数据就都可以自由获取。这也给员工留下了过度使用数据库的空间。

"他们了解定价机制，了解销售趋势，了解价值，了事历史数据"，该前经理说，"第三方卖家使用的工具只能估计或者猜测这些数据。尽管工具越来越好，但都不如亚马逊能够获得真实数据。"

在亚马逊内部，一些员工不理解使用第三方卖家数据会有什么问题，更不用说会给公司造成麻烦。实际上，员工关注数据驱动的决策也是亚马逊鼓励的事情。

"我并不认为大家看到了事态的严重性"，前雇员说，"这是我们的数据。我们可以查阅。对不对？"

那么，哪里出了问题？显然，对于许多第三方卖家来说，通过亚马逊网站，获益匪浅。事实上，如果没有亚马逊，这些卖家中的很多不会有这么好的发展机会。然而，这些卖家认为，不管对与错，亚马逊已经使用了相关信息，使得双方关系变成了竞争对手。这些卖家认为供应链中的激励机制缺失，尽管亚马逊和卖家都从合作关系中受益，但这种关系给亚马逊提供了获取数据的权限，而这些数据可能是开发新产品的关键。

5.4　有效预测

信息有利于更加有效的预测。在对未来需求进行预测时，考虑越多的因素，预测将越准确。关于预测的更详细讨论，请参阅第 2 章。

例如，考虑零售商的预测问题。通常，零售商的预测是基于以前销售情况分析进行的。然而，未来的顾客需求显然会受到定价、促销以及新产品出现等因素的影响。零售商可以控制其中的一些因素，但是有些因素被分销商、批发商、制造商或者竞争对手控制。如果零售商的预测人员能够获取这些信息，那么显然预测的结果将更加准确。

同样，分销商和制造商的预测也受到由零售商控制的因素的影响。例如，零售商可能开展促销活动或重新定价，零售商也可以在商店中引进新产品，从而改变需求模式。此外，由于制造商或分销商考虑的产品要比零售商少，因此，零售商可能拥有关于这些产品的更多信息。例如，销售量可能与某种事件有紧密的联系。如果零售商意识到这一点，就可以利用这种信息增加库存或提高价格。

鉴于所有这些原因，许多供应链尝试推进实施合作预测系统。在这些供应链中，复杂的信息系统能够进行反复预测，供应链上所有的参与方在预测过程中共同合作，从而得到协商一致的预测结果。这就意味着，供应链的所有环节共享信息，并使用同样的预测工具，从而可以减小牛鞭效应。

实例 5-2

25 年前，消费品制造商沃纳-兰伯特（Warner-Lambert）和百货商店沃尔玛开始合作计划、预测和补充（CPFR）系统的试验研究。这种软件系统促进零售商和制造商在预测方面进行合作。CPFR 系统可以非常容易地交换初始预测结果、未来促销的细节以及过去的销售趋势等数据。[5] 该试验项目获得了成功，之后，沃尔玛继续对该系统进行改进。目前，沃尔玛使用的就是从当初试验项目演变而来的系统，包括从"零售连接"系统和"供应商积分卡"管理，到与所有供应商在计划、预测和补货方面开展全面合作。沃尔玛与供应商建立了合作伙伴关系，给双方带来了成本节约。[6]

5.5　协调系统所需的信息

在任何类型的供应链中，都存在许多系统，包括各种制造、储存、运输和零售系统。我们已经了解到，管理其中任何一种系统都会涉及一系列复杂的权衡问题。例如，为了高效管理制造业务，准备成本和运营成本必须与库存成本和原材料成本进行权衡。同样，我们在第 2 章已经了解到，库存水平是持有成本、订单准备成本和所需服务水平之间的一个复杂的平衡结果。我们在第 3 章还了解到，库存成本和运输成本之间也存在着权衡关系，因为运输通常会涉及某种类型的数量折扣。

然而，所有这些系统是相互联系的。具体地说，供应链内部一个系统的输出是下一个系统的输入。例如，制造系统的输出是运输系统或储存系统的输入，或同时是两个系统的共同输入。因此，为任何一个阶段寻求最佳的权衡是不够的，我们需要考虑整个系统并协调各系统的决策。

不管供应链中几个系统是否同属于一家企业，考虑整个系统并进行协调决策都是正确的。如果几个系统同属于一个共同的所有者，那么显然，该所有者最关心的是确保总成本降低，尽管这可能导致其中一个系统增加成本。即使不存在共同的所有者，各种系统仍需要进行某种协调来实现有效运行。当然，问题在于，降低系统总成本，谁获益最大，以及如何在系统所有者之间进行成本节约额的分配。

为了解释这个问题，我们注意到，当系统没有得到协调，即供应链各环节只考虑自身的最优时，结果正如我们在第 1 章所讨论的，那只是局部优化。供应链上的每一成员只对自己的运作进行最优化，而没有考虑其策略对供应链其他成员的影响。

另一种选择是全局优化，全局优化是指供应链成员明确整个系统的最优决策是什么。在这种情况下，有两个问题需要解决：

1. 谁来进行优化？

2. 通过协调策略获得的成本节约，如何在供应链的不同环节之间进行分配？

这些问题可以采用不同的方法来解决。例如，我们在第 4 章讨论的供应合同，在第 8 章讨论的战略性伙伴关系等。

为协调供应链上方方面面的问题，就必须能够获取相关信息。具体来说，为了协调系统，尤其是以成本效率的方式协调系统，获取有关生产状况和成本、运输能力及数量折扣、库存成本、库存水平、各种能力和顾客需求的信息，是非常必要的。

5.6 定位所需的产品

满足顾客需求的方法不止一种。通常，对于备货型系统来说，我们考虑尽可能用零售库存来满足顾客需求。然而，除此之外，还有其他满足顾客需求的方式。

例如，假设你到一家零售商店购买一台大型家电，但是商店缺货。也许，你会去这家零售商的竞争对手那里购买。但是如果零售商搜索数据库，并承诺在 24 小时内把产品送到你家，那又会怎么样呢？即使零售商没有你所需要的产品库存，你也可能觉得得到了很好的服务。因此，能够定位并运送给顾客所需的商品，有时与拥有产品库存一样有效。但是如果商品位于零售商的竞争对手那里，就不清楚这个竞争对手是否愿意转让该商品，我们将在 7.2 节和 8.5 节详细讨论这些问题。

5.7 缩短提前期

我们强调缩短提前期的重要性。通常，提前期的缩短有利于：

1. 快速满足不能用库存来满足的顾客订单的能力。
2. 减小牛鞭效应。
3. 由于预测期的缩短而进行更加准确的预测。
4. 降低成品的库存水平（见第 2 章），因为我们可以储存原材料和包装材料（或零部件）来缩短成品的生产周期。

鉴于这些原因，许多企业正积极地寻找提前期较短的供应商，许多潜在的顾客把提前期作为选择供应商的一个非常重要的指标。

过去 20 年发生的许多制造革命，推动了提前期的缩短。[7] 同样，我们将讨论能缩短提前期的配送网络设计问题，这些设计能够存在，仅仅是因为能够获取关于整个供应链状况的信息。然而，如前面所讨论的，有效的信息系统（如 EDI）通过减少订单处理、日常文书工作、库存分拣和运输延误等有关环节的时间，缩短了提前期。通常这些环节占了提前期中相当大的部分，尤其是供应链中存在许多不同的阶段，并且每次信息只传递一个阶段。显然，如果零售商订单能够快速地通过各层供应商向其上游传递，直到能够满足订单为止，那么提前期就可以大大缩短。

同样，将销售点数据从零售商传递给供应商，也有利于大大缩短提前期，因为供应商通过研究销售点数据能够预测即将到来的订单。在第 8 章讨论零售商和供应商的战略联盟问题时，我们将对这些问题做深入的讨论。

5.8　信息和供应链的权衡问题

正如在第 1 章所讨论的，供应链管理的一个主要难题是，用全局优化代替了序贯计划过程。在序贯计划过程中，供应链的各个阶段各自进行优化，而不考虑其决策对供应链上其他成员的影响。相反，全局优化的目标是协调供应链活动，从而实现供应链绩效的最大化。

然而，正如下面我们将要详细讨论的，供应链不同阶段的管理人员有相互冲突的目标。正是存在目标的冲突，才有必要对供应链的不同阶段进行整合和协调。即使在供应链中的某一环节，在降低库存和运输成本之间，在增加产品品种和降低库存水平之间都需要进行权衡分析。

通过仔细利用获取的信息，我们能够在解决这些相互冲突的目标和做出各种权衡决策的同时，降低系统成本。这在集中型系统中是比较容易实现的，但即使在分散型系统中，也有必要激励各环节实现供应链整合。

5.8.1　供应链中的冲突目标

我们从原材料供应商开始讨论。为了高效运作和计划，原材料供应商希望需求量稳定，且希望所需物料的组合没有什么变化。此外，零售商喜欢灵活的交货时间，这样能够高效地向多个顾客送货。此外，大多数供应商希望需求量达到一定规模，这样可以利用规模经济和范围经济降低成本。

同样，生产管理环节也有自己的目标。生产成本高，就需要限制频繁的生产切换次数，以及控制生产运转开始时可能出现的质量问题。一般来说，生产管理希望通过有效生产来达到较高的生产率，从而实现较低的生产成本。如果可以预知未来的需求模式，并且需求几乎没有变化，那么这些目标就比较容易实现。

物料、仓库和出库物流管理也有自己的条件，包括通过数量折扣使运输成本最小化、库存最小化及快速补充库存。最后，为了满足顾客需求，零售商要求短的订货提前期和高效、准确的交货。反过来，顾客则要求商品有存货、品种多、价格低。

5.8.2　考虑冲突目标设计供应链

过去，为了满足一些目标，不得不牺牲其他目标。供应链管理被认为是一组必须做出的权衡决策问题。通常，高库存水平和运输成本、较少的产品种类能够使制造商和零售商更容易实现目标。同时，顾客的期望也没有像今天这么高。正如我们所知道的，这些年来，随着顾客要求更高的多样化和更低的成本，顾客的期望显著地提高了。幸运的是，在供应链设计时，通过可获得的大量信息，可以使供应链更接近达到所有这些表面上看起来冲突的目标。实际上，前几年被认为是任何供应链内在的权衡问题，现在根本就不再是权衡问题了。

下面我们将讨论许多权衡问题，以及如何通过使用先进的信息技术和创造性的网络设计，使这些权衡问题在现代供应链中不再是问题，或者至少减少了其影响。

批量-库存权衡问题

正如我们已知的，制造商希望生产批量大。这样，可以降低每单位产品的准备成本，提高特定产品的制造技术，以及更容易地控制生产流程。遗憾的是，一般需求并不是大批量出现的，因而，大批量生产将导致高库存。实际上，20 世纪 80 年代和 90 年代"制造革命"的焦点，大部分涉及向小批量生产系统的转移。

缩短准备时间、看板和持续改善系统，还有其他现代制造实践，通常用来减少库存和提高系统的反应能力。尽管从传统意义上来说，这些制造方法属于制造业务范围的内容，但是对整个供应链同样有重大的意义。零售商和分销商希望通过较短的交货提前期和多样的产品种类，对顾客的需求做出快速反应。这些先进的制造系统使制造商尽可能满足这些需求。

这是可以实现的，尤其当制造商能够获得信息，并确保有尽可能多的时间对供应链下游成员的需要做出反应的时候。同样，如果分销商或零售商有能力观察工厂的状况和制造商的库存，那么可以更准确地对顾客报出提前期。此外，这些系统能使零售商和分销商了解并信任制造商的能力。这种信心使分销商和零售商降低了为防止出现问题而设置的安全库存水平。

库存-运输成本权衡问题

库存成本和运输成本之间也存在着相似的权衡问题。为了弄清楚这一问题，我们需要回顾一下在第 3 章详细讨论的运输成本的本质。首先，我们考虑一家自己拥有车队的公司。每辆卡车发生一些固定运营成本（如折旧、司机的工资）和一些变动成本（如汽油）。如果卡车总是满载发货，那么卡车的运营成本可以在最大可能数量的产品中进行分摊。因此，若总是整车发货（不管是否与顾客需求相等），那么满载运输可使运输成本最小。

同样，如果公司利用外部运输公司，那么这些公司往往会提供数量折扣。一般来说，整车运输比零担运输要便宜一些。因此，在这种情况下，整车运输也减少了运输成本。

然而，在许多情况下，需求数量要远远小于整车数量。因此，当商品整车运输时，这些商品在消耗之前需要等待较长的时间，从而导致了较高的库存成本。

遗憾的是，这种权衡问题不能够彻底消除。不过，我们可以利用先进的信息技术方案来减少影响。例如，可以利用先进的生产控制系统，尽可能延迟产品的制造，从而保证整车运输。同样，利用配送控制系统，可以使物料管理人员把从仓库运往商店的不同产品组合起来进行运输。这要求了解订单和需求的预测值，以及供应商的送货计划。前面讨论的直接转运，允许零售商把来自许多不同制造商的产品装在同一辆运往某一特定目的地的卡车上，从而有助于库存成本和运输成本的权衡问题。

实际上，决策支持系统的最新发展，使得供应链通过考虑链上方方面面的问题，在运输成本和库存成本之间找到一个合理的平衡。不管选择什么运输策略，运输业的竞争促使成本不断下降。此外，采用先进的运输模式和选择合适的承运商，可以确保在每次特定发运中找到经济合算的方法。因此，运输成本下降的趋势会更加明显，从而降低总的运输成本。

提前期-运输成本权衡问题

总提前期由订单处理时间、采购和产品制造时间，以及产品在供应链不同阶段的运输时间构成。如我们在上面所提到的，当在供应链各阶段大量运输产品时，运输成本是最低的。然而，如果产品在制造后或从供应商到货后就立即运输，那么通常可以缩短提前期。因此，一方面累积产品到足够数量后再运输，可以减少运输成本；另一方面，立即运输商品，可以缩短提前期，这两者之间存在一个权衡问题。

这个权衡问题也是不能完全消除的，但同样可以利用信息来减少其影响。如前所述，运输成本可以得到控制，这样就不一定非要累积产品到足够数量再进行运输。此外，预测技术和信息系统的改善，可以缩短提前期的其他组成部分，所以缩短运输部分的提前期可能并不是那么必要了。

产品多样化-库存权衡问题

显然，产品的多样化大大增加了供应链管理的复杂性。进行小批量多品种生产的制造商发现，企业的制造成本上升了，制造效率却下降了。为了维持与生产较少品种产品的公司相同的提前期，企业可能需要减小产品运输的批量，这样仓库需要储存较多种类的产品，因此，增加产品的种类就增加了运输和仓库的成本。最后，因为通常难以准确地预测每一种产品的需求，再加上所有这些产品都在争夺同样的顾客，所以必须维持较高的库存水平，来保证同样的服务水平。

供应多种产品的企业需要解决的主要问题是，如何有效地匹配供应和需求。以一个生产冬季滑雪服的制造商为例。通常，在销售季节 12 个月之前，公司就要设计冬季销售的若干种款式。遗憾的是，企业并不清楚每一种款式应该生产多少件，因此，也不清楚应该如何安排生产。

一种支持多样化生产的有效方法是，应用"延迟差异化区分"原理。在利用延迟差异化区分的供应链中，在产品多样化处理之前，会将通用产品尽可能地运往供应链下游。这意味着，配送中心收到的是同一产品，然后再根据顾客的需求，在配送中心对产品进行多样化或定制化处理。

注意，在这里，我们再次应用了第 2 章介绍的风险分担原理。实际上，通过向仓库运输通用产品，我们已经汇集了所有产品的顾客需求。正如我们已知的，这意味着需求的波动性更小，需求预测更准确，从而可以降低安全库存。这种通过汇集产品需求的过程，类似于通过零售商集成需求信息的过程（见第 2 章）。

延迟差异化区分是面向物流设计的一个例子，我们将在第 10 章进行更详细的讨论。

成本-顾客服务权衡问题

所有这些权衡问题都是成本-顾客服务权衡问题的例子。降低库存成本、制造成本和运输成本，往往是以牺牲顾客服务为代价的。我们了解到，通过利用信息和合适的供应链设计，可以实现在保持顾客服务水平不变的同时，降低这些成本。在这里，我们把顾客服务定义为，零售商能够用库存来满足顾客需求的能力。

当然，顾客服务也指零售商快速满足顾客需求的能力。我们已经讨论过，转运策略可以在不增加库存的条件下，使快速满足顾客需求成为可能。另外，从仓库直接运输到零售客户的家中，是快速满足顾客需求的另一种方法。例如，西尔斯（Sears）销售的大型电器产品，很大一部分是直接从仓库运给最终客户的。这不仅有利于控制零售商店的库存成本，而且还使仓库能够直接利用风险分担的作用。为了使这种系统运转起来，商店必须获得仓库的库存信息，并把订单信息快速传送到仓库。这只是利用信息和合适的供应链设计降低成本和提高服务水平的一个例子。在这个例子中，库存集中存放在仓库比存放在商店的成本更低，同时改善了顾客服务，因为顾客有更多的库存可供选择，而且家电可以立即运送到家中。

最后，有必要指出，到目前为止，我们强调如何用供应链技术和管理来提高传统意义上定义的顾客服务水平及降低成本。然而，先进的供应链管理技术和信息系统可以为顾客提供一种他们以前从未意识到的服务，为此，供应商可从中收取费用。大规模定制就是这样的一个例子，大规模定制可以合理的价格和较高的数量，向顾客交付高度个性化的产品和服务。尽管过去这在经济上是不可行的，但现在物流和信息系统的改善使其成为可能。我们将在本书的第 10 章，对大规模定制概念做更详细的解释。

5.9 信息的边际价值递减

在结束本章内容时，我们向大家提醒需要注意的地方。在本章，我们讨论了信息的好处。当然，信息的获取和共享并不是免费的。无线射频识别技术、数据库、通信系统、分析工具和管理人员的时间都会有相关的成本。事实上，很多公司通过会员制、无线射频识别技术阅读器等收集了数据，却不知道如何准确地使用这些数据。

即使企业了解全局优化的价值，也需要比较信息交换的成本和信息交换所能带来的利益。通常，企业不需要交换所有可用信息，或者持续地交换信息。在很多案例中，确实存在信息边际价值递减的问题，从这个意义上说，一旦企业交换了主要的信息，那么进一步交换其他附加信息的价值就会大幅度下降。

例如，研究人员已经研究过，分销商和制造商之间信息交换的频率应该保持在什么水平。他们发现，在特定的供应链中，如果分销商一星期下一次订单，那么每星期进行 2～4 次的需求信息共享就可以获得理想的效果。当每星期进行超过 4 次的信息共享，所能获得的额外改善并不明显。换句话说，信息共享的边际收益随着信息共享次数的增加而下降。

研究人员还发现，在多阶段分散型制造供应链中，供应链参与方仅交换其中一小部分的信息，就可以获得明显的绩效改善。例如，在特定的供应链中，很多情况下，通过定期交换关于何时能完工的极其有限的估计信息，供应链参与方就可以获得完全共享制造和订单状态信息情况下 3/4 的好处，在这种情况下，交换更多详细信息能得到的额外收益比较有限。换句话说，信息共享的边际收益随着信息交换程度的提高而减少。

通常情况下，交换更多详细的信息或者更频繁地交换信息的成本很高。因此，供应链参与方需要知道特定信息的成本和收益，关注信息收集的频率，存储和共享信息所需的成本，以及应该以何种方式共享，因为这些都与成本和收益有关。

小　结

牛鞭效应意味着随着向供应链上游移动，需求的波动程度增大。需求波动程度的增大，导致了运营效率的显著下降（如供应链中的各环节不得不大量增加库存）。实际上，据相关学者估计，在某些行业，如医药行业，这种扭曲的信息导致供应链中的总库存超过 100 天的供应量。因此，找出应对牛鞭效应的有效策略很重要。在本章，我们已经找到了减小牛鞭效应的具体方法，其中之一便是信息共享，即集中需求信息。我们还强调了供应链合作伙伴共享信息时会遇到的重要挑战和问题，包括如何激励各方共享可靠预测以及调整使用信息的期望值。

最后，我们分析了供应链中不同阶段之间的相互作用。通常来说，供应链管理被视为各环节内部和不同环节之间的一系列权衡决策问题。我们得出结论，信息是集成供应链不同环节的关键因素，并讨论了信息如何用来减少许多权衡问题的必要性。在第 6 章，我们将提供更多的相关信息。

讨论题

1. 讨论以下各因素如何有助于减小牛鞭效应的影响：

（1）电子商务和互联网；

（2）快递送货；

（3）合作预测；

（4）天天低价；

（5）供应商管理库存；

（6）供应合同。

2. 零售商共享库存有哪些优点？假设你在一家汽车经销商处看中一款蓝色车型，但经销商没有存货。在这种情况下，经销商会从当地的另一家经销商处拿到你要的车型。零售商共享库存又有哪些缺点？

3. 讨论在供应链中缩短提前期的五种方法。

4. 考虑一个早餐谷物食品的供应链。讨论以下各对象的竞争性目标：提供原材料的农民，谷物食品生产公司的制造部门、物流部门、营销部门，销售谷物食品的连锁商店配送队伍以及销售谷物食品的商店经理。

5. 阅读实例5-1中的材料，讨论能够解决亚马逊和卖家利益冲突问题的策略。

参考文献

第6章
供应链整合

学习完本章，你应该能够回答以下问题：

- 什么是推动式策略？什么是拉动式策略？什么是推 拉式策略？
- 公司应该分别在什么时候采用推动式策略、拉动式策略、推-拉式策略？选择合适策略的关键因素是什么？
- 实施推-拉式策略时，需要什么？影响是什么？成本是多少？
- 互联网对传统零售商和在线商店所采用的供应链策略有什么影响？对配送和订单履行策略有什么影响？

6.1 引 言

在第1章，我们已经知道供应链管理应当有效地将供应商、制造商、仓库和商店整合起来。进行供应链整合的最大挑战就是将贯穿供应链的所有活动联系起来，从而使企业获得绩效提升，如降低成本、提高服务水平、减小牛鞭效应、提高资源利用率，以及有效地对市场变化做出反应。就像许多公司已经意识到的那样，应对这些挑战不仅涉及对产品、运输和库存决策的统一管理，还涉及更广泛的范围，需要把供应链的前端——顾客需求和供应链的后端——供应链的生产和制造部分联系起来。本章的目的是讨论与供应链整合相关的机遇和挑战。我们将会探讨：

- 不同的供应链策略，包括推动式策略、拉动式策略和一种相对较新的推-拉式策略。
- 将产品和行业与供应策略相匹配的框架模型。

- 需求驱动的供应链策略。
- 互联网对供应链整合的影响。

显然，在供应链整合过程中，信息起到了相当重要的作用。在某些情况下，在供应链设计时，必须考虑能够方便地获取信息。在其他情况下，供应链策略必须要能充分利用已有信息。在许多情况下，必须设计一个高成本网络来弥补信息的不足。

6.2　推动式、拉动式和推-拉式系统

传统的供应链策略通常被划分为推动式和拉动式两种。这种划分依据可能来自 20 世纪 80 年代的制造业革命，从那时起，制造系统就被划分为这两种类型。有意思的是，在最近的几年里，相当一部分公司开始实行这两种形式的混合形式——推-拉式供应链策略。在本节，我们将分别解释这三种策略。

6.2.1　推动式供应链

在一个推动式供应链中，生产和配送的决策都是根据长期预测的结果做出的。一般来说，制造商利用从零售商处获得的订单进行需求预测。因此，推动式供应链对市场变化做出反应需要较长的时间，这可能会导致：

- 不能满足变化了的需求模式。
- 当某些产品的需求消失时，使供应链产生大量的过时库存。

另外，我们在第 5 章已经了解，从零售商和仓库那里获取的订单的变动性要比顾客需求的变动性大得多，即牛鞭效应。这种变动性的增大会导致：

- 由于需要大量的安全库存而引起库存过量（见第 2 章）。
- 更大的和更容易变动的生产批量。
- 让人无法接受的服务水平。
- 产品过时。

具体地说，牛鞭效应将会导致资源无效利用，因为在这种情况下的计划和管理工作变得很困难。例如，制造商不清楚应当如何确定生产能力，如果根据最大需求确定，就意味着大多数时间里制造商必须承担高昂的资源闲置成本；如果根据平均需求确定，就需要在需求高峰时期寻找昂贵的补充资源。同样，对运输能力的确定也面临这样的问题：以最高需求还是平均需求为准？这样，在一个推动式供应链中，我们常常会发现由生产的紧急转换引起的运输成本增加、库存水平变高和生产成本升高等情况。

6.2.2　拉动式供应链

在拉动式供应链中，生产和配送是由需求驱动的，这样生产和配送就能与真正

的顾客需求而不是预测需求进行协调。[1]在一个真正的拉动式供应链中，企业不需要持有太多库存，只要对订单做出反应就可以了。为此，供应链必须要有快速的信息传递机制，可以将顾客需求信息（如销售点数据）及时传递给不同的供应链参与企业。拉动式供应链看起来很有吸引力，这是因为：

- 通过更好地预测零售商订单的到达情况，可以缩短提前期。
- 由于提前期缩短，零售商的库存可以相应减少（见第 2 章）。
- 由于提前期缩短，系统的变动性减小，尤其是制造商面临的波动性变小了（见第 5 章）。
- 由于波动性减小，制造商的库存水平将降低。

实例 6-1

　　一家大型时装生产商最近将供应链策略调整为拉动式。零售商每月进行一次订货，但要将销售点数据及时传递给厂家，如每天或每周。这些数据可以帮助厂商根据顾客的需求不断调整产品的生产数量。

　　这样，在一个拉动式供应链中，我们常常发现，系统的库存水平有了很大幅度的下降，从而提高了资源利用率。与一个同规模的推动式供应链相比，拉动式的成本要低得多。

　　当提前期不太可能因需求信息而缩短时，拉动式供应链是很难实现的。而且，在拉动式供应链中，比较难以利用生产和运输的规模优势，因为系统不可能提前较长时间做计划。推动式和拉动式供应链的优缺点促使企业开始寻找一种新的供应链策略，以便能同时兼具两者的优点。下面，我们将介绍推-拉式策略。

6.2.3　推-拉式供应链

　　在推-拉式策略中，供应链的某些层次，如最初几个层次以推动式策略运营，同时其余的层次采用拉动式策略。推动层与拉动层的接口处被称为推-拉边界。

　　为了更好地理解这一策略，让我们看一下供应链的时间线，也就是从采购原材料开始到将商品送至顾客手中的一段时间。推-拉边界必定在这条时间线的某个地方，在这个点上，企业应当从最初使用的一种策略（如推动式策略）转换为另一种策略（一般是拉动式策略），如图 6-1 所示。

　　我们来分析一家个人计算机生产商，企业按库存生产，并根据预测进行生产和配送决策。这是一个典型的推动式系统。相反，一个按订单生产的制造商就是推-拉式策略的例子，这时候零部件库存是按预测进行管理，但最后装配是根据最终的顾客订单进行的。这样，这家生产商的推动部分是在装配之前，而拉动部分则从装配之后开始，并按实际的顾客需求进行，所以推-拉边界就是装配的起始点。

　　在这个例子中，制造商充分利用了综合预测更准确的特点（见第 2 章）。事实上，对所有产品都会用到的零部件的需求就是一个综合需求，因为综合预测更准

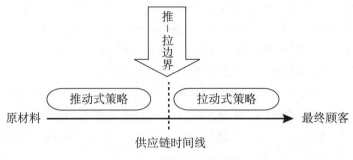

图 6-1　推-拉式供应链

确，所以零部件需求的不确定性就比每种成品需求的不确定性要小，因此，安全库存也会下降。戴尔计算机非常成功地运用了这个策略，并成为推-拉式供应链策略的一个应用典范。

产品设计的延迟或推迟差异步骤（见第 10 章），也是推-拉式策略的典型例子。在延迟策略中，企业在设计产品和制造过程中，将区分产品的步骤尽可能地向后推迟。制造流程从生产通用产品或族产品开始，当需求确定后再将它们差异化成不同的最终产品。在产品差异化以前的供应链部分应当采用推动式策略。换句话说，通用产品的生产和运输根据长期预测进行。因为通用产品的需求是所有最终产品的汇总需求，其预测准确性更高，这样库存水平就能降低。与此对应的是，顾客对不同最终产品的需求具有相当高的不确定性，所以差异化应当在实际需求发生后再进行，这样从差异化发生的那一刻以后的供应链部分应当采用拉动式策略。

6.2.4　确定合适的供应链策略

对一个特定的产品而言，应当采用什么样的供应链策略呢？企业应该采用推动式策略，还是拉动式策略，或者推-拉式策略？图 6-2 给出了一个确定与产品和行业相匹配的供应链策略的框架模型。纵轴表示顾客需求不确定性的信息，横轴表示生产和配送的规模经济的重要性。

图 6-2　与产品匹配的供应链策略：需求不确定性和规模经济的影响

在其他条件相同的情况下，需求不确定性越高，就越应当采用根据实际需求管理供应链的模式——拉动式策略；相反，需求不确定性越小，就越应当采用根据长期预测管理供应链的模式——推动式策略。

同样，在其他条件相同的情况下，规模经济对降低成本更重要，汇总需求的价值越高，就越应当采用推动式策略，根据长期需求预测管理供应链。如果规模经济不那么重要，汇总需求也不能降低成本，那么就应当采用拉动式策略。

在图 6-2 中，我们用两维变量把一个区域划分为四个象限，象限Ⅰ表示该行业（或者具体点，产品）的特点是具有较高的不确定性，同时生产、组装或配送的规模经济不十分重要，如计算机行业。根据我们的框架模型，建议对这种行业或产品采用拉动式供应链策略，最典型的例子就是戴尔公司。

象限Ⅲ中表示的是需求不确定性较低但规模经济较重要的产品。日用品行业的产品，如啤酒、意大利面、汤料等，都属于这一类。对这类产品的需求相当稳定，所以通过整车运输来降低运输成本对整个供应链成本控制而言十分重要。在这种情况下，采用拉动式策略就不太合适，传统的推动式零售策略反而更有利。因为根据长期预测来管理库存，不但不会提高库存持有成本，反而能通过大规模运输来降低运输成本。

象限Ⅰ和象限Ⅲ表示的情况比较容易选择有效的供应链策略。在其他两个象限中，用不确定性和规模经济重要性这两维提出的供应链策略就不太匹配了。事实上，在这两个象限内，不确定性将供应链"拉"向一个策略，而规模经济则将供应链"推"向另一个策略。

例如，象限Ⅳ表示的产品具有较低的需求不确定性，表明是一个推动式供应链，但产品规模经济的重要性也低，表明应当是一个拉动式供应链。许多服装单品就属于这一类。这些产品产量小，需求稳定。以男士白衬衫为例。对于这个象限的产品，供应链策略属于混合的推-拉式策略，但我们通过考虑另一种产品特征来区分产品，例如，利润率（或者成本）。具体来说，我们将这个象限的产品分为两类：高利润产品和低利润产品。高利润产品是高风险产品，也就是说，在这种情况下，需求和供应之间的不匹配将对利润产生很大的影响。因此，供应链策略的实施使得推-拉边界在上游，远离市场需求。例如，我们把一些库存放在商店里，把更多的库存放在上游的集中地点，这样我们就可以对需求的变化做出快速反应。另一方面，象限Ⅳ中利润率较低的单品风险较低，其推-拉边界更接近市场需求。在这种情况下，大部分产品应该放置在商店中，少量产品放置在靠近商店的当地仓库中。

最后，象限Ⅱ表示的是那些需求不确定性高，但在生产和运输过程中规模经济十分明显的产品和行业。家具行业是这种情况最典型的例子。事实上，一般的家具零售商提供的是同样的产品，只是由于外形、颜色、构造等特性的差异而有所不同，因此，需求不确定性相当高。遗憾的是，由于这种产品的体积大，运输成本非常高。

在这种情况下，就有必要对生产配送策略进行区分。生产策略要采用拉动式策略，因为不可能根据长期的需求预测制订生产计划。另外，配送策略又必须充分利用规模经济的特性以降低运输成本。这正是许多不持有很多库存的家具零售商所采取的策略。当顾客给出订单后，再把产品送到决定结构和种类的制造商那里进行生产，一旦产品生产完成，就与其他产品一起送到零售商那里，并从这里送到顾客手中。为了实现这个目标，制造商一般有固定的运输时间表，这样就组合所有需要运到一个地区的产品，从而降低运输成本。因此，家具业的供应链策略是这样的：采用拉动式策略按照实际的需求进行生产，采用推动式策略根据固定的时间表进行运输。

汽车工业是象限 II 的另一个典型例子。一般的汽车制造商能够通过对功能、发动机、外形、颜色、车门数量、运动轮胎等因素的区分，提供大量的同类产品，因此对某一个特定型号的汽车的需求不确定性非常高，运输成本同样也很高。传统上，这类行业会采用推动式供应链策略，并为配送系统储备一定的库存。因此，汽车工业通常不符合图 6-2 的模型。

2000 年，通用汽车提出了重构原先的设计、制造和销售这类产品模式的大胆假设。[2] 目标是由顾客在网上对汽车进行定制，并在 10 天之内将产品送到顾客家里。通用汽车的行为确实比模型所提出的按订单生产的策略前进了一大步。

然而，2000 年汽车工业的生产提前期往往很长，平均为 50～60 天。为了实现目标，通用汽车必须重新设计整个供应链，包括与供应商的合作方式、制造产品的方式和分销产品的方式。要把提前期降到 10 天甚至更低，也许需要大幅下调提供给顾客的选择方案的数量才行。

2008 年的金融危机促使通用汽车和其他汽车制造公司进一步改善企业的运营与供应链策略。通用汽车的新策略是，通过将汽车核心架构和发动机平台的数量削减 50% 来降低复杂性。由于产品数量较少，提高了预测的准确性，因此将通用汽车的业务从象限 II 转移到象限 III，在象限 III 中，纯推动式策略是合适的。因此，新的供应链策略与在经销商处保持库存更加一致。

6.2.5 实施推-拉式策略

上面讨论的框架模型更倾向于为不同的产品确定更合适的推动或拉动水平。例如，高水平的拉动式策略更适合图 6-2 象限 I 中的产品。当然，要进行拉动式系统的设计还要考虑许多因素，包括产品的复杂程度、生产提前期以及与供应商的关系等。同样，要实施一个推-拉式策略，也要首先确定推-拉边界的位置。例如，戴尔就将推-拉边界放在了装配点上，而家具制造商则把边界放在了生产点上。

实例 6-2

汽车制造业的运输提前期一直都比较长。25 年前，在实行按订单生产策略之前，该行业曾经考虑实行推-拉式策略。1994 年，通用汽车宣布在奥兰多、佛罗里达建立区域配送中心，以持有约 1 500 辆凯迪拉克的库存。经销商可以从配送中心采购缺货车型，而这些汽车可以在 24 小时之内送到。这样，通用汽车就采用了一种推-拉式策略，在区域配送中心的库存是按长期需求预测进行管理的，但送货给经销商却是在需求发生后才开始的。所以，推-拉边界就在制造商的配送中心。

这种策略的失败有两个主要原因。首先，因为允许经销商降低库存水平，区域配送中心将经销商的库存转移给了通用汽车。第二，区域配送中心没有对大小不同的经销商区别对待。如果所有的经销商都有权直接向区域配送中心订货，而在大小不同的经销商间没有区别，就很难让大型的经销商对这种模式产生兴趣。

推动式策略比较适合供应链中需求不确定性相对较低，能用长期预测进行管理的产品。拉动式策略比较适合供应链中不确定性较高，需要按实际需求进行管理的产品。这种把供应链划分成不同部分的方式，对整个供应链策略和有效管理这种系统的组织能力都会产生重要的影响。因为供应链推动部分的不确定性相对较低，服务水平不是最主要的问题，所以重点应当放到成本最小化上。另外，供应链的这个部分除了具备不确定性低、生产或运输过程中可以实现规模经济的特点，还有较长的提前期和复杂的供应链结构，如产品装配层次较多等。这样，通过对诸如生产和配送能力的有效管理，实现库存、运输和生产成本的最小化，就能达到总成本最小化的目标。

供应链的拉动部分具有较高的不确定性、简单的供应链结构和较短的循环周期。因此，这部分的重点是提高服务水平。要达到高的服务水平，必须使供应链更加灵活和敏捷，也就是说，供应链要能对顾客需求的变化做出快速反应。

这说明，在供应链的不同部分，需要用到不同的流程。因为服务水平是供应链拉动部分的核心目标，所以就要用到订单履行流程。同样，因为成本和资源利用率是推动部分的核心，所以就要用供应链计划流程来为后面几个星期或几个月制定高效率的策略。在第3章，我们就供应链计划进行了详细的讨论。表6-1总结了供应链推动、拉动部分的一些特点。

表6-1 供应链推动、拉动部分的特点

内容	推动	拉动
目标	最小化成本	最大化服务水平
复杂程度	高	低
重点	资源配置	快速反应
提前期	长	短
流程	供应链计划	订单履行

实例 6-3

我们来分析斯波特·奥波米耶（Sport Obermeyer）这样的时尚滑雪服制造商。[3]每年公司都会采用几个新的设计或产品，这些产品的需求不确定性非常高。斯波特·奥波米耶公司运用较为成功的一个策略，就是将高风险和低风险的设计区分开来。低风险的产品就是那些不确定性和价格都比较低的产品，以成本最小化为目标，按照长期的预测提前进行生产，即采用推动式策略。但高风险产品的生产决策推迟到对每个款式都有了明确的需求信息之后才进行，即采用拉动式策略。因为布料订购的提前期较长，所以制造商会根据长期预测的情况提前采购高风险产品的布料。

在这个例子里，制造商充分利用了戴尔公司采用的一个原则：综合预测更准确。因为对某种布料的需求，就是对所有用到那种布料的产品的汇总需求，所以不确定性较低，可以按推动式策略的要求对布料库存进行管理。这样斯波特·奥波米耶公司就对高风险产品实行了推-拉式策略，而对低风险产品实行了推动式策略。

我们注意到，供应链的推动部分和拉动部分只有在推-拉边界处才会相交。这就是在整个供应链时间线上需要协调两种策略的节点，一般会通过设置缓冲库存的方法来解决这个问题。然而，库存在不同的部分里扮演着不同的角色。在推动部分，边界的缓冲库存是实施计划产出的一部分，而在拉动部分，这是生产流程的一项输入。

所以，供应链推动和拉动部分的接口就是需求预测点。这个预测是根据拉动部分的历史数据做出的，通常被用来驱动供应链计划流程和确定缓冲库存。

6.3　提前期的影响

通过前面的讨论，我们有必要进一步分析提前期对供应链策略的影响。直观上，提前期越长，实施推动式策略就显得越重要。当然，如果提前期太长，很难对需求信息做出反应，那么实施拉动式策略的确很困难。

在图 6-3 中，我们考虑了提前期和需求不确定性对供应链策略的影响。

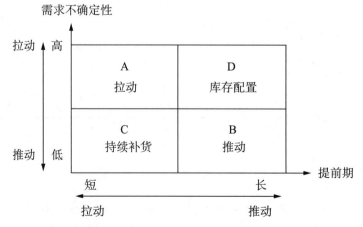

图 6-3　供应链策略与产品类型的匹配：提前期和需求不确定性的影响

象限 A 代表具有短提前期和高需求不确定性的产品，建议对该区域尽可能采用拉动式策略。个人计算机是这类产品的典型例子。象限B代表具有较长提前期和低需求不确定性的产品，日用品行业的许多产品是这类产品的典型例子。在该情况下，采用推动式供应链策略比较合适。

对于象限C和象限D的产品来说，进行分析是具有挑战性的。例如，象限C表示的产品具有较短的供应提前期和较低的需求不确定性。典型的例子包括食品行业中生命周期较短的产品，例如面包或者奶制品。思考零售行业如何利用这些产品的短提前期和低需求不确定性，是件很有趣的事情。事实上，零售店和超市采用"持续补货"的策略。在这一策略中，供应商从销售点获取数据，并利用这些数据决定为维持特定库存水平而需采购的产品数量，进一步讨论请见第8章。在这条供应链中，顾客需求驱动生产和配送决策，所以在生产和配送阶段采取的是拉动式策略，在零售阶段则是推动式策略。

最难以管理的是那些位于象限D的供应链，这一象限的产品，提前期长、需求难以预测。在这类情况下，库存显得很关键，并且需要在供应链中合理地配置库存（见第3章）。不同阶段供应链的管理方式不同，除了取决于其他因素，还取决于规模经济；一些阶段采用推动式库存管理，而另一些阶段采用拉动式库存管理。同我们将在下个例子中看到的一样，有些时候整条供应链基于推动式管理。

实例 6-4

一个大型的金属元件制造商在中国拥有一家制造工厂、一个中央配送中心，以及很多为不同市场提供服务的区域仓库。该制造商的顾客是汽车制造公司（如通用汽车、福特、丰田和其他汽车制造公司）。制造商向原始设备制造商承诺，所有的订单都由离顾客最近的仓库在8天内提供。该供应链的重要特征如下：

- 多个装配线都采用相同的零部件。
- 原材料和成品的提前期很长（从中国配送中心送到区域仓库）。

最近，该公司意识到，由于库存多以及服务水平低，其供应链缺乏效率。公司对当前供应链策略进行了仔细研究，结果表明：因为公司向终端顾客承诺的反应时间很短，所以公司将大部分的库存放在区域配送中心，从而使得库存接近顾客。这就导致了库存的优化是局部性的：每个区域配送中心都堆满了库存，但由于未考虑对整个供应链绩效的影响，最终导致整个供应链仅有大约3.5次的较低水平的库存周转率。

为了解决这些问题，制造商决定改变供应链中库存的配置方式。图6-4描述了这一过程的结果，从图中可以看到改变前和改变后的供应链。每个饼图代表了不同区域的库存，饼图中浅灰色和深灰色分别代表周期库存和安全库存。如图所示，在优化后的供应链中，大多数安全库存作为工厂的原材料被安置在区域配送中心，这样做的原因是利用风险分担效应（见第2章）。事实上，因为不同的成品往往使用同一种原材料，从而便于实现风险分担。区域配送中心通过将很多下一级配送中心的需求进行整合，实现了风险分担。由于正确地配置了库存，供应链库存周转率上升到了 4.6 次。

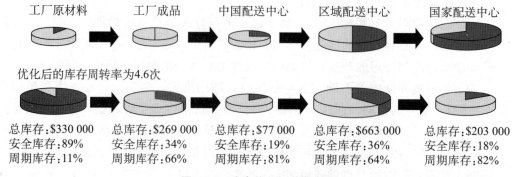

原库存周转率为3.5次

| 工厂原材料 | 工厂成品 | 中国配送中心 | 区域配送中心 | 国家配送中心 |

优化后的库存周转率为4.6次

总库存：$330 000	总库存：$269 000	总库存：$77 000	总库存：$663 000	总库存：$203 000
安全库存：89%	安全库存：34%	安全库存：19%	安全库存：36%	安全库存：18%
周期库存：11%	周期库存：66%	周期库存：81%	周期库存：64%	周期库存：82%

图 6-4　库存优化设置的影响

6.4　需求驱动策略

我们在本章提出的框架模型，需要将需求信息整合到供应链计划流程中去。信息是经过两个流程的处理得到的：

● 需求预测：这个过程是指使用历史数据，对未来需求进行估计或预测（见第 2 章）。

● 需求调整：这个过程是企业根据需求预测，确定不同的营销策略对需求的影响，如促销、降价、新产品推介和产品召回等。

当然，在任何情况下，预测都不会完全准确，因此需求预测和调整流程的重要输出结果是，对预测准确度的估计，即所谓的预测偏差，一般用标准差来衡量。这个信息能够让我们知道真实需求与预测的接近程度。

较高的需求预测偏差会对供应链绩效产生不好的影响，如错过销售机会、产生过量库存和资源的无效使用等。企业能否通过供应链策略提高预测准确性并降低预测偏差？我们给出了以下几种方法：

● 选择合适的推-拉边界，使需求能在下面的一个或几个层次中进行汇总：

—按产品汇总需求

—按地理位置汇总需求

—按时间汇总需求

● 目标很明确，由于汇总需求，预测会更准确，所以这样做的结果必定会提高预测的准确性。

● 运用市场分析、人口统计学和经济走势分析方法，提高预测准确性（见第 2 章）。

● 要按门店确定产品的最佳组合方式，降低竞争市场上所需预测的 SKU 数量。我们熟悉的一家大型零售商，在每家门店内摆放了超过 30 种不同类型的垃圾桶，如果以所有垃圾桶产品的汇总需求为预测对象，则预测相对简单，但如果要对每一种产品都进行预测，就是件很困难的事。

- 与顾客合作进行计划和预测，从而更好地理解整个市场的需求情况，以及促销、定价和广告产生的影响。

在需求计划过程的最后，企业应该能得到按地方和 SKU 进行的需求预测结果。下一步是分析供应链，并分析是否能够支持这个预测结果。这个流程叫做供需管理，要确定一种能实现供需平衡的策略，使总的生产、运输和库存成本最小化或者利润最大化。与此同时，企业还要确定在供应链范围内控制不确定性和风险的最佳方式。我们已在第 3 章详细介绍了这种战术性的计划过程。

当然，需求计划和战术性计划互相影响，这就需要一个交互过程来确定：

- 分配营销预算和相关供应及配送资源的最佳方式。
- 背离预测需求的影响。
- 供应链提前期变化的影响。
- 竞争对手促销对需求和供应链的影响。

我们通过下面的例子来说明交互过程的重要性。

实例 6-5

在营销计划中不进行供应链分析的典型失败案例，就是金宝汤公司（Campbell's Soup）的冬季促销活动。有一年，市场部决定在冬天对一种鸡肉面汤料做促销。当然，冬天是汤料的销售旺季。仅从这一点来说，这个季节性的销售高峰需要在春天就开始储备大量的鸡肉和配料，另外，根据促销活动的要求，还需要加班加点提前生产产品才能满足需求。遗憾的是，这些过量生产和库存所需要的成本远远超过了促销带来的收入。[4]

6.5　互联网对供应链策略的影响

互联网和电子商务对整个经济环境和具体的商务活动都产生了巨大的影响，变化非常之快。例如，戴尔和亚马逊网上商店（Amazon.com）这样的行业巨头采用直销模式，使顾客可以通过互联网来订购产品，从而使公司可以不通过第三方经销商直接出售企业的产品。同样，很多公司指出，B2B 的电子商务能够实现更便捷和成本下降的目标。

互联网和正在出现的电子商务模式让人们产生了一种期望，就是许多供应链问题可以通过采用这些新技术和商务模式被轻松解决。电子商务策略可以降低成本，提高服务水平并提高灵活性，还能提高利润，但是，在现实中，许多"第一波"备受瞩目的新电子商务并没有取得成功，通常应归咎于物流策略。下面有几个例子。

实例 6-6

1999 年 3 月，当生活在线网站（living.com）的主管决定从北卡罗来纳第十大家具商店——"杂木家具廊"进行采购时，他认为家具行业已具备了进行现代化和电子交易的条件。这次采购的目的是，给该网站一个接近一线家具制造商的机会。在投资了 7 000 万美元并成为亚马逊网上商店的家具链接站点后，生活在线网站于 2000 年 8 月 29 日宣布破产。失败的主要原因是，投入了大量资金建成的信息系统不能正常运行，而且在没有任何家具运输经验的情况下涉足了运输业，从而导致高达 30％ 的退货率。类似地，家具在线网站（Furniture.com）成立于 1999 年 1 月，提供多个家具生产商的数千种产品，但只经营少数几个品牌。在 2000 年的前 9 个月里，公司实现了 2 200 万美元的销售额和每月 100 万次的浏览纪录。公司的失败（2000 年 11 月 6 日）应当归咎于物流问题，确切地说，是无效的运输过程。最初，该公司直接将产品从中心仓库送到消费者手中，因为运输成本太高，公司决定与其他六家地区性分销商组成战略联盟，然而不但没有解决以前的问题，反而使维修和退货问题增多了。

实例 6-7

也许最著名的电子商务失败的例子是 Pets. com。Pets. com 兴起于 20 世纪 90 年代末，是知名度最高的在线宠物商店，承诺将宠物用品直接运送到购物者的家中。在鼎盛时期，Pets. com 非常出名，1999 年梅西感恩节大游行中的大气球就是公司最受欢迎的袜子木偶吉祥物。一年后，公司破产了。虽然宠物供应商是一个巨大的市场，但该公司因为两次物流失败而倒闭。尤其是宠物食品，相对于成本来说，它很重，因此运输成本很高。此外，交货时间太长，宠物食品和用品在当地的杂货店和宠物店随处可见，事实证明，购物者不愿意等待这些物品的配送。当然，现在的电子商务公司已经降低了交货时间和运输成本，宠物用品成为当今蓬勃发展的在线业务类别。与许多电子商务的失败一样，物流与供应链的专业知识尚未赶上商业模式的发展。

实例 6-8

成立于 1989 年、总部设在伊利诺伊州的 Peapod 公司，曾被认为是美国领导性的在线日用品供应商之一。作为一个有经验的在线零售商，该公司每年要为超过 13 万名顾客提供服务。1999 年，该公司的销售额是 7 300 万美元，却产生了 2 900 万美元的亏损。由于亏损，2000 年 4 月该公司被 Royal Ahold——一家国际食品公司收购了。Peapod 公司就这样逃过了 Shoplink. com，Streamline. com 和 Priceline's Webhouse Club 的命运，这些公司现在大多已经离开了在线零售业务。这些公司的失败都是过高的运输成本造成的。

当然，一些公司开发的新商务模式使企业获得了较高的利润，并占有了较大的市场份额，从而取得了成功。这些公司将互联网作为进行业务转型的驱动器，在许多情况下，在最初的供应链与物流挑战中坚持下来。

实例 6-9

1995 年，本着成为地球上最大的书店的理想，亚马逊成立网上商店，很快亚马逊就实现了这一理想。在公司的主页上可以找到数以百万计的图书、CD、DVD、玩具、工具和电子产品。除此之外，亚马逊还能指导进行从艺术品到不动产的竞拍，并提供日程安排表、地址簿和在线贺卡。亚马逊还进入了宠物用品、处方类药品、汽车、日用品等市场。亚马逊把大力扩展市场份额作为比利润和资本运作更重要的目标，从而成为互联网公司的一个典范。1996 年公司销售额为 1 600 万美元，亏损 600 万美元；1999 年销售额和亏损分别上升到 16 亿美元和 7.2 亿美元；到 2000 年，销售额上升到 27 亿美元而亏损为 14 亿美元；到 2005 年，收入达到了 84.9 亿美元，利润为 3.59 亿美元，到 2019 年，收入超过 2 800 亿美元，利润超过 110 亿美元，完成了非凡的转型。

尽管许多早期的电子商务家具初创公司都以失败告终，但 Wayfair 成为最成功的电子商务零售商之一。

实例 6-10

Wayfair 成立于 2002 年，当时公司名称为 racksandstands.com，主要销售媒体存储材料。在接下来的几年里，该公司扩展到销售家具、家居用品、床上用品和浴室用品、行李箱等。到 2018 年，Wayfair 成为美国第六大在线零售商，销售额达 48.3 亿美元，超过了开市客和塔吉特。

前面的几个例子提出了这样一个重要的问题：为什么在某些情况下这种商业模式会失败，而在其他条件下就能取得令人难以置信的成功呢？如果亚马逊、戴尔和 Wayfair 能够利用互联网设计出有效的商务模式，那么是什么阻碍了运用同样技术的企业获得成功呢？

为了回答这个问题，我们需要深入理解基于互联网的供应链策略。

6.5.1 什么是电子商务

为了更好地理解互联网对供应链的影响，我们首先介绍一下电子业务和电子商务的定义。

电子业务（e-business）是指一系列由互联网技术驱动的业务模式和过程，重点在于提高扩展型企业的绩效。

电子商务（e-commerce）是指通过电子手段进行商业贸易的能力。

这两个定义引出了几个观点。首先，电子商务是电子业务的一部分。其次，互联网技术是业务模式转变的动力。最后，电子业务的重点是扩展型企业，包括企业内部组织性的交易、企业对消费者（B2C）和企业对企业（B2B）交易。B2C指"企业到顾客"的业务形式，尤其是通过网络进行的各种零售活动，包括产品、保险、银行业务等。B2B指在网上发生的商业单位间的交易，包括现有的各种直接交易和为达到同一目标与供应商进行的联合。

许多公司已经意识到互联网将会对供应链绩效产生巨大的影响。事实上，这些公司已经发现，互联网可以帮助企业从传统的推动式策略中解放出来。最初，策略向拉动式转移，但后来许多公司把推-拉式策略作为最终选择。

6.5.2　日用杂货行业

让我们考虑一下日用杂货行业。通常，典型的超市会采用推动式策略，根据预测管理仓库和门店库存。成立之时，Peapod公司就确定要使用没有库存和设施的纯粹的拉动式策略。当消费者购买某种货物时，Peapod公司会从最近的一个超市中拣选产品。由于缺货率非常高（大约是8%～10%），这种策略遇到了非常大的服务问题。后来，Peapod公司把商业模式转变为设置一定仓库的推-拉式策略，缺货率下降到了2%以下。从这个例子中我们可以看出，Peapod公司供应链中的推动部分是在满足顾客需求之前，拉动部分是在顾客订单之后。要注意，因为Peapod公司的仓库覆盖了很大的地理面积，甚至比一个单独超市的覆盖面积还要大，所以该地区众多顾客的汇总需求使得预测准确性更高，从而降低了库存。

当然，在线日用杂货行业也会碰到其他问题，包括如何降低运输成本和在很短的时间内对顾客需求做出反应，也就是说，如何在有严格的运输条件限制的情况下，在12小时内满足顾客需求。然而，目前还没有一家在线日用杂货经销商的顾客密集度能达到以控制运输成本的程度，因此，很难与传统超市进行竞争。这就是许多在线日用杂货商失败的原因。事实上，前面提到的框架模型也说明这种以较低的需求不确定性和较高的运输成本规模经济为特点的行业，应当使用推-拉式策略。

6.5.3　图书行业

图书行业是供应链转型的另一个典型实例，由推动式向拉动式，最终转向推-拉式策略。直到最近，巴诺书店（Barnes & Noble），美国最大的网上连锁书店之一，采用的仍然是推动式策略。六年前，亚马逊网上商店成立的时候，采用的是没有仓库和库存的典型拉动式系统。那时候，英格拉姆图书集团（Ingram Book Group）负责为亚马逊的大多数顾客供货。

英格拉姆图书集团可以汇总来自众多顾客和供应商的需求,从而实现了良好的规模经济效应。当亚马逊网上商店开始建立自己的品牌时,采用拉动式策略显然是最明智的选择。但随着数量和需求的增长,公司遇到了两个问题:首先,亚马逊网上商店的顾客服务水平受到英格拉姆图书集团配送能力的限制,因为其他零售书商也使用这个系统。事实上,在需求高峰期,亚马逊网上商店根本达不到服务水平目标。另外,在使用英格拉姆图书集团的最初几年里,虽然亚马逊网上商店避免了库存成本,但边际利润很低。当需求增长时,英格拉姆图书集团已不能为很多的图书品种提供任何好处,因为亚马逊网上商店已经具备了这样的能力,即汇总大范围的需求以降低不确定性,从而降低自己的库存成本,所以不再需要分销商了。

当亚马逊网上商店发现这个问题后,公司开始改变策略,现在亚马逊网上商店已经在全国范围内建成了数个仓库,并储备了大部分品种。这样,仓库的库存就要根据推动式策略进行管理,而对单个需求采用拉动式策略(为什么?)。

6.5.4 零售行业

针对来自虚拟商店的威胁和互联网的机遇,零售行业的反应是比较迟钝的。直到最近,这种情况才有了变化。许多实体公司增加了网上销售业务。如沃尔玛、凯马特、塔吉特以及巴诺书店等公司逐步转变成虚实结合的公司。这些传统零售商意识到,它们具有纯粹的在线公司所不具备的优势,因为它们已经建立了完备的配送系统和仓库,这样就可以利用这些已经存在的仓库和配送设施为在线零售商店提供服务。

在向在线销售转型的过程中,这些虚实结合的公司改变了储备库存的方式。量大、流动较快的货物,其需求与长期预测比较吻合,因此,可以存放在商店里;而那些量少、流动较慢的商品则要集中存放,以应对网上购买的需求。那些需求少且不确定性高的产品,就需要较高的安全库存。将这些库存集中存放,可以通过汇总区域内的需求来降低不确定性,从而降低库存水平。这些分析说明,零售商对那些量大且流动快的产品采用推动式策略,而对量少、流动慢的产品采用推-拉式策略。

当然,从实体到虚实结合的转型并不容易,这需要具备一般实体公司所不具备的能力。

实例 6-11

配送一直是沃尔玛最引以为豪的,所以当公司宣布要聘请一家外部公司来为其成立于 1999 年秋的网上商店——WalMart.com——处理订单和库存管理业务时,引来一片哗然。Fingerhut 商务服务公司承担了沃尔玛网上商店的订单处理工作。由于具有处理个人订单的背景,Fingerhut 商务服务公司成为一家能为有兴趣从事送货上门服务的零售商和电子零售商提供第三方配送服务的企业。公司提供网上订单处理、库存管理、送货、支付处理、顾客服务等服务,此外,它还为沃尔玛网上商店处理退货。

6.5.5 运输和订单履行的影响

从这些众多行业中发生的供应链策略变化中，我们可以得出以下结论：互联网和相关的新供应链形式改变了订单履行的策略——从批量运输向单业务、小规模运输转变；从送货给少量的门店向为地理分布更广的单个消费者服务转变。这种转变也提高了逆向物流的复杂性。

表 6-2 总结了互联网对订单履行策略带来的几个方面的影响。对包裹和零担运输业而言，这种供应链策略的新形式是个好消息。拉动式和推-拉式系统都更加依赖零担（如包裹）运输而不是整车送货。随着电子订单履行的出现，零担运输的范围扩大到了 B2C 领域。电子订单履行对运输业的另一个影响是，逆向物流迅速增加。事实上，在 B2C 领域，电子订单履行意味着，供应商必须处理更多的退货，而每一笔退货必须进行一次小型的运输活动。由于在线零售商必须通过大方的退货政策建立一定的顾客忠诚度，因此这项活动是十分必要的。针对这些退货，就需要由零担运输来处理，这种 B2C 市场中的问题有时也会发生在 B2B 市场上。这是对零担运输业的一个挑战，因为以往零担运输不提供这种门到门的服务形式。

表 6-2　订单履行的传统和电子形式

	传统订单履行	电子订单履行
供应链策略	推动式	推-拉式
运输	整车	包裹
逆向物流	占业务的一小部分	更重要且复杂
送货终端	少数门店	大量且分散的顾客
提前期	相对较长	相对短

电子订单履行物流需要较短的提前期，有为全球分散的顾客服务的能力和轻松实现从 B2C 到 C2B 逆向物流的能力。只有包裹运输才能做到这一点。实际上，包裹运输业的一个重要优势在于，拥有实时跟踪的信息系统设备。因此，对于包裹运输业，尤其是那些能调整自己系统与顾客的供应链实现一体化的运输企业来说，前景一片光明。

小　结

近年来，许多公司都通过供应链整合实现了更高的绩效，如降低了成本、提高了服务水平、减小了牛鞭效应、对市场变化的应对更快等。许多公司都受益于推-拉式策略和需求驱动策略的实施。特别值得一提的是，互联网创造了变革供应链策略的机遇。事实上，一些大公司的成功，如戴尔和思科，还有刚刚成立就占据了可观的市场份额的亚马逊网上商店等，都是因为应用了复杂而有效的网络供应链策略。

同时，许多网络公司的失败也给了我们一个警告：互联网带来的不仅仅是机会，还有挑战。这种挑战的关键是，如何为特定的公司和产品选择合适的供应链策略。事实上，那些在"网络公司不需要物理设施和库存"的假设基础上成立的网络公司，恰恰就失败在这种假设基础上。新型的供应链推-拉式策略也是需要库存的，只是将库存向供应链上游转移了而已。

讨论题

1. 分别讨论推动式供应链和拉动式供应链的优点。

2. 分别举一个使用推动式和拉动式供应链的典型产品的例子。

3. 较早确定供应链中推-拉边界的优点是什么？较晚确定呢？

4. 亚马逊网上商店、Peapod 公司、戴尔和一些家具制造商都使用了推-拉式供应链策略，试描述一下这些公司是如何运用风险分担效应的。

5. 解释亚马逊对于移动缓慢的小批量产品和移动快速的大批量产品的策略。

6. 举出图 6-2 所示的四种类型产品的其他例子。

7. 在产品生命周期的不同阶段，最佳的供应链策略（推动式、拉动式和推-拉式）是否会变化？如果不会，为什么？如果会，请举出几个这样的供应链策略改变的例子。

8. 电子订单履行是一个新概念吗？在线销售和目录销售的区别是什么？分析一下同时具有这两种渠道的公司，如 Land's End。

9. 解释一下类似于电视产品的需求是怎样形成的。它与类似于罐装汤产品的需求形成有什么不同？

10. 除了 6.5 节举的例子，还有哪些网络供应链策略失败和成功的案例？

参考文献

第 7 章
配送策略

学习完本章，你应该能够回答以下问题：

- 配送策略的最佳做法是什么？
- 如何重构配送网络？
- 联合库存和转运策略等概念的影响是什么？

7.1 引 言

正如其他章节所讨论的那样，供应链管理围绕着供应链中多个实体的有效整合问题，其目的是提高供应链绩效。一个极富效率的供应链，需要将供应链前端、顾客需求、供应链末端，以及生产和制造过程实现整合。

当然，针对具体情况，公司可能有机会专注于供应链的各个部分，并且在效率上取得大幅提高。在这一章，我们重点研究配送功能。显然，产品经过制造、包装等步骤后，在到达供应链末端之前，需要被储存和运输（有时被储存在若干地方，并且被运输若干次）。产品或者被直接送到客户手中，或者被送到零售商那里，转而卖给客户。这一章的目的是阐述各种可能的配送策略，并分析这些策略带来的机遇和挑战。

从根本上说，存在两种可能的配送策略：一种是直接将产品从供应商或者制造商那里运送到零售门店或者终端客户手中；另一种是物品需经过一个甚至多个临时库存中转（intermediate inventory storage points）（通常是仓库或配送中心）。仓库可以有多种用途，这些用途主要取决于制造策略（是按库存生产，还是按订单生产）、仓库数量、库存策略、库存年周转率、仓库是公司内部所有还是外部分销商所有、供应链是由一家公司组成还是由多家公司组成。本章大部分内容是探讨一系列转运策略，但是我们先来讨论直运策略。

7.2 直运策略

直运策略是指绕过仓库和配送中心的策略。使用直运策略时，制造商或供应商将直接把货物送到零售商店里。这种策略的优点在于：

- 零售商不需要承担配送中心的运作费用。
- 提前期缩短了。

这种类型的配送策略也存在较大的缺点：

- 由于没有中心仓库，我们在第 2 章提到的风险分担效应就不会出现。
- 因为要给更多的地方配送更小批量的货物，所以会使制造商和分销商的运输成本上升。

鉴于这些原因，直运策略只在零售商店需要整车运输，且即使使用配送中心也不会降低运输成本的情况下应用。通常，这种配送方式由强势的零售商提出来，或者在提前期非常重要的情况下使用。一般情况下，制造商只在没有更好的办法保有这项业务的情况下，才会选择进行直运。直运在其他行业应用得也很普遍，在这些行业中，物品体积大、重量轻且易碎，产品有专门的搬运要求，或者产品由于易腐烂的特性而对提前期有较高的要求，例如杂货行业。[1]

实例 7-1

戈雅食品公司（Goya Foods）是美国领先的拉丁美洲食品制造商，其配送网络主要采用直运模式。公司拥有超过 2 200 多个单品，并直接由其配送中心为零售店提供服务。虽然最初设计这种模式，是因为公司需要为许多没有自建配送网络的小型零售商提供服务，但随着公司的业务扩展到主要零售商，公司继续使用直运方式为其中许多零售商提供服务。[2]

7.3 转运策略

正如前面提到的，存在一系列能够用来区别不同转运策略的特征。其中一个最基本的特征是仓库和配送中心持有库存的时间长度。在传统的库存策略中，配送中心和仓库持有库存，并为下游客户（无论它们是供应链中的额外仓库，还是零售商）提供所需存货。在直运策略中，仓库和配送中心用作库存的转运点，但是这些转运点不持有库存。在存在大量不同种类产品的时候，集中储存和转运策略可能比较管用，因为具体的终端产品的需求相对较小，并且很难预测。

7.3.1 传统仓储

在第 2 章，我们讨论了库存管理和风险分担及其如何受仓库使用的影响。为了促进风险分担，我们分析了仓库使用的价值。此外，考虑了在具有一个或多个仓库的供应链中，库存管理的一些有效方法。当然，在传统的仓储系统中，还存在一系列其他问题和决策。

集中管理还是分散管理

在一个集中型系统中，决策由整个供应网络的中心机构做出。通常，决策的目标是，在实现某种程度服务水平的前提下，使系统的总成本最小。显然，单个实体拥有整个网络的情况属于这种类型，在一个包含许多不同组织的集中型系统中也是这样。在这种情况下，必须用某种契约机制，在整个网络中分配节约的成本或利润。我们知道，这种集中控制能够实现全局最优。而在一个分散型系统中，每一个组织都想找到对自己最有效的策略，而不考虑会对其他组织产生的影响。因此，分散系统只能实现局部优化。

这是很容易理解的。从理论上讲，一个集中的配送网络至少和分散系统一样有效，这是因为集中型系统的决策者不仅能做出分散型系统决策者所做的全部决策，还能够在供应网络范围内考虑到不同区域决策相互作用的选择。

遗憾的是，在每个组织都只能获得自己信息的物流系统中（或者仅有很少的权限获取其他组织的信息），集中型策略是行不通的。然而，随着信息技术的发展，集中型系统的所有组织都能获取相同的信息资源。事实上，我们将在第 16 章专门讨论有关单点联系的问题。在这种情况下，供应链中的任何部分都能获得信息，并且不管使用什么样的查询方式或由谁查询，所获得的信息是相同的。因此，集中型系统允许共享信息，更重要的是，通过利用这些信息可以减小牛鞭效应的影响（见第 5 章），并提高预测的准确性。最后，集中型系统允许整个供应链使用协调策略——这是一种能降低系统成本和提高服务水平的策略。

当然，有时一个系统并不能"自然"地进行集中。零售商、制造商和分销商可能都属于不同的所有者，并有不同的目标。在这种情况下，最实用的办法就是形成合作伙伴关系，来获取集中型系统的优势。我们将在第 8 章讨论合作伙伴关系的问题。另外，详细的供应合同也是非常有用的，我们在第 4 章曾进行详细的讨论。

中心设施还是地方设施

供应链设计中另一个重要的决策是使用一个或几个位于中心的生产和仓储设施，还是使用一组数量更多的地方生产和仓储设施。位于中心位置的设施，意味着较少的仓库和配送中心，但这些设施的位置远离客户。我们在第 3 章已经讨论了帮助公司决定设施数量、位置和规模的模型。这里，我们对其他一些重要因素进行总结。

安全库存。合并仓库使供应商的风险能够集中分担。一般来说，这意味着作业越集中，安全库存水平就越低。

管理费用。规模经济表明，经营少数几个大的中心仓库和经营许多小仓库相比，前者的总管理费用要低很多。

规模经济。在很多制造业务中，如果制造稳定，就能够达到规模经济。通常，在总制造产能一定时，经营许多小制造工厂比经营少数大型制造工厂更加昂贵。

提前期。如果大量仓库能分布在接近市场的地方，提前期就会缩短。

服务。这取决于服务是如何定义的。正如上面提到的，集中型仓储可以利用风险分担的优势，这意味着用更少的总库存水平就能满足更多的订单。但从另一方面来说，从仓库到零售商的运输时间会比分散系统的运输时间长。

运输成本。运输成本与所使用仓库的数目直接相关。随着仓库数目的增加，生产设施与仓库之间的运输成本也会增加，这是因为运输的总距离增加了。更重要的是，利用数量折扣的可能性变小了。然而，从仓库到零售商的运输成本可能会降低，因为仓库距离市场更近了。

当然，在一种有效的配送策略中，可能一些产品储存在中心仓库，而其他产品储存在地方仓库。例如，较贵且顾客需求不大的商品和需求不确定性较高的商品，可能储存在中心仓库；而成本低且需求量大的商品和需求不确定性较低的商品，可以储存在许多地方仓库。前者的目的是，通过使用中心仓库来实现风险分担效应，从而降低库存水平；而后者的目的是，在供应链中整车运送货物，从而减少运输成本。详细的讨论见第 3 章。

此外，使用中心或地方生产和仓储设施，并不是一个非此即彼的决策。地方经营和中心经营有一个程度的问题，不同程度对应着上面所列举的不同程度的优点和缺陷。先进的信息系统能帮助各种类型的系统同时拥有其他类型系统的优点。例如，当能够实现不同设施间的转运，且信息技术可以识别可获得的库存时，安全库存的水平就能够降低。

7.3.2　直接转运

直接转运策略因沃尔玛而出名。在这个系统中，仓库充当了库存的协调点，而不是储存点。在典型的直接转运系统中，商品从制造商那里到达仓库，然后转移到为零售商店送货的车辆上，并尽快地送到零售商手中。商品在仓库的停留时间很短，通常不会超过 12 小时。这种系统通过缩短储存时间，限制了库存成本并缩短了提前期。

当然，直接转运系统需要巨大的启动投资，并且很难进行管理：

1. 配送中心、零售商和供应商必须用先进的信息系统连接起来，以保证在要求的时间内完成商品的分拣和配送。

2. 为了使直接转运系统能够运作起来，必须有一个快速反应的运输系统。

3. 预测非常关键，这也使信息共享成为必需。

4. 只有在任何时候都有大量车辆在直接转运站配送和装货的大型配送系统中，直接转运策略才是有效的。在这样的系统中，每天都有足够数量的商品来实现从供应商到仓库的整车运输。由于这些系统中包括许多零售商，因而需求量保证了到达直接转运站的商品能够迅速地以整车运输到零售商店中。

实例 7-2

沃尔玛从 20 世纪 60 年代的一家小型区域性商店，发展成为全球收入最高的公司，其惊人的市场增长率表明了有效协调库存补充和运输策略的重要性。[3] 在这期间，沃尔玛发展成为世界上最大和利润最高的零售商。沃尔玛竞争战略中的许多方面都对其成功具有关键性的作用，其中最重要的大概就是直接转运策略。沃尔玛利用直接转运策略运送约 85% 的商品，而凯马特的这一比例只有 50%。为了实现直接转运，沃尔玛使用了一个私有卫星通信系统。该系统向沃尔玛的所有供应商发送销售点数据，使供应商能清楚地了解商店的销售情况。此外，沃尔玛还拥有 6 500 辆卡车组成的车队，且商店平均每周进行两次补货。直接转运使沃尔玛通过整车采购获得了规模经济，同时减少了所需的安全库存，并且与行业平均水平相比使沃尔玛降低了 3% 的销售成本，这是沃尔玛能实现高利润率的重要因素。

7.3.3　联合库存

我们以一个经典案例开始对联合库存的讨论。

实例 7-3

20 世纪 90 年代中期，为了重振其豪华品牌凯迪拉克（Cadillac）的销售，通用汽车开始了在佛罗里达州的试验计划，这个试验计划的目的是减少凯迪拉克购买者等待新车的时间。

为什么通用汽车会实施这样一个名为联合库存的项目？购车者为什么会参与这样一个项目？通用汽车实施该计划的动机是很清楚的：正如我们在本书看到的，一个集中型配送系统比分散型配送系统运作得更好。的确，在相同的库存水平下，一个集中型系统提供的服务水平更高，因此，销售额更高——这正是在第 2 章讨论过的风险分担效应。此外，回顾推-拉式供应链概念。通过在佛罗里达州奥兰多中心仓库进行库存的联合，并在客户下达具体车型订单后拉动库存，通用汽车从一个推动式（经销商先于需求下订单）供应链向推-拉式供应链（经销商由区域配送中心拉动）转变。正如预期，这意味着有更多的汽车可供选择，终端客户在这类系统中将享受更好的服务水平。

通用汽车能否通过这种类型的系统向经销商出售更多的汽车？答案是不确定的。由于库存是联合的，经销商订购的汽车总数就不一定会增加，甚至客户服务水平不一定会提高。这会在长期内给通用汽车带来好处吗？我们在实例 7 - 4 中给出了该问题的答案。

汽车经销商的情况怎样呢？一方面，汽车经销商会获得更多库存，因此可能销售更多汽车。另一方面，集中化库存往往划分了经销商之间的竞争领域。拥有有限库存的小经销商由于现在拥有在 24 小时内为客户供货的大量库存，因而会偏好这个系统。而大经销商通常备有充足库存参与市场竞争，因此这个系统对大经销商没有吸引力。

为了更好地理解联合库存的相关问题，我们考虑下面的例子。

实例 7 - 4

考虑两个面对单一产品随机需求的零售商。在这一简单例子中，零售商是完全相同的，具有相同的成本和特征，这意味着诸如零售商规模不同的问题在这一分析中不起作用。我们比较集中型系统和分散型系统。在集中库存系统中，零售商一起经营一个联合库存中心，并且利用联合库存的一部分来满足需求。在分散型系统中，每个零售商单独向制造商下订单来满足需求。因此，在这两个系统中，库存都是零售商所有的。这两个系统如图 7 - 1 所示。

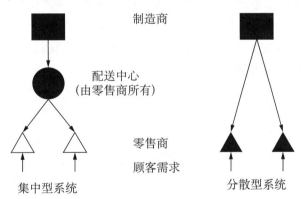

图 7 - 1 集中型系统和分散型系统

我们考虑单阶段的随机需求。图 7 - 2 给出了每个零售商面临的需求概率。假设批发价格为每件 80 美元，零售价为每件 125 美元，产品残值为每件 20 美元，生产成本为每件 35 美元。

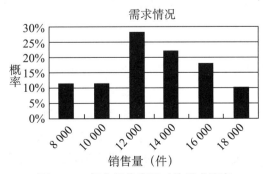

图 7 - 2 每个零售商面对的需求概率

在第 2 章，我们对分散型系统中的单个零售商用过相同分析，得出零售商将订购 12 000 件产品，期望利润为 470 000 美元，期望销售量为 11 340 单位。由于单个零售商订购 12 000 单位，在这个系统里制造商的利润为 1 080 000 美元。在一个集中型系统中，基于风险分担概念，两个零售商将一起订购 26 000 单位，它们的总期望利润是 1 009 392 美元，而总期望销售量为 24 470 单位。相比之下，在分散型系统中，两家零售商的总期望利润是 940 000 美元，而总期望销售量为 22 680 单位。值得注意的是，由于风险分担减少了订购过多产品带来的风险，集中型系统的订购量会高于分散型系统（至少一个零售商可能面临高于平均水平的需求）。最后，由于零售商订购更多产品，对比分散型系统中制造商的 1 080 000 美元利润，集中型系统中制造商的利润增加至 1 170 000 美元。

因此，正如期望的那样，案例显示制造商和分销商偏爱集中型系统。尽管如此，案例做了一个不符合实际的重要假设：如果一个客户订单到达时，经销商没有库存，就会失去该客户以及这部分需求。但情况并不总是如此。事实上，忠诚的客户面对经销商没有库存的情况，可能转换经销商来查看其他经销商是否拥有库存。从制造商的角度看，这一搜寻库存的过程能够帮助其出售更多产品。

客户在分散型系统和集中型系统中进行搜寻，会产生什么影响？经销商能够从这一搜寻过程中获得好处吗？在客户搜寻情况下，制造商和经销商是否仍然偏好集中型系统呢？如果仅有一部分客户是忠诚客户，并且愿意搜寻其他有库存的经销商，是否存在较优系统？

可以肯定的是，因为这两个零售商使用相同的联合库存，所以搜寻并不会对集中型系统产生影响。然而，直观上客户搜寻将会影响分散型系统。事实上，客户搜寻意味着如果一个经销商知道它的竞争对手没有足够库存，就会提高它的库存水平，这些库存不仅用来满足自身的需求，还用来满足其他经销商不能满足的那部分需求。另外，如果这个经销商通过某种方法了解到其竞争对手持有大量库存，那么这个经销商不可能再拥有从竞争对手那里转过来的客户，因而会降低其库存水平。因此，经销商的策略取决于其竞争对手的策略。竞争对手持有的库存越多，该经销商应该持有的库存就越少；相反，竞争对手持有的库存越少，该经销商应该持有的库存就越多。当然，经销商要确切知道竞争对手的策略是个问题，因此，它们无法确定自己的库存水平，也就无法清楚地知道搜寻给制造商带来什么影响。

我们可以运用博弈论的概念，特别是纳什均衡的概念来阐述这个问题。如果两个竞争者正在做决策，当它们都做了决策，我们可以说它们达到了纳什均衡。这种情况就取决于它们所订购的数量，且如果其他经销商没有改变订购数量，则任何一个经销商都不能通过改变订购数量来提高其期望利润。例如，如果两个经销商已经决定订购一定数量的产品，且在一个经销商没有订购更少产品的情况下，另一个经销商不能通过订购更多产品来增加其期望利润，那么这些决策构成了一个纳什均衡。

实例 7 - 5

让我们回到案例。我们令 α 代表搜寻系统的客户百分比——换句话说，当需求不能被第一个零售商满足时，检查其他零售商能否满足自己需求的客户百分比。利用这一信息，每个零售商在其他零售商订购特定数量产品时，能够决定其有效需求为多少（即其最初需求和搜寻需求的总和）。基于这个信息，在给定竞争对手任意订购量的情况下，能够计算应该订购多少产品。这就是它们的最佳反应。在图 7 - 3 中，实线代表零售商 2 相对零售商 1 的订购量的最佳反应，虚线则代表零售商 1 相对零售商 2 的订购量的最佳反应，对于一个 α＝90％ 的系统，意味着 90％ 的客户在需求没有被第一个零售商满足时，查看其他零售商是否拥有该产品库存。显然（见实线）随着零售商 1 增加其库存，零售商 2 的库存下降并达到一个特定数量，反之亦然。

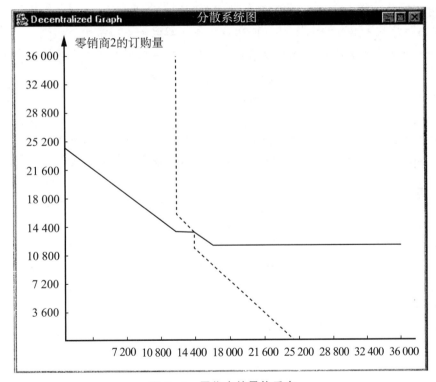

图 7 - 3 零售商的最佳反应

同样，我们注意到如果零售商 1 的订购量为 20 000 单位左右，零售商 2 会做出订购 12 000 单位产品的回应（实线）。如果是这种情况，那么零售商 1 应该修正其策略，并减少其订购数量（虚线）。零售商没有动机修正其策略的唯一情况是，它们各自订购两条线相交点上的那个订购量。这是该系统有且仅有的一个纳什均衡点。因此，每个零售商的最优订购量为 13 900，各零售商的期望利润为 489 460 美元（总期望利润为 978 920 美元）。每个零售商的期望销售量为 12 604（因此总期

望销售量为 25 208），向制造商订购的总量为 27 800，这意味着制造商的利润为
1 251 000 美元。表 7-1 中，我们比较了搜寻水平为 90% 的集中型系统和分散型系统绩效。

表 7-1　搜寻水平为 90% 的分散型系统和集中型系统　　　　单位：美元

战略	零售商	制造商	总计
分散	978 920	1 251 000	2 229 920
集中	1 009 392	1 170 000	2 179 392

有趣的是，集中型系统相比分散型系统没有压倒性优势。事实上，零售商仍然
偏爱集中型系统，而制造商的利润在分散型系统中更高。我们还注意到如果该系统
是完全集中的，那么系统利润会稍有提高，达到 2 263 536 美元。

上例中的观察数据代表了这个类型系统的通用结论（存在很多参与竞争的零售
商）。在这些系统中，仅存在唯一的纳什均衡，每个零售商的订购数量和利润随着
系统中进行搜寻的客户比例的增加而增加，并且无论进行搜寻的客户比例是多少，
集中型系统情况下零售商的总期望利润高于分散型系统下零售商的总期望利润。因
此，如果零售商在规模和价格策略上相似，那么它们总是倾向于合作。

对于制造商来说，这一情况并不明朗。正如我们所见的，当搜寻比例较高时，
零售商在分散型系统下的订单数量高于集中型系统下的订单数量，从而增加制造商
的利润。因此，在这些情况中，制造商会偏好分散型系统，即使零售商偏好集中型
系统。如果搜寻比例较低，那么零售商在分散型系统下的订单数量低于集中型系统
下的订单数量，因此，零售商和制造商都偏好集中型系统。图 7-4 显示了我们的
例子中在一系列搜寻水平 α 下，处于分散型系统中的经销商的订购数量。该图同样
显示了集中型系统中经销商的订购数量。你可以看到，存在一个关键的搜寻水平，
低于这个水平的客户搜寻，制造商偏好集中型系统，否则，制造商偏好分散型系统。

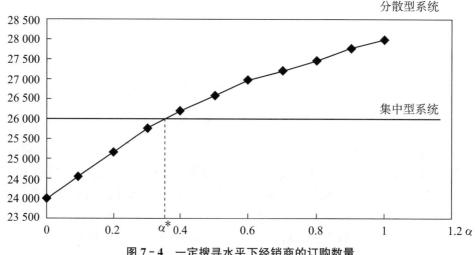

图 7-4　一定搜寻水平下经销商的订购数量

因此，制造商通常偏好一个较高的搜寻水平。这要如何实现呢？两个常用方法是通过营销策略提升品牌忠诚度和通过信息技术来增加零售商之间的交流。

显然，如果品牌忠诚度提升了，那么当首选的零售商没有这些产品的库存时，客户将更有可能在其他零售商那里搜寻这一特定品牌。例如，讴歌（Acura）多年以来为那些复购讴歌的客户提供返利。显然，这一举措激励了客户去更多地访问讴歌的经销商。

信息技术增进了经销商之间的交流，以及经销商和客户之间的交流，从而提高了客户在系统中搜寻的容易程度，使客户更有可能在系统中进行搜寻。例如，许多汽车制造商允许潜在客户在其网站上搜索所有当地经销商的库存。类似地，KBB. com 和 truecar. com 等购车网站，将消费者与品牌内和跨品牌的多个经销商联系起来。经销商可选择进入这一类型的系统，通常需要缴纳会员费。同时，几乎所有的汽车制造商都有信息系统，为每个经销商提供位于美国的其他经销商库存水平的相关信息。

7.4　调　运

有些时候，在采用联合库存时，没有必要在形式上拥有一个集中库存点。事实上，快速运输和先进信息系统的发展，使调运成为供应链策略选择时考虑的一个重要因素，以及联合库存策略实施的另一种方法。调运是指为了满足一些应急需要，在供应链同一层次上的不同组织间进行的商品运输。

调运是在零售层面上最常考虑的一种方法。正如我们在前面所提到的那样，调运能力能够使零售商用其他零售商的库存来满足自己的客户需求。为了实现这一目的，零售商必须了解其他零售商的库存情况，并尽快把商品运到自己的商店或顾客家中。这些要求只有通过先进的信息系统才能达到。先进的信息系统能够使零售商知道其他零售商有什么库存，并有利于零售商之间的快速运输。

很明显，如果有合适的信息系统和合理的运输成本，并且所有的零售商都属于同一家公司，那么进行调运是可行的。在这种情况下，即使没有集中库存，系统也能有效地利用风险分担的优点，因为我们可以把不同零售商店的库存看作一个巨大的整体仓库的一部分。

独立经营的零售商可能不太会接受调运，因为这意味着帮助它们的竞争对手。在第 8 章，我们将分析分销商一体化的有关问题，在这种情况下，独立的分销商以不同的形式进行合作，包括所需商品的调运。

如果这些相互竞争的零售商仍然同意调运，那么它们面临与联合库存模式下相似的问题。那就是，如果经销商同意调运，它们应该持有多少库存是不清楚的，这是因为零售商的策略取决于其竞争对手的策略。结果证明，这种情况下所得到的技术和结果与我们在描述联合库存时所得到的技术和结果相似。

7.5 逆向物流

逆向物流是指货物从"典型的"最终目的地，回到供应链的过程。虽然企业总是需要物流策略来处理维修或退货，但有几方面因素正促使企业仔细考虑逆向物流在其配送网络中的作用：

- 对生命周期环境影响的日益关注，意味着制造商越来越注重产品的回收、翻新和再制造等策略。
- 随着电子商务的普及程度不断提高，越来越多的商品被最终客户退回。

尤其是上述第二点，正迫使一些零售商仔细考虑它们的逆向物流策略。目前，20％的网购商品（以及 50％的网购"昂贵"商品）会被退货。在美国，2020 年，退货给零售商造成的损失约为 5 500 亿美元。在很多方面，退货问题并不能通过改善在线体验来解决——超过 40％的购物者打算退回他们购买的一些产品（例如，他们购买了多个尺寸的鞋子或衣服来试穿）。[4]

一般来说，面临退货物流挑战的公司采用两种策略之一——它们要么尝试将逆向物流整合到正向配送策略中，要么实施单独的逆向物流策略。逆向物流在许多方面与正向物流不同：包装可以多种多样，必须评估退货的质量，需要决定是否（以及在哪里）将退货的商品放入库存，可能需要维修，退货的商品可以在二级市场出售。鉴于这些结果，将逆向物流整合到现有设施和系统中可能不具有成本效益，这通常需要仔细评估能力和当前系统，并且随着退货数量和类型的变化，需要经常重新考虑这个决定。

7.6 选择合适的策略

大多数供应链很少只采用这些策略中的一种。一般来说，不同的方法适用于不同的产品，因此，有必要分析供应链，并确定针对特定产品或产品类别的合适方法。

为了评估这些方法，我们需要继续思考一个简单的问题：影响配送策略的因素是什么？显然，顾客需求和位置、服务水平、成本（包括运输成本和库存成本）都起着一定的作用。

分析库存成本和运输成本的相互作用是很重要的（见第 2 章和第 3 章），运输成本和库存成本都取决于运输规模，但是以相反的方式发挥作用。增加批量会减少运输次数，并使托运人利用运输量的价格折扣，降低运输成本。尽管如此，大批量运输增加了每单位商品的库存成本，因为商品在消费之前在仓库停留了很长的时间。

需求的变动性同样对配送策略有影响。实际上，正如我们在第 2 章讨论的那样，需求的变动会对成本产生巨大的影响，变动性越大，就需要越多的安全库存。因为仓库中的库存能够预防需求变动和不确定性，同时由于风险分担效应的存在，分销商拥有的仓库越多，产生的安全库存也就越多。另外，如果仓库不被用来储存货物（如直接转运策略），或者根本就没有仓库（如直接装运策略），那么配送系统就需要更多的安全库存。这是因为在这两种情况下，门店都必须持有足够的安全库存。然而，通过实现更好的需求预测和更少安全库存的配送策略以及调运策略和联合库存，这种影响是可以减弱的。对不同策略进行评价时，也必须考虑提前期、需求总量、顾客需求和行为、最终产品的多样性以及不同选择的资金投入。

表 7 - 2 总结和对比了直运、转运和仓库储存三种策略。仓库储存策略指的是传统的在仓库中持有库存的配送策略。表中的"分配"一行指需要将不同产品分配到不同零售门店的时间。显然，在直运中，分配决策必定会早于其他两种策略，因此需要更长的预测期。

表 7 - 2　配送策略

策略→ 参数↓	直运	转运	仓库储存
风险分担			利用
运输成本		低的内向成本	低的内向成本
持有成本	无仓库成本	无持有成本	
分配		延迟	延迟

最后，正如我们讨论的那样，在设计逆向物流战略时，有必要进行单独分析和采用不同的策略。

小　结

近几年，许多公司都通过供应链整合实现了更高的绩效，如降低了成本、提高了服务水平、减弱了牛鞭效应、提高了对市场变化的应对能力。不管供应链整合的总体水平如何，实施有效的配送策略仍是十分重要的。根据实际情况不同，直运或者利用库存中转站（例如仓库和配送中心）的配送策略可能是比较合适的策略。即使利用库存中转站，也必须做出更多的决策。应该采用大量的，还是少量的仓库或者配送中心？库存应该放置在这些地方吗，或者仅仅是转运？作为一个零售商，参与一个集中型的联合库存系统有意义吗？参与调运系统呢？逆向物流应该如何处理？所有这些决策取决于成本、产品和客户的性质与特征。

讨论题

1. 考虑一个大型折扣商店。讨论对于哪些产品和供应商，折扣店应该采用直运策略？对于哪些产品和供应商，适合采用转运策略？最后，对于哪些产品和供应商，折扣店应该进行改变，采用仓库储存策略？

2. 考虑下列供应链。对每条供应链，列举使用集中管理和分散管理、中心设施和地方设施的特有优势：

（1）奶制品；

（2）报纸；

（3）MP3 播放器；

（4）汽车；

（5）牛仔裤。

3. 你能想到的采用联合库存策略的公司或者供应链有哪些？

4. 你能想到的采用调运策略的公司或者供应链有哪些？

5. 列举联合库存策略和调运策略的两个相似点和不同点。为什么这两种策略可能适用于特殊的供应链？

6. 讨论公司或者经销商会如何鼓励客户搜寻。

7. 讨论经销商可能如何阻止客户搜寻。为什么经销商可能会阻止客户搜寻？

参考文献

第 8 章
战略联盟

学习完本章，你应该能够回答以下问题：

- 为什么大型零售商倾向于采用供应商管理库存的合作关系？
- 企业的物流业务，何时应该由企业自己运营，何时应该利用外部资源？
- 哪些业务伙伴关系可以提高供应链的绩效？

8.1 引 言

如今，一种看似矛盾的经营观点认为，复杂的商业运作（如前几章所述）对企业的生存和发展至关重要，与此同时，实现这些运作所必需的财务与管理等资源却变得日益不足。这正是企业在内部履行所有关键经营职能的做法并非总是有效的一个原因。通常，企业会发现利用其他拥有特殊资源和技术知识的公司，可以更有效地执行这些职能。即使企业拥有执行某项特定任务的资源，有时供应链上的另外一家企业可以更好地来完成这项任务，因为其在供应链上的相对位置对完成该项任务更加有利。

通常，供应链上的位置、企业资源以及专业技能，共同决定了谁是供应链中最适合履行某项特定职能的企业。当然，仅仅知道供应链上谁应该履行某种职能并不够，必须采取措施使得这项职能的确是由最适合的企业来履行。

与其他业务职能一样，企业可通过四种基本方法来确保实现物流业务职能[1]：

1. 内部活动。如果企业拥有必要的资源和技能，企业就可以在内部完成某项工作。我们在下一节将会详细讨论，如果该项工作是企业的核心能力之一，在内部执行将是完成该项工作的最佳方式。

2. 收购。如果公司内部不具备专业技能或者特定资源，可以收购另外一家拥有此项资源的公司。收购方取得全部控制权，可以控制特定业务职能履行的方式，但是这种方法也有一定的缺陷。举例来说，收购一家成功的企业可能非常困难和昂贵。被收购方的企业文化有可能与收购方的企业文化相冲突，而被收购企业的效率也有可能在整合过程中丧失。被收购企业以前可能与收购企业的竞争对手有业务往来，而在收购之后可能会失去这笔业务。这有可能损害到整体的有效性。由于这些或者其他一些原因，收购可能并不合适。

3. 正常交易。大多数的商业交易都属于这种类型。企业需要某种特定的产品或者服务，例如送货、车辆维修，或者物流管理软件的设计和安装，以及购买或者租赁设备或服务。许多情况下，正常交易是最有效、最合适的安排。当然，供应商和购买商的目标和战略不一定相互匹配。通常，这种短期安排满足了某种特定的商业需求，但并不能形成长期战略优势。

4. 战略联盟。战略联盟是两个公司之间一种典型的、多方位的、目标导向型的长期伙伴关系，联盟企业共享收益、共担风险。在许多情况下，战略联盟可以避免全面收购的问题，同时共同的目标可以带来比正常交易更多的资源承诺。战略联盟会为合作双方带来长期的战略利益。

本章重点探讨与供应链管理相关的战略联盟。下一节，我们将介绍一个用于分析战略联盟优点和不足的框架。在 8.3，8.4 和 8.5 节中，我们会详细讨论与供应链相关的三种最重要的战略联盟：第三方物流（3PL）、零售商-供应商伙伴关系（RSP），以及分销商一体化（DI）。

8.2　战略联盟的框架

在选择合适的战略联盟时，会面临许多战略性难题。乔丹·刘易斯（Jordan Lewis）[2] 在其经典著作《为了盈利的伙伴关系》一书中引入了一个非常有效的战略联盟分析通用框架。我们在本节简要介绍这一框架，这一框架非常有助于分析本章其余部分所讨论的几种供应链战略联盟。

要确定某种特定的战略联盟是否适合企业，我们必须考虑这种联盟如何有助于解决下列问题。

增加产品的价值　与合适的企业建立合作伙伴关系，可以增加现有产品的价值。例如，合作关系能够缩短产品的上市时间，减少配送次数或补货次数，这些将有助于提高市场对某个企业的认知价值。同样，拥有互补生产线的企业之间的伙伴关系，可以增加双方公司的产品价值。

改善市场进入　有些伙伴关系非常有益，可以带来更好的广告效果或者更多的进入新市场渠道的机会。例如，互补性消费品的制造商可以相互合作，共同关注大型零售商的需求，增加双方的销量。

强化运作管理　企业之间合适的联盟可以通过降低系统成本和周转次数来改善双方的运作。设备和资源也可以得到更有效率和更有效的利用。例如，拥有季节性互补产品的公司，可以在全年更有效地利用仓库和运输车辆。

增强技术力量　技术共享的伙伴关系可以提高合作双方的技术基础。同时，新旧技术之间转换的困难，可以由一方的专业技术加以解决。例如，供应商可能需要某一特定升级的信息系统来为某些特定的顾客服务。如果与已经具备该系统专业技术的企业结成联盟，就会使该供应商更容易解决这些技术难题。

促进战略成长　许多新机遇具有较高的进入壁垒。伙伴关系可以使企业共享资源和专业技术，克服这些壁垒，并发现新的机遇。

提高组织技能　联盟为组织学习提供了大量机会。除了相互学习，合作各方还必须更深入地了解自身，更加灵活，以确保联盟的运作。

建立财务优势　除了解决上述竞争性问题，联盟还有助于建立财务优势。销售收入会提高，而管理成本则由合作各方共同分担，甚至因为合作一方或双方的专业技能而降低。当然，联盟也会因共担风险而限制投资方向。

战略联盟也存在着不足之处。上述内容也很有助于分析战略联盟的不足之处。每一家公司都有自己的核心能力或核心竞争力，这些核心能力或核心竞争力将其与竞争对手区分开来，并能获得消费者的认同。这些核心能力不能由于联盟而受到削弱，如果为了合作成功而将资源从核心能力上转移出去，或者在技术、战略能力上妥协，就会造成反面结果。同样，与竞争对手之间的关键性差异不应该被丢弃，但在关键技术共享或由于竞争导致进入壁垒降低时这种情况就有可能发生。

很明显，确定这些核心能力非常重要，然而，这也非常困难，取决于业务和企业的性质。核心能力不一定对应着大量的资源投资，可以是无形的东西，例如管理技能或品牌形象。确定公司的核心能力，要考虑公司的内部能力是如何在上述七个关键方面使企业区别于其他竞争对手的。那么，在上述各方面，战略联盟是否会增强或者削弱企业的核心能力呢？我们在第 9 章讨论外包决策时会详细说明这个问题。

下面的例子将阐述战略联盟的优缺点。我们可以考虑一下 IBM、英特尔和微软是如何从伙伴关系中获益或受损的。

实例 8-1

尽管与物流没有特别的联系，IBM 个人电脑的例子还是突出了外包关键业务职能的优缺点。当 IBM 在 1981 年底决定进入个人电脑（PC）市场时，公司并不具备设计和制造个人电脑的基本设施。IBM 并没有花费时间来培养这些能力，而是将几乎所有主要的个人电脑零部件外包出去。例如，微处理器由英特尔设计和制造，操作系统由西雅图当时一家名为微软的小公司提供。由于运用其他公司的专业技能和资源，IBM 得以在开始设计的 15 个月之内就将自己的电脑投放市场。不仅如此，IBM 在 3 年内取代苹果电脑成为个人电脑的最大供应商。到 1985 年，IBM 的市场份额超过了 40%。然而，IBM 的战略失误很快暴露出来，因为竞争对手康柏公司采用了和 IBM 同样的供应商进入市场。而且，当 IBM 引进以新的所有权设计和名为 OS/2 的操作系统为特色的 PS/2 电脑生产线，并试图因此而重新控制市场时，其他公司没有跟随其步伐，原有的个人电脑框架在市场上仍然占有主导地位。1995 年底，IBM 的市场份额降为不到 8%，落后于市场领头羊康柏公司近 10 个百分点。[3] 最终，2005 年，IBM 将其个人电脑业务卖给了联想集团。

战略联盟在各个行业都变得越来越普及，供应链管理中有三种非常重要的类型。下面三节，我们将详细讨论第三方物流、零售商-供应商伙伴关系及分销商一体化。阅读这些内容时，请试着将它们与前面介绍的分析框架相结合。

8.3 第三方物流

采用第三方物流（3PL）供应商管理一家公司部分或全部物流职能的做法越来越普及。事实上，第三方物流行业始于 20 世纪 80 年代，第三方物流行业的产值在过去的十多年间持续增长，从 310 亿美元增长到 2 250 亿美元（截止到 2020 年底）。[4]

8.3.1 什么是第三方物流

第三方物流就是利用一家外部公司完成企业全部或部分物料管理和产品配送职能。显然，第三方物流比传统的物流供应商关系更复杂——它们是真正的战略联盟。

多年来，许多公司都利用外部企业提供特定服务，比如卡车运输和仓储，企业之间的关系有两个典型特征：都是以交易为基础，受雇佣的公司往往只具备特定的单一职能。现代的第三方物流协定则包含着长期合作承诺，并且通常是多功能或过程管理的形式。例如，赖德专业物流公司（Ryder Dedicated Logistics）拥有一个长年的协议，负责设计、管理和运作惠而浦公司所有的内部物流。[5]

第三方物流供应商的规模形式不一，从小到几百万美元收入的小公司到收入数十亿美元的巨头都有。它们当中的大部分企业，都可以管理供应链的许多环节。有些第三方物流公司拥有自己的资产，比如卡车或者仓库；有些物流公司提供协调服务，但没有自己的资产。没有自己资产的第三方物流公司，有时也称为第四方物流公司（4PL）。

令人意外的是，大公司利用第三方物流的现象非常普遍。诸如 3M、柯达、陶氏化学、时代华纳以及西尔斯这些大公司，如今将大部分的物流业务外包给外部供应商。第三方物流供应商发现，很难说服小公司采用第三方物流服务，随着第三方物流的日益普及以及第三方物流供应商努力发展与小公司的关系，这种情况可以改变。[6]

8.3.2 第三方物流的优缺点

上面谈到的战略联盟的大部分优缺点，在这里都适用。

集中于核心能力 谈到使用第三方物流供应商的好处，最多的便是有利于企业将资源集中于核心能力。随着内部资源日益受限，公司通常很难在各个业务领域都成为专家。物流外包使公司可以集中资源在特定的专长领域，而将物流职能交给物流公司（当然，如果物流是公司的专长领域之一，外包就没有什么意义了）。

实例 8-2

赖德专业物流公司和通用汽车的土星分部（Saturn division）之间的合作，有力地证明了上面所述的优势。土星分部集中于汽车制造活动，而赖德管理土星分部大部分的物流活动：对接供应商，将零部件配送至位于田纳西州斯普林希尔的土星工厂，以及将成品汽车配送至经销商。土星分部运用电子数据交换（EDI）订购零部件，并将同样的信息发给赖德。赖德从分布在美国、加拿大和墨西哥的 300 个不同的供应商那里提货，并且运用特殊的决策支持软件，有效地制定运输路线，使得运输成本最小化。[7]

实例 8-3

英国石油公司（British Petroleum，BP）和雪佛龙公司（Chevron）希望保持自己的核心竞争力。为此，这两家公司成立了阿特拉斯供应站（Atlas Supply），这是一个由大约 80 个供应商组成的伙伴关系网，负责向 6 500 个加油站配送火花塞、电线、车窗清洗剂、安全带和防冻剂等物品。阿特拉斯供应站并没有使用英国石油或雪佛龙的配送网络，也没有自行开发新的网络，而是将所有的物流工作外包给 GATX，由该公司负责管理 5 个配送中心，并维持每一个加油站 6 500 个 SKU 的库存管理。每一个加油站通过自己的石油公司来订货，而石油公司则会向阿特拉斯供应站发出订单，并随后传给 GATX。每个加油站有一个预先分配的订货日，以免系统瓶颈。GATX 系统决定合理的路线和物品结构，并将订单送至配送中心。第二天，配送中心进行订单分拣和送货打包，根据配送时间表将正确的物品装上卡车。完成配送工作后，又可以运回阿特拉斯供应商那里的发货。GATX 通过电子通信方式向阿特拉斯、雪佛龙和英国石油告知所有配送工作的状态。公司在运输成本上的节约就足以证明这种伙伴关系是有效的，而且，这两家石油公司将 13 个配送中心成功地减少到 5 个，并且明显地改善了服务水平。[8]

提供技术灵活性 对技术灵活性需求的增长，是使用第三方物流供应商的另一个重要优势。随着需求的变化和技术进步，一些新技术开始流行（比如无线射频识别技术），优秀的第三方物流供应商不断更新企业的信息技术和设备。对于一些公司来说，通常没有时间、资源和专业技能来不断更新这些技术。不同的零售商可能有不同的、不断变化的配送需求和信息技术需求，满足这些需求是第三方物流公司生存的必要条件。第三方物流供应商能够以更快、更低的成本有效地满足这些需求。[9]另外，第三方物流供应商可能已经具备满足公司潜在客户需求的能力，使得该公司能够赢得这些零售商，而如果没有第三方物流供应商，这或者不能实现，或者缺乏成本有效性。

提供其他灵活性 第三方物流也可以为公司提供更大的灵活性，其中之一便是地理选址上的灵活性。供应商越来越注重快速补货，这就需要地区仓库。利用第三方物流供应商来获得仓储服务，公司可以在不建造新设施或签订长期租赁合同（这通常需要调拨资金并限制灵活性）的情况下满足客户需求。同时，第三方物流供应商可以为零售客户提供更多的服务，这就使得企业可以获得灵活的服务。在某些情况下，客户的服务需求量对公司来说可能微不足道，但是对第三方物流供应商来说就可以接受，因为它可以为跨行业的不同公司同时提供服务。[10]不仅如此，外包也带来了资源和劳动力的灵活性。管理者可以将固定成本变成可变成本，以便更快响应不断变化的经营环境。

实例 8 - 4

通过与床垫制造商席梦思（Simmons）合作，赖德专业物流公司提供了一种新技术，使席梦思彻底改变了自己的经营方式。在与赖德合作之前，席梦思在每个制造厂储存了 20 000～50 000 个床垫来满足客户的需求。而现在，赖德在席梦思的制造厂安排了一个现场物流经理。订单到达时，物流经理使用专门的软件，设计把床垫配送给客户的最优顺序和最优路线。这一物流计划被送到工厂，在那里按照确切的数量、式样和要求的顺序制造床垫，并全部及时发运。实际上，物流伙伴关系完全消除了席梦思持有库存的需要。[11]

实例 8 - 5

SonicAir 是 UPS 的一个部门，提供一种更成熟的第三方物流服务。公司服务于一些专门客户，这些客户所供应的设备每小时的停工成本都非常高，因此，SonicAir 需要迅速将客户的零部件配送至需要的地点。SonicAir 拥有 67 个仓库，使用专门的软件，确定每个仓库中每种零部件合适的库存水平。当某个订单到达时，系统确定配送零部件的最优方式，由公司的地面快递人员将零部件送到下一个航班上，然后再将货物发出去。这项服务要求每个服务场所必须存放的零部件数量更少，但提供的服务水平却是相同的。由于有些零部件价值数十万美元，这对客户来说显然节约了成本。同时，对 SonicAir 来说，这项业务的利润很高，因为客户愿意为这种服务水平付个好价钱。[12]

第三方物流的主要缺点 使用第三方物流供应商最明显的缺点是，在外包某项特定职能的同时会失去控制。当第三方物流公司的雇员本身可能与公司的客户打交道时，物流外包的这一缺点尤为突出。许多第三方物流公司正在努力地解决这些问题，包括在卡车两边喷涂公司标志，给第三方物流公司的员工穿上雇佣公司的制服，以及详细报告与每个客户接触的情况。

同样，如果物流是企业的核心竞争力之一，那么外包这些职能是没有意义的，因为供应商可能还达不到企业的专业水平。例如，沃尔玛建造和管理自己的配送中心，卡特彼勒也自行运作零部件的供应。这些都是公司本身的竞争优势和核心竞争力，外包完全没有必要。在特殊情况下，如果特定的物流活动属于公司的核心竞争力，而其他物流活动不是，那么明智的做法是仅仅利用第三方物流供应商擅长的领域。例如，如果供应商的核心竞争力是管理库存的补货战略和物料管理，而不是运输，那么可以联系一个第三方物流企业，由它专门负责从码头到客户的运输。同样，制药公司会为那些管制药物建立并且拥有配送中心，而对那些相对便宜和易于控制的药物经常使用靠近客户的公共仓库。[13]

8.3.3　第三方物流的有关事宜与需求

签订第三方物流合同总是一个重要而且复杂的经营决策。除了上面列出的正反面意见，在决定是否与一个特定的第三方物流供应商达成协议时，还有许多关键的需要深思的事项。

1. 弄清自己的成本。在选择第三方物流供应商时，需要考虑的最基本的问题是，弄清自己的成本，以便与外包成本进行比较。通常有必要采用基于活动的成本核算技术，将管理费用和直接成本归结到特定的产品或者服务上。[14]

2. 以客户为导向的第三方物流。当然，仅仅依托成本来选择第三方物流供应商是不够的。前述的许多优点中包括无形的东西，比如灵活性。因此，公司必须认真审视其物流战略规划以及第三方物流供应商是否适合该规划。一项关于第三方物流供应商的调查指出[15]，以下特征对第三方物流协议的成功极为关键：最重要的特征是供应商必须以客户为导向，也就是说，第三方物流关系的价值与供应商能否理解企业需求，并使其服务适应企业特殊需求的能力息息相关；第二重要的特征是可靠性；供应商的灵活性，或者其对企业及企业客户不断变化的需求的响应能力，是第三重要的特征；接下来才是成本节约。

3. 第三方物流的专业化。在选择未来的第三方物流供应商时，有些专家建议，公司需要考虑供应商最成熟的特定物流领域与公司眼下的物流需求是否最为相关。例如，Roadway Logistics，Menlo Logistics 和 Yellow Logistics 发起于较大的零担运输公司；Exel Logistics，GATX 和 USCO 开始时是仓库管理公司；UPS 和联邦快递在小型包裹的及时速递方面拥有专业技能。某些公司甚至有更专业的需求，选择第三方物流伙伴时必须认真考虑这些需求。[16]有时候，企业可以将自己信得过的核心承运商作为第三方物流供应商。例如，Schneider National 曾与 Baxter Healthcare 紧密合作，最近同意采用后者的专用运输路线。[17]

4. 自有资产与非自有资产的第三方物流供应商。使用一家自有资产公司和非自有资产的第三方物流公司各有优缺点。自有资产公司规模大，人力资源充足，客户基础雄厚，具有规模经济和范围经济效应，以及现成的信息系统，但它们可能倾向于在分配工作时支持自己的部门，比较官僚化，而且决策周期较长。非自有资产的公司可能更灵活，可以提供定制服务，具有组合和调配供应商的自由。这些公司的管理费用也比较低，具备某个特定行业的专业技能，但是企业的资源有限，谈判的实力较弱。[18]

8.3.4　第三方物流实施的有关事宜

选定了合作伙伴，整个流程才刚刚开始。双方必须签订合约，做出合适的努力，以便有效地开展伙伴关系。专家们对一些失败的第三方物流合约进行总结后，特别指出了这样一条教训：必须投入相当多的时间，用在关系启动方面，也就是说，对于任何第三方物流联盟的双方来说，在前 6 个月到 1 年的时间内，这种关系的有效开展都是比较困难但也是最关键的步骤。公司购买物流服务时，必须准确知道为了使伙伴关系能够成功还需要些什么，以及能够向第三方物流公司提出具体的绩效衡量标准和要求。

反过来，物流供应商必须诚实、全面地考虑和讨论这些需求，包括这些需求的现实性和相关性。[19]双方需要承诺为了实现伙伴关系的成功而投入必要的时间和精力。关键的一点是，双方应该牢记，这是互惠互利的第三方联盟，风险共担，回报共享。双方是合作伙伴——任何一方都不应该抱有"交易定价"的心态。[20]

总的来说，有效沟通对于任何外包项目的成功都不可或缺。首先，在买方公司内部，对于为何采用外包、公司对外包流程的期望值这些问题，管理者之间以及管理者和雇员之间必须进行沟通，这样所有有关的部门都在"同一条船上"，并可以适度地参与到这个项目中来。很明显，公司和第三方物流供应商之间的交流也非常关键。一般性的对话通常比较容易，但是如果要双方都能从外包中获利，就必须进行更深入的沟通。[21]

在技术层面上，第三方物流供应商和买方公司的系统必须能够连接。在这方面，企业应该避免采用那些运用自己专有信息系统的第三方物流供应商，因为这些系统很难被整合到其他系统中。

以下重要内容需要与未来的第三方物流供应商进行商讨：

- 第三方及其服务供应商必须尊重雇主公司所提供数据的保密性。
- 对于特定的绩效评估方式必须达成共识。
- 考虑分包方面的特定标准。
- 在达成协议前，必须考虑争议仲裁问题。
- 合同中应包括协商好的免责条款。
- 讨论能够确保达到绩效目标的方法。[22]

8.4　零售商-供应商伙伴关系

在许多行业中，零售商与其供应商之间形成战略联盟随处可见。我们在第 5 章讨论过，传统的零售商-供应商关系中，零售商对供应商的需求变动性远大于零售商所面对的需求变动性，而且供应商比零售商更了解自身的提前期和生产能力。因此，当利润日益压缩，而且客户满意度变得愈发重要时，供应商和零售商之间为了充分利用双方的专业知识而做出的合作努力是很有意义的。此时，供应商和零售商之间的关系称为零售商-供应商伙伴关系（RSP），我们将在下面举出实例。

8.4.1　零售商-供应商伙伴关系的类型

零售商-供应商伙伴关系的类型可以看作一个连续体。一端是信息共享，这有助于供应计划更有效；另一端则是寄售方式，即在零售商售出产品之前，供应商全面管理和拥有库存。

在基本的快速响应策略中，供应商从零售商处获得销售点数据，并利用此信息使其生产、库存活动与零售商的实际销售同步。在此策略中，零售商仍然自己确定各个订单，而供应商利用销售点数据来改善预测和计划的准确性，并缩短提前期。

实例 8 - 6

美利肯（Milliken & Company）是最早采用零售商-供应商伙伴关系的公司之一，这是一家纺织和化工公司。美利肯与几家服装供应商和主要的百货公司合作，所有这些公司都同意使用来自百货公司的销售点数据，"同步"相应的订购和制造计划。从美利肯纺织厂收到订单到百货公司最终收到服装的交货时间，从 18 周减少到 3 周。[23]

在连续补货策略（有时也称快速补充策略）中，供应商接收销售点数据，并使用该数据，按照事先约定的间隔期来准备运输，以维持给定的库存水平。在连续补货的一种高级形式中，供应商在满足服务水平的前提下，逐渐降低零售商店或配送中心的库存水平。因此，库存水平以一种结构化的方式持续改进。此外，库存水平需求并不是简单的数量问题，而是建立在复杂模型基础之上，根据季节性需求、促销和不断变化的客户需求等因素的变化，模型中的合理库存水平也会随之调整。[24]

在供应商管理库存系统（有时也称供应商管理补货系统）中，供应商决定每种产品恰当的库存水平（在事先约定的范围内），以及维持这些库存水平的适当策略。在初始阶段，供应商的建议必须得到零售商的同意，但到后来，许多供应商管理库存方案的目标是取消零售商对特定订单的过度监控。沃尔玛与宝洁之间的伙伴关系，堪称这种伙伴关系类型中最著名的案例。始于 1985 年的伙伴关系，显著地改善了宝洁对沃尔玛的按时发货率，并加速了库存周转。[25]其他折扣商店纷纷效仿，包括凯马特，到 1992 年，凯马特已发展了超过 200 个供应商管理库存伙伴。[26]这些供应商管理库存计划大多是成功的——Dillard 百货公司、杰西潘尼和沃尔玛的项目都表明，销售额上升了 20%～25%，库存周转率改善了 30%。[27]表 8-1 归纳了零售商-供应商伙伴关系的主要特征。

表 8-1 零售商-供应商伙伴关系的主要特征

指标类型	决策制定者	库存所有权	供应商采用的新技术
快速响应	零售商	供应商	预测技术
连续补货	合约规定的水平	任何一方	预测技术和库存控制技术
高级连续补货	合约规定并且持续改进的水平	任何一方	预测技术和库存控制技术
供应商管理库存	供应商	任何一方	零售管理

实例 8-7

第一品牌公司（First Brands Inc.）是 Glad 三明治包装盒的制造商，与凯马特合作得非常成功。1991 年，第一品牌公司成为凯马特物流计划中的伙伴，在此计划中，供应商必须根据凯马特的要求，负责确保任何时候凯马特都持有恰当的库存水平。开始时，凯马特向第一品牌公司提供了 3 年来销售的历史数据，随后每天提供销售点数据，第一品牌公司使用特殊的软件把这些数据分别转换为凯马特 13 个配送中心的生产和配送计划。[28]

8.4.2 零售商-供应商伙伴关系的要求

有效的零售商-供应商伙伴关系，特别是在伙伴关系图上靠近供应商管理库存那一端的伙伴关系，最重要的要求就是，供应链上供应商和零售商都具备先进的信息系统。通过电子数据交换或者基于互联网的私有信息交换，可以将信息传输给供应商和零售商，这对于减少数据传输时间和登录错误非常关键。条形码的编码和扫描对维护数据的精确性也很重要。库存、生产控制和计划系统必须保持实时、精确，并进行整合，以便充分利用附加的可用信息。

在所有能够对公司运营产生激进变革的举措中，高层管理人员的参与对方案的成功必不可少。这里更是这样，因为原有的高层保密信息现在必须与供应商和客户进行共享，而成本分配也需要在较高的水平上进行磋商（下面将详细讨论这一点），而且这种伙伴关系可以使组织内部的权力从一个群体转移至另一个群体。例如，实施供应商管理库存的伙伴关系时，与零售商的日常接触职能从销售和市场人员转移到物流人员身上。这意味着，由于零售商的库存水平不是由价格和折扣策略决定的，而是由供应链的需要决定的，销售人员的激励和薪酬计划也会因此被修订。这种权力上的改变要求高层管理人员的亲自参与。

最后，零售商-供应商伙伴关系要求双方建立一定水平的相互信任，如果缺乏信任，联盟必将走向失败。例如，在供应商管理库存中，供应商要证明有能力管理整条供应链，也就是说，不仅可以管理自己的库存，还可以管理零售商的库存。同样，在快速响应中，零售商提供给供应商的保密信息，也可以为其他竞争对手服务。除此之外，在众多案例中，战略性合作伙伴会导致零售商门店库存的大幅下降，供应商需要确定多出来的空间不会使竞争对手受益。而且，供应商的高层管理人员必须明白，零售商库存减少的直接后果可能是销售收入的暂时减少。

8.4.3 零售商-供应商伙伴关系中的库存所有权问题

在达成零售商-供应商伙伴关系之前必须考虑几个重要问题。其中一个问题是，确定由谁来做出补货的决策，这一点使双方的伙伴关系成为前面所述的伙伴关系连续体中的战略性伙伴关系。这种关系可以通过几步来完成，首先获取信息，然后做出决策，并在合作伙伴之间共享。库存所有权问题对于战略联盟的成功来说非常重要，特别是在涉及供应商管理库存的情况下。以前，货品所有权转移给零售商，是在零售商接收货品时完成的，而现在，有些供应商管理库存伙伴之间采取寄售的关系，供应商在货品销售之前拥有其所有权。这种关系对于零售商的利益显而易见——降低库存成本。而且，既然供应商拥有库存，它就会更关心如何尽可能地有效管理库存。

对于最初的供应商管理库存方案，有些人持批判的观点，他们认为供应商倾向于在合同允许的范围内尽可能将库存转移至零售商处。如果这是一种快速消费品，双方规定好两个星期的库存量，这也许是零售商所期望的库存。然而，如果是更复杂的库存管理问题，供应商就需要有一种激励，来维持达到既定服务水平所需的尽可能少的库存。例如，沃尔玛不再拥有许多种类货品的库存所有权，包括大部分食品杂货。仅仅在结账扫描的瞬间，货品所有权才属于沃尔玛。[29]

然而，既然供应商持有库存的时间更长了，我们不太清楚为什么寄售计划也会给供应商带来收益。许多情况下，正如在沃尔玛的案例中那样，由于市场导向，供应商没有选择权。即使不是这样，这种安排也使得供应商可以协调配送和生产，以便减少成本，供应商因此而获益。为了更好地理解这个问题，我们可以回忆一下第5章关于全局优化和局部优化的探讨。在传统的供应链中，每个环节都按照对自己最有利的方式来运作，也就是说，零售商管理自己的库存，而不考虑对供应商的影响。反过来，供应商在满足零售商需求的情况下制定自己的策略。在供应商管理库存中，一方需要努力协调生产和配送，使整个系统达到最优化。不仅如此，供应商协调几个零售商的生产和配送，可以进一步降低成本。这正是全局优化能够大幅降低整个系统成本的原因所在。有时候，根据供应商和零售商的相对力量，供应合同必须协商签订，从而使供应商和零售商可以分享系统的成本节余。在比较相互竞争的不同供应商成本时，零售商也必须考虑到这一点，因为不同的物流方案会产生不同的成本。

实例 8-8

Ace Hardware，一家五金器具经销商，成功地实施了木材与建筑材料等产品的供应商管理库存寄售方式。在该方案中，Ace Hardware 保留零售商处的货物所有权，但零售商负有看管责任，并对物品的损坏或毁坏负责。[30] 这一计划看来十分成功，因为实施供应商管理库存计划的产品，其服务水平从 92％提高到 96％。最终，Ace Hardware 会将这种做法扩展到其他产品线。[31]

除了库存与所有权问题，高级的战略联盟能够扩展到许多不同的领域。联合市场预测、相互衔接的计划周期，甚至联合产品开发，这些有时都可以考虑。[32]

8.4.4 零售商-供应商伙伴关系实施中的问题

任何合约要取得成功，绩效评估标准就必须达成一致。这些标准应该既包括非财务指标，也包括传统的财务指标。例如，非财务指标可能是销售点数据的准确性、库存的准确性、发货与交货的准确性、提前期，以及客户订单完成率。一旦零售商与供应商共享信息，保密性就成为一个重要问题。确切一点说，对于相同的产品类别，与几个供应商都有交易往来的零售商可能发现产品类别信息对于供应商制定准确的预测和储存决策非常重要。同样，不同供应商的库存决策可能存在某种关联。零售商拥有每个合作伙伴的保密信息时，如何管理这些潜在的冲突？

达成任何一种战略联盟时，要认识到开始必然会出现的问题，这些问题只有通过沟通和合作才能解决，这对于双方来说都非常重要。例如，当第一品牌公司开始与凯马特进行合作时，凯马特经常声称，供应商未能按照合约规定，始终持有两个星期的库存。最后发现问题出在两家公司分别采用不同的预测方法。通过来自凯马特和第一品牌公司的预测专家之间的直接对话，问题最终得到了解决——这种对话形式在供应商管理库存伙伴关系开始前是由销售人员进行的。[33]

在许多情况下，合作伙伴关系中的供应商承诺快速响应零售商出现的紧急情况和形势变化。如果供应商不具备制造技术或者生产能力，就得增加这种技术或能力。例如，Wrangler 牛仔裤的制造商 VF，是成衣行业最早采用快速响应方法的先锋，在实施快速响应方案时，公司不得不进行生产流程的全面再造，包括再培训和追加资本投资。[34]

8.4.5 零售商-供应商伙伴关系的实施步骤

上述要点可以总结为以下供应商管理库存实施步骤[35]：

1. 首先，合约中的契约性条款必须进行商榷，包括确定所有权归属和转移时间、信用条件、订货责任。在适当的情况下，还应包括一些绩效指标，如服务水平或库存水平。

2. 其次，必须完成以下三项工作：

● 如果没有一体化信息系统，供应商与零售商双方必须进行开发，而且此系统应为双方提供容易登录的接口。

● 必须开发供应商与零售商共同使用的有效的预测技术。

● 必须建立一种战术决策支持工具来辅助协调库存管理和运输策略，此系统应该建立在伙伴关系的特定性质的基础之上。

8.4.6 零售商-供应商伙伴关系的优缺点

在下面的案例中，供应商管理库存的一个优点得到了很好的说明。

实例 8-9

Whitehall Robbins（WR）和 Advil 一样是个非处方药生产厂商，与凯马特建立了零售商-供应商伙伴关系。与第一品牌公司相似，WR 和凯马特在预测上一开始并不能达成一致。在这个案例中，我们最终发现 WR 的预测更准确，因为 WR 比凯马特更了解自己的产品。例如，凯马特在对龟裂膏的需求进行预测时，没有考虑到该产品的季节性需求。此外，在制订配送计划时，WR 的计划人员可以将产品相关事宜比如计划的停工时间考虑进去。

WR 也能获益。过去，凯马特在销售季节到来之前，通常订购大量的季节性产品，并且会采取促销活动。这样，退货就时有发生，因为凯马特很难正确预测销售量。现在，WR 按照"每天低成本"来供应一周的需求，凯马特就能取消大量订货和季前促销，这反过来大大降低了退货量。季节性商品的库存周转次数从 3 次上升至 10 次以上，而非季节性商品的库存周转次数从 12～15 次上升为 17～20 次。[36]

因此，一般来说，零售商-供应商伙伴关系的巨大优势在于，供应商掌握订货量情况，这意味着提升了对牛鞭效应的控制能力。

当然，对订货量的掌握情况，也会因为伙伴关系类型的不同而不同。例如，在快速响应策略中，通过客户需求信息的传递，供应商可以获取订货量情况，并因此而缩短提前期；而在供应商管理库存策略中，零售商提供需求信息，供应商做出订购决策，这样就完全控制了订货量的变化。当然，供应商对订货量的掌握，可以减少整个系统的成本，并提高系统服务水平。服务水平提高，管理成本降低，库存成本降低，这些好处对供应商来说显而易见。供应商可以降低预测的不确定性，并因而能够更好地协调生产和分销。更具体一点说，正如我们在第 5 章讨论牛鞭效应时所指出的那样，预测不确定性的降低，可以减少安全库存，减少储存和配送成本，提高服务水平。[37]

除了上面所述的主要好处，实施战略性合作伙伴关系还带来众多附加效应。这为重构零售商-供应商伙伴关系提供了绝好机会。例如，多余的重复订单被删除，手工操作自动化，为了提高整个组织效率，诸如商品标记和设计外观等工作得到重新分配，流程中不必要的控制步骤也被剔除了。[38]这些好处当中，有许多是源自实施伙伴关系迫切需要的变革和技术。

以上讨论了零售商-供应商伙伴关系的许多问题，这里做一下总结。

- 必须采用先进技术，然而这通常成本较高。
- 必须在曾经可能比较对立的零售商-供应商伙伴关系基础上，建立相互信任关系。
- 在战略性伙伴关系中，供应商与以往相比，通常要承担更多的责任。这迫使供应商增加人员来满足责任的要求。
- 最后一点，也许也是最关键的一点，随着管理责任的增多，供应商的开销通常会增加。同时，库存可能一开始会退给供应商。如果采用寄售方案，供应商的库存成本通常会提高。因此，必须建立契约关系，在此关系中，零售商与供应商分享系统成本节余。

资金流动是任何电子数据交换实施都会碰到的一个问题，在开始实行供应商-零售商伙伴关系时，需要对此进行仔细考虑。零售商原来已经习惯了到货 30～90 天后付款，而现在不得不货到付款。即使只在货物售出后才付款，这也要比通常的资金流动周期快得多。[39]

8.4.7 成功与失败

我们在前面引用了几个零售商-供应商伙伴关系的例子，接下来还有其他一些成功案例和一个失败案例。

实例 8 - 10

西部出版公司（Western Publishing）在几个零售商那里采用供应商管理库存计划，应用于公司的黄金产品线——儿童图书，其中包括超过 2 000 个沃尔玛门店。在该计划中，当库存低于订货点时，销售点数据自动引发订货，库存被送至配送中心，或者在许多情况下直接送至商店。按照上述条件，一旦发货，图书的所有权就转移至零售商。在玩具反斗城公司（Toys "R" Us）中，西部出版公司甚至为零售商管理整个图书业务，包括来自该公司以外的供应商的库存。在以上两种方式中，该公司的销售收入都有明显增长，尽管该计划明显增加了成本——包括与增加库存管理责任有关的成本，以及直接向商店运输产生的超额运输成本。但无论如何，公司管理层认为，供应商管理库存为公司带来了净收益。[40]

实例 8 - 11

沃尔玛将供应商米德-约翰逊（Mead-Johnson）纳入其供应商管理库存体系之后，效果非常显著。米德-约翰逊获得完整的销售点信息，并对其做出反应，而不是像以前那样对订单做出反应。自计划实施以来，沃尔玛的库存周转率从低于 10 提高到超过 100，而米德-约翰逊的库存周转率则从 12 提高到 52。同样，斯科特纸业（Scott Paper）一直管理着其 25 家客户配送中心的库存。通过这种努力，客户的库存周转率从 19 上升到 35～55，库存水平降低了，服务水平提高了。从先灵葆雅（Schering-Plough Healthcare Products，SPHP）与凯马特在货物物流计划的合作经验中，可以得到这样一个启示：在计划实施的第一年，先灵葆雅的确看到凯马特缺货的情况减少，但销售收入和利润没有实质性的提高，随着坚持继续推行该计划，先灵葆雅最终获得了大量收益。[41]

实例 8 - 12

VF 公司的市场响应系统提供了又一个供应商管理库存的成功案例。这家公司拥有许多知名品牌（如 Wrangler，Lee，the North Face，Nautica），这项计划开始于 1989 年。如今，公司大约 40% 的产品是通过某种类型的自动补货方案进行处理的。这非常了不起，因为该计划包括 350 个不同零售商、40 000 个商店位置，以及超过 1 500 万次的库存补充。每个部门都使用软件来管理巨大的数据流，而且 VF 公司开发了特殊的技术，对这些数据进行分类，以便更容易地管理。VF 公司的计划被视为服装行业最成功的案例之一。[42]

实例 8 - 13

Spartan Stores 是一家杂货连锁店，其供应商管理库存项目开始一年后便终止了。在分析项目的失败原因时，供应商管理库存项目的成功因素得以凸显。其中一个问题是，零售商在订货方面花的时间并不比实施计划前少，因为它们没有充分地信任供应商，并且对于由供应商进行库存管理的那些货物，它们也没有因此而停止严密监控其储存和配送。问题的苗头一出现，零售商就进行干预，而供应商也没有积极努力来减轻零售商的担忧。这些问题不是出在供应商的预测上，而是出在供应商没有能力处理产品促销，但这正是杂货店的关键业务。由于供应商不能恰当解决促销问题，需求高峰时期的配送数量经常少得令人无法接受。另外，Spartan Stores 的管理人员认为，与运作良好的传统供应商方案相比，供应商管理库存项目所实现的存货水平并不低。应该注意到，Spartan Stores 认为，与部分供应商之间的供应商管理库存项目是成功的，这些供应商拥有较好的预测技术。Spartan Stores 准备继续推行连续补货计划，这样，库存水平会自动生成对某些供应商的固定订货批量。[43]

8.5 分销商一体化

多年来，商业专家们一直建议制造商，尤其是工业制造商，对待分销商应该像对待伙伴一样。[44] 通常，这意味着重视分销商的价值以及它们与最终客户之间的关系，并给予它们必要的支持以便取得成功。分销商对客户需要和期望有深入的了解，成功的制造商在开发新产品或者产品线时可以运用这些信息。同样，分销商通常依赖制造商来提供必要的零部件和专业技能。

实例 8 - 14

卡特彼勒的前董事会主席和首席执行官唐纳德·法茨（Donald Fites）将公司最近许多方面的成功归因于经销商。法茨指出，经销商更接近客户，它们能对客户的需求做出更快的响应。它们为购买产品提供融资，并认真地监控、修理以及为产品提供服务。卡特彼勒相信，与其竞争者相比，特别是与日本的大型建筑与采矿设备制造商（如小松（Komatsu）和日立等）相比，经销商网络给公司带来了巨大的竞争优势。[45]

由于客户服务要求出现新的挑战，以及由信息技术去应对这些挑战，人们对分销商的看法正在改变。即使是一个强大而有效的分销商网络也并非总能满足客户需求。库存可能无法满足一个突如其来的订单，或者客户可能需要特定的技术服务，而分销商并不具备该技术技能。

过去，这些问题可以通过增加每个分销商或制造商的库存和人手来解决。现代信息技术带来了第三种选择方案，即整合分销商，使单个分销商的专业技能和库存能够为其他分销商所用。

8.5.1　分销商一体化的类型

分销商一体化（DI）可以用来解决与库存或者服务相关的问题。就库存而言，分销商一体化可以在整个分销网络中产生一个巨大的联合库存，这样可以在提高服务水平的同时，降低总的库存成本。同样，分销商一体化可以将客户需求转给最适合解决此问题的分销商，满足客户特定的技术服务需求。在第 7 章，我们介绍了分销商联合库存的问题，这里我们介绍分销商一体化的其他问题。

正如我们前几章所指出的那样，为了满足非正常的突然订单，以及更快地为维修提供配件，传统上是采取增加库存的办法。在较为成熟的公司中，由于存在风险分担的观念，供应链的前期环节必须持有库存，它们仅在需要的时候才进行配送。而在分销商一体化中，每个分销商都可以查看其他分销商的库存情况，以确定从哪里获得需要的产品或零部件。分销商必须按照契约的规定，在一定条件下按照既定的报酬标准交换零部件。这种安排改善了每个分销商的服务水平，降低了整个系统所需的库存。当然，只有当先进的信息系统使得分销商可以查看其他分销商的库存状况，一体化的物流系统能够以低成本有效地配送零部件时，分销商一体化的这种安排才是有可能的。

实例 8 - 15

美国的机床制造商 Okuma 公司实施了一个分销商一体化系统。Okuma 制造许多昂贵的机床和修理零部件，而鉴于高额的成本，Okuma 在北美和南美的 46 个分销商不可能持有其所有的产品系列。因此，Okuma 要求每个分销商持有最低数量的机床和零部件。Okuma 管理整个系统，使每个机床和零部件在系统中都有库存，或者在公司的两个仓库中，或者在某一个分销商那里。Okumalink 系统让每个分销商在寻找所需零部件时，都能查询仓库中的库存，并与其他分销商进行沟通。一旦找到该零部件，公司确保能够迅速地将零部件配送至需要的分销商那里。公司正计划着升级系统，以便每个分销商对其他分销商持有的库存有全面的了解。系统升级实施后，整个系统的库存成本下降了，因缺货而使经销商出现销售损失的情况减少了，客户满意度也提高了。[46]

同样，分销商一体化也可以提高各分销商的技术能力和快速响应非常规客户需求的能力。在这种联盟中，不同的分销商在不同的领域具备专业技能。客户的特定需求会被传达至在这方面最专业的分销商那里。例如，拥有大约 70 个电器批发分支机构的大型荷兰控股公司 Otra，将一部分分支机构任命为某个领域的卓越中心，如仓库布局和销售点物料。其他分支机构以及客户可以直接通过这些卓越中心来满足特定的需求。[47]

8.5.2 分销商一体化中的问题

实施分销商一体化联盟面临两个主要问题。首先，分销商对参与这种体系的回报可能持怀疑态度。它们会觉得在向不如它们熟练的伙伴提供库存控制的专业技能，一些较大的拥有较多库存的分销商更会这么认为。此外，参与其中的分销商不得不依赖其他分销商，甚至是一些不熟悉的分销商，来帮助自己提供优良的客户服务。

这种新型的关系很可能会使特定分销商无须承担特定责任或者拥有专有技能，这些特定责任或专有技能将集中在几个分销商那里。分销商担心会失去自身的技能和能力，这一点也不奇怪。它解释了为什么建立分销商一体化关系，要求制造商一方投入大量的资源和精力。分销商必须确定这是一个长期的联盟。组织者必须努力在参与方之间建立信任。最后，制造商可能需要提供抵押与担保，来确保分销商的承诺。

实例 8 - 16

荷兰公司 Dunlop-Enerka 为全世界的采矿和制造公司供应输送带。以前，公司在遍布欧洲的经销商处备有大量库存，以此来满足维护和修理的需要。为了减少库存，公司安装了名为 Dunlocomm 的计算机信息系统，来监控每个经销商仓库中的库存量。当需要某个零部件时，经销商可以通过系统来订购该零部件，并安排配送。为了确保经销商的参与，该公司向每个经销商保证 24 小时配送任何一种零部件——如果库存中没有该零部件，公司将专门定制，并在可行的时间范围内进行配送。这种保证打消了经销商的顾虑，经销商采用该系统一段时间以后，整个系统的总库存下降了 20%。[48]

小　结

　　本章分析了可以更有效管理供应链的各种伙伴关系类型。我们一开始讨论了企业为了确保解决供应链相关的特定问题，可以采纳的不同方法，包括内部执行和完全外包。很明显，选择最合适的策略时，要考虑到许多不同的战略和战术问题。我们探讨了一个框架，可以帮助我们选择解决特定物流问题的方法。

　　越来越多的第三方物流供应商接管了企业的某些物流职责。外包物流职能有利也有弊，在做出决定并实施第三方物流合约时，有许多重要方面需要仔细考虑。在零售商-供应商伙伴关系中，供应商管理零售商的部分业务——通常是零售库存——越来越普遍。零售商和供应商之间有一系列的可能关系，从只涉及信息共享的协议到供应商完全控制零售商库存政策。

　　我们考虑了与实施这些关系类型相关的许多问题。最后，我们探讨了另外一种联盟——分销商一体化，制造商协调其分销商（潜在竞争）的工作，以便在各分销商之间创造风险分担的机会，并使不同的分销商在不同的领域发展专业技能。

讨论题

　　1. 假设管理者要制定一项物流战略。请指出下列最优方法用于何种特定情况：
　　（1）利用内部物流能力。
　　（2）收购一家具有该能力的公司。
　　（3）制定战略，雇用特定的供应商来完成战略中规定的部分。
　　（4）制定一项采用第三方物流供应商的战略。
　　2. 为什么第三方物流行业发展得如此迅猛？
　　3. 在本章，我们讨论了零售商-供应商伙伴关系的三种类型：快速响应、连续补货，以及供应商管理库存。对于每种类型来说，在什么情况下比另外两种更好？例如，比较快速响应和连续补货，在什么情况下，一种策略比另一种更可取？
　　4. 考虑一下快速响应的伙伴关系。假设零售商在月初下订单，但是每周将销售点数据传给供应商。制造商的一周生产能力对信息共享的收益有何影响？也就是说，在什么情况下，信息共享的收益最大：高的周生产能力，还是低的周生产能力？供应商应该如何运用从零售商那里得来的一周需求数据？

5. 讨论供应商管理库存中库存所有权归属的各种可能情况。每一种政策的优缺点分别是什么？

6. 回忆实例 8 - 13 中 Spartan Stores 的供应商管理库存计划失败的例子。讨论一下，如果要使得计划成功，公司应该在哪些方面做出改变。

案例

音像复制服务公司*

音像复制服务公司（ADS）是一家从事高密度光盘和盒式磁带复制及配送工作的公司。公司主要的客户——大型唱片公司，要求 ADS 为其复制和配送光盘与盒式磁带。ADS 储存母带，当有客户需要时，便制作一定量的拷贝，并配送至客户的客户，诸如唱片店、沃尔玛及凯马特等商店，以及电路城和百思买这样的电子商店。ADS 是音像复制市场的六大公司之一，在 50 亿美元的市场中，ADS 占 20%，而另外两个最大的竞争对手占有 40% 的市场份额。ADS 的管理层最近尝试理解和供应链相关的一些难题，并努力做出响应。

● 国内的一些大型零售商给 ADS 的客户——唱片公司施加了压力，要求按照供应商管理库存（VMI）协议来管理库存。唱片公司负责确定何时需要向每个门店配送多少唱片、CD 和磁带。为了进行决策，唱片公司将从每个门店获取连续的最新的销售点数据。而且，唱片公司拥有库存的所有权，直到库存售出，零售商才付款给唱片公司。自 ADS 给唱片公司提供复制和配送服务后，唱片公司要求 ADS 辅助其供应商管理库存的物流协议。

● 过去，ADS 向诸多国内大型零售商的配送中心发货，然后零售商给各门店进行配送。现在，零售商鼓励 ADS 直接给各个门店进行配送。当然，这意味着 ADS 的费用将会增加。

● 总体而言，ADS 的运输成本正在上升。现在，ADS 配了一名运输经理，由他在连续装运的基础上，安排不同承运商来送货。也许，可以有更好的方法来管理配送，或者购买运输车队自行运输，或者将整个运输职能外包给第三方公司。或许这两种方法的折中效果最好。

当然，ADS 正面临着更大的问题，例如由于网上音乐制品销售技术的日益流行，音像复制行业将遭遇很大挑战。在任何情况下，每个唱片公司都会定期检查其音像复制服务的合约，因此要获得成功，ADS 的管理者必须有效解决上述问题。

案例问题讨论

1. 为什么 ADS 客户的客户倾向于供应商管理库存？

---

* ADS 是一个虚构的公司。案例中的材料参考了我们从几家公司中获得的经验。

2. 这对 ADS 的业务有何影响？ADS 的管理者如何利用这种情况？

3. ADS 应该如何管理物流？

4. 为什么美国的大型零售商倾向于采用直接运输模式？

案例

史密斯集团

史密斯集团（The Smith Group）是美国的一家生产高质量电动或手动工具的制造商，产品包括电钻、锤子等。史密斯集团是 ATW 公司的主要竞争对手，有关 ATW 公司的情况我们在第 4 章介绍过。类似于 ATW 公司，史密斯集团和分销商以及交易商建立了良好的关系，并且和其主要分销商签订了供应商管理库存协议。

但是史密斯集团的小分销商不具有获得相关电子数据的能力，因而无法执行供应商管理库存。为了克服这一缺点，史密斯集团实施了看板系统，通过这一系统，史密斯集团模仿丰田公司对工厂物流的监管方式。在丰田公司，通过看板系统，生产由需求拉动。史密斯集团同样采用了这种方法，当运送货物的卡车抵达分销商的仓库时，司机收集从分销商已经卖出去的商品上拆卸下来的看板，这为史密斯集团提供了有关客户需求的信息，从而可以利用这些信息对生产和配送过程进行计划。

史密斯集团设计的看板系统并不需要电子数据传送系统，这是一种好用的实现供应商管理库存的策略。

● 这种系统为史密斯集团提供了近似实时的顾客需求信息，同时没有使用电子数据交换系统。

● 通过对史密斯集团的看板系统进行详细分析，发现该系统有效地管理了分销商的库存。众所周知，在定期检查库存的情况下，最优库存策略是基本库存策略。有趣的是，看板系统暗示了库存正是按照基本库存策略进行管理的，从而有效地减少了分销商的库存成本。

● 这个系统使得史密斯集团的生产模式转变为按订单生产，从而在制造中减少了库存成本。实际上，丰田公司设计的看板系统就是应用于拉动模式的生产过程。按订单生产模式使得史密斯集团的供应链成为一个拉动式系统，同时也成为一个更灵活、反应更迅速的供应链系统。

案例问题讨论

1. 史密斯集团执行的看板系统对该集团有什么好处？

2. 解释为什么看板系统暗示了库存是按照基本库存策略管理的。

3. 看板系统如何使史密斯集团的生产模式转变为按订单生产？

4. 史密斯集团使用看板系统可能存在什么风险？

5. 如果看板系统使史密斯集团减少了库存，这会对分销商产生什么影响？

参考文献

第 9 章
采购及外包战略

学习完本章，你应该能够回答以下问题：

- 在供应链中，外包和采购分别起到什么样的作用？对于一个企业来说，外包业务相关的风险和收益分别是什么？
- 决定哪些由公司自己生产、哪些从供应商那里采购的关键是什么？
- 进行外包时，怎样确保零部件供应及时？
- 互联网对采购流程有什么影响？
- 对具体产品而言，公司应当使用什么样的采购战略？是否有一种能帮助企业确定每一种产品应当采用什么样的采购战略的理论框架？做这种决策时，应当考虑哪些问题？

9.1 引 言

20 世纪 90 年代，外包是许多制造企业讨论的焦点，企业认为包括采购、生产和加工在内的任何事情都可以外包。管理者将重点放在了股票价值上，企业面临着提高利润的巨大压力，当然一个"简单"的令利润增加的办法就是通过外包降低成本。实际上，90 年代中期，采购额在企业总体销售额中占的比例升高了不少。1998—2000 年，电子行业的外包率从 15% 上升到 40%。[1]

以运动鞋制造业为例，这是一个需要在技术上不断投资的时尚行业。耐克是一家几乎把所有的生产活动都外包出去的公司，该行业没有一家公司像耐克那样外包，且做得那么成功。根据奎因（Quinn）和希尔默（Hilmer）的观察结果，耐克，这家全球最大的运动鞋生产商将主要的精力一方面放在了产品研发上，另一方面放在了营销、销售和分销上，事实上，这个战略使耐克在 20 世纪 90 年代的年增长率达到了 20%。[2]

思科的成功也很令人惊奇。擅长使用企业网络解决方案的思科使用"全球虚拟制造"战略。公司已经在全球各地建立了制造工厂，同时和当地的主要供应商发展了良好的关系，所以当思科与供应商合作并且工作完成得足够好时，顾客根本看不出供应商制造的产品和思科生产的有什么不同。能实现这个目标的重要工具是思科的企业系统，它是公司所有活动运行的中枢，不但能将客户和员工联系在一起，还能将芯片制造商、零部件分销商、合同生产厂家、物流公司和系统集成联系在一起。这样，所有参与的成员就像在一个公司运作一样，因为它们都使用相同的网络数据资源。所有供应商都能看到相同的需求，而不像以前那样需要自己根据从供应链的多个节点上收集到的信息做出预测。思科还建立了一个动态补货系统来帮助供应商降低库存。思科在 1999 年的平均周转率是 10 次，而公司的几个竞争对手的平均水平只有 4 次。一般产品的库存周转率还要高，大约能达到每年25～35 次。

苹果电脑也将其大部分生产活动外包了出去。事实上，公司差不多外包了70% 的零部件，包括打印机在内的主要产品。

最近几年，美国和欧洲的公司不仅外包制造活动，还逐渐将产品设计外包。

为什么这么多高科技公司将生产甚至是创新外包给亚洲的公司呢？这里面存在什么风险？是不是外包战略取决于产品特性，例如产品更新速度？如果是，那是怎么取决于产品特性的？

为了回答这些问题，我们首先讨论一下采购/制造决策过程。我们将分别列出外包的相关优势和风险，并为最优化采购/制造决策提供一个框架。

在给出这个框架之后，我们会讨论有效的采购战略。在同一个公司内，不同产品的采购战略会不同，这取决于产品和市场的特性。我们给出一个选择正确采购战略的框架，这个框架说明企业的采购战略与外包战略是紧密联系的。

最后，我们讨论采购过程本身，采购过程对许多企业而言，是个费用很高的过程。从 1995 年第一个在线市场成立起，采购就因为独立（常指公开的）、内部和基于联盟的电子市场的出现而发生了巨大的变化。这些发展为采购者带来了机遇和挑战。

9.2　外包的好处和风险

整个 20 世纪 90 年代，战略外包，即把关键零部件的生产进行外包，是一个快速降低成本的有效工具。在拉肯纳（Lakenan）、博伊德（Boyd）和弗雷（Frey）[3]最近的研究中，我们了解到有 8 家主要的合同设备生产商（CEM）——旭电

（Solectron）、伟创力（Flextronics）、SCI 系统（SCI System）、捷普科技（Jabil Circuit）、天弘（Celestica）、ACT 制造（ACT Manufacturing）、品仕（Plexus）和新美亚（Sanmina）——是戴尔、马可尼（Marconi）、NEC 计算机、北电网络（Nortel）和硅图公司（Silicon Graphics）的主要供应商。这 8 家合同设备生产商的总收入在 1996—2000 年翻了 4 倍，而资本支出翻了 11 倍。[4]

企业外包的主要动因如下[5]：

● 规模经济。进行外包的一个重要目标是，通过将许多不同购买者的订单集合起来获得规模效益，从而降低生产成本。确实，这种集合使供应商在采购和生产过程中充分利用了规模经济的优势。

● 风险分担。外包可能将需求的不确定性转嫁给合同生产商。合同生产商的优势在于，能将来自不同采购者的需求进行集成，从而通过风险分担的机制，降低需求的不确定性。这样合同生产商就能够在保证甚至提高服务水平的同时降低零部件库存。

● 降低资本投入。进行外包的另一个重要原因是它能将除需求不确定性以外的资本投入也转嫁给合同生产商。当然，合同生产商会进行这种投资的原因是，能在几家客户之间分摊这部分费用。

● 专注于核心竞争力。通过认真地选择外包内容，采购方能够专注于企业核心能力的提高，即区别于竞争对手并能被用户识别的特殊资源、技能和知识结构。例如，耐克就将重点放在创新、营销、分销和销售，而不是生产上。[6]

● 提高柔性。在这里我们说明三个方面：（1）能更好地应对消费者需求变化的能力；（2）利用供应商的技术特长，缩短产品开发周期的能力；（3）获得新技术和创新能力。这三个方面对技术更新非常频繁的行业而言是成功的关键，例如高科技行业，或者生命周期短的产品（如时尚产品）。

与这些收益同时出现的是新的和相当高的风险，下面的案例说明了 IBM 是如何从外包中获益和受损的。

实例 9-1

当 IBM 在 1981 年底决定进入个人电脑（PC）市场时，公司并不具备设计和制造电脑的基本设施。IBM 并没有花费时间来培养这些能力，而是将几乎所有主要的电脑零部件外包出去。例如，微处理器由英特尔设计和制造，操作系统由西雅图当时一家名为微软的小公司提供。由于运用其他公司的专业技能和资源，IBM 得以在开始设计的 15 个月之内就将自己的电脑投放市场。不仅如此，IBM 在 3 年内取代苹果电脑成为个人电脑的最大供应商。到 1985 年，IBM 的市场份额超过了 40%。然而，IBM 的战略失误很快暴露出来，因为竞争对手康柏公司采用了和 IBM 同样的供应商进入市场。而且，当 IBM 引进以新的所有权设计和名为 OS/2 的操作系统为特色的 PS/2 电脑生产线并试图因此而重新控制市场时，其他公司没有跟随其步伐，原有的个人电脑框架在市场上仍然占有主导地位。1995 年底，

IBM 的市场份额降为不到 8%，落后于市场领头羊康柏公司近 10 个百分点。[7]

同样，外包最终也给思科带来了问题。

实例 9 - 2

2000 年，思科被迫宣布对其过期库存计提 22 亿美元的减值准备，8 500 名员工被解雇，原因是思科无法对电信基础设施市场需求的显著下降采取有效的应对措施。有趣的是，其他小公司却发现了将要到来的需求下滑，并在几个月前就调低了销售预期，同时减少了库存。思科的问题来自它的全球制造网络，这个网络导致了重要零部件有很长的供货提前期。于是思科决定保持这些零部件库存，而这些库存是在很久之前订货的，这导致了思科巨额的存货贬值。[8]

IBM 个人电脑以及思科的例子，让我们认识到外包战略中存在着两种巨大的风险，它们是[9]：

● 失去竞争性的知识。将关键零部件外包出去，可能会给竞争对手以可乘之机（如 IBM）。同样，外包也意味着公司将失去根据自己而不是供应商的时间表引入新技术的能力。最后，将不同零部件的生产外包给不同的供应商，也许会阻碍新的想法、创新和需要跨职能团队实现的解决方案的开发。[10]

● 冲突的目标。供应商和采购方之间往往具有不同且冲突的目标。例如，当采购方将不同零部件的生产外包出去的时候，希望达到提高灵活性的目标，这要求具备能根据需要调整产品结构以更好地达到供需平衡的能力。遗憾的是，这个目标恰恰与供应商所希望达到的"长期、稳定和购买者能平稳订货的目标"相矛盾。确实，这是供应商和采购方之间存在的很重要的不同，供应商的边际利润相对较低，因此会致力于降低成本而不是提高灵活性。在经济景气需求高时，这种冲突可以通过采购方与供应商达成长期协议，按合同采购最小批量的做法来解决（如思科的案例）。但当需求下降时，这种长期协议无疑会使采购方承担巨大的风险。[11]同样，产品设计也会受到供应商与采购方企业目标冲突的影响。另外，坚持提高灵活性的采购方希望尽快解决设计问题，而供应商总把目光放在降低成本上，使得响应设计变化的速度非常慢。

9.3　采购/自制决策框架

企业应当如何确定哪些零部件由自己生产，哪些零部件外包呢？通常，咨询师和供应链专家建议要专注于核心竞争力，但企业怎样确定哪些是核心的，应当由自己来完成；哪些是非核心的，可以从外包供应商那里采购呢？

下面我们介绍由法恩（Fine）和惠特尼（Whitney）提出的一套评价框架。[12]为了引出这个框架，他们将外包的原因划分为两大类：

- 基于生产能力。在这种情况下，企业具备生产该零部件的知识和技能，但由于各种原因决定外包。
- 基于知识。在这种情况下，公司不具备生产零部件的人力、技能和知识，外包是为了获取这些能力。当然，公司必须具备能够评价客户需求的能力和知识，并能将它转换成零部件所需的关键要求和特征。

为了说明这两个概念，法恩和惠特尼以丰田公司的外包决策为例。作为一家成功的日本汽车制造企业，丰田公司设计和制造了 30% 的汽车零部件，具体细节如下：

- 丰田公司具备生产发动机的能力和知识，100% 的发动机都是公司自己生产的。
- 对传动装置而言，公司具有设计和生产全部零部件的知识，却依靠供应商的生产能力，因为 70% 的零部件生产已经外包出去。
- 汽车电子系统完全由丰田公司的供应商设计并生产。这样，公司就在能力和知识两方面都依赖外部力量。

法恩和惠特尼观察到，"丰田公司根据零部件和子系统的战略角色来决定它的外包战略"。零部件的战略地位越高，知识和能力依赖性就越小。这就使我们认识到，在考虑需要外包什么时，要对产品结构有更深入的理解。

为了这个目的，根据乌尔里克（Ulrich）[13]和斯瓦米纳坦（Swaminathan）[14]所说的，我们要能区分模块化产品和整体化产品。模块化产品由不同的零部件组装而成。个人电脑就是模块化产品最好的例子，顾客可以自由确定内存和硬盘的大小、显示器、软件等。另外，被经常引用的例子是家用双声道音响设备和高级自行车。

整体化产品是由一系列功能紧密联系的零部件组装而成的。所以：

- 整体化产品不是根据独立零部件生产出来的。
- 整体化产品是用统一的、从上到下的设计方法，按系统进行设计的。
- 对整体化产品的评价，应当建立在整个系统的基础上，而不能单独对某一零部件进行评价。
- 整体化产品的零部件功能具有多样性。

当然，在现实生活中，只有很少的产品是单纯的模块化或整体化。事实上，产品模块化或整体化的程度是不同的。模块化特征最典型的例子是个人计算机，被称为高模块化产品，与此相反的是飞机，被称为高整体化产品。例如，汽车既有模块化零部件，如音响或其他电子设备，又有许多整体化零部件，如发动机等。

表 9-1 给出的就是由法恩[15]和法恩及惠特尼[16]提出的用于采购/制造决策的一个简单框架。

表 9-1　采购/制造决策框架

产品	依赖知识和能力	不依赖知识但依赖能力	不依赖知识和能力
模块化	外包有风险	外包是一个机会	外包有降低成本的机会
整体化	外包风险非常大	可以选择外包	自己生产

这个框架同时考虑了模块化和整体化产品及企业对知识和能力的依赖程度。对模块化产品来说，不论企业自己有没有能力，获取有关产品的知识都是更重要的。例如，对一家个人电脑生产商来说，应当了解不同零部件的设计特性。如果企业具备了这种知识，将生产过程外包出去就能降低成本。如果企业既没有相关知识也不具备能力，那么外包就是一个比较危险的战略，因为由供应商开发的这种知识可能会转移到竞争对手的产品中去。对整体化产品来说，只要有可能就应当同时掌握产品的知识和能力，企业在自己的厂房生产这种产品是最好的选择。但是，如果企业这两者都不具备，那可能是因为进入了一个错误的领域。

上文给出了关于是采购还是自己制造的总体决策框架，但是这个框架无法回答零部件采购战略层面的问题，也就是说，一个公司如何决定某个特定的零部件是自己制造，还是从外面采购。法恩等人[17]考虑了这个问题，他们提出了分层模型，这个模型包括五个标准：

1. 该零部件对客户的重要性。
2. 零部件的更新速度。
3. 竞争优势。
4. 可利用的供应商。
5. 结构化。

根据这些标准，决策可能是：采购、自己生产、获取生产能力、与供应商建立战略合作伙伴关系、帮助供应商建立能力。例如：

- 在零部件对客户非常重要（第 1 条标准）、产品更新速度快（第 2 条标准）、公司具有竞争优势（第 3 条标准）的情况下，自己生产是合适的，而该决策与供应商的数量（第 4 条标准）以及产品结构化（第 5 条标准）无关。

- 在零部件对客户不重要、产品更新速度慢、公司不具有竞争优势的情况下，外包是合适的，这与供应商的数量以及产品结构化无关。

- 在零部件对客户重要、产品更新速度快、公司不具有竞争优势的情况下，公司可能采取的战略包括：自己生产、获取供应商的生产能力、与供应商建立战略合作伙伴关系，这取决于市场上供应商的数量。

- 最后，在零部件对客户重要、产品更新速度慢、公司不具有竞争优势的情况下，公司的决策取决于产品的结构。当产品的结构是模块化时，外包是合适的；当系统是一个难以分割的整体时，和供应商一起进行研发，甚至是自己研发，这些都是合理的选择。

9.4　采购战略

以前，采购被认为是一个无关紧要的职能，为企业带来的价值很低。但是，目前采购已经作为一个重要的竞争武器，其重要性足以将成功的企业与行业中其他企业区别开来。根据一项调查，在电子产品行业，最优秀的公司相比效益最差的公司，利润率高出 19 个百分点，其中 13 个百分点归功于较低的销售成本。在这个行业，60%～70%的销售成本是产品和服务的采购成本。[18]

为了更好地理解采购对企业绩效的重要性，我们可以看一下三个不同行业中的企业的利润率。2005 年，辉瑞公司（Pfizer）的利润率是 24%，戴尔的利润率是 5%，波音的利润率是 2.8%。采购成本每降低 1%都可以直接对净利润产生 1%的贡献。如果通过提高销售收入来达到提高 1%净利润的结果，辉瑞需要提高销售收入 4.17%（0.01/0.24），戴尔需提高销售收入 20%，而波音需提高 35.7%。结果是非常清楚的：利润率越低，降低采购成本的重要性就越大。

实例 9-3

2001 年，通用汽车的销售收入是 1 773 亿美元，每年花费在零部件上的成本是 1 438 亿美元，利润率是 0.3%。每年花费的成本只要减少 0.5%，就可以增加利润 7.2 亿美元。如果通用汽车通过增加销售收入来达到同样的利润增加效果，就必须增加销售收入 2 400 亿美元，这是一项无法完成的任务。[19]

上例说明了有效的采购战略对利润的影响。合理的采购战略，取决于企业采购产品的类型和风险以及不确定性的水平。在汽车行业，电子系统的采购战略，明显应该和传动系统以及模具设备的采购战略有所不同。这些项目具有不同的特性，比如风险的大小、技术、可以利用的能力、需要的初始投资、物流要求等。

那么，企业应该怎样制定自己有效的采购战略呢？为实现成功的采购职能，我们需要什么能力呢？什么是成功的采购战略的驱动力？企业如何在不增加风险的情况下，保证连续的原材料供应？

克拉利奇（Kraljic）在其论文《采购必须变成供应管理》（Purchasing Must Become Supply Management）中首次认真地回答了这些问题。他说，企业供应战略应该取决于两个维度：（1）利润的影响；（2）供应风险。根据该框架，供应风险"可以通过供应商可依赖程度、供应商的数量、相关需求、制造—采购机会、储存风险和替代机会进行评估"。另外，利润的影响"可以通过采购数量、采购成本、对产品质量的影响以及业务增长来决定"。[20]

根据这两个维度，克拉利奇给出了供应矩阵，如图 9-1 所示，横轴表示对利润的影响，纵轴代表供应风险，这两个轴定义了四个象限。

右上角的象限表示战略项目，该项目的供应风险和对利润的影响都很高，比如汽车引擎和传动系统。这些项目既对顾客的使用感受有很大的影响，又是系统成本的很大一部分。同时这些项目的供应商往往是唯一的。[21]显然，最适合的方法是和供应商建立长期的合作伙伴关系。

右下角的象限表示的项目对利润有较大的影响，但是具有较小的供应风险，对于这种项目，克拉利奇称其为杠杆项目。这种项目有很多供应商，并且每百分比成本节约都能够给利润率带来很大的影响。[22]因此，合理的采购方法可以是让供应商进行竞争以降低成本。

图 9-1　克拉利奇的供应矩阵

左上象限表示的项目具有较大的供应风险，但是对利润的影响比较小，我们可以将它们称为瓶颈项目。这些项目不会对制造成本产生较大的影响，但是它们的供应风险较大。所以和杠杆项目不同，在这些项目中供应商有更大的话语权。[23]对瓶颈项目来说，保证持续供应是重要的，这可以通过和供应商制定长期采购合同或者拥有库存的方法来实现。

最后，对于非重要项目，我们的目标是尽可能简化，甚至是自动化其采购过程。对于这类项目，可以通过授予相关员工一定的权限，让他们可以直接订购，而不需要通过正规的订货和审批程序。[24]

以上供应矩阵的含义是很清楚的。每个象限对应着不同的采购战略。比如，长期合同可能更适合瓶颈项目，以保证其持续供应。实时购买或者允许员工在批准的权限内自行采购，可能更适合于非重要项目。战略项目的采购权限应该集中于最高管理层，采购决定可能需要分析技术（第 3 章）、供应合同（第 4 章）、战略联盟（第 8 章）和降低风险（第 13 章）的结合。

供应商足迹

在过去几十年中，很多行业改变了供应战略。20 世纪 80 年代，美国汽车制造商选择的供应商集中在美国和德国，这种情况在 90 年代发生了改变，越来越多的供应商集中在墨西哥、西班牙、葡萄牙。原始设备制造商的出现再次改变了供应商的足迹，很多供应商转移到了中国。类似的趋势同样出现在高科技行业。80 年代，美国的高科技公司一般在美国本土采购，到了 90 年代，转移到了新加坡、马来西亚，而最近则转移到了中国。

因此，有必要研究决定供应商足迹的分析框架。直觉上，这种战略应该取决于购买产品的类型、预测能力、产品对利润的影响、技术、产品更新换代的速度等。

我们首先讨论一下功能性产品和创新性产品的概念，相关概念由马歇尔·费希尔（Marshall Fisher）在《什么样的供应链适合你的产品？》中提出。[25] 表 9 - 2 描述了这两类产品的主要特点。

表 9 - 2　功能性产品和创新性产品的特点

	功能性产品	创新性产品
产品更新换代速度	慢	快
需求特性	可以预测	难以预测
利润率	低	高
产品种类	少	多
平均预测误差	低	高
平均缺货率	低	高

正如上表所示，功能性产品技术更新速度较慢、需求可预测、利润率较低。典型的例子包括纸尿裤、汤料、牛奶、轮胎。创新性产品，比如时尚商品、化妆品、高科技产品，则具有产品更新速度较快、需求难以预测和利润率较高等特点。

费希尔指出，对于这两类产品，供应链策略是截然不同的。从我们在第 6 章的讨论可以清楚地看出，对于功能性产品来说，合适的供应链策略是推动式策略，这种策略注重效率、成本最低和供应链可计划性。对于创新性产品来说，由于其具有更新速度较快、需求难以预测和利润率较高等特点，更适合的供应链策略是拉动式策略，这种策略注重反应速度、最大化服务水平以及订单履行水平（见第 6 章和表 6 - 2）。

不同的供应链策略对采购的要求是不同的。当一个公司，比如一家零售商，采购功能性产品时，目标应该聚焦于减少总成本，也就是说，减少采购成本以及将货物送到最终目的地的物流成本。这些成本包括：

- 单位货物成本。
- 运输成本。
- 库存持有成本。
- 搬运成本。
- 税费。
- 财务成本。

采购创新性产品时，减少总成本的采购战略可能是一个错误的战略。由于该类产品具有技术更新速度较快、需求难以预测和利润率较高等特点，采购重点应该放在缩短提前期和提高供应柔性方面。

因此，当零售商或者分销商采购功能性产品的时候，往往从低成本国家或地区采购。当采购创新性产品时，重点考虑的供应商应该集中于销售地附近。当然，可以通过空运达到缩短提前期的目的，不过在这种情况下，应该在单位采购成本和运输成本两者中进行权衡。

到目前为止，我们的分析主要聚焦在成品的采购，这对于零售商、分销商以及原始设备制造商来说都是适用的，因为这些企业可以将所有的制造活动外包给制造商。但是如果采购的是零部件，那么采购战略又如何确定呢？

为了回答这个问题，我们结合了克拉利奇的供应矩阵和费希尔的框架。费希尔的框架侧重于需求方面，而克拉利奇的重点放在供应方面。我们的分析框架包括四个标准：

- 零部件预测的准确性。
- 零部件的供应风险。
- 零部件对财务的影响。
- 零部件的更新换代速度。

我们需要讨论的是零部件的预测准确性。注意，零部件预测的准确性不一定和成品预测的准确性一致。比如，如果很多成品都用到某种零部件，那么根据第 2 章讨论的风险分担概念，在零部件的层次上可以达到更高的预测准确性。

根据这些标准，采购战略的重点可以包括降低总成本、缩短提前期、增加柔性。比如，当零部件预测准确性较高、供应风险较小、对财务的影响较大、更新换代的速度较慢时，基于成本的采购战略可能是合适的。也就是说，在这种情况下，减少总成本应该是采购战略的重点。这说明了应该从低成本国家采购。

相反，当零部件预测准确性较低、财务风险较大、产品更新较快时，采购战略则应注重缩短提前期。另外，如果供应风险大，那么双源采购、柔性化、缩短提前期是采购战略的重点。当然，我们并不清楚达到所有这些目的的具体方案。可以考虑使用第 4 章的组合方法，这种方法结合了长期合同（通过拥有库存缩短提前期）、期权合同（柔性）、现货市场（多个供应源）。具体的例子如下。

实例 9-4

2000 年，惠普公司面临重要的挑战。市场上对闪存的需求呈指数化增长，闪存的价格和供应充满了不确定性。再加上惠普对闪存的需求也具有不确定性，产生了巨大的财务和供应风险。特别需要注意的是，如果惠普决定购买大量的库存，那么它将暴露在巨大的财务风险之中，这种财务风险是过时成本造成的。但是，如果没有足够的供应，那么惠普将暴露在供应风险和财务风险之中，因为在闪存缺货的时期，从现货市场采购往往需要支付高昂的费用。惠普采用的是组合战略，同时使用了固定合同、期权合同和现货采购的方法。[26]

图 9-2 总结了上面讨论的框架，提供了一个评估零部件采购战略的定性方法。为说明这个框架，考虑汽车行业采购座椅的例子：汽车座椅预测准确性较高，有很多的座椅供应商，所以供应风险较小，但是对利润的影响较大，技术更新速度较慢。供应风险和对利润的影响水平说明了座椅属于杠杆项目种类。由于座椅具有较高的预测准确性和较低的产品更新速度，可以使用基于成本最低的采购战略。

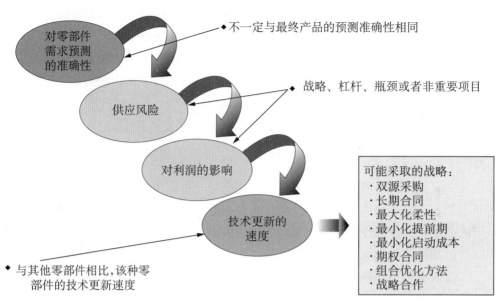

图 9-2 评估零部件采购战略的一种定性方法

9.5 电子采购

20 世纪 90 年代中末期，B2B 被看作会深入影响供应链绩效的一种采购趋势。1998—2000 年，从化工冶金到日用百货甚至人力资源等几十个行业建立了数以百计的电子市场。这些市场承诺能同时帮助采购方和供应商降低采购成本并实现无纸化交易。确实，Ariba 和 CommerceOne 等公司通过采用可以自动化订货过程的电子采购软件，实现了每单采购成本的降低，大约从以前的 150 美元/单降到 5 美元/单左右。[27]

为了更好地理解为什么制造商和供应商都对提高供应链绩效的电子采购模式寄予极高的期望，我们有必要了解 90 年代中期的市场环境。在那个时期，很多制造商都拼命想把采购功能外包出去，因为这个过程相当复杂，需要相当的经验而且成本极高。当时，B2B 交易占了经济的很大一部分（远超过 B2C 交易），而且 B2B 市场相当分散，在同一个市场上有大量的供应商提供同样的产品，且竞争激烈。

当然，分散的市场既能提供机会，也会有挑战。事实上，采购方企业意识到如果能让提供相同产品的供应商竞争的话，就能大幅降低采购成本。然而，为了实现这样的低成本，采购方必须有熟悉采购过程的专家，但往往没有这样的人才。

就是在这种环境下出现了一些独立的电子市场，有的能够提供纵向的产品系列，有的希望在横向的业务或功能上有所作为。如 FreeMarkets 公司和 VerticalNet 公司不仅能为客户提供采购专家，而且能促使大量供应商之间的竞争。一般这些电子市场能为客户提供的价值有：

- 作为采购方和供应商联系的媒介。

- 寻找节约的机会。
- 增加参与投标项目的供应商数量。
- 寻找、认证并为供应商提供支持。
- 指导投标活动。

这样，1996—1999 年，这些公司关注的焦点是降低采购成本。事实上，根据行业的不同，这些电子市场为客户创造了几个到 40 个百分点的采购成本节约，平均节约水平为 15％。很明显，如果采购方企业重点放在现货市场采购，或者采购的商品是杠杆项目商品（参考克拉利奇的供应矩阵），并且与供应商的长期关系并不重要的话，这种商业模式是有效的。但是，如果与供应商的长期关系相当重要，那么通过网上投标来选择供应商是有风险的。

问题是，电子市场能为供应商提供的价值还不太清楚。显然，电子市场能让相对较小的供应商扩展业务范围，并与以前无法接触的采购方企业搭上关系。电子市场让供应商，尤其是分散行业的供应商，可以进入某种特定产品的现货市场，采购方到这个市场中来并不是为了建立长期的合作关系，而仅仅是寻找质量还过得去但价格较低的产品。同样，这些市场也允许供应商降低营销和销售成本，从而提高产品价格的竞争力。最终，电子市场能帮助供应商更好地利用现有生产能力和库存。这时候就有一个问题产生了，所有的这些好处是否能够弥补平均 15％甚至高达 40％的收入损失呢？同时，我们不知道供应商对仅仅在价格上竞争是否觉得舒服。这样，供应商，尤其是有一定品牌知名度的供应商可能会拒绝在网上销售它们的产品。

电子市场本身的情况又如何呢？它们如何创造收入？最初，一些市场向采购方、供应商或双方征收交易费用，这个费用按采购方支付的产品价格的某个百分比计算，从 1％到 5％不等。[28]但正如克里根（Kerrigan）等人[29]指出的，这种费用为市场创造者带来了一些麻烦，因为：

1. 供应商拒绝给那些主要目标是降低采购价格的公司付费。

2. 收入模型应当足够灵活，这样就可以向更有动力进行这笔交易的人收费。例如，当需求大于供给时，采购方就比供应商更有积极性进行这笔交易，这时交易费用就应当由采购方支付。

3. 采购方常常会拒绝在采购价格之外再付其他费用。

最后，较低的进入门槛也使得分散行业的电子市场供应商泛滥成灾。例如，仅仅在一个化工品行业里就有大约 30 个电子市场，有 CheMatch，e-Chemicals，ChemB2B. com，ChemCross，One Chem，ChemicalDesk，ChemRound，Chemdex等。[30]低利润率和无法实现规模扩张的事实，使得这个行业必须要进行变革。

这些问题的出现，促使电子市场商务模式进行不断的更新。首先，要改变对一些交易的收费模式。目前，一些电子市场提出了两种新的收费模式，即注册费和订阅费。前者是指市场开拓者首先要将它的软件进行特许经营，获得特许的交易公司就能自动进入市场进行交易。后者是指电子市场根据会员公司的规模、使用系统的人数和采购订单数征收会员费。[31]

同时，许多电子市场已完成了对自身价值模式的改变。最开始，价值创造的核心是将采购方和供应商联系起来，并实现更低的采购价格。最近几年，则出现了四种新的营销模式：

增值的独立（公共）电子市场 独立的电子市场将价值创造点扩展到为客户提供增值服务上，如进行库存管理、供应链计划、金融服务等。[32] 例如，Instill. com 就致力于食品服务行业，为餐厅、分销和制造等的从业者提供交流的场所。这个电子市场不但为客户提供采购服务，还向客户提供预测、合作和补货工具。

再如，Pefa. com 服务于欧洲鲜鱼市场，为顾客提供进入"大量独立的鲜鱼拍卖市场"的接口，为顾客提供的好处包括：

- 提供了欧洲许多港口可视化的价格信息。
- 提供产品质量信息。

专用电子市场 在过去的几年里，许多公司建立了自己的私人电子市场，允许进行反向拍卖和在线供应商谈判。在反向拍卖中，供应商提交投标，买方通常根据成本选择中标供应商。在很多情况下，专用电子市场可以使企业将整个企业的采购进行整合。例如，赛百味（Subway）餐厅就赋予了在 70 多个国家的 1.6 万名员工使用公司专用电子市场的权限，允许不同的餐厅从 100 多家供应商那里进行采购。以摩托罗拉为例，该公司使用了供应商谈判软件来完成投标、谈判和采购战略选择的操作。自 2002 年应用 Emptoris 软件公司的技术后，已有超过 1 000 家摩托罗拉的供应商使用了新的采购系统。[33]

行业电子市场 行业电子市场与公共电子市场很相似，只是它是由同一行业的许多家公司共同建立的。这样的例子包括汽车工业的 Covisint（见实例 9 - 5）、航空工业的 Exostar、石油工业的 Trade-Ranger 以及电子工业的 Converge 和 E2Open 等。成立这些行业电子市场的目的，不仅是集合采购活动并利用行业协会成员的采购能力，更重要的是，可以为供应商提供一个支持全行业采购者的标准化系统，从而使供应商降低成本并更加高效。有趣的是，在最近三年内，很多行业电子市场退出了拍卖业务，比如，Converge 和 E2Open 更加聚焦于可以协调交易伙伴的技术，为供应商和采购商提供安全的交易环境。

目录产品市场 目录产品市场可以分为两类：第一类是专门经营保养、维修和操作（MRO）产品的电子市场；第二类是专门经营行业特殊产品的电子市场。顾客思义，目录产品市场的重点是产品目录，它是由不同行业供应商的产品目录组合而成的。为了实现规模效益并提高效率，这种电子市场将众多供应商的产品目录进行综合，并提供进行查找和比较供应商产品的有效工具。例如，Aspect Development（现在是 i2 公司的一部分）就专门提供与 CAD 系统有关的各种电子零部件的产品目录。

为了区分专用电子商场和行业电子市场，我们看一个汽车工业的例子。

实例 9 - 5

Covisint 在 2000 年初由底特律的三家大型汽车生产商成立。后来，雷诺、三菱和标致公司也加入了这个电子市场。有趣的是，并非所有汽车制造商都加入进来，例如，为了发展自己的供应商和生产流程，大众就成立了自己的专用电子市场VWgroupsupply.com。大众的电子市场不仅具备和 Covisint 相同的功能，还能够不定期为供应商提供有关产品计划的实时信息，以便供应商能够更好地利用自己的生产能力和其他资源。在这两种情况下，电子市场成立的目的都不是降低采购成本，而是改善供应链流程并提高供应链的效率。例如，这两个电子市场都集成了产品设计功能，这样如果汽车制造商的工程师要改变某一个零部件的设计，相关的供应商就会参与到这个过程中来，从而对这种改变做出快速反应，缩短周期并有效地降低成本。当然，Covisint 所面临的最大挑战是竞争性的汽车制造商是否愿意将最敏感的采购标准和过程与大家分享。[34]类似地，我们不清楚一级供应商是否接受这个系统，因为它们支付给自己供应商的价格信息可能被泄露。到 2003 年底，Covisint 将自己的拍卖业务卖给了 FreeMarket。今天，Covisint 专攻两个领域：汽车和保健。在这两个领域，Covisint 把重点都放在加强厂商之间的协调和提高决策效率上。

这些问题不仅存在于汽车行业，下面这个电子行业的例子也说明了这一点。

实例 9-6

天弘（Celestica）和旭电（Solectron）两家公司是具有相同产品和目标客户群的竞争对手，但有不同的采购战略。1999 年，天弘为其 1 万家供应商建立了一个专用电子市场。公司利用这个电子市场向其供应商提供产品信息，从客户那里得到的需求信息会很快通过这个市场传到供应商那里，这样，天弘供应链的前端——供应商的生产活动，就能很快地和供应链的后端——客户需求紧密地联系起来。与天弘不同，旭电使用的是公共电子市场。根据首席信息官巴德·马塔伊塞尔（Bud Mathaisel）的说法，如果要为它的 8 000 家供应商建立一个专用电子市场的话，要花费超过 8 000 万美元。在公共电子市场上，旭电可以充分利用标准信息和标准业务流程的优点并获得成本的降低。[35]

小　结

本章中，我们分别讨论了外包和采购战略。由于外包同时具有风险和收益，我们分析了一个进行采购/自制决策的框架模型。这种决策是根据零部件是模块化还是整体化，以及企业自身是否具有专门技术和生产能力来生产特定的零部件和产品进行的。当然，对于某个零部件的决策取决于一系列标准，包括该零部件对客户的重要性、零部件的更新速度、竞争优势、可利用的供应商和结构化。

类似地，针对不同的零部件，采购战略也有所不同。我们确定了四类零部件：

战略类、杠杆类、瓶颈类和非重要类，并说明了相关的采购战略。另外，我们说明了在选择供应商时，四个重要的考虑因素：零部件预测的准确性、零部件的供应风险、零部件对财务的影响以及零部件的更新换代速度。

讨论题

1. 根据 9.3 节的内容，讨论产品生命周期对采购/自制框架模型的影响。

2. 应用 9.3 节的分层模型，讨论 20 世纪 80 年代早期 IBM 将个人电脑微处理器的生产外包给英特尔的案例。

3. 考虑消费品制造商（比如宝洁）的外包策略。分析企业是否应该将产品（比如洗发水）的制造外包。你的意见是否和制造商（宝洁公司）的做法一致？如果不一致，请解释原因。

4. 讨论具有较低的顾客重要性、较快的产品更新速度、没有竞争优势的零部件的采购战略。

5. 应用克拉利奇的供应矩阵，讨论思科的虚拟制造战略。

6. 举出克拉利奇的供应矩阵中的杠杆类、瓶颈类、非重要类产品的例子。

7. 分析零部件的采购战略和产品生命周期的关系，尤其是产品处在成长期、成熟期、结束期的采购战略。

8. 比尔·波克（Bill Paulk），IBM 的电子市场部副总裁说："1993 年以来，IBM 通过为 2.5 万个供应商和客户提供专用交易平台，交换敏感的价格和库存信息，已经实现了 17 亿美元的节约。"作为这个交易平台的拥有方，公司需要为连接供应商承担费用。回报是：给客户的一次性送货从 50% 激增到了近 90%。"这帮助我们调整了成本。"波克说。1999 年，IBM 又投资建成了 E2Open，这是一个电子行业的行业化电子交易平台。你认为为什么 IBM 同时需要专用交易平台和行业电子市场。

9. 投标游戏作为课堂练习，提供了一个体验采购拍卖的平台，这个平台允许参与者扮演一个采购方和多个供应商的角色。供应商在供应价格和柔性上进行竞争，而采购方则与一个或多个供应商签订合同，以实现期望利润的最大化。这个游戏说明了合同组合的重要性以及供应商在多个方面进行竞争的影响。

该游戏的 Excel 版本由 Victor Martinez-de-Albeniz 和 David Simchi-Levi 开发，灵感来源：Martinez de Albeniz, V. and D. Simchi-Levi（2009），Competition in the Supply Option Market. *Operations Research*，57 pp. 1082 - 1097.

游戏的情景设置

一个采购商需要为其某件产品外购某一零部件，我们假设这个零部件的成本是构成采购商成本的唯一因素。一旦最终产品制造完成，就以价格 p 卖给顾客。

然而，在计划/外包阶段，产品以及产品所需零部件的需求数量都是未知的。

因此，买方只能根据需求分布的某些信息来做出购买零部件的决策。

为了达到采购商对供应柔性的要求，拍卖按照如下的形式进行。每个供应商的投标都将包含两个参数：

- 单位预订费用，或称保证金，即采购商每预订一个单位的零部件需要向供应商支付的费用。
- 单位执行费用，或称结算费用，即当需求确定之后，采购商每采购一个零部件需要向供应商支付的费用。

当每个参与投标的供应商确定标书之后，采购商可以向供应商预订一定的生产能力。一段时间之后，确定了对产品的实际需求，采购商则向采购组合中的供应商采购所需的零部件来制造产品以满足需求。当然，采购商会从结算费用最低的供应商处开始采购，逐步向结算费用更高的供应商采购。

这个游戏模拟了拍卖投标过程。教师扮演买方，学生扮演供应商。在给出拍卖方案时，采购商需要明确：

- 供应商的数量：游戏的 Excel 电子表格版本需要 7 名玩家。
- 将进行的回合数：Excel 版本允许进行多个回合。

我们将销售价格标准化为 $p = 100$，并选择每个供应商的成本参数，以使每个供应商都有机会获得一些利润。

挑战

在这些参数的基础上，每组学生都面临一个问题，即确定投标预订价格 r 和执行价格 e。为此，他们可以使用模拟器测试可能的盈利状况，即预期利润（通过模拟器按照每个供应商的成本参数和需求分布来计算）。这一阶段的主要困难是，每个供应商都不知道其他供应商的投标情况。在任何情况下，供应商都可以使用之前的投标和成本参数等信息来帮助做出本轮的投标决策。一旦游戏小组确定，供应商就可以向采购商提交标书。当前一轮的投标结束以后，所有供应商的标书都予以公开，并进行下一轮的投标或者结束投标，把采购额分配给各个供应商，并计算采购商需要向每个供应商支付的费用。

游戏说明

1. 将班级分成 7 组。

2. 每个小组代表一个编号为 1～7 的供应商，并收到游戏电子表格的副本。

3. 每个供应商都知道其他供应商的预订成本和结算成本，并且知道最终产品的需求分布和销售价格（由最终顾客支付的产品价格）。所有这些数据都在表格的顶部。

4. 供应商小组用软件决定他们的标书（预订价格和结算价格），并且不能知道其他供应商的投标情况。软件允许供应商进行试算，通过猜测其他供应商的投标情况，结合自己的投标情况来预测产能和利润的分配情况。

5. 学生（供应商）在课前将他们的标书通过电子邮件发送给教师。

6. 当他们来上课时，教师展示每个供应商将分配多少采购量，以及每个供应商相应的利润。

7. 教师会询问供应商是否想要更改他们的标书（他们可以使用电子表格做出决策）。

8. 继续进行几轮，直到没有供应商想要更改他们的标书为止。

9. 如果游戏成功进行，教师将展示产能分配的最终情况及其对每个供应商的影响。

参考文献

第 10 章
产品和供应链的协调设计

学习完本章，你应该能够回答以下问题：

- 当企业在分析产品工艺流程及其对供应链绩效的影响时，可以使用哪些框架、工具和理论？
- 如何将面向物流的设计理念应用于物流成本控制，从而提高供应链效率？
- 在新产品开发流程中，应该何时让供应商参与进来？
- 什么是大规模定制？在制定有效的大规模定制战略时，供应链管理是否起到一定的作用？

多年来，制造工程是产品工艺流程最后考虑的一个步骤。首先，研究人员和设计工程师致力于开发可行产品，并且确保产品设计方案尽量采用便宜的物料。然后，生产工程师接下来考虑如何有效地将该产品生产出来。20 世纪 80 年代，这种模式开始改变。管理层开始意识到，产品和工艺流程设计是产品成本的主要驱动因素，尽早在设计流程中考虑生产制造流程，是提高制造流程效率的唯一方法。因此，诞生了面向生产制造的设计理念（DFM）。

近年来，供应链管理领域也开始了类似的变革。在前文，我们已经讨论了供应链设计和运作的相关策略，在设计供应链时，通常假定产品设计已经决策完毕。我们假设，供应链设计关注的是，用现有的生产工艺确定供应现有产品的最佳方式。然而，在过去的几年里，管理者开始意识到，在产品和流程设计阶段考虑供应链问题，有可能使供应链实现更高效的运行。显然，这类似于在产品设计阶段考虑制造的 DFM 实践。

在本章，我们将讨论利用产品设计，更有效地管理供应链的各种方法。在讨论具体的设计问题之前，我们将从一个整合了第 1 章介绍的开发链与供应链的总体框架开始。

10.1 总体框架

回想第 1 章，我们介绍了开发链的概念，即与新产品引进相关的一系列活动与过程。尽管在本章，我们主要关注的是供应链，但实际上，在许多企业中，我们都发现了这两条相互影响的链条：

- 供应链：关注从供应商到生产商，再到分销商，最后到达销售终端和顾客的实体产品的流动问题。
- 开发链：关注新产品引进，涉及产品结构、生产/采购决策、早期供应商参与、战略联盟、供应商足迹以及供应合同。

显然，随着产品从开发转移到生产，这两条链会交叉，同样明显的是，在开发链中所做的决策会影响到供应链的效率。然而，在大多数企业中，这两条链所包含的不同活动是由不同管理者负责的。通常，分管工程的副总裁负责开发链，分管生产的副总裁负责两条链中的产品制造部分，分管供应链或者物流的副总裁负责满足顾客需求。而且，这些管理者的绩效考核，往往促使他们仅仅关注各自职责范围内的绩效，而忽略其决策对开发链和供应链其余部分的影响。如果这些问题没有得到妥善处理，那么组织、激励体系方面的问题会导致产品设计和供应链策略无法匹配。

要注意的是，每条链都具有自己的特征。比如，供应链的关键特征包括：

- 需求的不确定性及多变性，尤其是第 5 章谈到的牛鞭效应。
- 生产和运输中的规模经济（见第 2 章和第 3 章）。
- 提前期，尤其是由全球化所引起的（见第 9 章）。

当然，这些特征中的每一个因素都会对供应链策略产生重大影响，因此，我们在第 6 章引入了一个框架，以便匹配这些特征与供应链策略（见 6.2 节和 6.3 节）。

开发链则有着不同的特征，如：

- 技术更新速度，这是指在特定产业中技术更新的速度，很明显，这对产品设计及开发链有影响。
- 生产/采购决策，即有关什么该内部生产，什么该从外部供应商购买的决策（更多细节见第 9 章）。
- 产品结构，指一个产品具备的模块化及一体化水平。在这一章，我们将更详细地讨论有关产品模块化的概念。但这里我们要先说明的是，一个高度模块化的产品是由一系列模块组装而成的，而每一个模块也有多种选择。通过这种方式，产品的主体制造就可以在模块选择和最终产品装配之前完成。

显然，这些特征中的每一个方面都会对公司采用的供应链策略产生巨大影响。实际上，技术更新速度很快的行业（如个人电脑和激光打印机）与技术更新速度很慢的行业（如飞机）所采用的供应链策略是截然不同的。类似地，业务外包的程度、供应商足迹和产品结构都会对供应链策略产生影响。

在这里，开发链以及技术更新速度等概念与马歇尔·费希尔在著作中提到的概念类似。在其具有影响力的文章《什么样的供应链适合你的产品?》(What Is the Right Supply Chain for Your Product?)中[1]，费希尔教授对两种迥异的产品——创新性产品和功能性产品进行了区分。功能性产品技术更新速度较慢，产品多样性低，利润率通常较低，典型产品如杂货（如调料品、啤酒、轮胎以及办公设备等）。创新性产品则恰恰相反，具有较快的技术更新速度和较短的生命周期，利润率较高。

那么，针对每一类产品，适合的供应链策略和产品设计策略是什么呢？显然，具有较快技术更新速度的产品（如创新性产品）与具有较慢技术更新速度的产品（如功能性产品）需要的方法是不同的。同时，供应链策略和产品设计策略都要考虑到需求的不确定性程度。

图 10-1 给出了一个将产品设计、供应链策略和开发链特征（技术更新速度）、供应链特征（需求不确定性）相匹配的架构。横轴表示需求不确定性，纵轴表示新产品推出频率，或者是产品的技术更新速度。

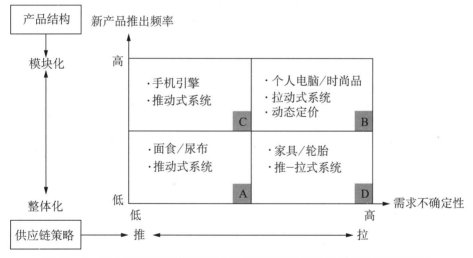

图 10-1　需求不确定性和新产品推出频率对产品设计及供应链策略的影响

就像我们在第 6 章讨论的，在其他条件相同的前提下，更高的需求不确定性会导致供应链采用拉动式策略；相应地，如果是较低的需求不确定性，采用推动式策略较好。在推动式策略中，关注的重点是可预测的需求、利用高规模经济效应以及实现成本效益。相反，在拉动式策略中，关注的焦点是对不可预测需求的响应，应对低规模经济问题以及实现快速响应，这在一定程度上是通过大幅度地缩短提前期来实现的。

类似地，在其他条件相同的前提下，如果新产品推出频率较高（较快的技术更新速度），则需要采用模块化产品结构，因为这样可以使产品的子部件独立开发，从而使最终特征选择和产品差异化尽可能延后，有时可以推迟到需求实现的时候。（我们将在 10.2 节对这些理念展开更详细的讨论）。相反，当新产品推出频率很低时（较慢的技术更新速度），加速新产品开发、延迟产品差异化及产品的模块化就不那么重要了。

在图 10 - 1 中，根据需求不确定性及新产品推出频率这两个指标，我们将图分成四部分。A 部分代表那些具有可预测的需求、推出频率较慢的产品。典型产品包括纸尿裤、调料品和面食。框架表明，在这种情况下，应该采取推动式策略，注重供应链效率和高库存周转。

B 部分代表技术更新速度快和需求很难预测的产品。许多高科技产品属于此类，如个人电脑、打印机、手机以及时装。这种情况下，应采取拉动式策略，注重响应以及生产工艺模块化。因此，此类产品需要供应链侧重于响应而不是成本。在许多案例中，动态定价是常采用的一种策略，以便更好地匹配供应和需求，我们将在第 15 章讨论这一内容。

D 部分代表产品更新速度慢和具有较高的需求不确定性的产品。针对这些产品，推-拉式策略是必不可少的。与 B 部分类似，在可能的情况下，缩短提前期也是非常重要的。此类产品包括高端家具、化工类产品（比如农用化学品、日用化工产品和专用化工产品），以及采矿工业中使用的产品（大直径轮胎），这些产品的产量相对较小，因此需求具有高度不确定性。

最后，C 部分代表了技术更新速度快以及需求不确定性较低的产品。很少有产品具有这些特征，但是手机引擎是一个可想到的例子。实际上，许多手机生产商在公司所有产品中使用同一种引擎，所以对引擎的需求是手机需求的总和，因此，需求不确定性是较低的。手机引擎本身并没有模块化生产工艺，但它是模块化产品的一部分。与 A 部分类似，应该采取推动式策略，强调供应链的效率并降低成本。

实例 10 - 1

为了检验我们的框架，考虑电视机这类产品。总体来说，尽管厂家频繁地更换模具，并且实现了从阴极线管这样的老技术到平板显示屏的巨大跨越，但这个行业里并没有非常频繁的技术转换。因此，新产品推出频率虽高，但并没有达到个人电脑的那种程度。排除掉促销因素以及短期内产品降价 10% 对需求水平造成的影响，顾客需求不确定性并不高，所以需求是可预测的。因此，电视机应定位在图 10 - 1 中 B 部分和 D 部分的分界线上，可能靠近中央的垂直线。在这个行业，产品设计和供应链策略应该是什么样呢？有趣的是，应该分别根据制造商和市场大小，采取模块化产品结构设计和缩短提前期策略。实际上，虽然生产的大部分是在中国进行的，但企业的策略要取决于最终的目标市场。精明的制造会先将部件运送到低收入国家，根据顾客需求在销售地组装成品。这种推-拉式策略需要模块化设计，可以使生产商降低成本，还可以使生产商满足相关法律要求，由本地公司组装最终产品。此外，在美国市场上，最近关注的焦点是把从制造商到商店的提前期从以前的 90 天降到 30 天。这样短的提前期可以大大降低库存，供应链也因此不太容易受到产品价格短期内下降 10% 的影响。[2]

在下节，我们将讨论李效良（Hau Lee）教授[3]提出的一系列概念，这些概念统称为"面向物流的设计"（DFL）。这些理念表明，考虑物流问题的产品和流程设计方法，有助于企业控制物流成本和提高顾客服务水平。

接下来，我们将讨论在产品设计过程中让供应商参与的好处。这部分讨论内容参考和引用了密歇根州立大学全球采购和供应链标杆小组的一份全面报告——《管理层总结：在新产品开发中集成供应商——一种获得竞争优势的策略》。[4]

最后，我们将讨论由约瑟夫·派因二世（Joseph Pine Ⅱ）和其他几位作者提出的大规模定制概念。在这里，我们关注如何采用先进的物流和供应链方法，推动这一全新商业模式的有效运转。

10.2　面向物流的设计

10.2.1　概论

我们已经知道，运输和库存费用是构成供应链成本的重要因素，特别是当需要保持较高的库存水平来确保服务水平时。面向物流的设计探讨的正是这些问题，同时要考虑以下三个方面[5]：

- 包装和运输的经济性。
- 并行和平行工艺。
- 标准化。

以上三方面因素以互补的方式，解决库存或运输成本与服务水平间的关系，下面我们将进行详细描述。

10.2.2　包装和运输的经济性

在各种面向物流的设计概念中，可能最重要的就是对产品的设计，以便其可以进行有效包装和储存。产品包装得越紧凑，运费越便宜，特别是在运输设施的运输载重能力允许但体积装不下的情况下。换句话，如果是因为空间原因而不是重量原因，限制了运输设施的运输能力，那么产品装得越紧凑，运费就越便宜。

实例 10-2

瑞典家具零售商宜家是世界上最大的家具零售商，销售额达 180 亿美元。宜家由英格瓦·坎普拉德（Ingvar Kamprad）于瑞典创建，目前在 33 个国家有 220 家商店。[6]通过"重造家具业务"，宜家发展迅速。[7]传统的家具主要在百货店和小型私人商店销售。通常顾客发出订单，商店在收到订单两个月后，将家具运送至顾客家中。

宜家改变了这一模式。宜家在郊区的仓储式门店中陈列其全部的 10 000 种产品，并在仓库里持有所有的产品。为了做到这一点，宜家将家具设计成块状，可以紧凑包装，由顾客从商店里把货取走后，自己在家里组装。这些家具模块运输方便、便宜，同时，这样的产品还可以高效地在少数工厂里制造，然后以相对低廉的价格运到全球各个门店。由于宜家有很多门店，并且每家的规模都很大，因此公司能很容易地获得规模经济优势，这样公司就能以比竞争对手低的价格销售质量不错的家具。[8]

宜家继续致力于改善设计和包装，以期能保持其快速增长——"最近公司发现如果把书桌的后板设计成一个独立的部件，书桌包装盒的宽度就可以减少 1/3"。[9]

还有其他原因，促使我们要把产品设计得可以紧凑包装。例如，许多大型零售商更愿意接受那些占地小且易于堆叠的产品。高效的储存能降低部分库存成本，因为处理成本降低了，每单位产品所占空间及每单位产品所收的租金降低，每平方英尺的收益就提高了。比如，许多在零售店中可以买到的大塑料产品，如垃圾桶，就被设计得可以堆叠，这样占用的货架或者地板面积就可以更少。因此，在产品设计完成后不能有效地设计包装时，为了把上述这些问题考虑进来，对产品本身进行重新设计很有价值。

实例 10 - 3

最近，乐柏美（Rubbermaid）获得了《商业周刊》杂志的几项设计奖。当谈到为什么条理化传统食品储存容器能赢得大奖时，作者提到"沃尔玛喜欢产品的设计与 14 英寸×14 英寸的货架相匹配"，这是这些产品如此成功的原因之一。

同理，通常可以将货物进行散装运输，直到在仓库甚至零售商处，再进行最终包装。这样可以节约运输费用，因为散装运送物品的效率更高。

在一些案例中，最终包装甚至可以延迟到产品实际销售时。比如，许多杂货店销售的面粉、谷物、蜂蜜、液体皂、大米、豆类、麦片和其他物品，允许顾客按需求包装。

回忆一下第 7 章提到的直接转运策略：把一辆卡车（如供应商的）上的物品，直接移到另一辆卡车上（如向单个零售门店送货的卡车）。有时候，箱子或货盘从一辆刚运达的卡车上卸下后，就能马上直接装到要运出的卡车上，但有时需要对某些产品进行重新包装。大多数情况下，各种物品的整货盘从供应商处运来后，需要进行拆分，将不同物品混装在同一个托盘上，送到各零售门店。在这种情况下，物品就需要在直接转运处重新包装，因为需要打开包装，因此，这时候需要更多的标识或标签。[10]通常而言，为了适应这种直接转运而设计的包装和产品，可以较容易地重新包装，也可以帮助降低物流成本。

10. 2. 3　并行和平行工艺

在前面，我们重点介绍了一些帮助控制物流成本、重新设计产品和包装的简单方法。在这一节，我们将讨论修改生产工艺，这可能也会要求对产品设计进行修改。

我们知道，供应链运行过程中面临的许多难题，主要是生产提前期过长造成的。许多生产工艺由一些按顺序进行的生产步骤组成。产品启动时间缩短的要求以及产品生产周期越来越短，常常意味着一些生产步骤要在不同的地点进行，以充分利用现有的设备或专有技术。并行和平行工艺包括对生产工艺进行修改，以确保以前按顺序运行的步骤可以同时完成。显然，这将有助于缩短生产提前期，通过改善预测降低库存成本和安全库存水平等。

实现生产工艺平行，关键是分解概念。如果产品的许多部件在生产过程中可以分解，或在实体上可以分开，那么平行制造这些部件就是可行的。在新分解的设计中，如果各个单独部件的生产制造仍然要花同样长的时间，生产制造步骤又是同步进行的，那么生产提前期将缩短。即使某些模块的部件制造所需的时间要稍微长些，由于各种部件是并行制造的，总的提前期也仍然缩短了。这种分解制造策略带来的一个额外好处是，对于各种分解了的部件，可以设计不同的库存策略。如果某个部件的原材料供应或生产产量不确定，那么对于这种部件（而不是整个产成品）就可以设置更高的库存水平。

实例 10 - 4

某个欧洲制造商和某个远东制造商建立了战略联盟，面向欧洲市场生产网络打印机。主打印机 PC 板在欧洲设计和装配，然后运往亚洲，在那里和主打印机机架通过工艺合成一体。此工艺包括围绕 PC 板把打印机装配起来，包括电机、打印头、机架等。然后把成品运往欧洲。制造商非常关注长的生产和运输提前期，因为这要求在欧洲保持很多的安全库存。然而，生产提前期长的主要原因是生产流程是顺序生产。对打印机生产工艺和产品进行重新设计，使 PC 板可以在生产工艺结束时与打印机的其他部分合成一体，这样欧洲和远东地区就可以平行生产，从而缩短提前期。此外，把总装工艺移到欧洲可以进一步提高反应速度，缩短提前期，两种生产工艺见图 10 - 2。

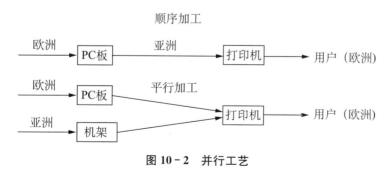

图 10 - 2　并行工艺

资料来源：Lee，H. "Design for Supply Chain Management：Concepts and Examples." Working paper，Department of Industrial Engineering and Engineering Management，Stanford University，1992.

10.2.4 标准化

综上，在有些情况下，可以通过缩短提前期（如利用平行工艺）来降低库存水平，提高预测的准确性。但有时候，如果超过了某个极值点，再缩短提前期是不可能的。在这种情况下，可以利用标准化达到缩短提前期的目的。

回忆一下第 2 章讲到的预测的第三定律——综合预测更准确，即总体需求信息总是比单个数据更精确。因此，对一个大洲的需求预测总比对一个国家的需求预测更精确，对一个产品系列（如滑雪服）的需求预测比对单个产品或款式的需求预测更好。然而，在传统的生产环境中，综合预测并没有多大用处，生产经理在开始启动生产工艺前，需要知道具体生产什么。但是，通过有效采用标准化，有效利用综合预测的信息是可能的。具体地讲，产品或流程标准化的方法可以帮助决策者确定，哪种特定产品的生产可以延迟到具体的制造或采购决策之后。这样，这些决策就可以在总体需求的层次上进行，以达到更高的准确度。

贾亚尚卡尔·斯瓦米纳坦（Jayashankar Swaminathan）教授提出了一套使用准确的运作策略建立有效标准化规则的框架体系。[11]斯瓦米纳坦指出，产品和流程模块化设计是标准化策略实现的关键驱动因素，标准化策略能够降低库存成本，提高预测精度。

根据斯瓦米纳坦的研究，我们定义了以下概念：

- 模块化产品：指由一系列模块组装成的产品，每个模块都有多种选择。模块化产品最典型的例子是个人电脑，通过将显卡、硬盘、内存条等部件组装成一件个性化的产品。回想一下，标准化模块的概念对我们前面提到的并行和平行工艺也是十分重要的，这在上文中已经讨论过了。

- 模块化流程：指由一系列离散的具体操作组成的生产流程，这样库存就可以在制品的形式在两个操作之间储存。产品的差异化通过在生产过程中进行不同的操作来实现。模块化产品不一定要由模块化流程来生产，因为流程不可能以在制品、未成品的形式储存。

斯瓦米纳坦还定义了四种进行标准化的方法：

- 部件标准化。
- 流程标准化。
- 产品标准化。
- 生产标准化。

部件标准化是指在许多产品中使用通用部件。使用通用部件能通过风险分担降低安全库存，并通过规模经济效益降低部件成本。当然，过分的部件标准化会降低产品差异程度，从而降低个性化功能所能获得的高额利润。有时候，为了实现标准化，还需要对产品线或产品族进行重新设计。

流程标准化是指尽可能将不同产品的生产流程进行标准化，这样产品的差异化就可以尽可能后延。在这种情况下，产品和流程的设计原则是，产品差异化可以在生产过程开始以后再进行。生产流程由制造一个通用部件或族部件开始，并且在不同的终端可以生产出不同的产品，这种方法称为产品延迟差异或推迟差异。[12]通过延迟差异，可以在综合预测的基础上开始生产。因此，即使预测无法改进，延迟产品差异化设计也能有效地解决最终需求的不确定性。

通常而言，实现延迟策略要对产品进行重新设计。例如，为了充分利用流程标准化的优势，要对生产工艺进行重新排序。重新排序是指更改产品的生产步骤，将产品差异化的操作尽可能后延。一个著名的利用重新排序工艺的方法提高供应链运作水平的例子是贝纳通公司。

实例 10-5

贝纳通是一个大型针织品供应商、欧洲最大的服装制造商，也是在服装方面世界最大的羊毛消费商[13]，它向成百上千家商店提供产品。服装行业的特点是顾客偏好变化很快。但是，由于生产提前期长，商店店主常常不得不提前 7 个月订购羊毛衫。羊毛衫的生产工艺通常包括采购毛纱、染印毛纱、毛纱线完工、加工外衣的各部分、把各个部分连成一件完整的毛衣。遗憾的是，这使得对顾客快速变化的偏好进行反应的灵活性变差。为了解决这个问题，贝纳通重整了制造工艺，把外衣印染延迟到毛衣完全制好以后。因此，挑选印染的颜色被延迟到收到更多的预测和销售信息后。这样，由于推迟了印染工艺，毛纱线的采购和生产计划可根据产品系列的综合预测而制定，而不是根据具体颜色/毛衣的组合预测来制定。改革后的工艺使毛衣生产成本增加了 10%，要求采购新设备，重新培训员工。不过由于预测得到改善，额外库存降低，大多数情况下销售额增长，贝纳通获得了更多的收益。[14]

另一个有名的例子是一家美国磁盘驱动器制造商。请注意此例中，为了达到特定的服务水平，需要降低库存，但单位库存成本趋于上升。

实例 10-6

一家生产大型存储设备的大型美国制造商，向其各个用户分别提供针对其具体情况生产的硬件驱动产品。顾客发出订单，要求产品在某个时间交货。考虑到提前期长，制造商为了在允诺的时间交货，不得不持有许多在制品。由于需求变动大，每样产品都是特制的，制造商为了保证满足需求，设置了极高的在制品库存水平。生产工艺包括一个很小的通用部分，所有顾客需要的产品都要经过这部分流程，然后就是一段很长的定制化过程。显然，理想的状态是在定制化过程开始前设置库存。但是，大部分生产（特别是由于要进行长时间的测试）发生在差异化开始之后。进行测试，需要在装配中加入特定的电路板，而不同用户用的电路板是不同的，因而测试需要在差异化后进行。为了延迟差异，可以在装配中加入通用电路板，完成大部分测试后，把这块通用板移走，然后再把用户的电路板安上，这样磁盘驱动的差异化就可以推迟到获得更多的订单信息后。显然，这可以降低为了满足需求而设置的在制品库存水平，但也会增添一些额外的生产步骤，特别是通用电路板的装卸。因此，有必要对电路板装卸引起的生产效率下降和库存水平下降带来的成本节约进行比较。生产流程见图 10-3。

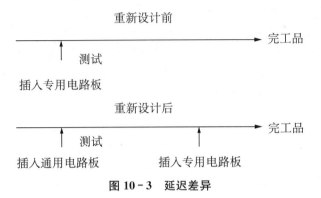

图 10-3 延迟差异

资料来源：Lee，H. "Design for Supply Chain Management：Concepts and Examples." Working paper, Department of Industrial Engineering and Engineering Management，Stanford University，1992.

部件标准化和流程标准化往往是联系在一起的，有时部件标准化对于实现流程标准化是必要的。

实例 10-7

有一家大型的打印机制造商准备将一种新的彩色打印机推入市场。新机型和现有机型的市场需求相差较大且成负相关关系。这两种打印机的生产过程相同，只是要在组装时插入不同的线路板和打印头。使用不同的打印头和线路板，会使两种打印机的生产流程产生巨大差异。为了实现流程标准化，即延迟差异，必须保证在最终组装前的制造过程是相同的。为了达到这个目的，这两种打印机必须使用相同的线路板和打印头。这就使得差异化能够尽量后延。在这个例子中，部件标准化使流程标准化成为可能。[15]

在有些情况下，通过重新排序和通用化，可以将一些最后的生产步骤在配送中心或仓库完成，而不是在工厂完成。这种方法的优势之一是，配送中心比工厂更靠近需求，产品可以一种更靠近需求的方式来进行差异化，从而提高了企业对迅速变化的市场的反应能力，这是我们将在本章后面详细讨论的方法之一。

有时候，流程中需要进行差异化的步骤，甚至可以不用在工厂或配送中心进行，而是可以在销售完成后在零售商处进行。这种类型的产品，通常必须在设计阶段就要将各种功能模块设计得可以很容易地添加到产品上。例如，对一些激光打印机/复印机而言，打包出售的仅仅是最普通的版本，同时各个零售店分别储存了一些包装好的模块。这些模块可以把其他特性（比如更高级的纸张处理、装订等）添加到打印机/复印机上。显然，由于添加特性只需要以模块的形式，而不是整机加以储存，所需库存大大降低。

产品标准化时，可以向客户提供大量产品，但只维持较低的库存量，当被订购的产品缺货时，可以用现有的多于客户所需的功能的产品来满足需求，这种方法称为"向下替代"，在许多行业中都有应用。例如，在半导体行业，当低端芯片脱销时，用高端芯片来替代销售的情况很常见。同样，在汽车租赁公司和酒店，如果客户预订的低端车辆或房间缺货，可以用较高级的车辆或房间来代替。有时，也可以对产品进行重新设计，使其便于调整，以满足不同终端客户的需求。比如我们前面所提到的，许多产品是类似的，只是在不同的市场上对电源供应的要求有所不同，这时，制造商不需要生产两种版本的产品，而只要在通用的标准化产品上加上可以切换的电源系统就可以了。在本章的最后，我们将详细讨论这一问题。

最后，生产标准化是指当产品本身不是标准化时，将生产设备和方法进行标准化。这种策略一般在生产设备相当昂贵时采用。例如，在生产专用集成电路时，需要用到昂贵的设备，虽然用户对最终产品的个性化要求很高，并且难以预测，但用于生产该集成电路的设备是相同的，这样就需要对生产设备进行独立于最终需求的管理。

10.2.5　标准化策略选择

为了帮助决策者选择合适的标准化策略，斯瓦米纳坦[16]在观察的基础上提出了一个分析框架，即企业对标准化战略的选择和企业对其产品和流程实现模块化的能力密切相关，表 10-1 说明了在不同条件下可以进行的策略选择：

- 如果流程和产品都是模块化的，流程标准化可以使预测的有效性最大化，并最小化库存成本。
- 如果产品是模块化的，而流程不是，就不能实现延迟制造。然而，部件标准化仍是一个可供选择的方案。
- 如果流程是模块化的，而产品不是，生产标准化策略能够降低设备损耗。
- 如果产品和流程都没有模块化，企业仍然可以通过产品标准化获得一些好处。

表 10-1　标准化的实施策略

	流程	
	非模块化	模块化
模块化	部件标准化	流程标准化
非模块化	产品标准化	生产标准化

（产品）

10.2.6　几点思考

以上提到的几种策略都适用于预测不够精确且产品种类较多的情况，但在某种特定的产品或供应链上实施这些策略是不可能的，或者是不划算的。在某些情况下，采取某种策略从理论上讲是可行的，但对产品和包装进行重新设计的费用会超过在新系统下运行的收益。另外，这些改造大多是需要资本投入的。有时，就像我们上面讨论的那样，需要在配送中心增加生产能力，特别是在费用需要分摊在产品的整个生命周期上时，这种改变在产品生产初期的代价是相当高的。也有可能一些在产品生命周期初期看起来可行的物流设计创意，在实施的后期发现不能承担自身费用。[17]

用新设计的流程来生产产品的费用可能更高。在上面提到的许多例子中，产品和制造流程的成本更高。因此，有必要估计效率更高的产品或流程设计所带来的节约收益，并与生产增加的成本相比较。实施此系统的许多好处是很难量化的，而灵活性的增加、顾客服务效率的提高和市场反应时间的缩短，也很难进行价值确定，这些都加大了分析难度。除了这些难题，工程师在进行这些决策时，常常要求他们从比其接受培训时的视野更宽广的角度去看问题。

除了这些复杂问题，在大多数情况下，重新安排工艺顺序虽然会引起库存水平下降，但单位物品的库存价值会增加。在毛衣一例中，由于毛衣不需要在最终缝制前印染，羊毛库存可以减少，但许多羊毛将以毛衣的形式储存，这比染了色的羊毛的价值高多了。当然，如果生产或定制化步骤延迟了，那么通用产品的价值比定制化产品低，这样在供应链中，价值是在后期而不是前期增加的。

最后，在一些情况下，半成品或未成形的产品，其关税及其他税费比产成品低[18]，那么实施在当地配送中心完成生产工艺的策略可以帮助降低关税及其他税费成本。

在实施物流设计决策时，上述问题都要考虑。即使如此，在大多数情况下，面向物流的设计也可以帮助改善客户服务，大幅度地降低供应链运营成本。

10.2.7　推-拉边界

我们回忆一下第 6 章谈到的拉动式系统和推动式系统的分界线。在推动式系统中，生产根据长期预测做决策；而在拉动式供应链中，生产是由需求驱动的。我们列举了拉动式系统的许多优点，而且认为，与推动式系统相比，通常拉动式系统可以缩短供应链提前期，降低库存水平和系统成本，同时能更容易地管理系统资源。

遗憾的是，并不是总能在整个供应链中实施拉动式策略。提前期可能过长，或者在生产或运输中可能要考虑规模经济的要求。本节谈到的延迟策略，可以看作在供应链中把拉动式系统和推动式系统结合起来，形成我们在第 6 章称为推-拉式系统的方法。供应链中，在产品差异化之前的部分是典型的推动式系统，即无差异化的产品按照长期预测进行生产和运送。相反，差异化则根据市场需求做出反应。因此，供应链从差异化开始的部分就是拉动式供应链。

例如在贝纳通公司一例中（实例 10 - 5），未染色的毛衣按预测生产，染色则根据顾客需求进行，差异的区分处就是推-拉边界，因为在此处系统从推动转换为拉动。

对"推-拉边界"概念的思考，可以用到第 2 章提到的库存管理定律的第三条，由于总体需求的预测比单个数据的预测精确，供应链的推动部分是指在生产差异化开始前的行为和决策，这些行为和决策是在总体需求数据基础上做出的。

那么，显然延迟的一个额外好处就是，不仅允许公司实现拉动式系统的许多优点，还可以利用推动式系统的规模经济优势。在实施延迟策略时，如果有不止一个差异区分点，那么为了在拉动式系统和推动式系统的优势间达到一种均衡，从确定推-拉边界的角度去考虑问题也许会有作用。

10.2.8　案例分析

以惠普为例。我们将集中分析欧洲配送中心的库存问题，特别是惠普如何解决把产品从华盛顿的温哥华市运往欧洲的 4～5 周的提前期问题。温哥华工厂是个快速、大批量生产的工厂，其生产周期大约为一周。

惠普尤其关注在欧洲的高库存水平和库存不平衡问题。台式喷墨打印机生产线的特点之一是，根据当地市场进行定制化，这一过程称为本地化。其中包括添加用适当语言写的标签和文件、将电源装置定制化成正确的电压和插座。如果产品在到达欧洲的数周前，就在温哥华进行了定制化，那么，打印机在到达欧洲后，库存不平衡可能以以下形式出现：欧洲配送中心常常发现某些市场定制化的打印机库存过多，而按其他市场要求定制的库存太少。

这些问题的原因是什么呢？根据案例和前面章节的材料，很明显有下面的问题：

- 设定正确的库存水平有很大的不确定性。
- 不同的本地化选择方案过多，使库存难以管理。
- 提前期长，导致预测难度大，安全库存多。
- 许多当地市场的不确定性使预测困难。
- 维持惠普各个分部之间的合作有很大的挑战性。

在短期内，第一个问题可以通过采用第 2 章谈到的一些方法来合理分配安全库存，从而得以解决。为了从长期角度解决这些问题，提出了以下解决方案：

- 改为从温哥华空运打印机。
- 在欧洲建厂。
- 在欧洲配送中心持有更多的库存。
- 改善预测。

遗憾的是，各个方案都存在严重问题。在竞争激烈、边际收益低的打印机行业，空运成本过于高昂。欧洲的销量还没有大到足以建立一个新厂。库存本身就是一个问题，更多的库存仅仅意味着问题的扩大化。最后，怎样实现预测改善还不太清楚。

因而，惠普的管理层开始考虑另一种方案：流程标准化或延迟。具体而言，此方案是指把"未本地化"的打印机运送到欧洲配送中心，在明确了当地需求后再进行本地化。问题是，这种策略如何能实现降低库存的目的？对于此问题，我们可利用第 2 章具体讲到的库存管理法则来说明。

回忆一下，我们可以通过公式——安全库存＝$z \times STD \times \sqrt{L}$ 来计算各个定制化产品需要的安全库存，其中 z 是所需的服务水平（见表 10 - 2）。在下面的讨论中，假定提前期为 5 周，要求的服务水平为 98%，用此数除以平均需求，就可确定要求的安全库存周数。表 10 - 2 中 A～AY 行是对各个定制化方案的产品进行计算的结果，倒数第二行对所有要求的安全库存进行了加总。我们发现，如果惠普要实现 98% 的服务水平，利用现行的配送系统和有效的库存管理策略，需要 3.5 周以上的安全库存。该表也给出了把本地化延迟到观察出需求后的效果。在此案例中，配送中心仅储存通用打印机的安全库存，等有了需求再对打印机定制化，这样配送中心可以集中考虑总体需求水平。因此，如同第 2 章谈到的风险分担那样，总体需求的标准差比单个需求的小。该表的最后一行计算了总体需求的标准差，采用这个新的标准差来计算通用版本的产品的安全库存。我们观察到，本地化延迟的新系统比现有系统所需的安全库存少。

表 10 - 2　库存分析

参数	平均月需求	月需求标准差	平均周需求	周需求标准差	安全库存	安全库存周数
A	42.3	32.4	9.8	15.6	71.5	7.4
AA	420.2	203.9	97.7	98.3	450.6	4.6
AB	15 830.1	5 624.6	3 681.4	2 712.4	12 433.5	3.4
AQ	2 301.2	1 168.5	535.1	563.5	2 583.0	4.8
AU	4 208.0	2 204.6	978.6	1 063.2	4 873.6	5.0
AY	306.8	103.1	71.3	49.7	227.8	3.2
总计	23 108.6		5 373.9		20 640.0	3.8
总体	23 108.6	6 244	5 373.9	3 011.1	13 802.6	2.6

计算库存保管成本所节约的资金，显然要考虑库存持有费率。例如，如果库存持有成本是 30%，而产品价值为 400 美元，则每年节约 80 万美元。此外，实施延迟策略还有其他好处，包括：

- 降低在运输途中的库存价值以及保险成本。
- 降低货物搬运成本。
- 一些本地化的物料可以当地采购，从而降低成本，并达到"本土供给"的要求。

实施此策略也要花费成本。首先，为了延迟本地化，要重新设计产品和包装，这会产生费用，并且要求研发部对一个已经运行良好的产品进行重新设计。其次，要对欧洲配送中心进行改造，以促进本地化。回想一下，在增加资金投资外，固有的分销运营方式——"配送，而不是生产，是我们的核心能力"也要进行改变。

惠普的确成功地实施了这个策略。库存下降，服务水平上升，实现了成本节约和利润增加。为了取得这些成果，惠普对打印机的本地化重新进行了设计，配送中心承担了更多的工作和责任。

10.3　供应商参与新产品开发

供应链中另一个关键性的问题是，为新产品的零部件选择合适的供应商。传统上，这项工作是在产品设计已经完成，并且制造工程师已经确定了最后设计的情况下进行的。最近，密歇根州立大学全球采购和供应链标杆小组所做的研究[19]表明，让供应商参与产品设计，企业会获得很大收益，包括采购物料成本减少，采购物料质量上升，开发的时间和成本减少，生产成本下降，以及最终产品的技术水平上升。

除了驱动管理者寻找各种提高供应链效率的方法的竞争因素之外，还有一些竞争因素会促使管理者在产品设计流程中寻找与供应商合作的机会，包括继续要求公司集中精力考虑自身核心能力而把其他业务能力外包的战略，以及继续缩短产品生命周期。这些因素促使公司去开发可以更加有效设计工艺的流程。利用供应商的能力，当然是方法之一。

10.3.1　供应商集成层次

供应商集成研究指出，没有一个普遍"适合的"供应商集成水平，相反，他们提出了"供应商集成层次"的概念。下面具体描述了他们对供应商的职责从最小到最大的一系列确认步骤。

- 无。供应商未参与设计，物料和分装根据用户说明书和设计提供。
- 白箱。集成程度为非正式，采购商在设计产品和说明书时向供应商咨询，但没有正式的合作。
- 灰箱。正式的供应商集成，由采购商和供应商的工程师组成合作小组，共同开发。
- 黑箱。采购商提供给供应商一套有关装置对零部件的要求，供应商独立设计和开发要求的部件。

当然，虽然黑箱是整个系列的最终层次，但这并不意味着在任何情况下黑箱都是最好的。但是，公司必须制定一个策略，为各种情况确定恰当的供应商集成水平。全球采购和供应链标杆小组已开发了一个战略计划流程，帮助公司进行上述决策。[20]流程的前几步包括：

- 确定内部核心能力。
- 确定当前的和未来的新产品开发。
- 识别外部开发和生产需求。

这三步可以帮助管理层确定从供应商处采购的物品，以及供应商需要具备的专业技术水平。如果公司不具备未来产品的某些部件所需的专门技术，而这些部件的开发可以和产品开发的其他阶段分开，那么可以采取黑箱方式。如果开发阶段不可分离，那么采取灰箱方式更合适。如果企业本身具备一定的专业技术能力，只是想确定供应商能够制造出这些部件，那么可采取白箱方式。

10.3.2　有效供应商集成的关键

仅仅选择一个恰当的供应商集成水平是不够的，更多的努力应当放在成功地维持这种关系上。战略计划流程的后几步[21]可以帮助确保这种关系的成功：

- 挑选合适的供应商，并与之建立良好关系。
- 使目标与选定的供应商保持一致。

选择供应商一般要考虑多种因素，如生产能力和反应时间。由于供应商集成合作伙伴除了配合设计，最主要的任务仍是供应部件，因而所有因素都要考虑进来。此外，由于供应商集成的特殊性，还需对供应商提出额外要求。

同一项研究确定了其中的许多因素，包括：

- 参与设计流程的能力。
- 愿意参与设计流程的程度，包括在知识产权和保密问题方面达成协议的能力。
- 愿意在流程中投入足够人力、时间的能力，这可能包括共同安排恰当的人选。
- 投入供应商集成流程的充足资源。

当然，这些要求的相对重要性，因项目的不同和集成程度而异。一旦确定了供应商，着手建立与供应商的关系就变得非常重要。例如，许多企业都认识到了让供应商及早参与设计的作用，那些在流程设计之初就让供应商参与其中的公司，比那些在设计概念完成后才让供应商参与的公司，获益要高得多。与供应商分享愿景计划和技术，既可以帮助建立关系，又可以实现共同持续改善的目标。把致力于管理这种关系的组织团队独立出来，也是有用的。在所有的这些例子中，采购公司的目标是与可信任的供应商建立长期、有效的关系，这将自然而然地把采购商和供应商的目标联合起来，最终使合作更有效率。

10.3.3　技术和供应商"书架"

密歇根州立大学的研究小组在供应商集成概念中，提出了一个叫技术和供应商"书架"的概念，包括要时刻了解相对较新技术的开发，并跟踪拥有这些新技术和技能的供应商。然后，当时机成熟时，企业通过把供应商的设计队伍与自己的结合起来，就可以实现快速地在新产品中引进这些新技术的目标。这使公司可以在前沿新技术发展的优势和劣势之间进行平衡。一方面，由于供应商在与其他客户的合作过程中会获得有关新技术的使用经验，公司就不用为获得这些经验而马上采用新技术。另一方面，利用这种方法也可以减少由于引入前沿技术不及时而造成的损失。"书架"观念是有关供应商集成作用的典型例子。

10.4　大规模定制

10.4.1　什么是大规模定制

约瑟夫·派因二世在其《大规模定制》[22]（*Mass Customization*）一书中提出了一个对越来越多的企业十分重要的概念——大规模定制。本节中，我们首先对大规模定制的概念进行介绍，然后讨论在实施大规模定制时，物流和供应链网络起着什么样的重要作用。

大规模定制是从 20 世纪盛行的两种生产模式——单件定制和大规模生产中演化而来的。大规模生产是指对少量产品有效地进行大批量生产。在工业革命的推动下，出现了一种所谓的"机械化公司"，其管理层强调自动化和任务评估。通常，这种管理组织十分官僚，工作小组职能定义得十分僵化，员工受到严格控制。这种组织控制严格，可预测性强，从而效率水平高、产品品种少、质量高，而且价格可以相对较低。这对于消费品尤其重要，生产消费品的公司通常在价格上竞争，最近又在质量上竞争。

单件定制生产模式的工人技能高、灵活性强。通常，制造工厂里的工匠艺人受行业/个人标准约束，受到创造独特、有趣的产品或服务的欲望所激励。在这种公司中的工人，通常通过学徒身份和经验接受培训，组织十分有柔性并可以持续改进。这种组织能够生产高度差异化、独特的产品，但很难进行控制和管理。结果，这些产品的质量和生产率很难评估和复制，通常生产成本也更高。[23]

在过去，管理者通常要根据其固有业务，在这两种生产模式间进行权衡和决策。对于一些产品来说，低成本、少品种的战略是合适的，而对于另一些产品而言，高成本、多品种、适应性强的战略更加有效。而大规模定制的出现说明，并不是总要在这两者之间做出取舍。

大规模定制是指以较低的成本，快速、高效地向顾客提供各种定制化的产品和服务。这样，这种模式同时具备了大规模生产和单件生产的优点。尽管大规模定制并不是对所有产品都适合（如消费品就可能不会从差异化中受益），但它仍给予公司重要的竞争优势并驱动新商业模式的出现。

10.4.2　大规模定制的实施

派因指出[24]，实施大规模定制的关键是自治、技能高的工人，流程及模块化单元，这样管理者可以通过对模块重新配置、协调，满足顾客具体的需求。

对各个模块，应持续改进以提高其能力。模块的成功与否依赖于模块如何高效、快速、有效地完成任务，以及模块扩展能力的好坏。管理者的任务是确定如何将这些能力有效地结合起来。这样，管理层是否成功，就取决于以不同的方式开发、维持和创造性地把模块间的联系组合起来，从而满足不同顾客需求的能力，以及是否可以创建鼓励开发各种不同模块的工作环境。

由于各个单元都有高度专业化的技能，因而在大规模生产方式中，员工可以开发专门技能，提高效率。同时由于可以各种方式组合模块单元，也可以实现手工生产的差异化。派因把这种组织类型称为"动态网络"。

一个公司，更具体地说，一个公司内把各个模块联系起来的系统，如果要成功地实施大规模定制，必须具备几个关键属性。[25] 它们是：

- 即时性。模块和工艺流程必须快速连接起来，从而可以对各种顾客需求快速反应。
- 低成本性。即使模块和流程的连接要增加成本，增加的成本也不能高，这样大规模定制才能实现低成本化。
- 无缝隙性。顾客不会觉察到各个单个模块和模块的连接，以保证顾客服务水平不受影响。
- 无摩擦性。形成网络模块或联合模块所带来的间接费用低，沟通必须瞬时进行，这样在各种类型的环境中可以快速地建立小组。

一旦具备这些属性，就可以建立一个能够快速、高效地对各种顾客需求做出反应的动态、柔性的公司。

实例 10 - 8

松下自行车（National Bicycle）是日本松下的一个下属公司，以 Panasonic 和 National 的商标销售自行车。几年前管理层发现销售业绩不理想，主要原因是公司不能预测和满足各种顾客需求。在实行大规模定制的前一年，上年的自行车有 20% 还积压在仓库中。在这种情况下，松下自行车不是努力提高预测水平和对特定市场"空缺"进行营销，而是采用了大规模定制的生产方式。

公司发现，对自行车进行油漆、部件安装、调试都是能在不同生产设备上进行生产的独立功能"模块"，于是就开发出一个非常柔性化的自行车架生产设备。此外，公司在零售商处安装了一个复杂的"松下订单系统"。此系统包含一个特制机器，可以测量顾客的体重和身材、车架的合适尺寸、座位位置和横杆的长度。顾客也可以选择车型、颜色和各种部件。零售商处的信息可实时传给工厂，3 分钟内计算机辅助设计系统（CAD）就可生成具体技术细节。信息自动传到合适的模块后，在那里完成生产过程。两周后，自行车就可交付给顾客。

由于公司注意到生产流程可以无缝隙地、基本上无成本地分解为独立的生产模块，在应用了复杂的信息系统后，既提升了销售额和顾客满意度，又不过多增加生产成本。[26]

10.4.3　大规模定制和供应链管理

显然，如果要成功地实施大规模定制，本章和前面章节谈到的许多供应链管理的先进方法和技术都是很重要的，尤其是当供应链中部件的生产需要跨越几个公司时。

信息技术对于有效实施供应链管理十分重要，同时对于把动态网络中的不同模块协调起来、确保满足顾客需求也是非常重要的。上面讲到的所需的系统属性，也要求一个有效的信息系统。类似地，在许多情况下，动态网络的模块跨越不同的公司。这使得战略伙伴关系和供应商集成之类的概念，对于大规模定制的成功十分重要。最后，在许多与打印机相关的案例中也可以发现，延迟概念在实施大规模定制中起到了关键作用。例如，把地区差异化延迟到产品已到达地区配送中心，有利于区域定制化。下面的例子表明把差异化延迟到收到订单后，可以实现针对单个顾客的定制化。

实例 10-9

戴尔电脑通过采用基于大规模定制的独特战略，变成全球最大的电脑销售商[27]，成为个人电脑行业一个举足轻重的公司。戴尔历来都是收到顾客订单后，才为顾客组装个人电脑。这使顾客可以提出自身要求，戴尔再按这些要求生产电脑。越来越多的订单通过互联网传送，订单系统与戴尔自身的供应链控制系统相连接，可以确保库存恰好满足快速生产电脑的要求。而且，戴尔储存的库存很少。与之相对应，戴尔的供应商在戴尔工厂附近建立了仓库，戴尔可以即时制的方式订购零件。由于实施了这些战略，戴尔能够完全按照顾客的要求快速提供产品。此外，库存成本很低，戴尔最大限度地降低了在快速变化的电脑行业中零件过时的危险。戴尔以这种方式成为台式电脑、笔记本电脑以及服务器市场上一个举足轻重的厂商。

戴尔已经采用了许多我们讲到的重要概念来实现公司目标。公司由先进的信息系统驱动，此系统负责从接收订单（通过互联网）到管理供应链中的库存的所有事务。戴尔还与许多供应商建立了战略伙伴关系，甚至和许多关键供应商建立了供应商集成伙伴关系（如 3Com，一家网络设备供应商），确保新的电脑和网络设备是兼容的。最后，戴尔还利用延迟概念，把电脑的总装延迟到收到订单后，从而实现了大规模定制。[28]

小　结

本章中，我们主要讨论了产品设计与供应链管理交互作用的各种方式。首先，我们考虑了面向物流设计的各种概念，产品设计要考虑降低物流成本。产品要设计成可以有效率地进行包装和储存，并可以降低运输和储存费用。在设计产品时，使某些生产步骤并行完成，可以缩短生产提前期，降低安全库存水平，提高对市场变化的反应力。最后，延迟产品差异化能够使产品间的风险互相抵消，降低库存，使公司能够更加有效地利用总体预测所提供的信息。

设计和供应链交互作用的另一个关键是把供应商集成进产品设计和开发流程。我们讨论了各种供应商参与新产品开发流程的方式，考虑了有效管理集成的关键因素。

最后，先进的供应链管理可帮助推进大规模定制生产方式的实施。大规模定制是指以较低的成本，快速、高效地向顾客提供各种定制化的产品或服务。显然，这种方法使公司具有非常重要的竞争优势，而且有效的供应商管理对成功地实施大规模定制也是十分重要的。

讨论题

1. 各举两个产品更新速度较慢、产品更新速度中等以及产品更新速度较快的例子。

2. 产品更新速度慢对产品设计策略有什么影响？产品更新速度快又如何？

3. 给图10-1中的每个象限，举个合适的例子。

4. 讨论几个通过产品设计，降低运输和储存成本的例子。

5. 产品、模块和功能的扩展，如何使供应链管理变得困难？

6. 向下替代的优点是什么？缺点呢？

7. 哪些产品或行业因过度的部件标准化而受损？

8. 讨论几个模块化和非模块化的产品和流程的例子。

9. 标准化策略是如何帮助管理者解决需求不稳定和预测精度不高问题的？

10. 供应商参与产品开发的优缺点各是什么？

11. 如果你是一家中等规模的服装厂的CEO，正在考虑对几种产品采取大规模定制策略，你该如何确定对哪种产品实施该策略更合适？

参考文献

第 11 章
柔 性

学习完本章，你应该能够回答以下问题：

- 如何定义柔性？
- 企业如何提高供应链的柔性？
- 供应链柔性的驱动因素是什么？
- 柔性和变动性有什么关系？
- 柔性和成本之间如何权衡？

11.1 引 言

对柔性的需求并不是新鲜事。如今，许多公司高管都受到过迈克尔·哈默（Michael Hammer）和詹姆斯·钱皮（James Champy）的开创性著作《公司再造》的影响。[1] 在该著作的开篇中，作者指出，"任何一家公司的管理层都会承认，至少对公众来说，需要有一个足够柔性的组织来快速适应不断变化的市场条件。"而这个结论到今天依然成立！

如果真的是这样，为什么那么多公司不能满足不断变化的客户期望呢？即使是不严重的供应中断问题，也会面临巨大的经济损失？又或者，在面临运营问题时会彻底崩溃？

我们的结论是，大多数公司并没有理解柔性。很多企业不知道如何衡量业务的柔性水平、需要多少额外的柔性以及如何实现这一目标，也不清楚其代价是什么、潜在的好处又是什么。对于许多公司高管来说，柔性就像敏捷性或弹性一样，只不过是另一个时髦词，顶多用于引发而不是做出重要的企业决策。

然而，那些理解柔性的企业，已经把柔性作为获得竞争优势、降低成本和提高响应速度的有力工具。事实上，既定企业战略的核心部分，如丰田的精益制造、戴尔的直销以及亚马逊的高效履约系统，都在采用一种柔性的运营手段，旨在匹配公司的业务模式和顾客价值主张（关于顾客价值主张的探讨见第 12 章）。

那么，到底什么是柔性呢？接下来，我们将柔性定义为在不增加运营和供应链成本的情况下对变化做出响应，并且响应延迟很小或没有延迟的一种能力。[2] 所谓变化，是指需求量和组合、商品价格、劳动力成本、汇率、技术、设备可用性或市场条件、生产和物流环境的任何变化。

这个定义包括三个关键词：变化、成本和时间，指的是受运营影响的三个最关键的绩效指标——客户体验、运营成本和企业响应时间。具体来说，应对变化的能力意味着，即使面临中断，公司也应该能够匹配供应和需求，从而不会损害客户体验。同样，在其他条件相同的情况下，实施柔性策略有助于公司降低长期运营成本或缩短响应时间，或者两者兼而有之。

那么，企业如何实现柔性，需要多高的柔性水平？这个问题特别重要，因为柔性不是免费的。通常，柔性水平越高，实现成本就越高。因此，企业需要一个系统化的过程来度量当前业务的柔性水平，以及确定其业务中可能需要的额外柔性，最后描述每种方法的成本和收益，以便选择最优的行动方案。

这些正是本章的主题。研究方法是系统工程方法，即从整体上看待业务，对制造业，物流、运输和产品设计进行整合，因此，这属于跨学科研究。

首先，我们通过系统设计——制造和分销网络来实现柔性。我们通过一系列支持系统柔性所需的组织结构和业务流程的讨论，对上述材料进行补充。然后，我们说明相同的概念也可以用于其他场景，例如，在单一生产线上，可以通过关注劳动力技术和流程来实现柔性。

11.2 柔性的概念

我们发现，系统设计对公司能力的影响最大，并最大可能提供了利用柔性的机会。但是，如何实现系统柔性以及企业应该遵循的指导原则是什么呢？这些都是很重要的问题，原因有二：首先，实现柔性的成本很高。其次，一旦做出决定，就很难改变，因为通常涉及工厂、仓库以及生产设备等固定资产。

图 11-1 中考虑有五个制造工厂和五个产品系列的一个供应链。最左侧的系统设计可认为是"无柔性"或"专用生产"，即每个工厂负责一个产品系列。最右侧的系统设计可认为是"完全柔性"或"充分柔性"，即每个工厂都能生产所有的产品系列。[3]

可以很直观地理解这些设计：在"无柔性"的情况下，每个工厂负责一个产品

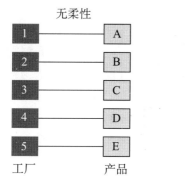 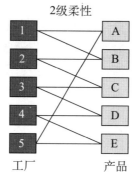 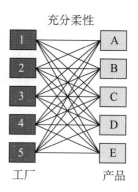

图 11 - 1　通过系统设计实现柔性

系列，因此批量很大，而且基本不需要切换。因此，这种系统设计降低了制造成本。然而，由于每个工厂都专注于一个产品系列，因此，通常工厂远离市场，从而增加了运输成本。"充分柔性"的情况正好相反。在这种情况下，每个工厂负责许多产品系列，因此批量很小，切换次数多，从而增加了制造成本。然而，可以通过最近的工厂直接满足市场需求，因此，在这个系统设计中，我们发现运输成本显著降低。

在这两个极端情况之间，有各种各样的设计。例如，图 11 - 1 中间的"2 级柔性"这一系统设计，即每个工厂能够生产两个产品系列。显然，这种设计会增加制造成本，但相对于"无柔性"情况，又会降低运输成本。

因此，"n 级柔性"策略被定义为每个工厂能够生产 n 个产品系列的策略。n 值越高，柔性水平越高，需要权衡不同的制造成本和运输成本。低柔性水平倾向于降低制造成本而增加运输成本，高柔性水平则是以制造成本为代价来降低运输成本。

11. 3　柔性的影响

为了说明柔性的影响，考虑以下涉及食品和饮料行业制造商的假设案例。目前，五个产品系列中的每一个都是在五个国内工厂中的某一个进行制造的，并且制造能力可以达到预测需求的 90%。项目主要实现以下三个目标：

- 确定供应链柔性的成本效益。
- 确定适当的柔性水平。
- 如果需求与预测不同，确定柔性带来的好处。

为此，我们需要更多关于当前供应链的信息。劳动力成本因工厂而异，主要取决于工厂的位置。工厂位置和平均劳动力成本如下：

- 宾夕法尼亚州匹兹堡：12.33 美元/小时。
- 俄亥俄州代顿：10.64 美元/小时。
- 得克萨斯州阿马里洛：10.80 美元/小时。
- 内布拉斯加州奥马哈：12.41 美元/小时。

- 加利福尼亚州莫德斯托：16.27 美元/小时。

该公司按库存生产，在位于巴尔的摩、查塔努加、芝加哥、达拉斯、得梅因、洛杉矶、萨克拉门托和坦帕的八个配送中心设置相应库存。产品需求与人口密度非常接近，但具有高度不确定性，营销部门进行了需求预测并提出几种需求与预测大相径庭的情景。最后，考虑入库运输主要采用整车运输方式，而非零担运输和私人车队。

目前的策略关注的是降低制造成本。事实上，高需求的产品是在俄亥俄州代顿的低成本工厂生产的，而低需求的产品是在莫德斯托的高成本工厂生产的。为了评估投资柔性能力的好处，我们分析了五个不同的系统：

- 专用生产：每个工厂专注于单一产品系列，这种情况作为方案比较的基准。
- 2 级柔性：对柔性的最低投资情况，每个工厂可以生产两个产品系列。
- 3 级柔性：每个工厂可以生产三个产品系列。
- 4 级柔性：每个工厂可以生产四个产品系列。
- 充分柔性：每个工厂可以生产五个产品系列。

图 11-2 给出了不同柔性水平的年度成本的详细比较。我们发现：随着柔性水平的提高，运输成本会下降，而制造成本会增加，总成本会降低。这不足为奇，因为到目前为止，我们并没有将实现任何柔性水平所需的资本投资计算在内。

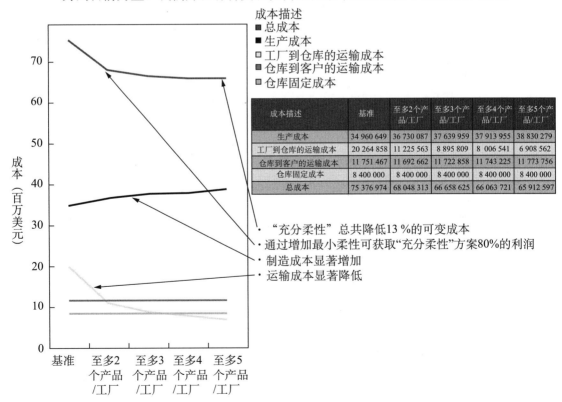

成本描述
- 总成本
- 生产成本
- 工厂到仓库的运输成本
- 仓库到客户的运输成本
- 仓库固定成本

成本描述	基准	至多2个产品/工厂	至多3个产品/工厂	至多4个产品/工厂	至多5个产品/工厂
生产成本	34 960 649	36 730 087	37 639 959	37 913 955	38 830 279
工厂到仓库的运输成本	20 264 858	11 225 563	8 895 809	8 006 541	6 908 562
仓库到客户的运输成本	11 751 467	11 692 662	11 722 858	11 743 225	11 773 756
仓库固定成本	8 400 000	8 400 000	8 400 000	8 400 000	8 400 000
总成本	75 376 974	68 048 313	66 658 625	66 063 721	65 912 597

· "充分柔性"总共降低13%的可变成本
· 通过增加最小柔性可获取"充分柔性"方案80%的利润
· 制造成本显著增加
· 运输成本显著降低

图 11-2 总成本比较

还要注意的是，"充分柔性"总共降低了 13％ 的供应链成本。令人惊讶的是，"2级柔性"的利润水平是"充分柔性"的 80％，这是一个相当惊人的影响。但这也是可能存在的，因为作为柔性水平的函数，供应链总成本表现了边际收益递减规律。

我们得出结论：对柔性的少量投资可以对供应链总成本产生重大影响。

虽然这一结果很有价值，但该公司的预测准确性非常差。因此，如果实际需求与预测不同，"2级柔性"表现如何。从成本角度来看，"2级柔性"是有效的，但若需求相对于预测变化，该方案就不一定是一种有效的应对手段。

为了分析这个问题，我们对高于和低于预测的需求变化进行了供应链绩效的敏感性分析。为此，我们考虑三种不同的场景：

- 两种主要产品增长 25％，其他产品下降 5％。
- 低需求产品增长 35％，其他产品下降 5％。
- 高潜力产品增长 100％，其他产品下降 10％。

表 11-1 总结了在基准情况和"2级柔性"（最小柔性）情况下，需求变化对系统绩效的影响。如表所示，在每个类别和每个需求场景中，"2级柔性"都优于基准情况。例如，在第一个需求场景中，"2级柔性"满足了更多的需求，无短缺，降低了单位成本，并显著提高了工厂利用率。

表 11-1 需求变化对系统绩效的影响

	场景	满足需求量	短缺	单位成本（美元）	平均工厂利用率
需求场景 1	基准	25 520 991	1 505 542	2.94	91％
	最小柔性	27 026 533	0	2.75	97％
需求场景 2	基准	25 019 486	1 957 403	2.99	91％
	最小柔性	26 976 889	0	2.75	96％
需求场景 3	基准	23 440 773	4 380 684	2.93	84％
	最小柔性	27 777 777	43 468	2.79	100％

令人吃惊的是，在基准情况下，缺口很大，但工厂利用率通常很低。这是因为，尽管基准情况和"2级柔性"情况具有相同的总产能，但基准情况在不同产品系列之间没有合理分配产能。

有趣的是，尽管"2级柔性"的设计是独立于各种场景完成的，但在每种场景中，"2级柔性"设计都比基准设计有效得多。因此，我们需要好好理解为什么"2级柔性"如此有效，这种理解有望为运营和供应链经理提供指导。

图 11-3 有助于深入了解"2级柔性"设计的力量。图 11-3 左侧上方显示了基准情况，下方展示了"2级柔性"设计中的产能分配。在"2级柔性"策略中，匹兹堡工厂负责产品 2 和 3，奥马哈工厂负责产品 2 和 5，依此类推。

图 11-3 的右侧描绘了完全相同的结构。但这一次，我们观察到一些非常有趣的事情："2级柔性"的设计创造了一个直接或间接连接所有工厂和产品的链条。正是这个长链的存在，使得供应链能够有效应对需求数量和组合的变化。

为了检验这个假设，我们比较了两种不同的"2级柔性"设计，见图 11-4。

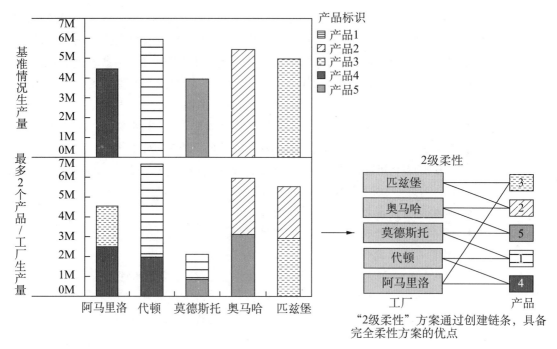

图 11-3 "2级柔性"方案的效果

注：M代表百万。

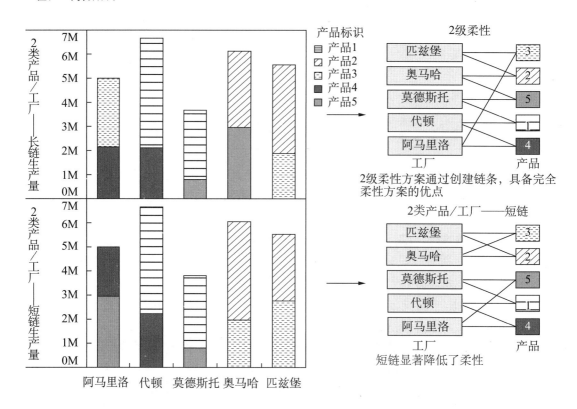

图 11-4 两种"2级柔性"设计：一种有一条长链，另一种有两条短链

注：M代表百万。

图 11-4 上面的设计是前面描述的"2 级柔性"策略。而下面的是一个不同的设计策略，每个工厂仍然生产两个产品系列，但现在我们创建了两条短链：第一条链包括匹兹堡和奥马哈，共同生产产品 2 和 3；第二条链包括剩余的产品和工厂。如你所见，在这一设计中，我们拥有与上面设计完全相同数量的产品-工厂连接，但将长链分成了两个较短的链。

表 11-2 在上述三种情况下比较了两种"2 级柔性"设计的有效性。正如所见，原来拥有长链"2 级柔性"策略要么与第二种设计表现一样好，要么更优，这取决于场景和性能度量。

表 11-2 长链和两条短链设计的比较

	场景	满足需求量	短缺	单位成本（美元）	平均工厂利用率
需求场景 1	"2 级柔性"——长链 2 类产品/工厂——2 条短链	27 026 533 27 026 533	0 0	2.75 2.76	97％ 93％
需求场景 2	"2 级柔性"——长链 2 类产品/工厂——2 条短链	26 976 889 26 022 490	0 954 399	2.75 2.79	96％ 94％
需求场景 3	"2 级柔性"——长链 2 类产品/工厂——2 条短链	27 777 777 24 633 440	43 680 3 188 017	2.75 2.66	100％ 86％

我们可以这样理解长链的有效性：考虑一个所有工厂都满负荷运转的场景，并假设产品系列 3 的需求增加了一个单位，而产品 1 的需求减少了一个单位。在图 11-4 中上面的长链设计中，即使生产产品 3 的工厂（匹兹堡和阿马里洛）在需求突然增加之前已经满负荷，制造网络也能够满足产品 3 的需求。因为长链意味着以下层叠效应：对产品 1 需求的减少允许增加代顿生产的产品 4 的数量，这反过来减少了阿马里洛生产的产品 4 的数量，因此阿马里洛可以生产一个额外单位的产品 3，从而满足需求。这在图 11-4 中下面的两条短链设计中是不可能的，因为没有连接产品 1 和产品 3 的链。

因此，我们总结发现：链是一组直接或间接相连的产品和工厂，并且长链比许多短链表现更佳。具体来说，在设计柔性结构时，长链是首选，因为汇集了更多的工厂和产品，因此，能够比短链更有效地处理不确定性。

11.4 柔性运营

对系统柔性进行投资，即便是增加很小程度的柔性，也需要对业务流程、信息共享投资进行相应的变更，并重新思考组织结构。

例如，一种专用的制造策略，其中每个工厂专注于一个产品系列，允许供应链以分散的方式工作。每个工厂完全自主，不需要跨工厂协调。但在系统柔性下不是这样的，需要共享各个工厂的状态、产能可用性、库存和延期订单等信息，以便基于系统性能将生产和原材料分配给每个工厂。

这需要通过销售和运营计划（S&OP）来实现，销售和运营计划是供应链管理中的一个重要流程，是一个不断平衡供需的跨职能业务流程，通常是在总量级（如产品系列）将销售、营销、新产品发布、制造和分销整合到同一个计划中。

S&OP 实践始于 20 世纪 80 年代中期，主要侧重于需求规划和分析。S&OP流程包括每月（或每季度）召开会议，比较需求预测和供应能力限制，并确定可行的执行计划。大多数公司使用一些需求规划软件和电子表格分析从各种 ERP、CRM 和制造系统收集的数据。

正是在这个过程中，系统柔性发挥了重要作用。事实上，这是公司做出生产采购决策的过程。这不同于静态策略，在静态策略中，采购决策每年更新一次，并分发给工厂和业务部门，由它们自行决定是否以及如何实施。在柔性供应链中，公司通过优化生产采购决策，考虑需求、供应、各种成本和业务约束的变化，从静态采购策略转向动态采购策略。

百事装瓶集团（PBG）是一家大型软饮料制造商和经销商，公司实施的正是这种柔性的制造策略和相应的 S&OP 流程。2005 年初，PBG 面临着一个艰巨的挑战：消费者的偏好正在从碳酸饮料转向非碳酸饮料，从罐装转向瓶装。当时，PBG在数量有限的工厂生产这些新产品，导致在需求高峰期出现严重的服务问题。

供应链的转变是相当显著的。PBG 用 6 个月进行理论验证，随后在整个供应链实施该计划。在两年的时间里，该公司发现了以下变化[4]：

- 定期召开会议，召集供应链、运输、财务、销售和制造职能部门讨论采购和预生产策略。
- 原材料和供应品库存从 2.01 亿美元减少到 1.95 亿美元。
- 收入增长，但运输里程增长率下降了 2 个百分点。
- 由于仓库缺货水平降低，增加了 1 230 万箱销售库存。

从这个角度来看，减少仓库缺货相当于有效地增加了一条半生产线，而且没有任何资本支出。

11.5　流程柔性

前面几节重点介绍了通过协调制造和配送网络中的活动来实现供应链的柔性。在本节，我们讨论将应用于系统柔性的相同概念应用于单个生产线，允许生产线通过关注劳动力技能和流程来实现柔性。

通过流程设计实现柔性，是丰田生产系统的核心。[5]这些类型的生产系统，也称为准时制（JIT）或精益制造。为了正确看待丰田生产系统，我们先来回顾一下汽车行业。20 世纪 70 年代，底特律三大汽车制造公司的重点是空调和动力转向等舒适功能。80 年代中期，市场壁垒的降低以及随之而来的日本制造企业的强劲表现，促使企业关注转向质量，并在 90 年代又从质量转向产品的多样性和柔性。

麻省理工学院的一个项目首次对丰田的成功故事和汽车行业进行了深度研究，其研究结论总结在沃马克（Womack）、琼斯（Jones）和鲁斯（Roos）所著的《改变世界的机器》一书中。书中指出，在 80 年代中期，丰田和通用汽车生产系统的效率之间存在显著差异，如表 11-3 所示。[6]

表 11-3 通用汽车工厂和丰田工厂的比较（1986 年）

	马萨诸塞州弗雷明汉通用汽车公司	丰田高冈
每辆车的组装时间	31	16
每 100 辆汽车的装配缺陷	130	45
每辆车的组装空间	8.1	4.8
零件库存（平均）	2 周	2 小时

当然，在过去几年里，丰田和底特律三巨头之间的差距一直在缩小，但差距仍然存在。事实上，根据 2008 年的《海港报告》（Harbour Report），"丰田汽车公司和克莱斯勒有限责任公司在生产率方面领先业界，组装一辆汽车平均需要 30.37 小时"。相比之下，克莱斯勒及其他底特律厂商在单车利润方面落后，因为"医疗保健、养老金、销售激励的成本更高，而且它们需要支持更多的经销商"（2008 年《海港报告》）。

为了理解柔性在丰田生产系统中的重要性和作用，首先来回顾一下丰田生产系统的关键目标[7]：

- 消除浪费：在材料、库存、能源、运输、装配缺陷、时间和成本方面。
- 持续改进：不断强调减少生产切换、提高质量、修改产品设计和调整过程。
- 对人员和团队合作的投资：设计制造环境，旨在赋能员工进行决策（例如，发现问题时停止生产线）；培养解决问题的能力；激励员工提出流程改进建议；并通过员工交叉培训提供柔性。

这些目标是相辅相成的。例如，低在制品库存意味着没有冗余来覆盖生产线问题，这样可以立即发现瓶颈、生产线误差、装配缺陷和其他制造问题，并培养人员和团队合作解决问题的能力。同时，生产线工人最擅长提出工艺改进，从而不断提升绩效和产品质量。类似地，为了持续改进质量和防止返工，丰田生产系统倡导"源头质量"，即授权工人而不是检查员，让其对生产过程每个阶段的工作质量负责。

读者很容易理解，精益模式不同于流行多年的大规模生产方式。例如，在大规模生产中，决策是按层级进行的，在制品库存是一种用于平稳生产的缓冲，而环境（设置、成本或质量）被认为是一种难以改善的约束。相比之下，在精益模式中，决策权被委托给工人，库存被认为是需要减少的浪费来源，并且可以有持续的推动力来消除生产切换或质量问题之类的约束。

因此，如果精益模式不断减少在制品库存，这种方法如何支持平稳的生产计划？这是一个重要的问题，因为平稳生产可以降低成本和更好地利用资源，但需要在产品或组件之间进行多次切换。这一问题的答案是：持续关注柔性。

乍一看，这似乎是一个矛盾。如何在低库存、高资源利用率和持续关注减少浪费的环境中实现柔性？丰田对这个问题的回答是综合精益制造常见的三个主题：

- 减少或完全消除生产切换时间和成本。
- 设计 U 型生产线。
- 投资于员工交叉培训。

与我们到目前为止的讨论一致，丰田生产系统的柔性聚焦于生产线对变化的反应能力。这包括以下方面的变化：

- 需求量和组合。
- 变动的处理时间。
- 设备故障。
- 意外的产品返工。

接下来，我们将描述和分析共同决定丰田生产系统柔性水平的三个方面。

11.5.1 生产切换时间和成本

很容易理解，高切换成本要求生产线生产更大的批量，以利用规模经济，但会导致更高的库存水平。这减少了同一生产线上其他产品的可用时间，并防止生产线频繁地从一种产品切换到另一种产品。因此，当切换成本较高时，我们通常会采用专门的制造设施，每个设施专注于某一个产品系列。相比之下，低切换成本或无切换成本可以减少库存，提高生产线对需求变化的响应能力。这也是为什么许多生产经理会特别关注缩短生产切换时间的相关技术和流程。

当然，问题是如何减少切换？关注精益制造的各种研究人员对这一问题给出了答案。下面总结了在实施复杂性和难度不断增加的情况下的常用方法[8]：

- 识别增加切换时间的维护和组织问题，并消除或减少其影响。
- 区分内部和外部切换时间。当机器停机时进行内部切换工作，而外部切换工作是机器仍在运行时可以提前完成的任务。换句话说，重要的是，确定需要停机的外部切换活动，并开发流程确保这些切换活动可以提前或并行完成。
- 消除调整，这是切换过程的一部分，通常需要很长时间。
- 修改产品设计以减少切换所用时间。

目前，我们已经在各种行业中成功地应用了其中的一些方法。

实例 11-1

在一家美国奢侈品制造公司的某个项目中，机器的标准操作流程如下：首先在汽车发动机上安装一个活塞，然后依次为固定活塞、扫描纸张、等待计算机校准量规、测量活塞。显然，等待计算机校准量规是一种外部切换时间，因此可以与其他活动并行进行。因此，该过程可以被修改为在固定活塞之前完成对纸张的扫描，因此，校准量规可以和固定活塞同时进行。整个过程减少了几秒钟，并对生产线产生了重要影响。

11.5.2 U 型生产线

在 U 型生产线中，机器或流程按照生产操作的顺序排列在 U 型线周围。[9]工人接受多项任务或流程的培训，其布局（见图 11-5）有利于工人之间的信息共享，并增加了柔性。因为这种设计为工人提供了各种操作的可视性，并激发了工人之间的合作，以便他们可以调整生产率和解决问题。事实上，"U 型线中的多技能操作员可以组成一个团队，而团队就成为负责绩效的组织单位"[10]。

没有交叉训练

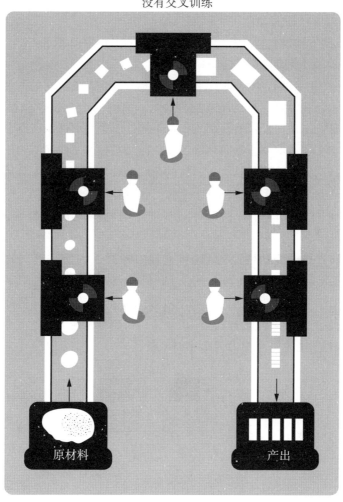

图 11-5　U 型生产线示例

典型的 U 型生产线以"拉动"模式运行；只有当成品离开生产线时，原材料才会进入生产线，任何地方出现问题，生产线都会停止。在整个单位负责生产线的情况下，这种模式激发了解决问题的能力，还确保了低水平的在制品库存，反过来意味着可以快速检测和解决出现的问题。

11.5.3 工人交叉培训[11]

U 型线中的一个重要问题是工人交叉培训的水平，即工人在该线中应该能够完成的任务的数量和类型。全技能交叉培训，表示每个工人都可以执行所有流程，但显然这难以实现和管理，现实中不太可能采用这类培训。另一方面，不进行交叉培训，即每个工人只负责一个过程，在具有过程和需求可变性的环境中，工作站中的工作需要由许多工人并行完成，因此，在这种情况下，每个工人只负责一项工作的分工方式并不合适。

过程可变性指的是两种不同的类型：

● 机器变动性，即同一条生产线上的不同机器（或工位）对机器之间流动的相同工件有着不同的加工时间。

● 工件变动性，不同的工件在同一台机器上需要不同的时间。

事实上，机器和工件的变动性意味着，有时一个工位会积累大量需要处理的工作，而相邻的工位可能没有任何工作，可能处于等待部件的状态。在这种情况下，交叉培训使多个工人能够根据具体的工作负荷状态分担工作，因为可以并行处理，从而减少了处理时间。这不仅从加工时间的角度来看是重要的，而且从加工时间变动性的角度来看也是如此：多人在同一个工位工作，降低了该工位加工时间的变动性。

为了证明交叉训练对加工时间和加工时间变动性的影响，我们区分了两种情况。

案例 1：机器变动性　图 11 - 6 是没有考虑工人交叉培训的生产线。我们从 1（从原材料开始的第一个工位）到 5（产出成品的最后一个工位）对工位进行编号。假设第 1 个、第 3 个和最后一个工位上的加工时间为每单位 6 分钟，第 2 个和第 4 个工位上加工一个单位正好需要 10 分钟。在这种情况下，生产线每 10 分钟生产一件成品，生产线的生产能力为每小时 6 件。

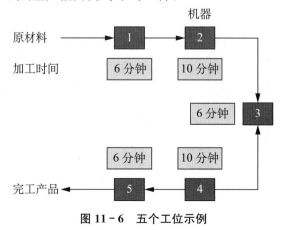

图 11 - 6　五个工位示例

　　生产线上有两个瓶颈，一个在工位 2，另一个在工位 4。因为这两个工位处理子组件的速度比其他工位慢得多，导致它们随后的工位空闲。也就是说，负责工位 3 或工位 5 的工人在完成其对应工作后，总是空闲 4 分钟。因此，我们说这条线是"不平衡的"。

　　平衡生产线的一种方法是在五个工位之间平均分配完成一个单位的总加工时间，总加工时间为 38 分钟（＝6＋10＋6＋10＋6）。在这种情况下，每台机器的加工时间为 38/5 分钟，生产线的生产能力为每小时 7.9 件（＝60×5/38）。这是该生产线可能达到的最佳性能，但目前该生产线的生产能力明显较低，仅为每小时 6 件。

　　但是，在工位之间重新分配加工时间通常是不可能的，因为不清楚是否有可能增加生产线的产量和减少机器的空闲时间。但这正是交叉培训可以起作用的地方。如果在快速工位上的工人接受交叉培训，就可以在空闲时间帮助慢速工位处理工作，从而提高生产线产量和机器利用率。

　　例如，如果分配到工位 3 和 5 的工人被交叉培训后，分别可以完成工位 2 和 4 的任务，则可以应用下面的简单策略。假设每个快速工位（工位 3 和工位 5）前面有 5 个子组件，这些工位中的工人将花费 30 分钟来完成这些工作，之后可以切换到相邻工位（即工位 5 的工人将分配到工位 4，工位 3 的工人将分配到工位 2），处理完单次工作后，再次切换到原始工位，这时五个工作已准备好（前一个工位在第一个 30 分钟期间处理了三个工作，另外两个已经并行处理）。因此，在 40 分钟的周期内，生产线将生产 5 件成品，从而将生产量从每小时 6 件提高到每小时 7.5 件。

　　本例中交叉培训解决的问题是，由于不同工位上的处理时间不同导致的生产线不平衡问题。在这种情况下，交叉培训通过将工位 2 和工位 4 的生产量从每 10 分钟生产一件产品增加到每 40 分钟生产 5 件产品即每 8 分钟生产一件产品，来平衡生产线。

　　还要注意，我们没有达到生产线最大理论产量（每小时 7.9 件），唯一原因是工位 1 没有得到有效利用。相比之下，其他四个工位的利用率相同，从而提高了生产效率。这引出了以下两个重要的结论：

　　第一，为了实现最大的生产线产量，需要通过实现相同的工人利用率来平衡生产线。第二，交叉培训如果实施得当，可以平衡工人的利用率。

　　图 11-7 给出了三种不同层次的交叉培训，类似于图 11-1 中描述的供应链设计。我们在 11.3 节提出的类似观点也适用于此。在柔性方面进行少量投资，例如，双技能交叉培训，将会增加生产量，使生产线上的产品流更加平稳。因此，较少的交叉培训可以获取全技能交叉培训所带来的大部分好处。

　　案例 2：工件变动性　即使所有工作站具有相同的平均处理时间，比如每个工作 10 分钟，但是在处理时间上可能存在一些变动性，不过仍然可以得到类似的发现和规律。也就是说，由于固有的变动性，同一台机器上的不同工件可能有不同的加工时间。因此，在这种情况下，一些工位可能会积累工作，而其他工位会空闲，因此交叉培训仍然可以让工人平衡生产线。

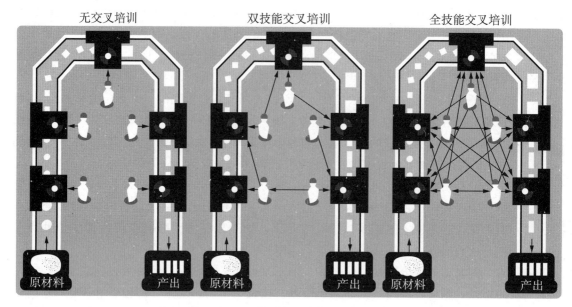

图 11 - 7　三种不同设计的 U 型生产线

　　基于霍普（Hopp）和斯皮尔曼（Spearman）的《工厂物理学》（*Factory Physics*）中的类似图表，图 11 - 8 很好地展示了作业加工时间的变动性对生产线产量的影响，其中横坐标代表生产线利用率，纵坐标代表生产周期时间（即产量的倒数）。

　　变动性的增加意味着：

* 对于相同的生产线利用率，生产周期时间增加，因此生产能力下降。
* 对于相同的周期时间（或产量），生产线利用率增加。

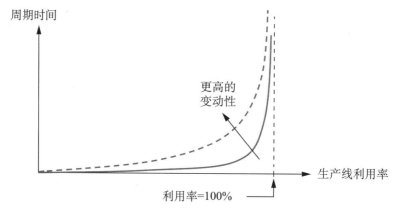

图 11 - 8　处理时间变动情况下周期时间和生产线利用率之间的关系

　　因此，我们得出结论，变动性降低了生产线的绩效（参见霍普和斯皮尔曼的《工厂物理学》）。

　　再看图 11 - 6 中的生产线，我们测试了工人交叉培训和不交叉培训对机器变动性的影响。在实验中，根据图 11 - 6 中的信息，保持每个工位的平均加工时间不变，增加每台机器的变动性。图 11 - 9 和图 11 - 10 汇总了相关的结果。

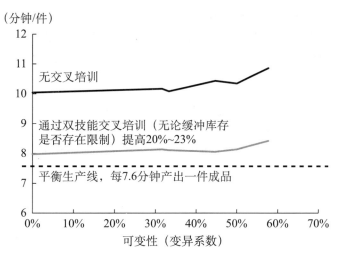

图 11 - 9 变动性与生产线产量的关系

如图 11 - 9 所示，双技能交叉培训显著减少了产品产出的平均间隔时间，相当于显著增加了生产线的生产能力。类似地，如图 11 - 10 所示，双技能交叉培训也降低了平均在制品库存。

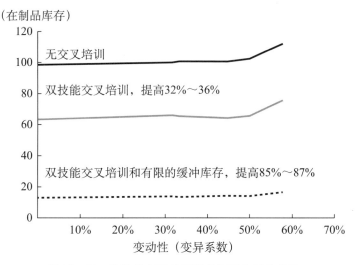

图 11 - 10 变动性与平均在制品库存之间的关系

为了充分理解交叉培训的影响，我们还分析了相同的生产线，增加了限制每台机器前面的在制品库存的约束。图 11 - 9 和图 11 - 10 说明，在缓冲库存有限的情况下，双技能交叉培训提供了与不限制缓冲库存情况下相同的生产量，但显著降低了在制品库存。

案例 3：看步公司的应用 看步公司（Camper）于 1975 年诞生于马略卡岛，其家族企业历史悠久。[12] 如今，看步公司是世界领先的鞋类设计公司之一，在 50 多个国家拥有 300 多家商店和 4 000 个授权销售点。目前，看步公司的团队由 1 000

多名员工组成，致力于实现公司价值，实现梦想。

该公司通过改进其供应链，并通过多渠道、多类别和多国家的综合规划，取得了令人瞩目的成果。2015年，看步公司的首席运营官何塞·路易斯·萨拉斯（Jose Luis Salas）在巴塞罗那举行的第17届欧洲供应链与物流峰会上展示了这些成果。[13]

如图11-11所示，看步公司的供应链涉及从马略卡岛的设计团队，到欧洲和亚洲的供应商以及欧洲、中国和越南的工厂。产品从工厂运输到分布在三大洲的配送中心，通过零售、电商、批发和分销商这四个渠道服务市场。但这一供应链面临诸多挑战：

1. 该公司每季都会推出拥有8类尺寸的700种新设计，共有两个季节，每个季节有三个产品流：季前流、主流和季后流。每个季节的SKU数量较多，意味着每个SKU的生产单位配比较低，导致预测的变动性很大。

2. 对高质量产品的追求，要求该公司与最好的皮革供应商及工厂合作。皮革成本、劳动密集型制造业的高成本以及巴西、墨西哥和土耳其等一些国家的关税增加，给利润率造成了影响。

3. 经过6个月的设计，后续整个生产过程持续4～5个月，包括：

- 60天用于生产模具（外底、模具、鞋楦等）。
- 45天用于皮革制造。
- 45天用于制鞋。
- 35天用于海运。

4. 总的来说，对于一家中型公司来说，这是一个复杂的全球供应链。

当前供应链

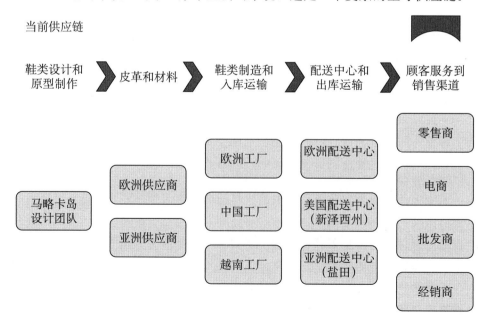

图11-11 当前供应链

他们能做些什么呢？ 看步公司的首席运营官何塞·路易斯·萨拉斯参加了大卫·辛奇-利维在麻省理工学院[14]举办的高管培训项目，并决定采用两个重要理论："2 级柔性"制造和经过细分的推-拉式供应链，具体实现如下。

"2 级柔性"制造 在一个工厂生产所有的某种 SKU，可能无法提供足够的产能和风险保护。但在全部工厂生产所有的 SKU，在获得最大的柔性的同时，又会导致生产系统极其复杂和成本高昂。然而，相比之下，每种 SKU 都安排在两个地方生产，同时创建一个链式结构，其所带来的好处与前者几乎相同。这是如何实现的？

看步公司实现了这一想法，如图 11-12 所示。现在每个 SKU 都由两家工厂制造，因此提供了更大的能力来分配产能和防范风险（灾难、罢工、延期等），并增加了谈判筹码。

无柔性：1个SKU 对应1家工厂（4家工厂共700个SKU）　2级柔性：1类鞋对应2家工厂

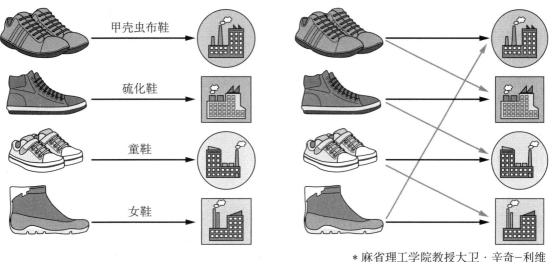

甲壳虫布鞋

硫化鞋

童鞋

女鞋

＊麻省理工学院教授大卫·辛奇-利维

图 11-12　"2 级柔性"制造

推-拉式供应链和细分 拉动式和推动式供应链策略的作用已被广泛介绍，但许多公司倾向于固守传统做法，没有根据服务的顾客价值不同，采用不同的策略。本书的第 6 章以及辛奇-利维、克莱顿（Clayton）和瑞文（Raven）撰写的一篇介绍戴尔如何实施这一策略的论文，都对推-拉式策略进行了详细介绍。[15]

实施推-拉式的方法，前提是顾客或产品细分。在看步公司的例子中（见图 11-13），细分是在产品维度上进行的，将其分为畅销品、正常品和滞销品。此外，公司还关注各种产品和采购件的提前期。针对这种类型的分析，通常使用多级库存优化（见第 3 章）来确定库存的最佳位置并创建推-拉边界。在看步公司的例子中，这有助于量化新成本、预付款、剩余库存与提高服务水平（从 85% 升高到 95%）之间的权衡关系。

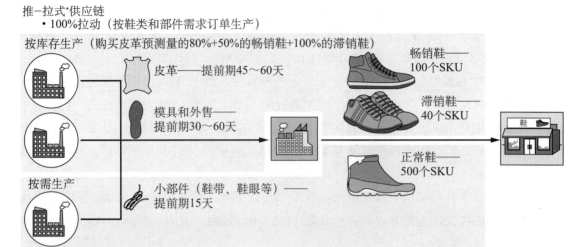

推-拉式*供应链
· 100%拉动（按鞋类和部件需求订单生产）

按库存生产（购买皮革预测量的80%+50%的畅销鞋+100%的滞销鞋）

皮革——提前期45~60天

模具和外售——
提前期30~60天

按需生产

小部件（鞋带、鞋眼等）——
提前期15天

畅销鞋——
100个SKU

滞销鞋——
40个SKU

正常鞋——
500个SKU

· 提前期：4.5个月（从客户下订单开始）
· 成品剩余率0
· 原材料剩余率<1%（皮革）
· 准时交付率85%（延迟传达）
· 高产品峰值
**麻省理工学院教授大卫·辛奇-利维

· 提前期：2.5个月
· 滞销品剩余率7%
· 原材料剩余率<1%（但风险由供应商分担）
· 准时交付率95%
· 预付MTS款项，但平抑产量

图 11-13 推-拉式供应链

注：MTS 指 make to stock，意为按库存生产。

小 结

通过系统设计实现柔性，可以产生巨大的回报，并可以更好地对运营问题进行权衡。柔性能力的提升，可以改善以下多个维度：运营成本、响应时间、服务水平以及最终的客户体验，最终提高竞争优势。供应链柔性转型可以帮助企业超越其竞争对手。

流程柔性是丰田生产系统的核心，也称为精益制造或准时制。这里的柔性是通过工人交叉培训实现的，使生产线能够平衡劳动力利用率，并提高生产线绩效。有趣的是，就像在系统柔性方面一样，对工人交叉培训的少量投资几乎可以实现全技能交叉培训所带来的好处。

最后，需要指出的是，虽然本书是关于制造、零售和配送主题的教学用书，但本章讨论的流程柔性概念也适用于服务行业。以银行处理账单或保险公司处理索赔为例，本章介绍的理论也适用于这些环境。事实上，变动性的影响、平衡员工利用率的必要性、关注交叉培训等都是适用于服务行业的理念。

讨论题

1. 请描述一下，对于一家满足全球市场需求的制造公司，你如何应用本章描述的柔性理论来解决汇率的不确定性。

2. 假设有 5 个工厂，能够生产 5 种产品，其工厂产能在一个时间周期（如一年）内为 10 000 单位，该时间周期内的每种产品需求符合正态分布且相互独立，均值为 10 000，标准差为 3 300。请针对图 11−1 中的三种系统设计，估计各设计方案对应的预期销售额。

参考文献

第 12 章
顾客价值

案例

ZARA 的顾客价值主张

ZARA 的母公司 Inditex 是世界上最大、最赚钱的时装零售商。该公司由阿曼西奥·奥尔特加（Amancio Ortega）于 1975 年创立，那时，公司只生产时装产品。如今，Inditex 在全球拥有约 7 300 家商店。

ZARA 是 Inditex 旗下的旗舰品牌，主打童装、男装和女装。如今，ZARA 在全球拥有 2 200 多家门店，主要经营生命周期较短的时尚类产品（约占 40%）和生命周期较长的非时尚类产品（如 T 恤或男士白衬衫占了剩余的销量）。

时尚类产品在西班牙、葡萄牙和土耳其的约 10 家制造工厂生产，然后从那里运往西班牙的三个配送中心。非时尚类产品在亚洲的低成本国家生产，同样被运往西班牙的三个配送中心。所有产品均使用了可重复利用的无线射频识别技术。西班牙的三个配送中心各负责一种产品类型：位于拉科鲁尼亚的配送中心负责男装，位于马德里的配送中心负责童装，位于萨拉戈萨的配送中心负责女装。

ZARA 的顾客价值主张是，以合理而非低廉的价格提供高级时尚的产品。因此，其供应链策略主要关注速度。为了更清晰地阐明"速度"这个概念，我们将 ZARA 的供应链策略与传统零售商（如 GAP、H&M 和优衣库）进行比较。

• 销售季节前的决策。在销售季节到来前的 6～8 个月，传统零售商向其供应商承诺至少 80% 的采购量，而 ZARA 的这一比例要小得多，大约为 20%。

• 产品设计。与传统零售商不同的是，ZARA 的设计师与商业人员一起合作，以合理的成本开发出新产品，生成设计方案，并将设计方案发送给制造商。

● 销售季节初期。传统零售商把要销售的大部分商品放在门店附近或店内。ZARA 则不会超过当季预估销量的 20%。

● 销售季节期间。传统零售商的补货量不会超过销售量的 20%，而 ZARA 每周补货一到两次，通常是生产的新产品，有时还会是新设计的产品。

● 销售季节末期。由于能够每周补货一到两次，ZARA 对平均 15%～20% 的产品进行折价处理，而传统零售商通常需要处理 30%～40% 的过期库存。

● 降价幅度。ZARA 的平均降价幅度大约是竞争对手的一半。

● 上市时间。这一点是 ZARA 区别于竞争对手的真正原因。传统零售商从设计到产品上架需要 8～9 个月。对 ZARA 来说，仅需要 2～5 周。

如何才能取得如此惊人的成绩？公司的战略有如下几个重要特征：

● 产品多样性与稀缺性。库存不足激励着消费者提早购买产品，从而为门店省去了打折的必要。这就解释了为什么在西班牙，顾客平均每年光顾 ZARA 的商店 17 次，而整个行业平均只有 3.5 次。

● 顾客需求的可见性。ZARA 采用单表的概念，将销售、运营、产品设计与采购聚集在一起，每天与门店经理讨论市场需求。门店按地区划分，大约每 50 家门店为一组。在总部，按照部门划分（比如，童装），选出代表每个职能领域的 4～5 个人，不断地与所在地区的门店经理讨论市场趋势；产品设计的哪些变化会提高销售量；哪些产品应该被淘汰。另外，团队还持续分析销售点数据，以便通过数据分析补充门店经理提供的市场信息。基于以上信息，团队将与决策者沟通如何更改设计，以及确定多少产量来满足未来市场需求。

● 小批量。每周的生产是基于上周的数据和门店经理的反馈完成的，这大大降低了库存和折扣风险。

● 物流。世界各地的商店每周收到两次交货，从下单到商店交货的提前期为 48 小时。运往欧洲的商店是通过卡车运输，而运往北美的商店则是通过空运。

● 当地决策责任。商店负责满足当地需求，所以门店经理负责制定产品分类与购买决策。然而，在一个销售季节开始时，商店关于投资组合的决定是不同的。在换季前，ZARA 会在西班牙的几家门店测试新款式，并根据测试结果决定各门店的产品组合与分配。因此，在新季开始时，所有 ZARA 门店的产品组合是相同的。但是，在旺季，产品组合会依据门店经理对总部的反馈而做出相应的调整。

● ZARA 的 IT 基础设施非常基础。门店经理用手持设备订购新产品。定价决策会通过每天提交的无线射频识别数据集中得到。

学习完本章，你应该能够回答以下问题：

● 什么是顾客价值？如何衡量顾客价值？

● 如何才能将供应链与产品特性和销售策略匹配起来？

● 在供应链中如何用信息技术来提高顾客价值？

● 供应链管理是如何提升顾客价值的？

- 为什么 ZARA 在靠近西班牙的地方生产时尚类产品，而在亚洲生产非时尚类产品？
- ZARA 有多少种细分供应链与供应链策略？

12.1 引　言

在当今顾客驱动的市场中，不再是产品或服务起主导作用，而是整个与公司交互过程中的顾客感知价值在起作用。最近几年，许多公司不仅重视产品和服务的质量，还重视顾客满意度，包括了解公司现有的顾客，他们对公司产品的使用以及对公司服务的印象。当前，对顾客价值的强调更进了一步，要尽量确定顾客选择一个特定产品的原因，并要分析构成公司形象与品牌的整个范围：产品、服务和无形资产，包括其在社会和环境问题上的立场。

根据顾客价值，可以从更广阔的视野来看待公司提供的产品和所服务的顾客。它要求了解顾客购买、继续购买或不购买某个公司产品的原因。他们的偏好和需求是什么？他们怎样得到满足？对于公司来说，什么样的顾客是有利可图的或有收入增长的潜力？什么样的顾客可能会引起亏本？

需要仔细检查关于顾客价值的假设，以确保充分了解推动需求的因素。一些例子包括：

- 与高级顾客支持服务相比，一般顾客是否更看重低价格？
- 顾客的偏好是及时交货，还是其他选择？
- 顾客是偏好在专卖店中购买产品，还是愿意从一个可以"一站式"购物的超级大商场中购买？
- 顾客是偏好从类似产品的大菜单中选择，还是喜欢从低价产品的固定小菜单中选择？

对于任何企业来说，这些都是至关重要的问题，应该成为企业战略和绩效衡量的驱动力。在确定适当的运营策略时，这些问题的答案很重要。

显然，当顾客看重价格时应采用的运营策略与顾客更看重选择、服务或响应时间时应采用的运营策略是不同的。同样，如果顾客偏好"一站式"购物，那么即使库存保管成本很高，也要为他们提供多种产品和选择。因此，在任何产品、销售和企业战略中都需要考虑供应链，而且它本身要有带来增加顾客价值的竞争优势。

为了强调这一点，我们来看看戴尔的直销商业模式与惠普的零售战略的对比。在戴尔的商业模式中，价值主张是顾客体验，因此戴尔部署了一种按订单组装的策略，使每个消费者都能从大量的选项中配置自己的产品。相比之下，惠普采用的零售战略侧重于有限数量的配置，但强调有竞争力的定价策略，因此必须得到注重成本和效率的供应链的支持。

再举一个例子，凯马特的衰败，部分归因于供应链战略与商业价值主张不一致。具体来说，凯马特的倒闭在很大程度上归因于它与沃尔玛进行价格竞争的战略。从 20 世纪 80 年代起，沃尔玛的目标就是让顾客在需要商品的任何时间和地点都能够得到商品，并配合这一目标，建立能够提供竞争性价格的成本结构。实现这一目标的关键是供应链效率成为战略的核心。事实上，沃尔玛通过引入转运策略、与供应商进行战略合作、投资与供应商紧密相连的信息技术，已经有效降低了成本。相比之下，凯马特保持收入增长时不鼓励在提高供应链效率方面进行投资，尤其是在信息技术方面。到 90 年代末期，凯马特的供应链已经明显不如沃尔玛那样有效，因此无法在价格上竞争。[1]

这些关于戴尔、惠普、沃尔玛和凯马特的故事，提供了一个重要的教训：一个公司部署的运营策略必须以公司提供给顾客的价值主张为中心。

这一教训必须成为企业运营策略讨论的核心。因此，在我们确定适当的运营策略之前，重要的是定义公司提供的顾客价值主张。

我们把顾客价值定义为顾客对于公司所提供的所有产出物，包括产品、服务和其他无形资产的感知。顾客感知可以分解为几个维度：

- 产品创新。
- 产品选择和可得性。
- 价格和品牌。
- 增值服务。
- 关系和体验。

上述所列的各个维度起始于最基本的方面，即前三项属性，然后再发展为更加复杂的属性，这些属性可能并不总是最重要的。但是，通过最后两项属性可以获得一些灵感，来创造一些独特的方式，给公司提供的产品和服务增加价值和差异化。

根据顾客价值的每个维度定位，可以确定企业战略。正如我们所见，运营是企业战略的重要推动力。因此，在本章，我们将讨论各个维度及其对运营和企业战略的影响。

12.2 产品创新

首先，我们从产品创新开始讨论顾客价值。毫无疑问，设计符合顾客要求的产品，是市场成功的关键。但是产品特性可以指产品特性和设计的许多不同方面。那么，与运营策略讨论相关的重要特征到底是什么？

仔细观察各种实物产品的有效运营和供应链策略，从服装到个人电脑，再到汽车和大众消费品，可以得出一个惊人的见解：产品创新速度，有时被称为技术或产品时钟速度[2]，即特定行业中技术或产品变化的速度，对运营策略具有根本性和巨大的影响。为了进一步理解这种影响，我们将创新速度与两种产品类型联系起来，即功能性产品和创新性产品。[3]

功能性产品创新速度慢，产品种类少，利润率低。典型的例子包括牛奶、肥皂和面粉等杂货，汽车轮胎，基本办公设备等。创新性产品则具有技术创新速度快、产品生命周期短、产品种类多、利润相对较高的特点，例如时装和电子产品。

　　当然，同一产品既可以是功能性的，也可以是创新性的，例如，以标准包装以及手工或美食选项提供的基本食品，如意大利面、咖啡或果酱。同样，同一家公司，如汤米·希尔费格（Tommy Hilfiger），生产了一款白色纽扣衬衫，它属于功能性产品，但和最新的秋季设计一样时尚，兼具功能性和创新性。

　　毫无疑问，对于产品或技术变化频繁的产品和行业（即创新产品），其供应链战略必然与创新速度较慢的产品有本质区别。同样，产品设计策略及其与供应链特征的关系取决于产品创新速度。

　　表 12-1 描述了这两类产品的主要特点。[4]创新性产品和功能性产品之间的区别，对预测准确性、过时风险或销售损失成本等具有巨大的影响，因此，对每种情况下所采用的供应链类型必然有很大的影响。所以，针对功能性和创新性产品通常需要采用不同的供应链战略。

表 12-1　功能性产品和创新性产品的特点

	功能性产品	创新性产品
产品种类	少	多
产品生命周期	长	短
预测准确性	高	低
过时风险	低	高
销售损失成本	低	高

　　下面讨论具体用处。首先，一个产品确实有可能从创新产品开始，在产品生命周期的后期转变为一种商品或功能性产品。其次，许多产品，比如个人电脑、家具甚至服装，可以不同的形式提供，要么是功能性的，要么是创新性的。[5]最后，功能性和创新性产品是一个范围内的两个极端产品特性，跨越不同程度的技术创新速度。那么，企业在这些情况下应该怎么做呢？应该应用哪些适当的产品设计、供应链和运营策略？这些问题在第 6 章讨论过了。

12.3　**产品选择和可得性**

　　许多产品有各种型号、式样、颜色和形状。例如，某种汽车有 5 种式样、10 种不同的外部颜色、10 种内部颜色、自动/手动转换方式，那么总计有 1 000 种不同的配置。通常，这些产品在市场上竞争，虽然很容易预测总需求水平，但很难预测顾客对某种具体产品式样的需求量。因此，产品选择的多样化，导致了更高的库存水平。

　　产品多样化是不同销售渠道选择的结果。许多在线零售商为它们的客户提供大量类似产品，而对在同一领域竞争的零售商只提供相同产品的一小部分。例如，惠普在其网站上提供的配置数量与通过百思买等传统零售商销售的配置数量不完全相同。

　　互联网上出现了一个有趣的现象，克里斯·安德森（Chris Anderson）[6]称之为"长尾效应"：在一个开放的网络里，市场的需求和供给都几乎为无穷大。在这个名为"长尾效应"的市场里，由于缺乏物理和地域限制，零售商可以通过卖不太受欢迎的产品品牌而获利。

　　为了说明这一现象，以图书行业为例，亚马逊销售了几乎所有 500 万种（有唯一书名）印刷书籍，而传统零售商（如巴诺）仅销售 10 万种。图书的多样化为亚马逊提供了巨大的优势；亚马逊 30％的销售额来自在一般零售店买不到的书籍。[7]

　　这并非图书行业独有的现象。以电影租赁行业为例，奈飞（Netflix）储存了大约 9 万张 DVD，而一般零售店只提供几百张 DVD。[8]有趣的是，奈飞提供的 95％的影片每个季度至少会被租用一次。

　　这就是图 12-1 所示的长尾现象。亚马逊和奈飞等公司有 25％～50％的销售收入不是通过沃尔玛等传统零售商获取的，这些传统零售商一般只销售比较流行的产品。

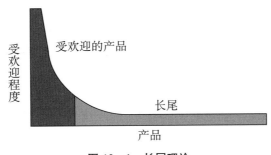

图 12-1　长尾理论

　　当然，长尾现象并没有考虑利润率。实际上，虽然在线收入的很大一部分来自传统零售商没有销售的产品，但这些产品的库存可能非常昂贵。因为这些产品的销售量很低，因此预测准确性很差，导致安全库存很高。同样，低产量意味着在采购和运输费用方面无法利用规模经济。

　　如今，与在线订购产品相关的供应链成本，大约是实体供应链成本的 3～4 倍。因此，渠道对供应链战略有着巨大的影响。公司是在网上还是在传统零售店销售产品，给供应链带来的挑战和机遇是完全不同的。传统零售与在线销售的比较如表 12-2 所示。

表 12-2　传统零售与在线销售的比较

	传统零售	在线销售
产品种类	少	多
定制化	有限	高
预测准确性	高	低
产品数量	高	低

当然，在线零售商销售可下载的产品，如电子书、电影或歌曲时，长尾既代表收入又代表利润。

产品选择与产品可得性直接相关。事实上，亚马逊并不一定持有其产品组合中销量非常低的产品的库存——图12-1中尾部最右侧的那些产品。因此，一些低销量产品的交货周期相当长，因为亚马逊是在收到客户订单后才向制造商订购产品。但对于其大多数产品来说，可得性及较短的响应时间是亚马逊战略的核心。

相比之下，ZARA、萨克斯第五大道（Saks Fifth Avenue）或尼曼马库斯（Neiman Marcus）等时尚零售商提供了大量的时尚产品，但它们的企业战略强调的是稀缺性，而不是可得性。通过减少库存，这些零售商激励消费者在销售季节提早购买，而不是一味地等待折扣。零售商的这种战略无形中增加了购买的紧迫性，减少了库存，并规避了打折的必要，这对传统零售商来说是一个巨大的挑战。事实上，ZARA 80%～85%的产品是全价销售的，而竞争对手的全价销售比例在60%～70%。

这种企业战略也存在一定的缺点，就是销售更受欢迎的产品才会带来潜在的收益。为了解决这个难题，ZARA 执行了一种快速上市的运营策略，这样在获得市场信号信息之前可以推迟生产甚至产品设计。门店经理跟踪销售数据和趋势，根据当地的需求制定产品分类和库存决策。这些关于流行式样和趋势的信息被用于指导产品设计和生产决策。

因此，ZARA 从产品设计到生产一直到商店货架的上市时间在 2～5 周之间，明显短于行业平均 6 个月的上市时间。这使得 ZARA 可以在销售旺季为商店补货，而其大多数竞争对手只在销售季节开始时补货一次。

一位著名歌手在西班牙为期 3 周的巡回演唱会很好地说明了 ZARA 的快速上市能力。多亏了 ZARA，一些观众穿着该歌手在第一场演唱会中介绍的服装来到了最后一场演出。也就是说，在三周内，ZARA 就能够设计产品、采购面料、生产制造并交付到商店，这是一个相当惊人的速度。

12.4　价格和品牌

产品价格和服务水平是顾客价值的基本部分。尽管价格并不一定是顾客考虑的唯一因素，但任何产品可被接受的价格范围都很有限。例如，当产品是大众消费品时（甚至一些像个人电脑之类的复杂产品也是大众消费品），它们的价格柔性很小。因此，公司通过对供应链进行创新，可以获得成本优势。

沃尔玛是供应链方面的创新者，其成功的故事众所周知。沃尔玛通过供应链创新，提供低成本商品，实现了在竞争中压价。此外，沃尔玛实行的"天天低价"策略是减弱牛鞭效应的重要工具（见第 5 章和第 6 章）。这个策略十分诱人，顾客不必再担心在错误的时间购买物品，零售商和制造商也可以不必再做计划，以考虑促销行为所引起的需求变动。

价格中的另一个重要因素是产品品牌。从自助超市到在线零售商，各种零售环境都是如此。下面来看看书籍和 CD 在互联网上的价格。2000 年，当互联网销售开始腾飞时，一项研究发现，"互联网上不同销售商之间在价格上有着系统的、本质的区别。在互联网上，书籍的售价差异平均可达 33%，CD 则达 25%"。更重要的是，提供最低售价的互联网销售商并不一定销量最高。例如，研究发现，在 99% 的情况下，Books.com 比亚马逊网上商店的售价低，然而亚马逊占领了当时 80% 的市场，而前者只占有 2% 的市场。一种解释是，顾客对不同的互联网销售商的信任程度和相关的品牌价值的认可程度不同。[9]

显然，互联网及其对顾客行为的影响，使品牌变得越来越重要，因为在顾客脑海中，品牌是质量的保证。比如，奔驰汽车、劳力士手表和蔻驰手提包之类的品牌有很高的质量和声誉，因而能够开出比其他品牌的产品更高的价格，而且高价格本身就是象征威望和可感知质量的重要因素。

当然，定价策略与供应链战略必须保持一致。也就是说，公司在价格上竞争时，供应链战略必须不同于在其他客户和商业价值上竞争时的供应链战略。利润率这个概念能很好地解释以上观点。利润率越低，可能是因为日常低定价策略或运营效率低下，就越需要降低供应链成本。

为了进一步理解利润率产生的影响，以两个不同行业的 7 家公司的净利润率为例，即个人电脑和包装消费品，这两个行业的成本和收入是成正比的。个人电脑行业的代表公司是宏碁、戴尔、联想、惠普，包装消费品行业的代表公司是高乐氏、宝洁、高露洁。这些公司 2008 年的年报显示，两个行业的利润率差异很大，更为显著的是，个人电脑行业四家公司的利润率之间存在巨大的差异，见表 12-3。

表 12-3 实现与成本削减 1% 相同的效果所需的收入增加

	2008 年利润率	收入增加 （运营成本每降低 1%）
宏碁	2.94%	34.0%
戴尔	5.69%	17.6%
惠普	9.18%	10.9%
联想	9.8%	10.2%
高乐氏	17.22%	5.8%
宝洁	20.11%	5.0%
高露洁	20.91%	4.8%

例如，2008 年联想的利润率为 9.8%，而惠普为 9.18%，戴尔为 5.69%，宏碁为 2.94%。显然，将运营成本降低 1 个百分点将直接转化为利润（即净利润）。要通过提高销售额对净利润产生同样的影响，联想需要将收入增加 10.2 个百分点（=0.01/0.098），惠普增加 10.9 个百分点，戴尔增加 17.6 个百分点，宏碁增加 34 个百分点（见表 12-3）。影响很明显！这个例子表明，利润率越低，就越要专注于降低运营成本。

12.5　增值服务

在供应过剩且产品属于大宗商品的经济中，许多公司无法仅靠产品价格进行竞争。因此，公司需要提供一些与竞争对手不同的增值产品，以获得更高的利润率。

在过去的几年，公司高管已经意识到，他们可以从传统供应链（即负责其核心产品的供应链）中推动的成本节约和业务增长是有限的。这些公司现在开始关注服务部件供应链为其顾客增加价值的能力，以及为供应商增加收入和利润的能力。

当然，增值服务增长的一个重要驱动力是，信息技术能力的显著提高。这为创新公司提供了几乎无限的机会与顾客互动，为它们提供所需服务的实时信息，有时还可以用数字产品代替实体产品。所有这些都意味着供应商和顾客之间的关系更加紧密，这是大多数企业追求的重要目标。

这些观察结果与阿伯丁集团（Aberdeen Group）最近的一项研究一致，该研究发现，售后服务（例如维修、升级和维护）和销售备件占许多工业公司收入的 10%～40%，并占其库存成本的很大一部分。据估计，售后服务和备件管理约占美国年度国内生产总值的 8%，这表明更好地管理和优化这些服务是一个巨大的机会。

然而，管理售后服务供应链所带来的挑战与传统供应链的挑战截然不同（见表 12-4），这是受科恩（Cohen）等人的启发。[10]这两条供应链在产品数量和需求特征方面有所不同，但显然，它们关注的目标和响应时间是不同的。事实上，服务供应链通常是通过保证一个非常短的响应时间（例如，几小时）来最大化机器的正常运行时间。而传统供应链以高服务水平或高满足率为目标。

表 12-4　传统供应链与服务供应链的特点

	传统供应链	服务供应链
产品种类	取决于企业战略	总是高的
响应时间	天	小时
目标	服务水平	机器运行时间
需求特性	取决于产品特性	零星和不可预测

如第 11 章所述，灵活性对传统的供应链很重要，对服务部件供应链也至关重要。因为当需求零星且不可预测时，诸如高机器正常运行时间和非常短的响应时间等要求是很难满足的。

12.6　关系和体验

顾客价值的最后一个层面是通过开发关系，在顾客和公司间建立更加紧密的联系。建立关系需要顾客和产品提供者投入一定的时间，从而使顾客转向其他公司更加困难。

一种提供顾客价值的关系是学习型关系：公司建立客户个人文档，利用此信息来提高销售额以及留住顾客。[11] 此类公司有很多典型代表，比如个人公司（Individual Inc.）就是一家根据客户要求提供信息服务的公司，而联合服务汽车协会（USAA）则是一家利用自己的数据库向用户提供其他服务和产品的公司。

实际上，一些互联网网站，如亚马逊，正采用这种新的学习模式，根据顾客以前的采购行为或者进行类似采购的其他顾客的情况，向顾客提供建议。当然，这种提供顾客评论和建议的互联网服务面临着一个问题，那就是顾客会区别他们购买产品的网址和获取该产品信息的网址。换言之，提供意见反馈工具和顾客评论的网站并不一定能打动顾客，确保他们在该网站进行购买消费。顾客有可能从一个网站获取产品信息，却在另一个网站购买该产品。[12]

戴尔则引进了另一种截然不同的方式，针对大客户而设计，其目的在于使客户难以转向其他供应商。戴尔为大公司配置个人电脑，安装特定的软件、标签和其他特殊要求品。这种量身定制的解决方案，加上与企业订单相关的大量订单，需要一种不同于为个人消费者提供服务的供应链战略。为了说明不同供应链战略的必要性，表 12-5 比较了两种不同情况下的商业挑战。

表 12-5 渠道类型：企业客户和个人客户的特点

	企业客户	个人客户
产品种类	低	高
产品为谁设计	顾客	市场
预测准确性	高	低
产品数量	高	低
顾客关系	紧密	松散

除关系外，一些公司也向顾客设计、促销和销售独特体验。顾客体验贯穿公司与顾客之间的所有接触点，从网站到定价、产品质量、包装和分销，一直到顾客服务和售后服务，如维修和升级。挑战在于，不同的人负责不同的接触点，他们可能没有意识到他们是顾客体验的一部分，更糟糕的是，他们可能对顾客体验有不同的理解。[13]

提供良好顾客体验的能力，与有效管理顾客关系、成功生产和配送产品的能力是非常不同的。为了说明这一点，想一想如何衡量和管理顾客体验与顾客关系。后者通常是面向顾客的团队的责任，包括销售和营销，而前者不只涉及面向顾客的团队，因此很难管理，更不用说衡量了。事实上，企业通常衡量的是顾客满意度，而不是体验。很难从关于顾客满意度的信息中推断出关于顾客体验的特定结论，以及在各种接触点上存在的摩擦。

当公司将体验作为吸引和推动消费者的一种方式时，可能需要调整其运营和供应链战略。亚马逊以卓越的顾客体验和有效的服务而闻名，这是因为它注重高效、一致和可靠的执行战略。多年来，亚马逊一直允许其他零售商通过其网站销售产品，但有人抱怨质量和服务不佳。这对顾客体验产生了影响，并促使亚马逊改变了执行战略。根据亚马逊 2006 年的倡议"亚马逊物流"，零售商将产品运送到亚马逊的配送中心，由亚马逊负责包装、运输、退货和顾客服务。[14] 我们得出的结论是，改善顾客体验需要更高水平的卓越供应链。

小 结

在过去的几年中，我们发现许多公司的价值主张与运营策略不匹配，这是对运营与供应链策略理解不到位的结果。这种不匹配是公司在其所有细分市场中应用同一种供应链策略的结果，这些细分市场具有不同的特征，并且公司提供不同的价值主张。

本章的目的是介绍公司的价值主张，包括产品特性、定价、选择和可得性、关系和体验，它们都会对运营策略产生影响。在第 6 章，我们将产品和市场特征与运营和供应链策略直接联系了起来。

最后，应该提及对消费者越来越重要，且应该包含在顾客价值中的另一个方面——企业社会责任。这个方面涉及环境问题，例如碳排放、回收利用、包装、节水和节能，以及其他社会话题，如社区发展、安全标准和工作条件。我们将在第 14 章对顾客价值的这一方面进行具体论述。

讨论题

1. 讨论在传统零售和在线销售中，产品质量和价格的权衡关系。

2. 考虑动态定价策略及其对利润的影响。解释在以下情况下，为什么动态定价相对于固定价格策略能获得更多利润：

（1）现有生产能力降低时；

（2）需求不确定性增加时；

（3）需求模式的季节性增加时。

3. 讨论供应链管理决策如何影响企业在某些方面更加出众的能力，尤其是要考虑

（1）与要求的一致性；

（2）产品选择；

（3）价格和品牌；

（4）关系和体验。

4. 以下公司提供的最大的顾客价值是什么？

（1）星巴克；

（2）GAP；

（3）Expedia.com。

5. 互联网带来什么样的额外机遇？

6. 在一个类似亚马逊的公司，你将用什么来衡量公司业绩？又用什么指标来衡量供应链绩效？

参考文献

第 13 章
风险管理

学习完本章，你应该能够回答以下问题：

- 如何量化供应链风险敞口？
- 如何处理难以量化的风险来源？
- 生存时间和恢复时间在供应链风险管理中的作用是什么？
- 柔性在降低供应链风险敞口中如何发挥作用？

13.1 引 言

制造业日益激烈的竞争，导致降低供应链成本的压力越来越大。为了保持市场地位，获得竞争优势，公司正在通过采取外包、离岸生产和精益制造等策略来应对。但是，采用这种成本削减措施，有时是以供应链管理中的风险为代价的。

事实上，当前流行的行业趋势与供应链中风险水平的上升有着直接的关系。随着制造业务的离岸生产和全球化的不断发展，供应链在地理位置上越来越多元化，因此，面临各种类型的人为灾害和自然灾害。同样，对于专注于低库存水平的精益制造商来说，一场灾难可能会使它们的业务陷入停顿。

随着特大灾害的威胁日益严重，行业需要识别供应链中的风险敞口，采取适当的风险缓解措施，并确保这些措施能准确反映风险敞口水平。因此，大量公司都关注供应链弹性，但只有一小部分公司能做到积极有效地管理风险。

公司面临的风险水平的提高，要求供应链管理人员系统地应对极端风险，如飓风、流行病、地震或港口关闭，以及运营风险，如预测错误、采购问题、运输故障和召回问题。遗憾的是，灾难发生后，公司几乎没有什么可以做的。因此，公司需要投入更多的注意力来规划它们的供应链，以便更好地应对大型灾害和更普遍的运营问题。

本章我们将研究全球供应链中隐含的各种风险，制定量化风险敞口的框架，并确定减少这些风险的工具方法。

13.2　风险源

全球供应链面临着与国内供应链相似的风险，以及更具全球性的额外风险。图 13-1 列出了全球化公司面临的几种主要风险。自然灾害、地域政治危机、流行性传染病和恐怖袭击会导致零部件库存的缺乏，从而使生产线中断。事实上，"9·11"恐怖袭击和 COVID-19 就对许多汽车制造商造成了巨大冲击。

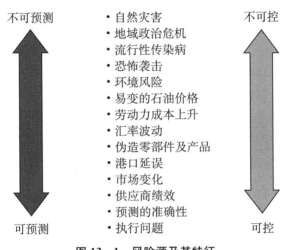

图 13-1　风险源及其特征

遗憾的是，由于没有任何经验可以借鉴，对于冰岛火山爆发（2010 年 3 月）、日本地震和海啸（2011 年 3 月）或泰国洪水（2011 年 8 月）这样的巨大灾难，是很难预防的。同样，像 2003 年的 SARS 或 2020 年的流行病，导致从远东到其他地区的零部件和产品的流动中断，而且因为缺乏相应的数据，同样难以预防。

如美国前国防部部长唐纳德·拉姆斯菲尔德（Donald Rumsfeld）所说，我们把这种风险称为不可预测的风险，因为我们很难知道这类风险源发生的概率。

在图 13-1 中，还列出了其他风险源，如供应商绩效、预测的准确性和执行问题。这些风险是可以量化的，所以我们把这种风险称为可预测风险。例如，公司可以根据历史数据，预测差错产生的概率、机器故障的平均间隔时间和供应商的提前期。

很明显，不可预测的风险是非常难控制的，而可预测的风险比较容易控制。在这两种极端之间的风险可控制的程度依具体情况而定。例如，易变的石油价格造成的风险可以通过长期合同来解决，汇率波动可以通过一系列的防备措施来解决，我们下面会谈到。

在确定了组织对各种风险源的控制水平之后，量化风险的预期影响就变得非常重要。我们将预期影响定义为风险发生的可能性，以及风险发生对业务的直接影响，例如，通过对收入或利润的影响来衡量。

例如，对于从某个地区采购关键零部件的公司来说，政治不稳定的影响可能很大。然而，发生政治不稳定问题的可能性很低，因此预期的影响是"中等"。相比之下，商品价格变化的预期影响相对较大。因为商品价格的波动性很大，因此价格向不利方向变化的可能性很大。如果发生这种情况，对采购成本的影响可能非常大。因此，商品价格变化属于高预期影响。

根据控制每种风险源的能力及其预期影响这两个维度，得到图 13-2 所示的直观风险评估框架。毫无疑问，具有高预期影响的可控风险源，可以而且必须得到有效管理。更具挑战性但同样重要的是，为具有高预期影响的不可控风险源制定风险缓解战略。无论是可控风险还是不可控风险，管理层都必须以与该框架类似的方式，规划整个公司的风险组合，这样才能识别风险管理策略中的差距和挑战。

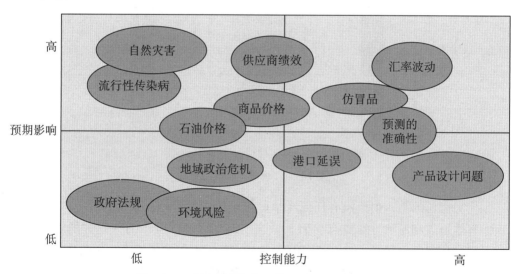

图 13-2 风险评估框架：控制能力与预期影响

对风险评估框架的深入探究表明，管理层应根据对经营绩效的预期影响，制定风险缓解策略。这意味着需要将经营目标和绩效与风险管理策略相匹配。实现这一目标的最有效方法是，确保将各种类型的风险整合到运营和经营决策中。

换言之，风险管理不是组织中的一项独立职能，而是必须嵌入到公司的决策过程中。例如，在设计阶段，生产采购决策应考虑供应中断对经营绩效的预期影响。因此，这种方法需要一种组织文化，把风险管理作为日常决策过程的一部分，促进风险评估和风险管理。

实例 13 - 1

CEMEX 是墨西哥最大的公司之一，专门从事建筑材料业务，业务遍及 30 多个国家。在世界上最艰难的市场之一竞争，CEMEX 面临着多重风险：运营风险，包括价格和需求风险；市场风险，包括市场准入和环境监管风险；世界市场风险，包括汇率和能源价格风险。CEMEX 的风险管理策略主要体现在两个方面：首先，直面而非回避特定类型的风险，已成为其核心竞争力。例如，公司通过现货交易集中产能，以降低商品价格风险，并通过更好地匹配供需来增加价值。其次，风险管理深深植根于公司的文化和组织结构中，以至于无论是在战略层面还是战术层面上，作为一项独特的管理职能几乎不被人注意。例如，在战略上，该公司将风险管理纳入其产能和采购计划，在运营上，通过积极地跨市场交易水泥来降低风险。结果是尽管 CEMEX 面临多重风险，尤其是在新兴市场，但在管理水泥和混凝土生产与分销的隐含风险方面达到甚至超过了全球行业标准。[1]

全球化公司如何降低我们在本节所讨论的各种风险呢？公司是否可以应用一个框架来确定风险敞口水平，以及如何优先考虑缓解供应链风险的各种策略的投资决策？在 13.3 节，我们介绍风险敞口法[2]，该方法允许公司量化其供应链中不同节点（设施）的风险敞口水平。在 13.4 节和 13.5 节，我们将具体讨论应对各种风险的策略。

13.3 风险敞口法

管理供应链风险的传统方法，依赖于了解每一个可能严重扰乱公司运营的潜在事件发生的可能性和影响的大小。对于常见的供应链中断，如供应商绩效不佳、预测错误、运输故障等，这些方法使用历史数据来量化风险水平，效果非常好。

但当涉及低概率、高影响的事件时，情况就不同了，比如 2005 年的卡特里娜飓风这样的特大灾难，2003 年 SARS 和 2020 年的 COVID-19 这样的病毒性流行病，或者由于工厂火灾或罢工等不可预见的事件而导致的重大停电。由于这些罕见事件的历史数据有限或根本不存在，它们的风险很难用传统的模型进行量化。因此，许多公司没有做好充分的准备。当灾难真的发生时，这可能会产生毁灭性的后果，甚至迫使精通运营的公司在事后采取紧急行动，想想丰田公司在 2011 年福岛地震和海啸灾难后的情况就能知道。

为了应对这一挑战，风险敞口法重点关注供应链不同位置的潜在故障的影响（如供应商工厂关闭或配送中心发生洪水），而不是中断的原因。这种类型的分析无须确定任何特定风险发生的概率，却是一种有效的方法，因为无论造成中断的原因是什么，中断的缓解策略都同样有效。通过使用该模型，公司可以量化关键供应商的工厂暂停运营两周的财务和运营影响。有一点至关重要，即该模型可以轻松快速地更新，以应对处于不断变化状态的供应链。

为了确定公司供应链中任何地方的中断将如何影响公司的绩效，我们整合了公司的生产管理系统、供应商管理系统以及财务和销售系统的数据。我们利用公司的数据，将每个供应商的部分，映射到公司的每个设施和产品系列中。该模型包含了多层供应商关系、物料清单信息、运营和财务指标、运输和现场库存水平、每种产品的需求预测以及公司选择评估绩效的指标，如生产单位损失、收入损失或利润率损失。公司可以在任何详细程度上表示整个供应网络，从单个零件到基于零件类别、供应商、地理位置或产品线的汇总。这使得管理人员可以根据需要深入了解更多的细节，并确定以前没有认识到的、影响公司在中断情况下所产生的损失的依赖关系。

风险敞口模型的一个核心特征是恢复时间（TTR），即一个特定节点（如供应商设施、配送中心或运输枢纽）从最初中断后恢复到完整功能所需的时间。我们的模型可以通过运行基于不同持续时间的 TTR 值的场景，轻松解释不同严重程度的中断。例如，福特汽车公司利用不同的 TTR 值来分析短期和长期中断对其供应链的影响。TTR 值可以根据历史经验确定，也可以通过对公司的买方或供应商的调查获得，见图 13-3。这些值对每个节点来说都是唯一的，或者在所有节点或子集的节点中都是不同的。

通过在 TTR 期间每次从网络中删除一个节点来进行分析。该模型确定如何重新分配现有的库存和供应替代品，以尽量减少对公司目标绩效指标的影响，并根据公司的目标绩效指标为每个节点生成绩效影响。例如，如果目标绩效指标是收入损失，则该模型确定与供应网络中每个节点的 TTR 相关的收入损失。其他常用的绩效衡量指标，还有利润损失和产量损失。

代表最大绩效影响的节点的风险敞口指数（REI）得分为 1.0。与其他每个节点相关的 REI 是根据这个参考值来确定的。这样，公司就可以确定哪些节点的中断会对所选的绩效指标产生最大的影响。

模型的核心是利用了一个线性优化程序。线性规划是一种常见的技术，用于在给定一组约束条件下，找到实现特定目标的最佳资源分配方案。在我们的案例中，线性规划的目标可以是几个绩效指标之一，例如最小化中断对收入、利润或生产单位的影响。线性规划的约束条件代表了公司的供应链结构，包括现有的和替代的供应源、运输、成品库存、在制品和原材料，以及供应链内的生产依赖性。

当中断节点在其 TTR 期间停机时，线性程序会找到使绩效指标的降低最小化的系统响应。例如，该程序可能决定对特定节点中断的最佳响应，包括减少库存、转移生产、加快运输、开发替代供应来源，以及将资源（如有限库存）分配给公司成品的一个子集。由于该节点中断而导致的绩效指标的降低，被视为对该节点的绩效影响。

该模型可以考虑替代供应源，允许公司考虑当多家公司同时调整供应中断时可能出现的互动效应。例如，一个由多家公司共享的供应商的中断，会影响到备用供应的选择，因为公司会争相锁定这些替代供应来源。根据合同的规定，备用供应商

1) 供应商

    a. 一级供应商名称

    b. 供应站点(城市，地区，国家)

2) 来自该站点的零部件

    a. 零部件编号

    b. 零部件说明

    c. 零部件成本

    d. 该零部件的年销量信息

    e. 该零部件的库存信息（供应天数）

    f. 从该供应商站点购买的总金额（每年）

3) 最终产品

    a. 使用该零部件的OEM的最终产品（如车辆）

    b. 最终产品的利润率

4) 从供应商站点到OEM站点的提前期

5) 恢复时间(TTR)，站点从最初中断后恢复到完整功能所需的时间

    a. 供应商站点关闭但工具未损坏

    b. 供应商站点关闭且工具丢失

6) 损失成本

    a. 加急费用

    b. 加班费

    c. 其他

7) 供应商和零部件风险评估

    a. 单源

    b. 有限供应商

    c. 财务稳定

    d. 运营稳定

    e. 其他

8) 供应商零部件组合的缓解策略——评估TTR信息是否与缓解策略一致

    a. 替代供应商

    b. 库存

    c. 其他

图 13 - 3　识别供应商数据和零部件的问卷

可能会优先考虑某家公司而不是其他公司，这将影响到 TTR 和绩效影响。这些跨公司的互动效应对于了解公司在危机中的脆弱性至关重要，应该引起重视。

    风险敞口法有以下优点：

● 识别隐藏的风险敞口。该模型可帮助管理人员确定网络中哪些节点产生了最大的风险敞口，会突出显示以前隐藏的或被忽视的高风险区域。公司通过使用该模型可以比较各种替代方案的成本和收益，以减轻影响。

● 避免对罕见事件的预测需要。该模型确定了对供应网络内可能发生的任何

中断的最佳响应，而不管原因是什么。对于公司来说，与其试图量化低概率、高风险事件发生的可能性，不如专注于识别最重要的风险敞口，并制定风险管理策略来降低风险。

● 揭示供应链的依赖关系和瓶颈。公司还可以使用这些分析来制定库存和采购决策，从而提高供应网络的稳健性。如果一家供应商的中断影响到多家公司，竞争对手之间可能会争相抢夺替代供应源。在分析时应考虑危机带来的这种跨公司效应。如果主要供应商发生中断，可以与备用供应商谈判合同，以获得供应的优先权，这将减少恢复时间和绩效影响。

● 促进讨论和学习。在以这种方式分析供应链的过程中，管理人员与供应商和内部团体讨论关键设施的 TTR 可接受水平，并分享关于减少恢复时间的最佳实践流程的见解。因此，中断的影响被最小化了。

实例 13-2

在图 13-4 中，我们分析了一家高科技制造公司应用风险敞口法的过程。该公司的供应商遍布世界各地，并拥有少量的装配设施。它直接向零售商或通过第三方分销商销售产品。图中显示了每个节点的 TTR 以及每个节点中断可能对公司产生的财务影响（以收入损失的形式）。该图是通过在 TTR 期间从供应链中移除该节点后运行线性优化程序生成的。

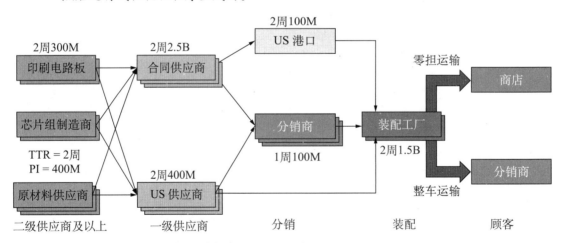

· 恢复时间 (TTR)：最初中断后恢复到完整功能所需的时间。
· 绩效影响(PI)：TTR 期间的财务影响或运营影响。在本例中，该图显示了收入损失的影响。

图 13-4　高科技制造公司风险敞口分析

注：M 表示百万美元，B 表示 10 亿美元。

13.3.1　福特汽车公司

我们用提出的方法来分析福特汽车公司在两种情况下面临的供应链中断风险：

在第一种情况下，供应商的生产设施中断 2 周。在第二种情况下，供应商的工具必须更换，工厂暂停运营 8 周。

福特拥有多层供应商网络，其中一些供应商的提前期很长，材料清单复杂，多个产品线共享零部件和缓冲库存。风险敞口模型显示，其中大约 61% 的供应商站点发生中断，不会对福特的利润产生影响。相比之下，大约 2% 的供应商站点如果中断，将对福特的利润造成非常大的影响。被中断造成损失最大的是那些福特采购规模相对较小的供应商站点。这一发现让福特的管理人员感到惊讶。事实上，这些供应商中有许多以前并未被公司的风险管理人员认定为高风险供应商。福特 1 000 个最重要的供应商站点发生的供应商中断对产量损失和利润损失的影响见图 13 - 5 和图 13 - 6。

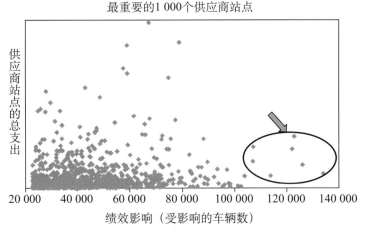

图 13 - 5　供应商设施中断对产量和供应商支出的影响

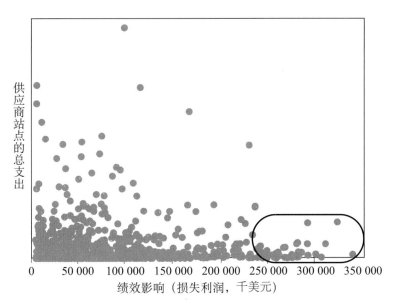

图 13 - 6　供应商设施中断对利润和供应商支出的影响

通过使用该模型，福特能够确定不需要特别风险管理关注的供应商站点（TTR短、财务影响小的供应商站点）和那些需要更彻底的中断缓解策略的供应商站点。分析结果使福特能够评估可采取的替代方案来缓解高影响的风险，并更好地确定其风险缓解策略的优先级。例如，管理人员了解到，与某些供应商相关的风险敞口指数得分对公司库存量高度敏感。因此，福特制定了相关流程，每天仔细监测与这些供应商相关的库存。供应商细分的缓解策略概要见图 13 - 7。

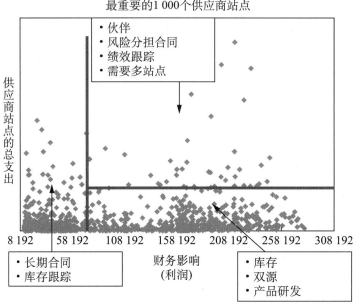

图 13 - 7　供应商细分的缓解策略

2012 年 3 月，一种名为尼龙 12 的专用树脂的短缺震惊了汽车行业，该树脂用于制造油箱、制动器部件和座椅织物。关键供应商赢创（Evonik）在其位于德国马尔的工厂发生了毁灭性的爆炸事故。赢创用了 6 个月的时间才恢复生产，在此期间，福特等主要汽车制造商的下游生产设施严重中断。如果福特管理人员在这次中断之前使用风险敞口框架，他们就会发现风险敞口和相关的生产瓶颈，并积极主动地与赢创合作，加快其在新加坡开设新工厂的计划，该工厂已于 2015 年投入生产。

与许多其他公司一样，福特的供应链也日益全球化、复杂化和延伸化，这给福特增加了很多潜在的故障点。通过使用风险敞口模型，福特能够快速量化其供应链风险，并确定有效的策略，以减轻中断发生时的影响。

这种类型的项目有一个重要挑战是收集可靠的 TTR 信息。图 13 - 3 提供了在线调查的信息以及从供应商处收集的信息类型。问题是，供应商在回应在线调查时可能过于乐观，从而提供了较短的 TTR 信息。因此，所面临的挑战是确定公司（福特）对 TTR 信息敏感的供应商，也就是说，TTR 中的一个小误差会对绩效产生很大的影响，因此公司需要更仔细地核实 TTR 数据。

为此，我们引入了与每个供应链节点相关的生存时间（TTS）[3]概念。我们将一个节点的 TTS 定义为，在没有该节点的情况下，即将该节点从供应链中移除后，供应链能够实现供需匹配的最长时间。找到 TTS 并不容易，因为供应链各环节充满了库存，但关键是它与任何 TTR 信息无关。图 13-8 描述了福特所有一级供应商的 TTS。许多供应商的 TTS 都很长，长达几周，因此获得关于它们的准确 TTR 信息并不那么重要。但有几百家供应商的 TTS 非常短，最多只有一到两天，对这些供应商的 TTR 需要进行仔细分析。

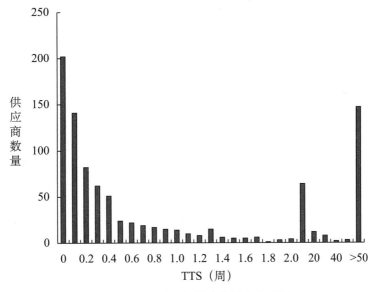

图 13-8　福特一级供应商的生存时间

13.4　处理不可预测的风险

有没有策略可以使公司管理好不可预测的风险呢？这些风险可能产生巨大的影响，不仅可能耗尽公司多年来积累的利润，并且可能迫使公司退出某个地区或市场。

本节我们要讨论以下几种全球供应链风险管理的方法，尤其是这些方法在处理不可预测风险时的作用。

（1）缓冲能力。

（2）感应与应对速度。

（3）灵活的供应链联盟。

有效利用这些方法能使供应链从灾难中快速恢复，从而形成所谓的弹性供应链。每种方法对供应链的侧重点要求不同。缓冲能力要求在供应链的设计阶段建立起来；感应与应对速度要求供应链形成一个在短时间内获取准确信息的机制；灵活的供应链联盟要求供应链内的所有成员拥有相似的文化，为同一目标工作，然后分享利润。

13.4.1 **缓冲能力**

风险管理的一个主要挑战就是设计供应链，使供应链在有效处理不可预测事件的同时，增加的成本较小。实现这个目标需要仔细权衡供应链的各种成本，从而在供应链中建立适当的缓冲能力。

实例 13-3

2001 年，美国消费品公司（CPG）的全球供应链包含 40 家遍布世界各地的工厂，公司的家用产品销往许多国家。公司有组织地发展并向外扩张，管理层认为是时候优化其供应链网络，关掉一些生产效率较低的工厂。最初的分析表明，公司通过关闭 17 家现有工厂，每年可以减少成本 4 000 多万美元。

但是精简后的供应链存在两个重大缺陷。首先，新的供应链在北美或欧洲没有设立工厂，这使得供应的提前期变长而且不稳定，这种提前期又导致了库存增加。更重要的是，亚洲和拉丁美洲的工厂是满负荷生产，因此，若遇到大的干扰就会使供应链难以满足各个消费市场的需求。所以，怎样设计供应链，才能考虑到像流行性传染病或是政治问题这种难以量化的因素呢？

这家公司采取的措施是权衡各种成本，如图 13-9 所示，横轴代表保留的工厂数，纵轴代表各种成本要素，如可变成本、固定成本、运输成本、关税和库存成本等。最上面一条线代表总成本，即各成本要素的总和。从图中可以看出，关闭 17 家工厂，保留 23 家能使供应链总成本达到最低。但是，总成本函数曲线在最优策略附近比较平缓，保留的工厂数从 23 增加到 30，所引起的总成本增幅不大，却能使缓冲能力大幅提高。所以，我们即使不能量化流行性传染病或是政治问题等造成的风险，也可以通过投资缓冲能力来做好准备，同时使增加的成本较小。

上述例子说明了供应链总成本的一个重要特征，可用来构建缓冲能力和降低风险，而不增加成本。因为供应链成本围绕着最优策略保持相对平稳。

有许多策略的总供应链成本接近最低成本策略，但从风险缓解的角度来看，其中一些策略更有效。根据这一特性，公司可以在看似相互冲突的目标之间找到适当的平衡：降低成本和风险管理。

当目标是减少碳足迹时，也可以应用相同的性质。如果考虑限额与交易等环境法规，公司可以利用这一特性，选择成本接近最优但其碳足迹不违反碳限额的策略。这一策略和其他绿色策略将在第 14 章进行分析。

13.4.2 **感应与应对速度**

下面的案例说明，如果感应与应对的速度够快，就能帮助公司克服不可预测的

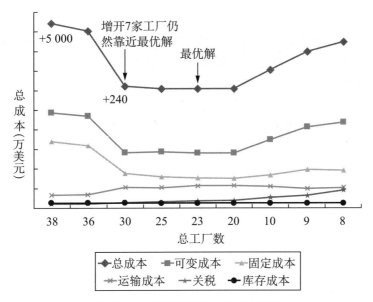

图 13 - 9 供应链设计中的成本权衡

风险。同时也说明，如果不能及时感应与应对供应链的变化，那么公司会被迫退出某个市场。

实例 13 - 4

2000 年，飞利浦设在新墨西哥城阿尔布开克地区的半导体工厂，主要为手机生产商爱立信和诺基亚生产手机用的射频芯片。2000 年 3 月 17 日晚上 8 点，闪电袭击了这家半导体工厂并引发火灾，火灾毁坏了几乎所有的硅石库存，导致工厂停工数月。

3 天后，诺基亚发现了阿尔布开克工厂的订单延误。刚开始，飞利浦预测生产线会在一周内恢复。但是，诺基亚决定派工程师去新墨西哥城查明情况。当工厂拒绝诺基亚的工程师进入时，诺基亚提高了警惕，对该工厂订单的监督频率从每周一次增加到每天一次。3 月 31 日，即火灾发生两周后，飞利浦向诺基亚承认，未来几个月的订单都会受到影响。

对此消息，诺基亚反应极为果断，它重新设计了芯片，使其他供应商也能生产，这些供应商承诺从接到订单到生产的准备时间为 5 天。但是这样还不能完全解决问题，因为飞利浦提供的 5 个零部件的其中一个无法从其他供应商处获取。因此，诺基亚向飞利浦施压，要求飞利浦从中国和荷兰的两家工厂为其供货。

爱立信与诺基亚的反应大相径庭。尽管火灾发生 3 天后飞利浦通知了爱立信，但是爱立信的管理高层在 4 周以后才收到此消息。更糟糕的是，爱立信认识到问题的严重性时，其他供应商已经被诺基亚所占据。这次事件对爱立信的影响相当大，销售额亏损了 4 亿美元，保险仅补偿了一小部分。再加上零部件短缺、产品组合出错和营销方面的问题，2000 年爱立信手机部门总共亏损 16.8 亿美元，这迫使爱立信退出了手机市场。[4]

回顾一下诺基亚和爱立信在 2001 年之前的战略。多年来，诺基亚专注于模块化产品架构，通过产品设计来提高供应链灵活性，参阅第 10 章。尤其是采购的灵活性，即从一个供应商快速切换到另一个供应商的能力，是诺基亚战略的重要组成部分。爱立信的战略完全是为了降低成本：从 20 世纪 90 年代起，爱立信采取单一采购策略，淘汰了备用供应商，努力降低成本，精简供应链。[5]

结论很清楚：供应链成本的降低，并不能证明不保持任何灵活性的企业战略是合理的。换言之，公司需要在灵活性上进行投资，否则它们会在以后付出惨痛代价。

13.4.3 灵活的供应链联盟

毫无疑问，灵活的供应链联盟是风险管理中最难实施的方法，它要求供应链内的所有成员拥有相似的文化，为同一目标工作，然后分享利润，从而构建出一个供应链联盟。这个联盟中的成员通过改变和重组，使整个联盟能更好地应对突发事件。下面的例子有力地证明了这种适应性强的供应链所起的作用。

实例 13 - 5

1997 年，爱信精机（Aisin Seiki）（以下简称爱信）作为日本丰田刹车配件的独家供应商，为丰田供应 98% 的刹车配件。刹车配件是一种价格不高但在车辆组装中十分重要的配件，如果发生供应中断，丰田的生产线就会停工。1997 年 2 月 1 日星期六，刈谷工业区的一家爱信工厂发生火灾，而这个工业区内还有丰田的其他几家供应商。刚开始对这次灾害评估时预计，两个星期以后重新生产，6 个月以后完全恢复。[6]

当时的情势相当严峻，丰田的季度需求非常大，工厂全都满负荷生产，日产量接近 1.55 万辆。根据丰田生产系统准时生产的要求，丰田仅持有 2～3 天的库存，几天以后如果库存得不到补充，工厂就会完全停产。

事故发生后，丰田立即重组了整个刹车配件的供应链。首先，把刹车配件的生产设计图分发给所有供应商，然后将爱信和丰田的工程师重新安排到各供应商的工厂以及原爱信工厂周边的一些公司，例如兄弟公司（Brother）——一家打印机和缝纫机制造商。同时，根据爱信和丰田的产品说明书改造现有设备，并从现货市场购买新设备。"几天之内，一些原本没有刹车配件生产经验的厂家开始向爱信供应零部件，经爱信组装和检验后运往丰田。"综上所述，大约 200 家丰田供应商共同协作，降低了爱信火灾的影响，尽快恢复了丰田的生产线。[7]

图 13 - 10 描述了此次事故中生产和库存的变化。工厂仅停工 3 天，所有生产不到一星期就完全恢复。事故起初造成爱信亏损 78 亿日元（合 6 500 万美元），丰田亏损 1 600 亿日元（合 13 亿美元）。[8]但是，公司通过轮班和加班，大约把损失

减少到了 300 亿日元（合 2.5 亿美元）。[9]除此之外，丰田还向供应商分发了价值 1 亿美元的礼券，以奖励它们的合作。

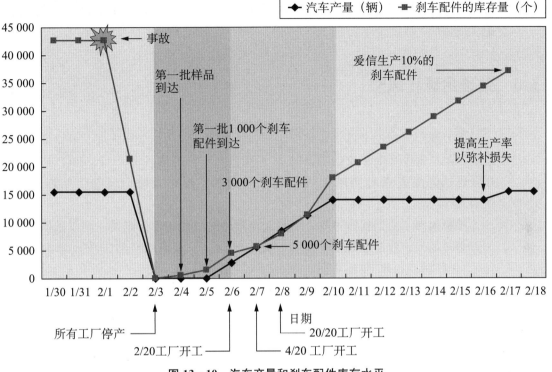

图 13－10 汽车产量和刹车配件库存水平

本案例描述了丰田的供应商是如何通过自身的重组，来解决关键零部件供应中的突发事件的。但是这带来了三个问题：对关键配件采取单一的采购方案是否合理？即使合理，丰田是不是应该对这种低成本的关键配件持有大量库存？丰田的供应链中存在什么样的机制，来帮助公司从供应的突发事件中迅速恢复？

丰田生产控制总经理认为，单一的采购方案以及零库存所带来的风险是预计过的。[10]但是相比其带来的风险，丰田的单一采购方案能使爱信不仅在生产刹车配件时达到规模经济，而且以非常低的成本向丰田提供高质量的产品。[11]

尼西古奇（Nishiguchi）和博德（Beaudet）的《案例研究：丰田集团和爱信火灾》（Case Study：The Toyota Group and the Aisin Fire）具体讨论了第三个问题。[12]文中发现理解供应链对新环境适应性的关键，在于丰田及其供应商严格遵守的准时制。准时制的本质是，将在制品库存控制在一个相当低的水平。这种低水平的在制品库存能提高生产线的质量，快速暴露生产线存在的问题。按照准时制，每个工人都有权为了纠正问题停止生产线。因此，准时制也提高了生产系统解决问题的能力。见第 11 章和参考资料霍普和斯皮尔曼的《工厂物理学》。

以上各个特性对丰田供应链取得较强的适应性来说非常重要。当丰田发现了爱信火灾以后，它中断的不仅是生产线，还有整个供应链，这就迫使供应链上的所有合作方共同解决所发生的问题。[13]

最后两个案例研究支持 9.4 节提出的供应风险框架。实际上，刹车配件和射频芯片是低成本的零部件，它们的中断会造成重大的财务影响。因此，必须考虑库存、双源采购或灵活性。产品设计的灵活性帮助诺基亚从飞利浦半导体工厂火灾造成的供应中断中迅速恢复，而工艺的灵活性使丰田在发生重大中断后迅速重启刹车配件的供应。

13.5 处理全球化风险

本节我们将讨论全球供应链面临的其他风险，包括在某种程度上可以量化和控制的风险（即图 13-1 中的中级风险）。布鲁斯·科格特（Bruce Kogut）指出了利用全球供应链来应对全球化风险的三种途径：投机策略、规避策略以及柔性策略。[14]

投机策略 所谓投机策略，是指公司策略的成功与否仅以某一假设条件的发生为基础，如果该假设在现实中难以实现，公司这一策略就必然失败。例如，20 世纪 70 年代后期和 80 年代早期，日本汽车制造商认为，把生产地设在日本更有利。它们认为，尽管日本的劳动力成本比较高，但汇率和生产力方面的有利条件足以弥补劳动力的较高成本。这种策略在一定时期十分有效。然而，当市场出现了新的不利变化时，如劳动力成本居高不下、货币持续坚挺等，厂商遭到损失，在这种情况下，不得不变成在海外设厂。当然，如果没有出现这些不利变化，汇率、生产力与投资方面的有利条件一直保持着，日本厂家的投机策略将会成功，毕竟，在海外设厂不仅费时而且成本很高。

规避策略 要使用规避策略，必须在设计供应链时保证：链上任意一部分的损失都能够被链上其他部分的盈余所弥补。例如，大众汽车在美国、巴西、墨西哥、德国等地都有制造厂，这些地区也是大众产品的主要销售地。由于不同的宏观经济条件，在不同的时期一些地区的制造厂盈利较高，一些则较低。规避策略就是这样，通过设计，总有一些地区的制造厂获利，而另一些亏损。

柔性策略 如果柔性策略运用得当，将使公司能够适应各种不同的环境要求。一般而言，柔性供应链要求双源采购，并且在不同的国家都有富余的生产能力。另外，工厂的设计本身也具有灵活性，如果由于经济环境的原因而不得不转移的话，这种设计的转移成本将是最小的。这正是我们在第 11 章所说的通过系统设计实现柔性供应链。

下面的例子很好地说明了柔性供应链对企业管理全球化风险能力的影响。

实例 13-6

一家服装制造商在全球拥有六家工厂：美国、中国、法国、墨西哥、菲律宾和波兰。每个工厂专门生产一个产品系列，生产能力的设计要使生产线利用率根据预计需求达到 90%。该公司的产品销往全球 100 多个不同的市场。

与服装行业的典型情况一样，生产采购决策是在 20 世纪 90 年代末制定的，在过去 10 年里一直没有改变。该策略通过采用专门的生产策略来降低制造成本：每个工厂负责一个产品系列。事实上，占总需求约 20% 的大批量产品系列是在中国生产的，而占总需求约 14% 的小批量产品系列是在成本高昂的法国生产的。

这种策略有时效果很好。然而，最近主要零售商施加了很大的压力，要求降低成本。这种压力出现在发展中国家的劳动力成本大幅增加的糟糕时期。据估计，仅在中国，制造业的劳动力成本在 2003—2008 年间就惊人地增长了 140%。慢慢地，五年前行之有效的生产采购策略已经不再有效。更令人困惑的是，随着油价的高度波动，预测劳动力成本的走向以及海洋运输成本的增加幅度将是一项挑战。很明显需要解决这些问题，但没有人知道该做什么。

负责这项挑战的规划团队提出，无论新战略是什么，都必须考虑到六个不同国家之间的工资和生产率差异。图 13-11 展示了过去 15 年每个国家的平均时薪和人均 GDP。法国的工资相对于美国的工资增加了，而相对于美国的生产率却下降了。中国的生产率在过去几年中有所提高，现在已经超过了菲律宾，而波兰的生产率比墨西哥高，但比墨西哥成本高。

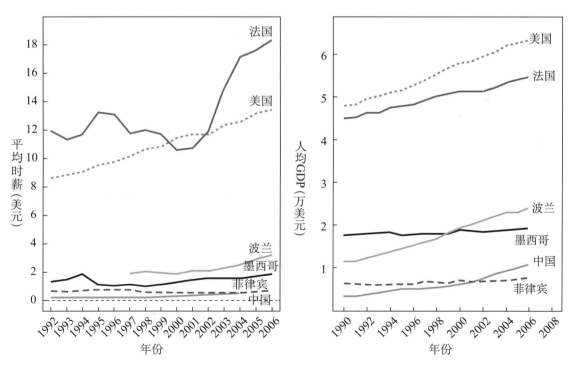

图 13-11　工资和生产率分析

为了准确把握不同国家之间的工资和生产率差异，我们设计了一个指数来比较六个制造地点的预期单位生产成本。该指数以美国为基准，为 100。如表 13-1 所示，法国是劳动力成本最高的国家，中国是劳动力成本最低的国家。但美国只比中国贵 4 倍，而墨西哥和波兰比中国贵不到 2 倍。这个数据与大众媒体的数据相差很多，后者认为美国的劳动力成本至少比中国贵10倍。事实上，将工资和生产率结合起来比较，波兰、墨西哥和中国等之间的制造成本差距要小得多。

表 13-1　基于工资和生产率的单位劳动力成本

国家	单位劳动力成本
法国	137
美国	100
波兰	53
中国	27
菲律宾	42
墨西哥	41

　　掌握了足够的可用数据，该团队开始分析各种选择。由于劳动力成本增加，所需资本也增加了，在低成本国家投资增加产能不是一个好的选择。外包也不是一个很好的选择。但灵活性是一个值得尝试的选择，因为它只依赖于可用的资源，并不需要大量的资本。根据第11章的内容，灵活性确实能提供一种缓解劳动力成本、油价和需求波动的策略。但有多大的灵活性，以及在哪里实施仍然需要讨论。

　　为了解决这些问题，并评估在全球供应链中投资灵活性的好处，该团队分析了六种不同的系统设计策略：

- 基础策略：每个工厂专注于单一的产品系列。
- 2级柔性策略：每个工厂最多可以生产两个产品系列。
- 3级柔性策略：每个工厂最多可以生产三个产品系列。
- 4级柔性策略：每个工厂最多可以生产四个产品系列。
- 5级柔性策略：每家工厂最多可以生产五个产品系列。
- 完全柔性策略：每个工厂都可以生产所有六个产品系列。

　　图13-12比较了各种策略对相关供应链成本的影响。对柔性投资的增加，会降低海运成本，增加陆运成本，因为越来越多的需求可以由当地工厂满足，而不需从别的工厂海运过来。随着公司对柔性投资的增加，制造成本先下降后上升。这是因为投资2级柔性最初会将生产从法国转移出去，从而降低生产成本。当公司加大对柔性的投资力度时，由于规模经济的损失，制造成本增加了。最终结果是，完全柔性将供应链的总成本降低了15%。然而，需要注意，仅投资2级柔性就可以为供应链节省完全柔性60%的成本。也就是说，相对于基础策略，2级柔性策略使供应链成本降低了9%。

　　针对中国和波兰工资的上涨以及汇率的大幅波动，我们进行了额外的敏感性分析，以了解2级柔性这个新策略应对市场变化的能力。例如，2010年中国劳动力成本预计增长20%，波兰预计增长10%。正如预期的那样，2级柔性策略在这种情况下优于专用的制造战略，将因劳动力成本上升而导致的成本增加降低了15%。

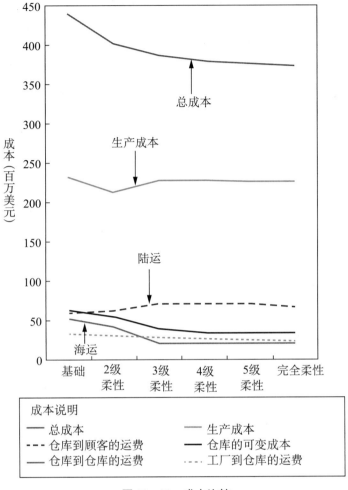

图 13 - 12　成本比较

　　这个例子揭示了被管理层经常忽略的三个重要观察。首先，公司需要频繁地回顾、重新评估或简单地改变运营决策。我们生活在一个快节奏的时代，周围的环境不断发生变化，几年前有吸引力和有效的决策可能已经不适用于今天的环境。其次，制定生产采购决策时除了考虑材料或劳动力成本，还需考虑生产率这个因素。另外，高级管理层应考虑各种采购决策对供应链总成本（包括运输和库存）的影响。最后，正如我们前面讨论的那样，考虑到石油价格、汇率和客户需求的波动程度以及劳动力成本的不确定性等因素的影响，企业在制定战略时至少要投资少量的柔性。

小　结

　　除了本章所列的风险，人为和自然的风险源还有很多。本章提出的原则包括"将风险整合到运营和经营决策中"（13.2 节和实例 13 - 1）、"风险隐藏在意想不到的地方"（13.3 节）、"供应链成本总是围绕最优策略保持相对平稳"（13.4 节和实例 13 - 3），"要么现在投资，要么以后支付。公司需要对柔性进行投资，否则它们将在以后付出代价"（13.4 节）、"提高感应与应对速度"（13.4 节）和"建立灵活的供应链联盟"（13.4 节和实例 13 - 5），这些都是可以帮助公司减少风险源的通用原则，尤其是对于不可预测的风险。当然，不能保证采用这些原则的公司总是能够克服任何风险源，但遵循这些原则会大大提高成功的可能性。

讨论题

1. 分别讨论公司采用以下几种供应链的适用条件：
(1) 国际配送系统；
(2) 国际供应商；
(3) 离岸加工；
(4) 全球整合供应链。

2. 讨论一个最近发生的关于不可预测的风险对供应链造成损害的案例，并详细解释以下几种策略如何减少此风险：
(1) 投资缓冲能力；
(2) 提高感应与应对速度；
(3) 建立适应性强的供应链联盟。

3. 如果你是一家小型电子产品制造企业的 CEO，正面临制定全球化战略的问题，请问：你愿意采取投机策略、规避策略，还是柔性策略？如果你是一家大型电子产品制造企业的 CEO，你又会如何决策？

4. 请给出几个真正的国际化产品和地区性产品的实例。为什么这种市场定位能够让它们更好地适应市场环境的要求？

5. 如果你是一家地区性面包房的经理，假定你的公司设在下列几个国家中，试比较你可能会面临的问题：
(1) 比利时；
(2) 俄罗斯；
(3) 新加坡；
(4) 加拿大；
(5) 阿根廷；
(6) 尼日利亚。

6. 回答本章开始时提出的与案例有关的问题：
(1) 除了扩张，还有其他什么原因促使沃尔玛开辟全球市场？
(2) 对于沃尔玛而言，为什么全球性的供应商更有利？
(3) 为什么沃尔玛需要对其门店进行集中式的管理？为什么沃尔玛需要加强门店的本地化管理？

（4）在今后几年，沃尔玛会面临哪些机遇与挑战？

7. 在图 13-8 中，在哪里存在有风险的供应商，在哪里可以节省成本？

参考文献

第14章
可持续供应链

学习完本章，你应该能够回答以下问题：

- 如何定义企业社会责任？
- 公司如何实现可持续性？
- 改善碳足迹的最佳机会是什么？
- 开始可持续行动的最佳方式是什么？
- 可持续性和成本之间的权衡有哪些？

14.1 引　言

2006 年，新西兰全球领先的乳制品出口商恒天然（Fonterra）面临各地市场的激烈竞争。在英国，当地生产商发布广告，宣称那些具有高食品里程——在距英国数千公里之外生产的乳制品，对全球变暖的影响比本地产品要大得多。例如，总部位于英国的乳制品公司 Dairy Crest 开展了一项广告宣传活动，将该公司在当地生产的产品与恒天然旗下锚牌黄油（Anchor brand butter）"乘坐"一艘生锈的轮船千里迢迢来到英国的图片进行对比，凸显消费者对食品里程概念的关注。[1]

恒天然采取了科学和全面的方法来应对这一挑战。首先，公司证明在乳制品供应链中排放的大部分温室气体是在养殖环节产生的。另外，一项独立的研究发现，新西兰农民在生产羊肉时使用的能源比德国生产者少。另一项研究表明，在新西兰生产牛奶并将乳制品运往英国的过程，所消耗的能源和产生的碳温室气体都比英国牛奶生产商少 50%。[2]

再来看一个例子，洗衣粉一直是激烈竞争的商品。但令人惊讶的是，竞争不是在价格上，而是在哪个产品最环保。联合利华和宝洁等主要消费品制造商推出了新型浓缩洗衣粉，其成本更低且更具可持续性——与传统洗衣粉相比，这种新型洗衣粉的配方用水量减少了 64%，而且瓶子更轻，便于运输，效率更高。[3]沃尔玛和塔吉特都在发布广告，将消费者省钱与拯救地球联系起来。沃尔玛更进一步，在广告中强调其浓缩产品减少了包装垃圾，对于一家在营销传统上注重"每日低价"和多样性选择的公司而言，这是一个相当了不起的进步。

贯穿这两个例子的一个主题是，相关公司认为消费者关心社会责任（如全球变暖），以至于他们的选择可能会从一个品牌转向另一个品牌。事实上，最近的调查表明，大多数消费者会转向提供降低碳排放水平的产品或服务的供应商。[4]当然，缺少的信息是"价格是怎样的？"但潜在的结论是，假设其他条件相同，大多数消费者更喜欢绿色产品。沃尔玛的例子提出的第二个主题是，有时（但不总是）绿色实践会提高效率并降低成本。事实上，浓缩的衣物洗涤剂确实可以节约用水，而且运输效率更高。

当然，情况并不总是如此。通常情况下，要以一定的成本实现更环保的性能是很难的。企业高管面临的挑战在于，如何找出并利用机会，使"做好事"和"做得好"能同时实现。如果二者不一致，则应采取相应策略，在不损害业务甚至使业务更好的情况下，实现更绿色的供应链，同时提高其绩效。

显然，"做好事"并不仅仅局限于环境问题。以雀巢（Nestlé）为例，公司从一家 1867 年在瑞士成立的小公司成长为全球最大的食品公司之一。最初的商业增长模式很简单：建立一个牛奶区，包括一个大规模的农民基地，一个牛奶加工厂，以及一种生产和向当地市场销售产品的有效方法。再加上围绕最佳农业实践向农民提供的技术援助，公司具备了成功的因素。

总之，该方案 1961 年只有 180 个养殖者，发展到 2005 年有 95 000 个，同时从 4 个牛奶收集中心发展到 1 700 个。这不仅为农民，而且为整个农村社区提供了就业机会、更高的收入和更高的生活水平。这种商业模式不是"慈善"——它让雀巢建立了独特的供应链，并在充满挑战的市场中创造了新的收入来源。

因此，当雀巢在 1961 年进入印度时，采用了同样的方法也就不足为奇。雀巢在旁遮普邦的莫加建立了第一个牛奶加工厂，并提供技术援助和教育，以提高牛奶产量和质量。但是贫困地区需要比发达国家更多的援助。因此，雀巢还在莫加建立了牛奶收集点和冷藏中心，安装了农场冷却罐，并提供运输服务，在农场提取牛奶并将其运送到牛奶加工厂。与此同时，雀巢提供了兽药，还帮助村里的妇女去学习良好的乳品生产方法。

雀巢的故事是一个企业社会责任的案例，还是一个合理的商业决策？在这一章，我们认为两者兼而有之。如果将社会效益和环境效益完美地结合在公司的文化和商业愿景中，以至于很难将其作为一个明确的目标来关注时，公司就可以实现这两方面的效益。[5]

我们的结论是，企业社会责任可以创造有形的企业机会和价值。

本章的出发点是企业社会责任与企业形象和品牌之间的联系，但我们不会就此结束。我们认为，社会责任往往是企业通过新的、可持续的产品或进入新的市场，特别是在发展中国家，创造新的收入流的唯一最重要的机会。

然后，我们将重点放在减少产品生产和交付过程中的碳排放，并说明通过明智地结合环境和运营问题，企业可以提高效率，为企业本身以及社会创造价值。

14.2 企业社会责任

企业社会责任通常定义为："企业通过社会和环境行动管理其业务，并对社会产生积极影响的方式。"这个定义相当笼统。它指的是社区发展、安全标准和工作条件[6]即社会层面的关键要素，以及供应链去碳化、废物管理和能源与水资源保护即环境层面的关键要素。不久前，企业社会责任被视为公司形象和品牌的一个要素。这使得公司在一个供应过剩、许多产品被视为可相互替代的商品的经济中脱颖而出。

如今，社会责任比品牌更进一步。对企业而言，这是一场彻底的变革，从纯粹的慈善活动、仅遵守当地和国际法律，转变为能够创造价值的稳健商业投资。这一价值是通过提高效率、节约成本以及通过进入新市场和创造新产品获得额外收入流来实现的。

以可口可乐在非洲的人工配送中心项目为例。该项目为当地企业家提供资金，用以建立独立使用、低成本、人工操作的配送中心。每一个配送中心服务于一个小规模的新兴零售市场，在这种情况下，传统的配送渠道就不适用了，因为卡车配送效率低下，而且经销店要求更小、更频繁的产品运输。[7]这种商业模式帮助可口可乐提升了其在东非地区的销售额和销量。例如，在埃塞俄比亚和坦桑尼亚，可口可乐公司通过这些配送中心分销其 80% 的产品，这是一种创造就业和价值的商业模式。[8]

我们分析企业社会责任的方法与分析风险管理的方法类似（见第 13 章）。我们从两个维度规划企业决策：对企业的预期影响和对社会的预期影响（包括环境和社会价值）。我们根据这些维度对企业决策进行分类，见图 14-1。

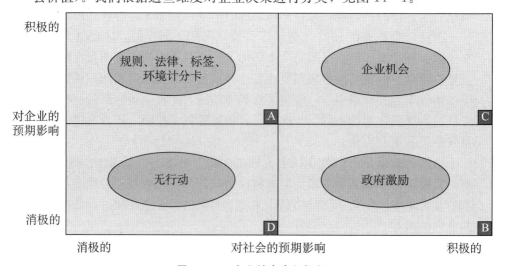

图 14-1 企业社会责任框架

A 部分指对企业有利和对社会有利之间存在冲突的领域。例子包括运营和供应链的核心活动，如运输、物流或制造，这些活动可能增加碳排放、导致拥堵、污染自然资源或消耗有限的资源（如水或能源）。这就是需要公共政策发挥重要作用的地方！事实上，污染方（如制造商、托运人和分销商）影响环境，但不一定要面对其行为带来的直接后果。而公共政策的作用就是对污染者施加一种成本结构，从而使企业考虑其活动对社会和环境的影响。

政府或贸易伙伴施加的消费品标签，也可以在这方面产生影响。日本政府和英国零售商 TESCO 引入了碳标签，衡量与产品生产和运输相关的碳排放水平。其假设是顾客关心碳排放，并且他们将通过消费购买选择来促使厂商改变企业行为。

最后，零售商采用的环境计分卡也发挥了重要作用。例如，2005 年 10 月，沃尔玛的首席执行官李·斯科特（Lee Scott）提出了一项减少能源使用、废物和温室气体排放的环保计划。沃尔玛的目标是，到 2014 年将整个供应链的温室气体排放量减少 20%，包括其供应商的供应链。为此，从 2008 年初开始，该渠道主管采用环境计分卡，对其供应商的表现进行评级，包括温室气体排放、回收成分和可再生能源等。

B 部分指的是企业决策可能对社会或环境有利但对企业不利的情况，这正是政府激励措施能够发挥作用的地方，其目标是改变企业行为。例如，各州或（发展中）国家为激励企业投资（制造业）基础设施、绿色技术、员工教育和就业培训而提供的税收激励。

C 部分指的是不需要激励或监管的情况。公司进行投资是因为能够实现经济价值，与此同时，能够对社会产生重大的积极影响。可口可乐和雀巢的情况就属于这一类。

通过观察可以发现，B 部分和 C 部分是直接相关的。与 B 部分相关的政府激励措施必须旨在提供补充社会利益的商业利益。这意味着政府激励的作用是鼓励企业做出具有 B 部分特征的决策，就像它们在 C 部分中一样。

从企业的角度来看，A 部分完全是关于运营改进的。这也就是说，重点是度量、最佳实践和遵从规定。例如，沃尔玛可持续发展倡议，促使其加拿大第三方物流供应商将其向新斯科舍和爱德华王子岛的 10 家商店运送产品的方式从公路改为铁路，从而减少了 2 600 吨碳排放。此外，第三方物流供应商将 20 台卡车发电机转换为电能，节省了约 10 000 加仑的燃料。[9]

A 部分的重点是运营改进，这不同于业务创新（联系 B 部分与 C 部分的渠道）。这里的目标是创造一种新的价值主张，将经济和社会效益结合起来，而不仅仅是合规性或最佳实践。相关例子包括，对发展中国家新市场的投资；推出新的、更环保的产品；或者为发达国家的贫困人口提供新的服务。

以药店巨头沃尔格林（Walgreens）为例，其健康和保健部门在 300 多家沃尔格林商店提供价格合理、无须预约、每周 7 天的医疗保健服务，并计划将零售诊所的数量增加到 2 200 家。零售诊所提供常见健康问题的诊断和处方，并在适当时转介专家。那么，为什么沃尔格林投资为未投保者提供低价医疗服务呢？这是某种形式的慈善吗？完全不是！正如沃尔格林的首席财务官韦德·密克隆（Wade Migue-lon）所说："最终发生的将会是人们变得更加忠诚于沃尔格林。"数据表明这是对的。随着多达 30％的零售诊所患者成为沃尔格林的新客户，这些诊所必将为沃尔格林商店带来巨大的商机。[10]

为了在商业和社会利益无法区分的情况下取得成功，我们确定了管理层应该遵循的四个步骤：

- 识别机会。这一步是对提供商业和社会利益的机会进行列举和排序。当然，对于 B 部分来说，政府激励起着重要作用；它们创造了一个商业机会，这在没有激励的情况下是不存在的。
- 严格和系统地分析。这里的重点是可用资源（劳动力、基础设施、自然资源、当地工业）以及竞争、市场规模、所需投资和税收影响。
- 建立成功的绩效衡量标准。
- 实施。从小规模开始，监控和审查，建立最佳实践，最后通过将知识转移到其他地区、产品或服务来扩大规模。

因此，我们可能会注意到，我们在企业社会责任方面的企业创新方法与管理层在其他商业投资中应该采取的方法没有什么不同，这不是巧合。在企业社会责任方面取得成功，需要采取公司曾用过的类似方法，例如，在风险管理方面。这需要嵌入到公司的核心价值观、组织结构和文化中。为此，管理层需要区分与运营改进相关的决策和产生真正社会和经济价值的业务创新。

但是，面向社会责任的业务创新有其独特的特点。第一，公司需要放眼长远，而不是只关注眼前的股东利益。第二，业务和社会价值观必须融合在一起，这样人们就无法区分两者。最重要的是，面向社会责任的业务创新需要脱离传统的商业模式，消除组织障碍，并开发一个与现有系统不同的激励和奖励系统。

前面讨论的例子突出了这些特点。在东非，可口可乐通过新型配送中心取代传统配送中心，占领了一个新市场，这种方法使拮据的家庭摆脱了贫穷。雀巢通过增加服务，开发了一个新的收入来源（通常不是雀巢的产品）来支持印度莫加的当地社区。沃尔格林的故事也与此非常相似。但令人印象深刻的是，这是在高度发达的美国市场实施的，该公司正试图解决医疗保健问题，这是一个巨大的挑战。最后，宝洁和联合利华已经消除了产品设计和运营之间的组织界限，引入了节约用水、减少浪费和改善运输的新技术。

14.3　减少供应链排放

减少供应链和物流运作的碳足迹已经被提上国际和国内议程，成为企业高管的重要优先事项。这是为什么？

三个主要因素推动了这一变化。首先，政府越来越多地采取单边立法措施来强制企业遵守。《京都议定书》设定了宽松的国家目标，但欧盟排放交易体系（EU ETS）已经率先（主要是在欧洲）对排放限额进行了严格监管。

其次，高管将供应链（尤其是运输和配送）的低效与高碳足迹联系起来。很清楚：运输系统效率越高，排放越低，反之亦然。当然，这个环节背后隐藏着油价，油价越高，高管就越关注提高运输效率和减少碳排放。

最后，正如恒天然和沃尔玛的故事所表明的，消费者的担忧开始转化为对新产品和服务的真正需求。这种压力不仅来自消费者，也来自员工、贸易伙伴和政府，他们要求企业采取切实措施变得更加"绿色"。这种压力使得商业议程中的碳足迹问题越来越重要。

农业、制造业和物流业是二氧化碳排放的主要来源，而且这一比重还在不断增加。例如，物流约占人类活动产生的温室气体排放总量的 5.5％，其中运输占 89％，其余来自仓库和配送设施。[11]再来看一个例子，制造业约占温室气体排放总量的 18％。[12]

在运输行业，每年大气中的二氧化碳，公路排放占一半以上，海洋占 20％，而铁路和航空占其余部分。[13]当然，不同的运输方式具有不同的排放效率，如图 14－2 所示，基于 2008 年 Defra 温室气体转换系数指南的数据[14]，卡车产生的碳排放量是铁路的 6 倍，长途空运产生的碳排放量是海洋的 47 倍。

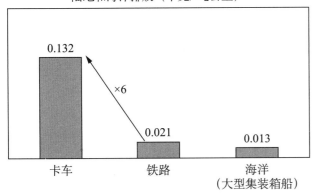

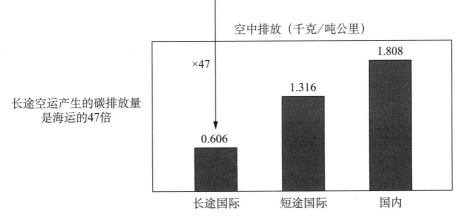

图 14－2　运输方式的排放效率

物流只是产品生命周期中温室气体的来源之一，不一定是最大的来源。为了说明这一点，考虑一个典型的包装消费品产品的碳足迹，包括原材料（39%）、制造（29%）、包装（14%）、分销和物流（12%）、废物和回收（3%）以及其他活动。[15]

人们常犯的一个认知错误是，认为本地产品的碳足迹比从海外生产和养殖地运来的产品要低。通过分析纽约市出售的一瓶葡萄酒的碳足迹，可以很好地说明这一错误。产于法国卢瓦尔河谷的一瓶红酒，产生的二氧化碳比产于加州纳帕谷的一瓶红酒少，见图 14-3。原因很清楚：法国葡萄酒大多通过海运，而加州葡萄酒则通过卡车运输，这是两种碳效率差异很大的交通运输方式。

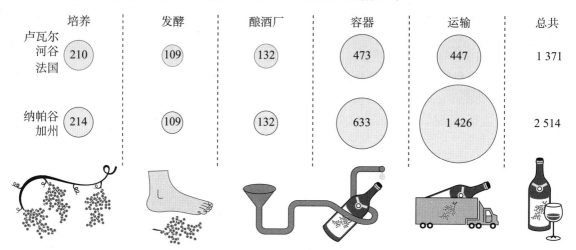

	培养	发酵	酿酒厂	容器	运输	总共
卢瓦尔河谷法国	210	109	132	473	447	1 371
纳帕谷加州	214	109	132	633	1 426	2 514

通过使用能源管理土地进行排放。法国的有机方法在这方面的碳排放略低。

二氧化碳是制造酒精的化学反应的副产品，这一过程始于葡萄压榨。

用于照明、冷却水箱和水泵的能源都会产生二氧化碳排放。

在法国经常被购买的用于制作瓶子的玻璃和桶的木头（制造需要能源，进口需要燃料）。

纳帕谷的葡萄酒是用卡车运到纽约的，而法国葡萄酒大部分情况是用船运，然后再用卡车运走。

图 14-3　在纽约出售的红酒（假设的）的碳足迹

资料来源：E. Rosenthal. "Environmental Cost of Shipping Groceries around the World," *New York Times*，April 26，2008.

类似地，试图"做好事"的公司所犯的一个错误是，只关注减少公司的物流碳足迹。到目前为止的讨论表明，这样的努力有意义，但可能会错过更大的机会。更糟糕的是，如恒天然的例子，仅仅关注物流而不了解与其他供应链碳生成活动的关系，可能会导致更高的排放水平。

总之，供应链的整体视图对于测量和优化产品和企业碳足迹非常重要。

注意，这种观点引入了两个相互关联的概念——企业碳足迹和产品碳足迹。前者侧重于与所有供应链活动和所有产品相关的碳排放总量，而后者根据产品的原材料、制造和配送活动将碳足迹分配给各个产品。

那么，当一家公司试图减少碳足迹时，该怎么做呢？我们确定了六个有效减少企业碳足迹和产品碳足迹的机会，这些机会并不局限于行业和产品特性。

前三项：供应链重构、运输模式优化和高效包装，这在各行各业的公司中随处可见，从食品和饮料、制药和高科技到零售，都已成功应用。

其余三项：回收和废物预防、可持续性产品设计和新兴清洁技术，这可以对减少碳足迹产生重大影响，但实现需要长期规划和付出更大的努力。

14.3.1　短期机会

我们从供应链重构开始讨论。为了测量和减少供应链的碳足迹，有必要从全局出发，规划出所有的供应链活动及其相应的碳排放水平。这包括与整个供应链中的原材料、工厂、生产、填充和包装、配送和运输相关的碳足迹。

收集分析所需的数据是具有挑战性的，因为需要考虑以下信息：（1）按燃料类型分类的碳排放；（2）运输方式的平均燃油效率；（3）按地点划分的电力排放：不同的州和国家使用不同的发电技术——煤、柴油、电网电力、天然气或核能；（4）按建筑特征划分的电力消耗：建筑规模、工人数量、主要活动、建造年份等；（5）生产过程的电力消耗和排放。

多数公司通常没有这些数据，但提供碳计算器的软件供应商、公共组织（如世界资源研究所）或各种政府机构的各种资料是可以获取的。未来，企业资源规划系统很可能会包含这一信息，以便用户可以将产品的物料清单、制造、物流和运输活动与碳排放联系起来以估计碳足迹。在这种情况下，这将是另一个由 IT 部门生成的关键绩效指标（KPI）。

一旦确定了供应链的各种成本构成、服务要求和碳排放，就有可能分析出平衡成本、服务和碳足迹的最佳供应链配置。为此，回想一下 13.4 节，我们发现，供应链成本在最优策略附近变动平缓。这意味着，在选择网络战略时，有可能选择一个总供应链成本接近最优的策略，而且从碳足迹的角度来看，具有吸引力。

图 14-4 很好地说明了这一点，我们假设有一家美国办公家具制造商，并给出了各种成本构成和供应链碳足迹，该数据被认为是配送中心数量的函数。"当前设计"对应现有的两个配送中心方案；"优化设计"通过增加两个配送中心，将供应链成本降低了 3%，与客户的平均距离缩短了 45%。最后，"绿色设计"是一个有六个配送中心的供应链设计方案——成本几乎等于最优成本。相对于"当前设计"方案，"绿色设计"方案与客户的平均距离减少了 56%，碳足迹减少了 33%。

你可能想知道，为什么有六个配送中心的设计比配送中心较少的设计更环保。随着配送中心数量的增加，出库运输成本减少（因为到客户的平均距离减少）而入库运输成本增加。这减少了温室气体排放，因为对于该公司来说，出库运输是通过卡车进行的，而入库运输主要是通过铁路，从碳足迹的角度来看，这是一种更有效的运输方式。当然，运输只是供应链碳足迹的一个影响因素。配送中心数量的增加意味着更多的储存区域，因此，配送设施会消耗更多的能源。如图 14-4 所示，当公司从两个配送中心切换到六个配送中心时，对碳足迹的净效

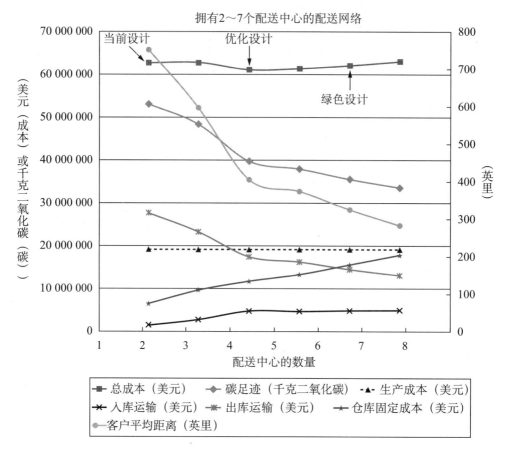

图14-4　配送中心的数量、成本、服务和碳足迹之间的权衡曲线

果仍然是减少的。

减少碳足迹的一个相关机会是仔细选择运输方式，以便平衡成本、时间和排放。为了方便说明，考虑一个零售商从亚洲采购产品，在美国东海岸的商店销售。以前，配送策略很简单：将产品用船运到西海岸的港口，用卡车运到东海岸的城市。当石油价格低廉，物流经理不考虑碳足迹时，这是比较合适的。但是，从2008年开始，随着油价的上涨，以及海运和卡车运输在排放效率和运输成本上的巨大差异，许多公司选择了不同的策略。另一种选择是通过巴拿马运河把产品运送到东海岸的港口，然后从那里送达最终目的地，这是一种更便宜、更清洁的运输策略。

最后，在我们直接减少碳足迹的策略中，有一项是通过高效包装来提高运输能力的利用率。高效包装通常通过更好的装载混合或新包装来实现。直到最近，包装还是一种事后想法，企业很少考虑它对运输效率或废物和回收材料的影响。当油价便宜，消费者不考虑可持续发展时，除了营销作用外，没有人关注包装。如今，包装处于减少运输成本、碳排放和废料的最前沿。

14.3.2　长期机会

通过回收和废料预防减少碳足迹，需要长期规划。回收和废料预防可以在产品生命周期的两个阶段减少碳排放，即产品制造阶段和产品报废阶段。迄今为止，最重要的排放都是在产品寿命结束阶段产生的。[16]的确，通过焚化和填埋作业处理废料需要大量的能源投资。因此，废料预防节约了能源，减少了温室气体排放。相比之下，回收节约了原材料，因此减少了制造过程中的碳排放。此外，还可以减少采矿、伐木和石油开采造成的环境退化和水污染。[17]

出于这些原因，延长产品生命周期也能减少碳排放。所有这些都需要重新思考产品设计策略。

为此，我们采用第 10 章的产品设计方法——也就是说，我们关注开发链和供应链之间的相互作用。我们的方法表明，在产品设计阶段，需要考虑不同设计方案对产品生命周期成本和质量的影响。

在考虑可持续性产品设计时，也是如此。事实上，环保主义者普遍认为，一个产品 80％以上的环境影响是在产品设计阶段决定的。因此，在产品设计阶段，必须强调环保主义者所倡导的设计的三个"R"方法："减少"（reduce）、"再利用"（reuse）和"再循环"（recycle）。将环境影响降至最低的最佳机会是："减少"材料的使用量、"再利用"材料和"再循环"。[18]

因此，在产品设计阶段还必须考虑产品的生命周期，包括生命周期的终结——这样可以确定增加回收材料使用、减少浪费和提高运输能力利用率的设计策略。同样，采购决策需要考虑与特定零部件相关的碳排放。最后，在适当的时候，还包括帮助消费者监控和降低能耗的设计策略。

耐克的例子可以用来说明这种方法。耐克将绿色原则纳入设计指南的计划，以开发使用更多可持续性材料和更少浪费的产品。这一举措产生了影响——耐克的 Pegasus 25 跑鞋使用的材料比以前减少了 1.4 盎司，此外，还采用了环保橡胶和回收材料。[19]

最后，不应忽视通过新兴清洁技术减少碳足迹的机会。这包括更高效的交通技术和新的节能建筑，以减少能源消耗，从而减少碳足迹。

14.3.3　分析

表 14-1 总结了不同的机会，我们从三个方面对这些机会进行了评估：对企业碳足迹的影响、时间范围以及实现影响所需的工作量。例如，新兴清洁技术和可持续性产品设计影响很大，但需要大量时间和资源来实现环境效益。回收和废料预防具有与两者相似的特征，但对减少碳足迹的潜在影响较小。

表 14-1 碳减排机会相关的影响、时间范围和工作量

机会	影响	范围	工作量
供应链重构	中、高	中等	中
运输方式优化	中	迅速	低
高效包装	低、中	迅速、中等	低、中
回收和废料预防	中	长期	高
可持续性产品设计	高	长期	高
新兴清洁技术	高	长期	高

高效包装的影响、工作量和时间范围，取决于高效包装是通过新产品和包装重新设计，还是仅仅通过混合装载来实现。最后，供应链重构及其密切相关的运输模式优化，可以对减少碳足迹产生重大影响，但工作量和时间可能会有所不同。具体而言，根据新网络的结构，供应链的重新配置可能需要大量的工作和时间。例如，将制造设施的位置从离岸转移到近岸可能需要很长时间，并且需要很多资源。相比之下，关闭一些配送中心和开放其他配送时间需要较少的时间和精力。

当然，减少企业碳足迹和产品碳足迹的具体策略因公司而异。但某些原则对于任何成功的可持续发展策略都是通用的。

第一，从整体上看待产品设计和供应链碳足迹。除了我们目前为止所讨论的，还包括供应链合作伙伴之间的共同倡议，以减少浪费，增加回收内容，或提高运输效率。

第二，没有任何一个单独的机会能导致碳排放的大幅减少。因此，需要一系列的计划，包括从产品设计、运输效率，到供应链设计。同样，需要持续改进，使人们能够发起和实施绿色机会——就像在 11.5 节讨论的精益制造一样。

第三，由于这是一个持续改进的过程，并且由于某些机会本身的性质，实现可持续发展战略的全部好处是需要时间的。因此，需要耐心，从长远来看，一个有效的战略同时会具有环境价值和商业价值。

小 结

企业社会责任可能看起来是一种慈善行为或仅仅是为了遵守法规，但事实并非如此。在供应过剩的经济中，许多产品被视为可互相替代的商品，这为企业提供了增加新收入来源、提升效率和创建独特品牌的机会。要将这一切变成现实，企业社会责任需要成为公司商业愿景的一部分。雀巢在印度的故事就是一个典型例子，该公司的商业愿景是成为受人尊敬、值得信赖的食品、营养、健康和保健公司，或者是可口可乐在东非的故事，该公司的商业愿景包括成为一个负责任的公民，通过帮助建设和支持可持续发展的社区来发挥作用。

讨论题

1. 当我们修订此书时，新冠疫情正在扰乱人们的正常生活。这种破坏对碳排放有什么影响？又是什么推动了这种影响？

2. 公司是否应该协调供应链风险管理策略和可持续性策略？如果应该，如何实现？

3. 假设你正试图为一家食品零售商减少食物浪费问题。你如何确定什么造成了浪费，采取什么措施来减少浪费？

参考文献

第 15 章
智能定价

Rue La La 公司

Rue La La 公司是零售商利用其丰富的数据优化日常定价决策的一个典型例子。Rue La La 从事在线时尚样品销售，公司对设计师服装和配饰提供限时折扣（"闪购"）。在访问 Rue La La 的网站时，顾客会看到几个"事件"，每个事件代表一系列在某些方面相似的待售产品（"款式"）。在每个"事件"的底部，有一个倒计时，通知客户该活动结束之前的剩余时间，事件通常持续 1～4 天。像 Rue La La 这样的快闪销售企业，旨在通过在有限的时间和有限的库存内提供优惠，凸显一种产品的紧迫性和稀缺性。

Rue La La 面临的主要挑战之一，是定价和预测以前从未销售过的商品需求（首次曝光商品），这些商品占销售额的大部分。图 15-1 给出了 Rue La La 五大部门首次曝光商品的销售率（售出库存的百分比）分布直方图。例如，部门 1 中 51％的首次曝光商品在活动结束前销售一空，10％的商品销售量不到其库存的 25％。为了保密，信息中隐藏了部门并对数据进行了脱敏处理。

在销售期结束之前，很大一部分首次曝光商品都已售罄，这表明有可能提高这些商品的价格，同时仍能实现较高的销售率。另外，到销售期结束时，许多首次曝光商品的销售量还不到库存的一半，这表明价格可能太高了。这种描述性分析的使用，推动了定价决策支持工具的开发，使 Rue La La 能够利用现有数据，最大限度地增加首次曝光商品的销售收入。

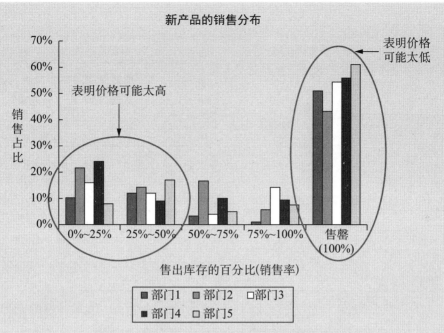

图 15 - 1　按部门划分的首次曝光商品的销售分布

通过与麻省理工学院合作，团队采取了双重方法，首先是为首次曝光款式开发需求预测模型；然后，他们将需求预测数据作为价格优化模型的输入，以实现收入最大化。构建需求预测模型时面临的两个最大挑战是，估计缺货造成的销售损失，以及预测没有历史销售数据的款式需求。该团队使用聚类和机器学习技术，应对这些挑战并预测未来的需求。一种基于直觉的非参数回归模型——回归树，被证明是需求的最佳预测方式。

然后，该团队使用回归树的需求预测作为输入，制定了一个价格优化模型，以最大化首次曝光款式的收入。在这种情况下，团队面临的最大挑战是，每种款式的需求取决于竞争款式的价格，这限制了团队单独求解每种款式的价格优化问题，并导致价格优化问题中变量的数量呈指数级增长。此外，回归树的非参数结构使得这个问题更加难以求解。因此，该团队开发了一种价格优化问题的新形式，并创建了一种高效的算法，使公司实现每天为第二天的销售优化价格。

为了实现价格优化算法，团队在公司开发并实施了全自动定价决策支持工具。定价决策支持工具每天自动运行，为商家提供第二天开始的"事件"的价格建议。图 15 - 2 给出的体系结构图，描述了整个定价决策支持工具。

为了评估该工具的影响，该团队在 2014 年 1 月中旬至 5 月期间，对大约 6 000 种款式进行了现场试验，以解决公司特别关注的两个问题：(1) 实施该工具建议的提价会导致需求减少吗？(2) 提价会对收入产生什么影响？

在现场试验中，该团队应用了一种统计工具（Wilcoxon 秩和检验）来检验零假设，即根据定价决策支持工具的建议提高价格，对需求没有负面影响。该团队对不同价格区间的款式进行了测试，结果表明，提高价格只会对极低价款式（价格≤50 美元）的需求产

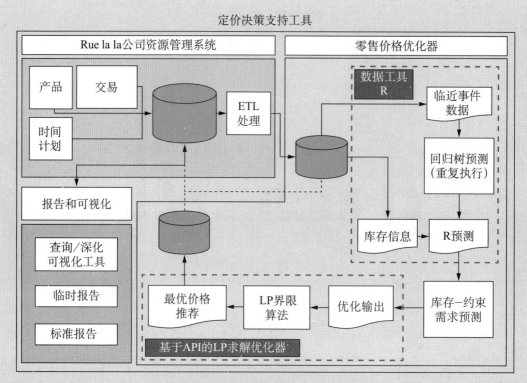

图 15 - 2　定价决策支持工具的架构

生负面影响。这可以在图 15 - 3 中看到，其中类别是按价格分的，A 类代表价格最低的款式，E 类代表价格最高的款式；处理组包括其价格基于定价决策支持工具的建议而提高的款式，而控制组包括其价格未改变的款式（即使用传统定价）。

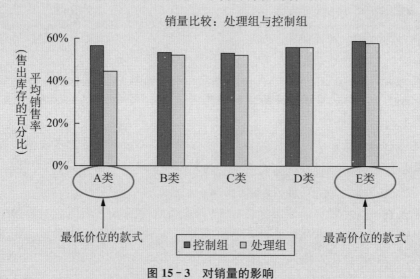

图 15 - 3　对销量的影响

此外，该团队量化了该工具对每个价格区间的款式的财务影响。总体影响是收入增加约 10%，具体如图 15 - 4 所示。

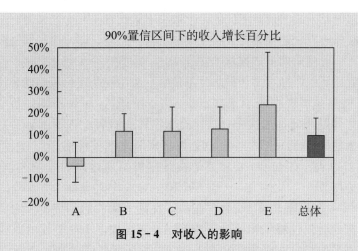

图 15-4　对收入的影响

　　麻省理工学院和 Rue La La 的合作表明，将机器学习（预测分析）和优化（规范分析）结合到定价决策支持工具中，对 Rue La La 的业务产生了巨大的财务影响。这是一种价格优化的新方法，正在彻底改变零售业和其他行业。

　　资料来源：This case is based on the paper Johnson, K.；A. B. H. Lee；and D. Simchi-Levi. "Analytics for an Online Retailer：Demand Forecasting and Price Optimization." *Manufacturing and Service Operations Management*，18，no. 1，pp. 69-85.

　　学习完本章，你应该能够回答以下问题：

- 数字化、分析技术和自动化的新趋势是如何改变 Rue La La 这样的公司的？
- Rue La La 在做定价决策时，如何从机器学习中受益？
- 公司如何以及为什么用定制定价来区分不同的顾客？
- 公司可以从航空公司收益管理的成功中吸取哪些经验？
- 动态定价如何帮助企业提高经营业绩？
- 与定制定价和动态定价策略相关的风险是什么？
- 企业应如何利用不同的顾客愿意为相同产品支付不同价格的事实？
- 制造商试图从提供返利中获得什么？如果所有的返利都被兑换，对于制造商来说提供返利还值得吗？对于零售商呢？

15.1　引　言

　　在本书的大部分内容中，我们考虑应对终端顾客需求以及这些需求变动性的多种方式，但是我们往往也隐含着一个假设，即需求是企业无法控制的。在实际中，这是不成立的。广告、展示以及促销工具都能够在某种程度上改变需求水平。更重要的是，定价是一种影响需求的重要工具。事实上，较先进的公司都将定价作为一种重要的杠杆来控制需求水平，从而实现供应链的有效管理。

　　没有比戴尔更强调定价策略对有效供应链管理产生影响的公司了。同样的两个产品在戴尔网站上的报价是不同的，这取决于采购者是私人消费者，小型、中型或大型企业，联邦政府，还是教育或医疗保健机构。另外，同一市场同一产品的价格也不是固定的——会随着时间的推移而快速变化，那些在今天还比其他产品便宜的产品可能在明天就比其他产品贵了。戴尔并不是唯一使用复杂定价策略的公司。例如：

● 航空公司现在使用定制定价，不同的顾客面临不同的价格，不仅是机票，还有一些辅助产品，如优先登机、汽车租赁或酒店预订等。[1]

● 戴尔在软件上投资，使其能够根据需求调整价格。[2]

● 高朋网（Groupon）和其他在线零售商通过即时了解需求对价格的敏感度来优化价格。[3]

● 某一款尼康 Coolpix 数码相机，在网上和门店的售价大约都是 600 美元。然而，制造商会仅仅根据相机购买的不同渠道而提供 100 美元的返利。同样，某一款夏普数码摄像机，在零售店和网上商店的售价大约都为 500 美元。然而，夏普也会根据顾客在哪里购买而提供大约 100 美元的返利。

● Boise Cascade 办公用品公司在网上销售许多产品。公司声称其中 12 000 个在网上最频繁被订购的产品，价格可能每天都在变化。[4]

以上这些现象引发了许多问题。这些公司究竟在做什么？为什么戴尔要向不同的顾客收取不同的价格，甚至在不同的时间收取不同的价格？如果戴尔能够这样做，其他公司是否也能这样做？邮寄返利策略有什么作用？实际上，尼康和夏普只要降低向零售商收取的批发价不就可以了吗，为什么还要让消费者邮寄优惠券？归根结底，传统的固定价格策略有什么问题？非动态定价能够改变这种情况吗？

对这些公司的进一步调查显示，它们都有一个共同点，即力图通过应用智能定价策略或收益管理技巧来增加利润。航空、旅馆和汽车租赁等行业已经成功地应用了这些技巧。航空业在实施收益管理后，收入有了显著的提高，美国航空公司预计收益管理为公司带来每年 10 亿美元的收入增长。[5]事实上，如果不是应用了收益管理和航班调度计划系统，美国航空公司在 20 世纪 90 年代只有一年是盈利的。[6]今天，航空公司不仅在机票上应用智能定价，而且大范围应用智能定价的各种辅助产品。

15.2　价格与需求

通常，当产品的价格降低时，产品的需求就会上升。然而也有例外（例如当顾客把价格看作产品质量的象征时），但这些例外并不多见。当然，由于产品自身的特点，产品对价格的敏感程度不同，但是一般来说，需求的降低是由于价格上升了，这就是"需求曲线向下倾斜"的特性，这一特性几乎总是成立。这就给那些试图为他们的产品制定最优价格的管理者提出了一个有意思的问题：当价格下降时，产品需求上升，而收入由产品的需求和价格决定，对特定产品如何定价才是最好的？一般来说，这是个难以求解的问题。为了找到最合适的定价，管理者需要确定每一个要销售产品的价格与需求的关系特点，然后利用这一特点来决定每个产品的最优价格。可以想象，这个过程是很复杂的。例如，需要分析大量的数据，同时还要考虑到竞争对手的行为对价格与需求关系的影响。尽管存在这些困难，许多企业还是会设法大致估计这两者之间的关系。在下面的例子中，我们假设这种关系是已知的，然后来确定最优价格。

实例 15 - 1

考虑一个零售商只卖一种产品的情况。基于经验，管理人员估计需求 D 和价格 P 之间的关系满足线性方程 $D = 1\,000 - 0.5P$。这表明，当价格是 1 600 美元时，对这种产品的需求量为 200；当价格为 1 200 美元时，需求量为 400。由于收入等于价格乘以该价格对应的需求量，所以不同价格水平的收入就可以计算出来，如表 15 - 1 所示。

表 15 - 1　实例 15 - 1 中价格对应的收入

价格（美元）	需求量	收入（美元）
250	875	218 750
500	750	375 000
750	625	468 750
1 000	500	500 000
1 250	375	468 750
1 500	250	375 000

因此，当产品价格为 1 000 美元时，收入的最大值等于 1 000×500＝500 000 美元。图 15 - 5 描绘了需求—价格曲线，图中的阴影部分代表总收入。

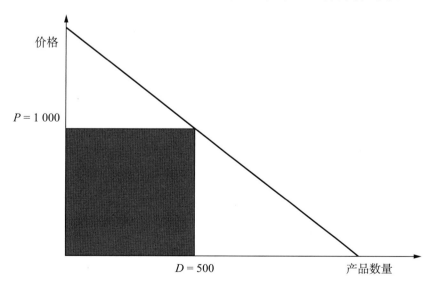

图 15 - 5　需求-价格曲线

例 15-1 提出了许多有趣的问题：企业如何确定需求价格关系？同类相食（一种产品的销量因其他产品的定价而下降）对公司定价策略有什么影响？企业如何在不断变化的环境中优化价格？最后，公司如何利用海量数据和快速廉价的计算能力带来的新机会？这些及相关的主题将在下一节讨论。

15.3　价格优化新前沿

零售商面临着通过应用价格优化模型来提高收入、利润和市场份额的巨大压力。这些数学模型计算不同价格水平下的需求变化，然后将该数据与成本和库存水平信息相结合，以推荐提高收入和利润的价格。这些模型已存在一段时间，那现在有何不同呢？我们发现了三个重要的变化：

- 数据。内部和外部实时数据的可得性，如网站的流量、做出购买/不购买决定的消费者以及竞争对手的定价策略。
- 分析技术。机器学习和易用性（R，Python）的进步，使得能够开发即时学习消费者行为和偏好并生成需求—价格关系的有效估计的系统。
- 自动化。计算速度的提高，能够实时优化同一零售商销售的数百种竞争产品的价格。

我们可以通过了解波士顿闪购销售零售商 Rue La La、在线网站高朋网和拉丁美洲最大的在线零售商 B2W 等企业案例，了解企业如何应用这些新机会。

这些例子都是在线业务，企业有现成可用的数据，并且可以动态地改变价格，不过类似的方法已经在实体零售相关业务中得到应用，例如促销定价、新产品导入和产品组合优化。

15.3.1　挑战和方法

零售商从未处于如此复杂和竞争激烈的环境中。包括实体店和网上销售在内的多渠道分销、不断上升和变化的顾客预期、短暂的销售季节以及许多产品在同一市场竞争，这些只是零售商面临的部分挑战。这些公司已经很精简，因此，削减成本的空间很小。因此，在利润微薄且不断下降的情况下，零售商有机会通过技术更先进的价格优化来增加收入和提高利润。

遗憾的是，价格优化可能极其复杂！这需要了解消费者的估价——消费者对不同产品的估价——并且需要分析大量数据，以及了解竞争对手的行为。数据本身也可能是个问题。事实上，为了优化价格，首先需要获取关于需求曲线的信息，即需求和价格之间的关系。但是可用数据通常代表销售信息，当库存有限时，由于缺货期间的销售损失，销售数量可能会低估顾客需求。最后，对于某些产品，特别是高端时尚产品，需求-价格关系不一定是线性的，价格是质量的一个指标，因此，在一定范围内，价格越高，需求越高。

价格优化风险很大！事实上，因为顾客的负面反应或害怕混淆市场，对于许多网上卖家来说，频繁地改变或试验价格是不合适的。同时，提高价格可能会增加收入和利润，但会减少市场份额。

因此，如果频繁地改变和试验价格是不合适的，那么零售商该怎么做才能最大化收入、利润和市场份额呢？是否有可能以同时提高这三个目标的方式优化价格？此外，如何衡量价格变化对市场份额的影响呢？这些是一些在线零售商——总部位于波士顿的闪购零售商 Rue La La 和在线市商高朋网关注的问题。

为了应对这些挑战，我们引入了三种不同的技术：预测、学习和价格优化。预测是通过预测其他产品的历史销售，为一种从未销售过的产品生成一个初始需求—价格关系。这里，我们应用回归树或随机森林等机器学习技术来生成初始预测。学习就是观察顾客做出购买/不购买的决定，并利用这些信息来更新需求-价格曲线。最后，价格优化是指同时为零售商提供的所有竞争产品选择价格，从而考虑同类产品的竞争对公司收入的影响。

重要的是，并不是每个公司都需要或能够应用上述三种技术。例如，在 Rue La La 价格项目中，我们专注于需求预测和价格优化，因为公司不想在销售活动中改变价格。对于高朋网来说，我们意识到，很难生成可靠的需求预测，所以我们专注于实时学习需求-价格曲线，一旦学到足够多的东西，就转向价格优化。

为了解释这种方法，我们从 Rue La La 开始，重点介绍需求预测和价格优化方法的创新和影响。然后，我们接着讨论高朋网，重点介绍产生有效预测的挑战以及学习和价格优化的影响。

15.3.2 Rue La La 的预测和价格优化

回想一下本章开头描述的 Rue La La 的案例。Rue La La 面临的主要挑战是，定价和预测以前从未销售过的商品的需求（首次曝光商品），这些商品占销售额的大部分。因为在第一次曝光期间，公司对改变价格不感兴趣，所以无法从顾客的在线行为中学习。因此，该方法有两个方面，首先是为首次曝光款式开发需求预测模型。该需求预测模型随后被用作价格优化模型的输入，以实现收入最大化。构建需求预测模型时面临的两个最大挑战是，估计缺货造成的销售损失，以及预测没有历史销售数据的款式的需求。

为了解决第一个问题，我们将历史销售数据分成两组：第一组是所有没有缺货的物品——事件组合，而第二组包括那些缺货的物品——事件组合。我们通过未售完的商品的销售数据来估计已售完的商品的销售损失。

为此，对于任何一组中的每个事件——物品组合，我们计算了事件每小时发生的销售百分比。这就生成了一个经验分布，或需求曲线，即在一个事件的前 k 个小时发生的销售比例。然后，我们将第一组中的所有需求曲线聚合成几条不同的、可解释的曲线，应用聚类技术寻找所有具有相似结构的需求曲线，并生成四条不同的曲线，见图 15-6。

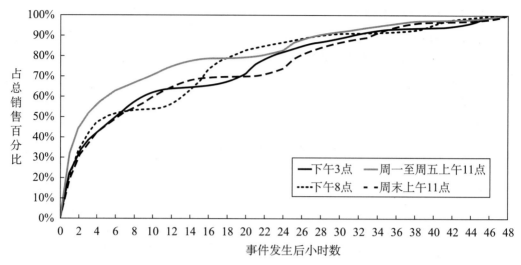

图 15-6　两天事件的需求曲线

如图 15-6 所示，那些没有缺货的物品（第一组）的各种事件——物品组合可以用总共四条曲线来描述：下午 3 点开始的所有事件；晚上 8 点开始的所有事件；周一至周五上午 11 点开始的事件；以及从上午 11 点开始的周末事件。

因此，对于缺货并属于第二组的每个事件——物品组合，我们根据开始时间确定哪条曲线（在四条曲线中）是比较合适的。因为我们知道该产品缺货的时间，所以我们可以根据第一组的相应需求曲线估计该产品的总需求。例如，假设第二组中的商品与下午 3 点开始的事件相关联，并且在 10 小时后缺货。图 15-6 中与下午 3 点有关的曲线表明，总销售额的 60% 发生在第 10 小时。因此，该物品的总需求估计为初始库存除以 0.6。

一旦我们应用了聚类技术，并生成了缺货商品的估计需求，就可以预测未来的需求了。我们采用回归树方法，这是一种机器学习技术，已被证明是需求的最佳预测工具。

回归树是一组规则的集合，当遵循这些规则时，最终会得到一个预测。图 15-7 提供了一个例子。我们从顶部开始；如果产品的价格小于 100，我们向左移动，否则向右移动。假设我们正在考虑一个低于 100 的价格，那么我们向左移动。一旦我们移动到左边，下一个规则涉及比较产品的价格和 Rue La La 销售的所有竞争产品的平均价格。如果两者之间的比率小于 0.8，我们再次向左移动，回归树预测在这种情况下需求为 50 个单位。

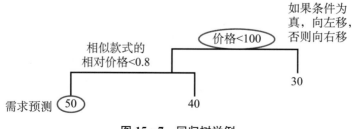

图 15-7　回归树举例

回归树的有效性有两个原因。首先，它可以成功地划分过去销售的所有商品，并且只使用相关的商品来预测当前（新）商品的需求。其次，它允许非单调的需求-价格关系，这是传统线性回归技术所不具备的特征，对于许多时尚和高端产品来说是至关重要的，因为价格可以被视为质量的特征。

然后，我们制定了一个价格优化模型，使用回归树的需求预测作为输入，最大化首次曝光款式的收入。在这种情况下，最大的困难在于每种款式的需求取决于竞争款式的价格，这限制了我们为每种款式单独求解价格优化问题，并导致价格优化问题中的变量呈指数增长。此外，回归树的特殊结构使得这个问题特别难以求解。价格优化模型超出了本章的范围，在约翰（Johnson）、李（Lee）和辛奇-利维（Simchi-Levi）的文章《在线零售分析：需求预测与价格优化》（Analytics for an Online Retailer：Demand Forecasting and Price Optimization）中进行了详细说明。[7]

Rue La La 已采用价格优化技术。价格优化工具可以每天自动运行，为商家提供第二天开始的事件的价格建议。价格优化对公司产生了良好的财务影响，表现为收入增加约 10%，详见本章开头介绍的案例材料。

15.3.3 高朋网的学习和价格优化

团购网站高朋网是一个提供日常交易的大型电子商务市场，向订阅用户提供来自当地商家的折扣交易。截至 2015 年第二季度，高朋网服务于全球 500 多个城市，拥有近 4 900 万活跃客户，在全球范围内开展超过 51 万笔活跃交易。

高朋网上有一笔当地餐馆的交易。用户可以通过高朋网以 17 美元的价格购买，并以 30 美元的价格在当地餐厅兑换。客户支付的金额（17 美元）作为"预订"，然后这笔钱会在高朋网和当地商家之间分配，例如，高朋网保留 7 美元，而当地商家收到 10 美元。

该公司每天都会推出成千上万的新交易，这些交易的生命周期很短，从几天到几周不等。庞大的产品组合和短暂的生命周期意味着预测需求非常具有挑战性。因此，高朋网需要一个有效的需求预测模型来优化价格，遗憾的是，这是不可能的。

为了应对这一挑战，我们会在公司网站上发布产品时生成多个预测。就像 Rue La La 的情况一样，预测是一种需求-价格关系，它指定了给定范围内每个价格的预测需求。这种方法背后的思想是生成多个需求函数，这样真实的需求-价格关系就可以由其中一个需求函数很好地拟合。当然，当销售过程开始时，没有人知道在多种预测中，哪个需求函数最能捕捉消费者行为。

为此，我们采用两步流程：学习和优化。我们将产品生命周期（即产品在网站上销售的时间）分成两部分，第一部分是学习，第二部分是价格优化。

当产品在高朋网的网站上展示时，我们首先用一个学习价格观察客户做出购买/不购买的决定。在学习阶段结束时，我们知道卖出了多少，因此我们可以确定需求函数，该函数在高朋网使用的学习价格下具有与该销售水平最接近的需求预测。这是我们将使用的最终需求价格函数，在优化过程中，我们将基于此需求价格函数优化价格。

这个算法中的权衡是显而易见的。如果我们学习了很长时间（长的学习周期），那么我们将对真正的需求函数更清楚，但是剩下用于优化的时间很少。相比之下，如果我们只是短时间学习，我们将对客户需求有一个大致的了解，但我们可以通过很长一段时间来使用到最终的优化价格。

第一次实施这种方法时，我们最初为每笔新交易生成了大约 10 个需求函数。我们很快意识到这还不够，在最终的实施中，我们为每笔新交易生成了大约 100 个需求函数。这些需求函数与新交易类别、交易出售的城市或地区、交易考虑的价格范围和折扣等相关。

最终，高朋网对学习和优化方法施加了一些业务约束。首先，学习价格是高朋网和当地商家协商的，不能由算法决定。其次，高朋网只允许在学习期结束时降价 5%～30%。也就是说，如果算法建议价格上涨或低于 5% 的价格下跌，则价格不变。类似地，如果算法建议降价幅度大于 30%，则降价幅度上限为 30%。最后，本地商家获得固定份额。例如，在餐馆交易中，在价格降低之前，交易以 17 美元出售，本地商家得到 10 美元。如果在学习期结束时，算法建议将价格降至 15 美元，当地商家仍将获得 10 美元，而高朋网将获得 5 美元，而不是 7 美元。这意味着当地商家总是从价格下降中受益，因为它们看到每笔交易的相同支付，同时由于价格下降增加了它们产品的流量。高朋网面临主要的挑战有两个：一是每笔交易的收入下降，二是它们可能交易更多，问题是净效应如何并不确定。

现场试验包括 1 295 笔交易，涵盖五个产品类别：美容、餐饮、活动、服务和购物。我们关注两项性能测量。一个是客户向高朋网支付的总金额，称为预订量，这与高朋网的市场份额直接相关；另一个是高朋网在支付给当地商家后留存的那部分钱，称为收入。对于每个产品类别，我们比较了价格变化前后的平均预订量和收入。由于学习价格是以与固定价格相同的方式确定的，因此价格变化前的预订和收入代表了固定价格策略的绩效。请注意，如果交易使用新的定价算法进行测试，但该算法不建议降价的话，则该交易不包括在 1 295 个选定的交易中。

图 15-8 给出了不同类别价格变动后预订量和收入的平均增长。在这五个类别中，美容、餐饮和购物的收入显著增加，服务类别的收入几乎没有变化，但预订量显著增加，活动类别的收入有所下降。总体而言，预订量增长了 116%，收入增长了 21.7%。

现场试验结果的进一步分析表明，降价对每天预订量较少的交易有更大的影响。对于每日预订量低于中位值的交易（所有产品类别），收入平均增长 116%，而每日预订量高于中位值的交易仅增长 14%。这解释了为什么"购物"类的预订和收入大幅增加，因为"购物"类的平均每日预订量仅为餐饮类平均每日预订

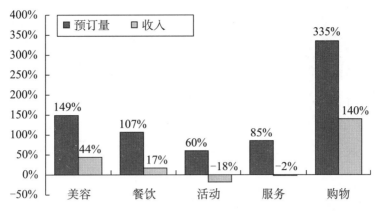

图 15-8　现场试验：交易类别的影响

量的 1/10 左右。

新的定价算法在"活动"类别中表现不佳，尽管该类别的平均每日预订水平几乎与"美容"类别相同。我们怀疑当前需求模型中未包括"活动"的一些客户需求信息。例如，可能周末/假日影响对此类别比当前估计的要重要得多，或者假日影响可能在实际假日之前几天发生。

15.4　降　价

尽管在上面的实例中，我们假设需求是价格的确定性函数，但实际中这是很少出现的。在大多数情况下，如我们在第 2 章所讨论的那样，我们需要根据对未来需求的估计来确定库存水平。这意味着有时在销售旺季之后，仍然会有库存。因此，企业会经常采用降价、打折等手段来处理这些多余的库存。为了更好地理解降价的概念，就需要稍微改变一下角度来考虑需求。不是从随着价格上升而下降的总需求的角度，而是从构成总需求的单个消费者的角度来考虑。每一个消费者都有一个他愿意为某个特定商品而支付的最高价格即保留价格。

实例 15-2

考虑上一个例子所描述的产品，其需求 D 和价格 P 之间的关系满足线性方程 $D = 1\,000 - 0.5P$（见图 15-5）。我们已经知道当价格为 1 200 美元时，将有 400 个单位产品被卖出。这意味着 400 个消费者具有不小于 1 200 美元的保留价格——当产品价格低于他们的保留价格时，他们将购买该产品。同样，如果价格是 600 美元，需求量将是 700，如图 15-9 所示。换言之，有 700 件产品消费者可以支付不低于 600 美元的保留价格。

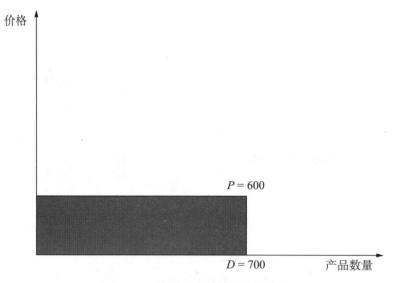

图 15-9　价格为 600 美元时的需求

显然，假设每个消费者只能买一件产品，价格越低，保留价格等于或高于这个价格的消费者就越多，因此降价或打折的目的的就是，要将产品卖给那些保留价格低于初始价格但是高于打折价格的消费者。一般来说，零售商都会设法避免降价销售。如罗伯特·菲利普斯（Robert Philips）[8] 所指出的：“许多零售商认为降价是不恰当的采购、定价或销售策略导致的。”实际上，保留价格低的消费者并不被认为是有利可图的，但对于消除多余库存是有益的。

15.5　价格差异化

我们知道降价能够帮助企业消除多余的库存。然而开明的零售商都注意到一个非常重要的事实：在许多情况下，折扣价格也是有利可图的，而且愿意以折扣价购买商品的消费者和愿意以初始价购买商品的消费者是不同的。例如，对于时装而言，一些非常关注时尚的消费者会热切地希望在销售旺季开始时就购买，并且愿意为抢先获得最流行的款式而多付钱。其他消费者则更注重价值，他们愿意等到销售旺季结束后再购买，而并不愿意支付和追逐时尚的消费者同样高的价钱。如果对不同的消费者制定不同的价格，也许收入能够增长。对不同类别的消费者收取不同价格称为价格差异化。思考下面的例子。

实例 15-3

回顾前面例子所讨论的产品，其需求 D 和价格 P 之间的关系满足线性方程 $D=1\,000-0.5P$。我们在前面看到，当价格水平为 1 000 美元时，收入等于

1 000×500＝500 000 美元，初步看来这似乎是最好的定价策略。图 15-5 描绘了需求-价格曲线，其中的阴影部分代表了总收入的大小。既然 1 000 美元是使收入最大化的价格，那么开始的时候这似乎是最好的定价策略。但值得注意的是，根据需求-价格曲线，零售商对许多愿意支付更高价格的消费者只收取了 1 000 美元。实际上在 500 个消费者中有 200 人愿意为每个产品支付 1 600 美元，在这 200 人中又有大约 100 人愿意支付 1 800 美元。但实际情况是，对所有的这些消费者都只收取 1 000 美元。

这个简单的分析表明，制定单一价格，管理者会失去获得大量收入的机会。事实上，这些丢失的收入可以用图 15-5 中阴影部分上面的三角形表示（为什么?），且其值等于（2 000－1 000）×500/2＝250 000 美元。问题是：管理者应如何利用这部分丢失的收入来增加收益?

基于这个目的，需要考虑一个更复杂的定价策略，即企业所使用的差异化或者定制化的定价策略。在差异化定价中，企业分别针对不同的细分市场进行定价——分为愿意支付较高价格的消费者和愿意支付较低价格的消费者。举例来说，在二级定价策略中，企业制定了两个价格——1 600 美元和 1 000 美元。

当价格为 1 600 美元时，需求量为 200；而当价格为 1 000 美元时，需求量为 500，在这 500 个消费者中有 200 人支付了更高的价格。在这种情况下，总收入为 1 600×200＋1 000×(500－200)＝620 000 美元。

通过使用这种策略，企业能够重拾 50% 失去的收入，从而增加 120 000 美元的收入。企业能否增加更多的收入呢? 我们发现，三级定价策略可以做得更好。考虑企业的一个三级定价策略：1 800 美元、1 600 美元和 1 000 美元。当价格为 1 800 美元时，需求量为 100；当价格为 1 600 美元时，需求量为 200，其中 100 个消费者支付了更高的价格；当价格为 1 000 美元时，需求量为 500，其中 200 个消费者支付了更高的价格。因此总收入就等于 1 800×100＋1 600×(200－100)＋1 000×(500－200)＝640 000 美元，比二级定价策略增加了 20 000 美元。在图 15-10 中，我们描述了这个三级定价策略。

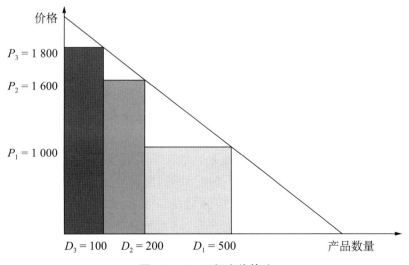

图 15-10　三级定价策略

当然，还有一个重要的问题需要考虑：企业如何才能成功地实现对不同消费者的差异化定价？在 15.7 节中，我们将详细讨论这个问题。在接下来的部分，将探讨传统的收益管理在航空业、旅馆业和汽车租赁业的应用。毕竟，这些成功的案例曾激励许多其他行业的管理者开始关注定价，并将其作为一个有价值的工具。

15.6 收益管理

近年来，许多公司十分重视收益管理技术，并希望以此提高盈利能力。这些技术结合定价和库存策略，通过影响市场需求来帮助公司控制并提高利润。收益管理被描述为"在适当的时机，以适当的价格向适当类型的顾客销售适当的商品"。[9]

正如我们前面所看到的，收益管理技术早已在航空、旅馆、汽车租赁等行业中得到应用。这些应用具有许多共同的特征，包括[10]：

1. 存在易变质的产品，即产品到了一定时间就会过期或者变得无关紧要。
2. 变动的需求。
3. 系统的能力固定。
4. 市场的细分，例如，基于对价格或服务时间敏感程度划分的细分市场。
5. 产品的预售。

这些方法最早由美国航空公司在 20 世纪 80 年代使用。在对航空公司放松管制之后，已有的航空公司面临着来自如雨后春笋般成立的新航空公司的竞争，其中最引人注目的是人民捷运公司（People Express）。航空公司间第一次出现了价格竞争。为了克服出现的新威胁，美国航空公司转向了收益管理，采用差别定价来尽可能地获得消费者剩余价值。这一战略获得了巨大的成功，人民捷运公司很快就被挤出了市场。而收益管理技术也很快被其他主要的航空公司采用，之后又被应用在旅馆业和汽车租赁业。（有关详细的收益管理历史，参见菲利普斯（Phillips）的著作《定价与收入最优化》（*Pricing and Revenue Optimization*）[11]。）

一般来说，收益管理涉及针对具体产品和价格的具体行业细分。如上面所介绍的，航空公司的收益管理关注制定差异化的价格。在航空业，价格差异化和收益管理的关键是将顾客分为两个细分市场——休闲型旅客和商务型旅客。休闲型旅客对价格是高度敏感的，但是一般来说对旅行时间并不敏感，因此他们可能愿意提前预订不可退款的机票。而对于商务型旅客来说，他们对价格并不是很敏感，但是对旅行时间高度敏感。与休闲型旅客相比，商务型旅客对灵活性的需求更高，从而能够根据需求来调整旅行计划。这就体现了杜阿戴尔（Duadel）和维亚勒（Vialle）[12]关于对消费者进行差异化的理论框架，如图 15 - 11 所示。

航空公司力求向不同的消费者提供不同的机票类型（根据不同的价格、时间和灵活性来区分）。换言之，航空公司是筑了一道壁垒来阻挡商务型旅客从图 15 - 11 中所示的右下格转移到左上格。这一壁垒是通过提出周末搭乘和提前预订的要求来实现的。当然，要实现更多的机票分类，就要在不同的市场细分中修建更多的壁垒。

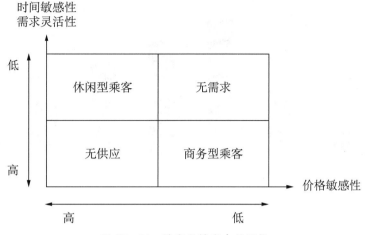

图 15-11　航空业的客户差异化

　　一旦建立起这种差异化,收益管理策略就需要进一步关注每种机票应该提供的数量,以及每种机票的价格。由于历史原因,这个决策被分为两个部分。从 20 世纪 60 年代开始,航空公司就开始使用电子预订系统来预订机票。当收益管理理念被引进后,为了适应这个相对不够灵活的系统,航空公司对收益管理进行了设计。

　　航空公司的收益管理具有两个重要步骤:

　　1. 市场细分。在一个特定的时间和航班(从出发地到目的地)内,对不同产品进行了不同的设计和定价,来适应不同的市场细分。这些产品具有不同的限制条件,例如,可能是不可退款的,或者只在飞行前 21 天提供。

　　2. 预订控制。给定产品和价格后,预订控制系统对可提供的座位进行票价分类,通常通过限制较低等级的座位数量来实现。

　　设计产品种类和进行预订控制是非常困难的,需要复杂的算法和技术来支持。但最基本的理念很简单,即将座位分为不同的价格等级,并使各等级的边际收入相等。

实例 15-4

　　考虑一个简单的例子,一家航空公司给一个航班设置了两种类型的座位。经济舱的票价是 100 美元,商务舱的票价是 250 美元,且飞机上共有 80 个座位。航空公司假设它们能卖出尽可能多的经济舱机票,但是商务舱机票的需求是随机的,且服从图 15-12 的需求分布。

　　基于这个需求分布,就能得出每一个座位数量对应的期望收入(类似于我们在第 2 章计算库存价值的方法)和期望边际收入(再增加一个座位所获得的收入),如图 15-13 所示。如我们所预期的,边际收入会随着座位数量的增加而减少。经济舱机票的边际收入如图 15-13 中的黑线所示。既然对于这种机票的需求是没有限制的,那么其边际收入是恒定的。

　　两种产品的边际收入在座位数为 18 时相等。因此,应该设置 18 个商务舱座位。

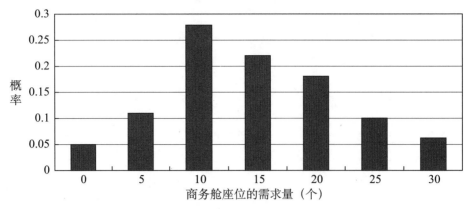

图 15-12　实例 15-4 的需求分布

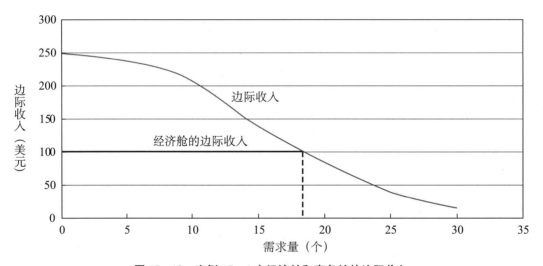

图 15-13　实例 15-4 中经济舱和商务舱的边际收入

当然，实际中航空公司的收益管理问题更加复杂，有多种航班种类、不同票价类别和更复杂的需求信息。然而，均衡不同等级票价边际收入的基本思想，仍然是整个系统最核心的。

许多收益管理系统面对的另一个挑战是网络管理。在一个典型的航空网络中，一条航线的一段特定行程可能是许多其他完整航线的一部分。例如，从洛杉矶到芝加哥的行程既是洛杉矶—芝加哥航线的组成部分，也是洛杉矶—匹兹堡航线或洛杉矶—底特律航线的一部分。收益管理系统除了要考虑我们前面讨论的限制因素，还要为特定的航线分配座位。这就使问题更加难以解决，需要更加复杂的技术来支持。

航空公司收益管理中还有一个关键的问题是：为了向价格敏感性低的消费者收取更多的钱（较高的订票价格）而采用了差别定价，但价格的制定随着时间的变化也在不断改变。一趟从洛杉矶到芝加哥的航班，在某些天的某些时段票价可能很贵，但是在其他需求量较低的时段又会很便宜。同样，如果一趟航班在一段时间内都有空座，航空公司就会增加低价位机票数量的分配。定价的这种动态特点有利于尽可能充分地利用航班运能。

15.7　智能定价

在上一节讨论的收益管理，在航空公司的应用是非常成功的。当然，人民捷运公司的 CEO 会指责美国航空公司的收益管理使它破产。收益管理的应用吸引了许多企业领导者的关注，他们开始考虑通过调整定价影响需求来增加企业的利润。[13]尽管航空公司收益管理中特殊的技术和工具并不一定适用于其他行业和情形，但是收益管理中许多基本的原理和概念在某种程度上是适用的。

戴尔、尼康、夏普和 Boise Cascade 办公用品公司采用的定价策略有一个共同点。这些公司以价格为工具来影响消费者需求，从而将收益管理的基本理念应用于相应行业。

和航空公司的收益管理相同，许多企业采用了两种不同但彼此相关的基本方法：根据消费者定价，即差别定价；根据时间定价，即动态定价。

15.7.1　差别定价

如我们在本章前面所讨论的，如果对所有的消费者都收取同一种价格，那么那些愿意为该商品支付更高价格的消费者最终支付的价格将比他们愿意支付的低——差别定价的目标就是依据不同消费者价格敏感程度的不同，来制定不同的价格。戴尔通过区分私人客户、小型或大型企业、政府机构以及医疗保健机构来实现差别定价。当然细分往往是很困难的。在菲利普斯具有影响力的著作《定价与收入最优化》[14]中，针对相同或相似产品制定不同价格，提出了几项策略：

- 群体定价。在许多行业，向特定群体的顾客给予折扣是很常见的。餐厅给老年人的用餐折扣，软件商给大学的折扣，电影院给学生的折扣，以及酒吧给女士的折扣，都是群体定价的例子。当然，这种折扣只对群体起作用，因为群体成员才与价格敏感度相关联。最近，许多在线零售商，尤其是新兴市场的在线零售商，甚至像高朋网这样的公司，都在推广团购价格。群体定价指的是随着承诺购买产品的顾客数量的增加而降低单价。其主要思想是通过互联网将人们聚集在一起，这样零售商就可以与供应商协商一个更好的价格，从而降低消费者的最终价格。[15]

- 渠道定价。渠道定价是指向不同销售渠道的相同产品收取不同的价格。例如，许多企业在网络上和在零售商店里，分别以不同的价格销售相同的产品。航空公司通过网络和旅行社销售机票的价格可能就是不同的。同样，这种策略也只有在使用不同渠道的消费者具有不同的价格敏感度时才行得通。

- 区域定价。这种策略利用了不同场所内消费者的不同价格敏感度。例如，与在酒吧相比，啤酒在棒球场等体育场馆里要贵得多，但是仍然卖得很好。同样，许多超市在不同的地区制定不同的价格，一些知名的零售商在相对不够便利的地区建大卖场，其商品是非常便宜的。

- 基于时间的差异化定价。另外，相似的商品可以根据时间来进行差异化定价。例如，亚马逊根据不同的配送时间收取不同的价格。亚马逊这种配送价格的差异化，可能并不是出于成本的不同——而是一种细分对价格更敏感或对配送时间更敏感的消费者的技术。同样，戴尔根据不同的维修合同对产品收取不同的价格，这种维修合同的差别体现在完成修理所用的时间不同（例如隔天或一周内）。

- 产品版本。如果对于同一种产品不能进行差别定价，那么为了区别不同价格敏感度的消费者，通常可以对产品进行微小的改变。这可以通过品牌化的形式来实现。例如，一家著名的百货连锁店出售两种品牌的牛奶，一种是相对高端的品牌，而另一种是针对价格敏感度高的消费者的低端品牌。即使这两种品牌的牛奶除了包装以外是完全相同的，也仍然都会被购买。同样，全国著名品牌的制造商也可能向消费者销售自有品牌或者非品牌商品。制造商可以通过改善生产线，分别向不同价格敏感度的消费者提供低档和高档产品，即使这些产品在成本上的差异小于价格上的差异。家用电器和电子产品制造商经常创建相关产品的生产线，从而在较高端产品的生产线上给产品增加一些附加的特性。即使花费比低端产品高得多的价格，高端消费者也倾向于购买高档产品。

- 优惠券和返利。许多企业使用优惠券和返利来对消费者进行区分，这些消费者被区分为高度重视时间或灵活性的，以及愿意花费时间使用优惠券或寄回折扣券来换取较低价格的。零售商和制造商通过报纸和杂志来提供优惠券，或在销售点为邮寄返利政策做广告。例如，夏普和尼康使用邮寄返利策略对具有价格敏感性的消费者进行区分。这种差异化通过给购买程序增设一个较大的障碍来实现：为了获得返利，消费者不得不填写优惠券并将其邮寄给厂商。这里假设愿意支付高价格的消费者不一定会邮寄优惠券。当然，这个假设和传统的收益管理技术不同，邮寄返利策略不是通过制造壁垒来阻止愿意并能够支付更高价格的消费者邮寄优惠券。因此，邮寄返利策略需要更详尽的分析。

第一，不考虑返利存在的情况，每个零售商为了使利润最大化，对向制造商订购的产品价格和数量进行决策。零售商的权衡是很明确的：价格越高，需求越少。因此，零售商需要找到一个价格和订货量来使它们的期望利润最大。另外，制造商希望零售商尽可能多地订购。制造商的利润是与批发价格成比例的，而不是与消费者支付的价格成比例。

第二，考虑邮寄返利存在的情况，制造商会影响消费者的需求，从而给零售商提供一种增加订货量的激励。实际上，使用返利机制后，消费者支付给零售商的有效价格降低了，因此需求水平上升，零售商的利润增加。当然，需求的增长也促使零售商向制造商订购更多的产品。通过确定合适的返利率，产品订货量的增长最终会大于对返利的补偿，因此制造商的期望利润也就增加了。

第三，从制造商的角度考虑，存在的问题是，为什么不直接给批发价打折呢？

答案可能会有很多。首先，邮寄返利策略有一个优点，即不是所有的消费者都会将优惠券邮寄给制造厂商。其次，如果制造商只是降低批发价格，零售商可能会保留这一折扣而不将其传递给消费者。最后，也是最重要的，即使零售商依据打折后的批发价来最优化它的定价和订货策略，或者即使每一个消费者都会将优惠券邮寄回去，对于制造商来说邮寄返利策略依然是更好的选择。因为与降低批发价相比，这种策略能给制造商带来更多的利润。为了理解这个问题，我们假设零售商在邮寄返利策略和降低批发价格策略中的订货量相同。考虑两种情况：一种是订货量小于实际需求，另一种是订货量大于实际需求。如果订货量比实际需求小，两种策略给制造商带来的利润相同（为什么？）；如果订货量比实际需求大，制造商使用邮寄返利策略所得的利润比降低批发价的策略多（为什么？）。

15.7.2 动态定价

15.3 节讨论了通过更好地理解客户对价格的敏感性，优化固定价格政策的能力。Rue La La 使用类似产品的历史数据来了解顾客敏感度，而高朋网通过价格试验达到同样的目的。

动态定价策略，或者价格随着时间变动但不因消费者类型不同而进行区分的策略，已经使用了很多年，但一般这种策略只用于清理多余库存。例如，时装零售商往往在销售旺季即将结束时，通过大减价来减少积压库存。这种降价在一定时间内对所有的消费者是一视同仁的。

然而，这对于不是出于清理多余库存而采取定期打折销售的企业来说，也常常是有意义的。例如，Jockey 牌内衣即使许多年不改变款式，每 6 个月也会打折销售一次。为什么制造商要这样做呢？就像前文介绍的降价情况一样，Jockey 通过这种形式对高保留价格和低保留价格的消费者进行区别。当高保留价格的消费者需要新内衣的时候，他们就会到商场里购买，而低保留价格的消费者则会等待打折。

下面的例子说明，在互联网时代，在线零售商非常频繁地应用动态定价，结果表明动态定价的影响是相当大的。

实例 15-5

拉丁美洲最大的在线零售商 B2W 成立于 1999 年，与亚马逊和沃尔玛等公司竞争。该公司有四个在线品牌：Americanas.com、Submarino、Shoptime 和 Sou-Barato，提供 40 多个大类产品。本例中描述的动态定价算法在除了电视频道 Shoptime 之外的所有品牌中均得到了实施。

B2W 提供了丰富的产品组合，这些产品可访问的历史销售数据以及在一天内多次更改价格的能力，为结合预测、学习和优化提供了独特的机会。首先，团队为每个产品生成一个预测，其中考虑内部数据和外部数据。内部数据包括网站流量、价格、折扣、广告支出、B2W 网站上提供的竞争产品及其价格。外部数据包括竞争对手定价、竞争对手的广告活动和天气状况。事实证明，和 Rue La La 的情况一样，回归树——实际上是一个更复杂的版本，名为随机森林，是预测需求—价格关系的最佳工具。其次是学习。每隔数小时，我们观察网站流量、B2W 产品需求或竞争对手行为的变化，并更新回归树以更好地显示当前市场状况。最后，我们将价格优化应用于 B2W 提供的所有同一市场中相互竞争的产品。

2016年8月，B2W开始现场实施该工具。该工具每天运行几次，每次都通过学习最近几个小时的条件变化（B2W网站的流量、竞争对手的价格和B2W的销售额）来更新需求预测。优化模型使用通过学习过程生成的新预测。在现场实施中，没有人工干预，所有价格直接推送到网站。在实施过程中，B2W强调了三个不同的业绩衡量标准：收入、利润和按销量估算的市场份额。

为了理解动态定价策略对三个标准的影响，我们将重点放在三个产品类别上：低价产品、畅销产品和优质产品。每个产品类别被分成两组，一组是B2W商家应用传统定价策略的控制组，另一组是新技术直接将价格推至B2W网站的处理组。图15-14显示了动态定价算法对其中两类产品的影响：低价产品和畅销产品。浅色条柱代表处理组，深色条柱代表控制组。

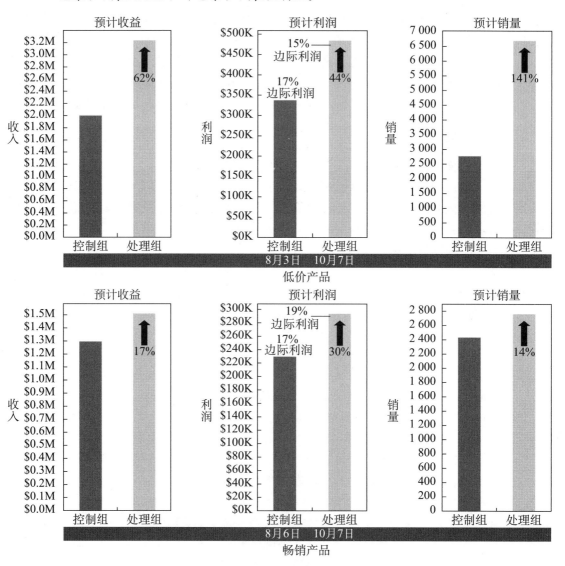

图15-14 对收入、利润和销量的影响

注：M代表百万，K代表千。

可以看出，其影响是相当大的。就低价产品而言，收入增长了 62%，利润增长了 44%，销量（代表市场份额）增长了 141%。畅销产品的结果不是太显著，但仍然相当强劲：收入增加了 17%，利润增加了 30%，销量增加了 30%。

优质产品充分体现了价格优化的重要性。实际上，如果不进行价格优化，处理组的收入相对于控制组减少了 264%，利润减少了 416%，销量减少了 216%。然而，在优化的情况下，处理组的收入相对于控制组增加了 471%，利润增长了 366%，销量增长了 391%。

在为期几个月的实地研究结束时，B2W 报告称，新技术不仅提高了收入、利润和市场份额，还对销售产品的广度产生了影响，也就是说，B2W 在处理组销售的独特产品比控制组多。这帮助 B2W 市场定位为"每种产品每天都有更优价格的公司"。[16]

当然，如我们在第 5 章所看到的，动态定价可能使供应链更难以管理。因此，关键的挑战是，决定在什么时候进行定期的打折销售来使收入最大化。当消费者认为产品价值很高，且只要满足预算约束，他们就会购买时，相对频繁的打折销售就有助于利润最大化。这种策略往往适用于高端商店，因为它们的顾客可能对产品的价值有更高的评价。然而像沃尔玛这样的折扣商店，由于其顾客更倾向于低价格，所以应采用天天低价策略。

另一种智能定价的趋势是，将动态策略应用在制造环境中，即通过定价这一工具更好地平衡需求和供给。这种策略不关注对具有不同价格敏感度的消费者的区分，而是关注变动供应链环境中各个时期总需求的调整。例如，当整个系统能力很高或有大量可用的运能时，增加需求水平是有利可图的；而在库存较少或能力水平较低时，就有必要调整定价来降低需求水平。类似地，对于有季节性需求特点的产品，在需求较低的时期，通过有效的供应链运作降低价格是有意义的。

当然这要求供应链前端制定价格决策的管理人员对供应链后端完全了解，包括供应商库存的情况，以及他们自己的生产计划。

在考虑动态定价策略时，面临的首要挑战是，认清此策略比固定价格策略获得更多利润的条件：

- 现有生产能力：假定其他情况都相同，那么相对于平均需求的产品生产能力越小，动态定价的获利就越大。[17]
- 需求变动性：以变异系数来衡量的需求不确定性上升时，动态定价的获利也上升。[18]
- 需求模式的季节性：当季节性需求上升时，动态定价的获利也随之增加。[19]
- 计划期的长度：计划期越长，动态定价的获利就越少。[20]

研究表明，根据实际数据和模型假设的不同，采用动态定价带来的利润增长可达 2%～10%。[21]这样的利润增长率对于自身利润率低的行业，如零售业和电脑业而言，是相当可观的。

15.8　策略型消费者行为的影响

策略型消费者行为是指消费者在预期价格折扣的情况下，愿意延迟购买的行为。最初从科斯（1972）[22]的著作开始，这个话题在文献中被广泛讨论（见《计算机和运营研究》（*Computers and Operations Research*）杂志的研究[23]）。直觉很清楚！如果客户延迟购买决策，直到他们得到折扣，公司的利润可能会下降。当然，这种直觉也许有点误导。实际上，可以考虑这样一家公司，以最初的价格为基础，然后在某个时候对产品进行折扣。的确，预期折扣的策略型消费者可能会等待，因此每个策略型客户的收入将下降。然而，在折扣价格下，不愿意支付初始价格的一个更大的市场群体将购买该产品。因此，净效应并不明确。实际上，相对于在首次发行时固定价格的策略，即使有策略型行为，收入也可能增加。

重要的是策略型客户的比例！比例越高，将策略型消费者行为整合到企业定价决策中就越重要。因此，问题是在大量客户可能因预期折扣而推迟决策的情况下，企业如何减少其决策过程中的策略型行为？我们考虑两种不同的策略：

- 等待时间和价格：类似于 15.6 节的航空公司收入管理讨论，该公司可以通过延迟折扣时间和优化价格来建立壁垒，以便延迟和较低折扣的结合可以抑制策略型消费者行为。
- 库存：通过关注产品的稀缺性，公司激励消费者尽早购买，而不是等待打折。事实上，这正是第 12 章讨论的 ZARA 的战略。

15.9　互联网的影响

如我们前面所提到的，20 世纪 80 年代中期，航空业收益管理的成功激励了许多其他行业的管理者探索智能定价的价值，且探索的力度不断加大。其中一个原因就是，互联网和电子商务使得许多智能定价技术和方法的应用更易于实现。

- 菜单成本。零售商在互联网上更改报价的成本[24]，要远远小于在现实世界中的报价更改。这使得在线销售的商家，如戴尔和 Boise Cascade 办公用品公司，能够每天更新产品的价格。过去，许多企业发行年度的产品目录，这就成了它们更改价格的唯一机会。
- 更低的购买者搜寻成本。购买者在寻找所需商品的过程中付出的成本变低，引发了商家之间的竞争[25]，并导致对智能定价策略的关注。同样的道理，撤销航空公司管制和人民捷运公司的兴起，迫使美国各大航空公司关注收益管理，市场竞争的加剧导致智能定价的优势凸显。
- 供应链末端的可见性使得定价、库存和生产决策的协调成为可能。也就是说，信息的通畅有助于提高供应链的管理水平，也有助于智能定价的实施。

● 利用购买者的历史记录进行顾客细分在互联网上是能够实现的，但在传统的门店却很难实现。[26]当消费者用个人账号在亚马逊的网站上登录后，亚马逊的计算机就会调出这个消费者以前购买记录的所有清单，并提供与其偏好相符合的产品来使收入最大化。

● 测试能力——由于菜单成本很低，互联网可以用来对定价策略进行实时测试。正如贝克（Baker）、曼（Marn）和扎瓦达（Zawada）所建议的，在线销售可以对其网站的一部分访问者设置较高的价格进行测试，然后根据测试数据进行定价决策。[27]

15.10　注意事项

谨慎是必需的。近来一些公司的实验表明，任何人在考虑使用动态定价策略时，必须避免表现出对顾客的不公平待遇。

● 亚马逊网上商店曾经根据人口统计学，甚至顾客使用的浏览器，对购买同样 DVD 的不同顾客实行区别收费。据《华盛顿邮报》报道[28]，Gomez Advisors 公司的零售分析家巴雷特·拉德（Barrett Ladd）指出："亚马逊试图查清它们的忠实顾客究竟愿意出多高的价钱，但顾客发现了这一点。"一些 DVDTalk. com 的访问者感到特别懊恼，因为他们发现网站对常客收取的价格反而更高。一个在 Deep Sleep 公司进行网上经销的用户说："它们肯定以为已经赢取了常客的信任，因而在某些商品上可以对他们多收取 3%～5% 的费用。"鉴于顾客对此反应消极，亚马逊终止了这种定价测试。事实上，采用定价策略时，公平的观念是主要的问题。当顾客看到其他顾客正以更低的价格交易或者在其他时间能以更低的价格交易时，就会变得沮丧。

● 可口可乐公司的前总裁道格·伊韦斯特（Doug Ivester）考虑过在动态定价策略中使价格随室外温度变化。他声称可口可乐正在研发一种能够测量外部温度的饮料自动售卖机。考虑到一罐可乐在热天比在冷天的效用更高，这种机器会随着温度的增加而提高价格。据说顾客对此定价策略的不满是导致伊韦斯特离开可口可乐的原因。[29]

● 在线销售的网站，如 Priceline 和总部在旧金山的 Hotwire. com，通过暗箱销售（opaque fares）来卖掉那些到最后还没有售出的机票，或者还没被预订的旅馆房间。这意味着它们可以通过对没有售出的机票或者房间大减价，却不提供航班或房间的相关信息来减少损失。这可以"保护"那些航空公司或旅馆已经提供的明码标价服务。暗箱销售只可能是辅助的收入来源，而且要找到适当的平衡点颇费工夫。在一个不稳定的经济体系中，如果许多公开销售和暗箱销售的质量相仿，那么类似 Priceline 和 Hotwire 的网站吸引力就要大打折扣了。[30]

小　结

最近，一些供应链管理者注意到，需求并不是无法控制的。事实上，定价和促销手段可以用来影响需求水平。在销售旺季结束时，时装零售商一向使用降价策略来廉价销售多余的库存。然而，20 世纪 80 年代中期，航空公司的管理者开始使用一系列更加复杂的方法来控制需求。这些方法就是广为人知的收益管理，使用该方法有两个目的：一是区别需求，这样愿意支付更高价格的消费者能够支付高价格，使收入最大化；二是使用定价来调整总需求，使能力和需求相匹配而达到利润最大化。

收益管理在航空业的广泛成功激励了其他行业的管理者探究智能定价的价值。管理者在采用差别定价和动态定价中都使用了许多技术，来有效地平衡供应链的供给和需求。在许多情况下，互联网和电子商务使得智能定价更加有效，随着网络销售渠道的发展，有效定价机制也在不断发展。当然，智能定价并不是没有风险。如果消费者发现他们受到不公平的对待，智能定价技术可能最终会对企业不利。

讨论题

1. 考虑一个零售商只销售一种商品的情况。基于过去的经验，管理者估计需求 D 和价格 P 之间的关系满足线性方程 $D=2\,000-0.6P$。请问价格定为多少时收入最大？如果零售商制定两种价格，结果会怎样？在这种情况下，你能找到一组使利润增长的价格吗？

2. 给下面的策略找一个具体的例子，并解释每一个策略给企业带来的好处：

(1) 群体定价；

(2) 渠道定价；

(3) 区域定价；

(4) 基于时间的差异化定价；

(5) 产品版本；

(6) 优惠券和返利。

3. 在这一章，我们讨论了收益管理在航空业的成功应用。既然如此，为什么那么多的航空公司却陷入财务困境呢？

4. 考虑动态定价策略及其对利润的影响。解释为什么动态定价相对于固定价格策略能获得更多的利润，当：

(1) 现有生产能力降低时；

(2) 需求不确定性增加时；

(3) 需求模式的季节性增加时。

5. 找出两家你认为采用正常的销售方法对其更有利的公司。再找出两家更适合采用天天低价策略的公司，并解释原因。

6. 讨论为什么零售商的降价行为，并不一定是出于订购决策的失误。

7. 考虑一个自行车零售商。什么时候降低价格是合理的？什么时候提高价格是合理的？为什么？

8. 考虑可口可乐公司想根据外部温度变化采取动态定价的策略。讨论这种策略的优势和劣势。如果可口可乐公司决定采用这个策略，应如何应对消费者的抵制行为？

案例

返利投诉的含糊回应

假日购物季意味着圣诞老人、驯鹿和折扣券的"地狱"。现在这些恼人的邮寄返利随处可见。购物者需要收集这些票据，填写表格并把它们寄回，从而能索取 10 美元或者 100 美元的折扣。他们讨厌这样。但是不论这些折扣券对于消费者来说有多么令人生厌，全国的零售商和制造商却非常喜欢它们。

从著名电脑制造商戴尔到全美电脑连锁卖场电路城（Circuit City），从办公用品公司 OfficeMax 到在 Rite Aid 药店销售的李施德林漱口水，返利政策正在激增。美国著名市场调研公司 NPD Group 说，几乎 1/3 的电脑设备以及大于 20% 的数码相机、摄像机和液晶电视是以返利的形式售出的。

30 岁的哈尔·斯廷奇菲尔德（Hal Stinchfield）是一个返利交易的老手。据他估算，每年大约提供 4 亿份折扣券，它们的总票面价值达 60 亿美元。办公用品零售商史泰博（Staples）说，公司以及其供应商每周就要为兑现返利而支付 350 万美元。

对缺乏组织性征税

为什么返利交易如此盛行呢？Vericours 咨询公司的一名主管估算，由于消费者没有申请返利返还或者他们的申请被退回，至少 40% 的折扣券没有被兑现，这是行业内公开的秘密。这一数值相当于每年给零售商及其供应商增加超过 20 亿美元的额外收入。折扣券的作用就是要让消费者被产品的折扣价格吸引，然后以全价购买。Aberdeen Group 咨询公司的零售研究主管葆拉·罗森布拉姆（Paula Rosenblum）说："这个游戏的规则很明显，任何没有 100% 返还的返利就相当于白来的钱。"

返利政策对企业利润的影响是非常大的。考虑 TiVo 公司的情况。该公司通过将其第一季度的亏损，从上年同期的 910 万美元大幅减少到 85.7 万美元而使华尔街猝不及防。其中一个原因就是：TiVo 公司 104 000 名新订购者中大约有 50 000 名没有索要邮寄返利，这给公司减少了 500 万美元的预期返利返还费用。TiVo 公司说，一般在圣诞节购物季返利的返还率较低，也许这个时候顾客因太多的事情干扰而不能按时填写折扣券。

零售商和供应商的这一财源部分归因于人类的天性。许多消费者只是太懒、太健忘，或者太忙而没有申请返利返还：我们称之为对缺乏组织性征收的税。一些消费者则认为为了 50 美分、50 美元甚至 200 美元不值得劳烦去收集折扣券。

"我被惊呆了"

许多消费者，甚至州政府和联邦机构都怀疑是企业设计了一些规则来保持低的返利返还率。他们认为企业依靠复杂的规定，包括只有一周的填表时间、发票复印件的反复索要和支票寄回的长时间延误，使消费者甚至放弃努力去索要他们应得的钱。而即使当支票寄到时，也时常被扔进垃圾箱，因为它们长得太像垃圾了。

这些障碍没有阻挡查克·格利森（Chuck Gleason）。是一个返利迷，已经索回了许多他购买高科技和电子产品时送的折扣券。但是他说，有时候索要钱的过程快把他逼疯了。

例如，2007 年 11 月 7 日，这位来自波特兰一家金属废弃物回收公司的 57 岁的运营主管用 300 美元买了一个 TiVo 公司的数码录像机。TiVo 公司保证，只要格利森寄回他的发票和包装盒上的通用产品码，并至少 30 天内不退货，它们将在 6～8 个星期内寄回100 美元的返利。

格利森第二天就寄回了各种凭证，但是没有回音。尽管他反复地追究并威胁说要向州政府和联邦政府投诉，但到了 2 月份依然不见这 100 美元的踪影。TiVo 公司的返利处理商 Parago 更让格利森恼怒，一封来自该公司客户服务代表索菲（Sophie）的电邮称："由于你的情况需要进一步调查，你的电子邮件已经被转发到专门的部门。"

最后，3 月 29 日，也就是在他购买数码录像机的十几周之后，他的支票才寄到。"我被惊呆了。"他最后说。

"破裂"和"滑脱"

以隐私权为由，TiVo 公司的行政人员拒绝讨论上面的事件。但是公司称它们为给消费者带来不便而感到抱歉，并在最近更改了返利程序，包括在 tivo.com 网站上提供可打印的注册表来减少书写错误带来的不便。TiVo 公司的返利处理商 Parago 也拒绝讨论以上事件，但是它说每年在"数以千万计"的返利事务处理过程中，错误是很少见的。

事实上，返利处理商和提供折扣券的公司都强调，并没有刻意去拒绝返利的返还，这种行为按 Orono 咨询公司促销洞察部（Promotional Marketing Insights）首席执行官斯廷奇菲尔德（Stinchfield）的话说，如同"品牌自杀"。更确切些，企业说这些规则正是为了防止欺诈。返利处理商不会提供它们可能遇到的欺诈事件的估算数据，但是国内最大的返利处理商 Young America 公司称，它们现在正在监测 1 万个疑似假折扣券的地址。

对从不收集折扣券的消费者的探寻形成了一些特殊的行业术语。那些从不填写折扣返还单的消费者被称为"破裂"（breakage）者。例如，无线设备公司对一些手机返还 100% 的返利，它们就依赖这些"破裂"者赚钱。而那些寄出但从未兑现的返利支票则被称为"滑脱"（slippage）。

投诉飙升

许多年前，纽约州的一家返利处理商——TCA 代理服务公司（TCA Fulfillment Services），为其公司客户出版了一本《返利返还指南》。里面提到公司雇用 TCA 后，可以实现低的返利返还率：100 美元产品返还 10 美元的概率仅为 10%，而 200 美元产品返还50 美元的概率仅为 35%。里面的图表还显示，如果雇用其他公司，将增加 20% 的返还率。

去年 12 月得克萨斯州路易斯维尔市的 Parago 公司买了 TCA 的客户清单，且不认同 TCA 的指南。它认为 TCA 不可能估算出当前的返还率，因为客户不会把销售记录提供给它们。TCA 的创办者弗兰克·乔达诺（Frank Giordano）对于几次访问和一封要求解释的信都没有做出回复。

消费品制造商，如宝洁，在 20 世纪 70 年代最早提出了返利理念，是一种既宣传了小折扣，又没有真的使产品降价的极好方法。在 90 年代，电脑制造商和消费者电子用品公司为了在电脑、手机和电视过时前尽可能出售产品而竭力推崇这种方法，使得返利政策的普及度迅速提高。而返利的价值也在激增，从几美元涨到 100 美元，甚至更多。

随着越来越多的公司使用返利形式，消费者掏的钱也就越来越多，消费者的投诉也在飙升。促进良好商业顾问局（Council of Better Business Bureaus）收到的投诉也增长了近 3 倍。但是返利处理商称，与它们处理的返利索要数量相比，这个数字仍然是很小的。

监管审查

戴维·布克班德（David Bookbinder）已经投诉了多次。每年这位 40 岁的电脑技术员都会索取超过 100 份的邮寄返利。他说这些返利机制给他和他的客户节省了 2 500 美元。他在马萨诸塞州提供电脑维修服务。在等待 8 周后，他通常会给客户服务部打电话追索他的支票。如果代理人称由于填写错误需要延期，他就会不假思索地向促进良好商业顾问局、联邦商业委员会和州司法部长投诉。

监管机制加强了对企业的监督。10 月份，纽约司法部长埃利奥特·斯皮策（Eliot Spitzer）处理了一个关于三星电子美国公司的案子。该公司同意给 4 100 位因为住在公寓楼而被拒绝返利返还的消费者支付 200 000 美元。根据斯皮策办公室提供的情况，在三星公司的返利计划中，一个地址只允许寄一张折扣券，而且表格中也没有填写公寓门牌号的位置。三星对此没有做出解释。

同时，在康涅狄格州，政府官员们正在调查那些只标注了去除返利后价格的广告——这在该州是被禁止的营销方式。司法部长理查德·布卢门撒尔（Richard Blumenthal）没有透露这些零售商的名字，他说："如果消费者被迫去接受返利，或者以不合理的或任意的理由被拒绝返还返利，都如同给我们的调查火上浇油。"

"没有动机"

一些管理者使用了新战术。11 月 7 日，马萨诸塞州的司法部门对 Young America 公司提起了诉讼，要求对其 4 300 万美元未兑现的返利支票进行审计，并称 1995—2002 年中期，Young America 公司在明尼苏达州的总部为了减少向其顾客支付返利费用而没有将这部分钱返还。马萨诸塞州的司法部门认为，保留这些未兑现的支票是拒绝返还合法返利的动机。"这和过去的诱售法（bait and switch）差不多。"

Young America 公司做出了反驳。在反驳《商业周刊》质疑的文章中，Young America 公司首席执行官罗杰·安德森（Roger Andersen）坚决支持雇佣公司的政策，并说零售商和供应商有时更愿意其保留未兑现支票，这样 Young America 公司就不需要把支票寄回雇佣公司后再向客户收取费用。

"不论起诉有效还是无效，Young America 公司收取的费用是相同的，"安德森说，"我们没有动机去增加这种无效的费用。"

统一的规则

对邮寄返利政策的强烈反应，迫使许多企业放弃对它们的使用。百思买计划在两年内逐步停止使用这种政策。史泰博公司销售规划部的主管吉姆·舍洛克（Jim Sherlock）说，在整个一年里，邮寄返利的消费者投诉量排在第一位。所以在一年以前，其在弗雷明汉市的分公司转变为一家叫轻松返利（EasyRebates）的在线系统公司，消费者可以通过这一系统索取返利并且跟踪返利返还的过程。

史泰博公司称，等待支付的时间已经从 10 周减少为 4 周，而且投诉率降低了 25%。"破裂"者也降低了 10%，更好的欺诈预防措施也促进了返还率的提高。

代理服务公司也升级了它们的系统。由于具体数字不可透露，Parago 公司称已经在计算机技术上投入了上千万美元。因此，现在计算机代替客户服务代理，使大多数返利索偿能得到有效处理。顾客收到更新后的客户服务电邮并且能够跟踪 RebatesHQ. com 这样的网站，来监测返利索偿信息。前些时候，Parago 公司的首席财务官朱莉·斯波蒂斯伍德（Juli Spottiswood）说，对返利系统的更新是个"大黑洞"。

由于关系到数十亿美元的庞大金额，制定统一规则的呼声得到强烈的回应。去年，加利福尼亚州的参议员利兹·菲圭罗阿（Liz Figueroa）提出了一项法案，要求企业给予消费者 30 天的返利申请时间，且在接到申请后的 60 天内邮寄支票，并要求将索偿所需的凭证和个人信息标准化。

"条例是必需的"

电信巨头西南贝尔电信（SBC Communications）和 T-Mobile 以及加利福尼亚制造与技术协会很快就做出回应。它们认为菲圭罗阿的法案将使成本上升，且要求的返利索取凭证的减少将使欺诈行为增加。该法案在加利福尼亚的参议院通过后，被州长阿诺德·施瓦辛格（Arnold Schwarzenneger）否决。

现在，民主党人菲圭罗阿正在重新评估是否应在 1 月份重新提出该法案。她坚持说："在这方面，条例是必需的。"

尽管存在改革的压力和努力，但返利可能永远不会令人愉快。"在一个完美的世界，消费者可能希望邮寄返利政策消失，"NPD 的行业分析主管史蒂芬·贝克（Stephen Baker）说，"然而，他们又希望获得更好的价格。这两者从根本上说是无法调和的。"

案例问题讨论

1. 这篇文章讲了制造商更愿意提供返利而不降低批发价格的一个原因。请解释为什么这可以作为定制定价的一个例子。

2. 为什么即使所有的返利都返还，制造商仍然愿意提供返利，而不愿意降低批发价格？

3. 为什么百思买，而不是它的供应商如索尼或松下，会考虑取消返利政策？

参考文献

第 16 章
信息技术和业务流程

学习完本章，你应该能够回答以下问题：

- 业务流程改变对于 IT 实施有什么影响？
- 从供应链管理的角度来讲，IT 的目标是什么？
- 为达到供应链管理的目标，需要什么样的 IT 组件？
- 什么是供应链组件系统？它们应该怎样实现？
- 什么是决策支持系统？它们怎样支持供应链管理？
- 选择决策支持系统，应该考虑哪些标准？
- 什么驱动了最佳系统的选择？

16.1 引 言

信息技术（IT）是有效进行供应链管理的重要工具，它涵盖并超过了整个企业的范畴，其范围从一端的供应商到另一端的顾客。因此，我们所讨论的供应链信息技术，既包括单个企业的内部系统，又包括企业外部的系统，这些系统能够加速信息在企业之间和个人之间的传递。

的确，正如我们在第 3 章所讨论的，在实施供应链战略，降低成本、缩短提前期、提高服务水平时，相关信息的实时性和可获得性是最关键的。此外，越来越多的企业在向客户提供以 IT 为基础的增值服务，并以此作为在市场上实施差异化战略的一种方式，同客户建立长期稳定的关系。当然，一旦这种服务在某一个行业被一个企业采用，很快就会成为对其他企业的基本要求。

我们关于 IT 讨论的一个常见的话题，以及本章的第一节，就是要说一说把业务流程（BP）变化和 IT 更新结合起来的重要性。MIT、PRTM 和 SAP[1]的一项开创性研究显示，在 IT 战略、有效的业务流程和供应链绩效之间，存在很紧密的联系。

我们的讨论将围绕一种重要的供应链流程，即销售和运营计划展开，并讨论什么样的 IT 解决方案能够促使这一流程实施得更加有效。

在第 17 章，我们将更详细地探讨涉及标准、基础设施和电子商务的技术问题。在本章，我们会回顾供应链 IT 的基本目标、与供应链管理相关的具体系统组件。我们会探讨决策支持和商业智能技术，以及它们怎样与供应链计划相关联。最后，我们会讨论怎样决策和把供应链功能整合进现有系统或 IT 系统的几种分析方法。

16. 2　业务流程的重要性

MIT、PRTM 和 SAP[2]的一项开创性研究以及大量示例表明，IT 战略、有效的业务流程和供应链绩效之间有着很多联系。然而，在该研究问世之前[3]，证明这种联系的有力证据还很少。有趣的是，在这一研究中，作者使用了 75 个不同的供应链数据来证明，将资金大部分投在业务流程改进方面的公司，与那些只把资金投在 IT 且缺乏合适的业务流程的公司相比，前者业绩更好。资料表明只投资于 IT 而没有合适的业务流程，投资回报往往是负的。

具体地说，该研究的目的是找出在业务流程的成熟度、IT 基础设施投资量和供应链绩效之间是否存在直接的联系。

要探讨这些问题，我们要面对以下两个挑战：

- 确定描述供应链有效性的指标。
- 设计指标来描述业务流程和公司使用信息技术的成熟度。

当然，衡量供应链绩效是相对容易的。的确，在过去几年，许多公司都采用关键绩效指标（key performance indicator，KPI）确定供应链的机遇和挑战。事实上，这是近来的标杆管理方法的开发动力，例如，由供应链协会开发的供应链运作参考（supply-chain operations reference，SCOR）模型。

然而，衡量业务流程或信息技术基础设施的成熟度是相当困难的。尽管如此，真正的挑战是公司的不同业务部分成熟程度不相同。事实上，即使相同的业务也达不到平衡，因为业务流程和信息技术成熟度不能很好地相互补充。因此，作者提出了两类问题：一是如何描述业务成熟度；二是如何描述信息技术的成熟度。[4]

根据 SCOR 模型，可以把公司的业务流程整体成熟度划分为四个级别：

第一级：流程分离。这个级别公司的特点是有许多独立的业务流程。公司的职能组织缺乏集成，或只有很低的集成。供应链规划通常是在每个站点独立完成。这一级别的特征包括：

- 职能（独立）策略。
- 缺乏明确的、一致的供应链管理流程。

- 没有衡量指标或衡量指标并不符合公司的目标。

第二级：内部整合。在这个级别，公司的职能组织高度一体化。通过整合各个关键职能领域（如销售、生产和物流）工作而做出决策。共同预测适用于整个组织。这一级别的特征包括：

- 集成职能部门的信息，减少库存和提高效率。
- 流程记录在案，在整个组织内跟进。
- 用于部门的关键衡量指标。

第三级：公司内部一体化和有限的外部一体化。在此级别，公司能实现跨职能的组织形式。在这一阶段，公司做决策时会引入关键的供应商和客户。这个级别的特征包括：

- 内部供应链决策全面优化。
- 涉及所有相关内部组织的成熟流程。
- 关键客户和供应商列入供应链规划。

第四级：多企业整合。在这一级别使用多公司流程，对应共同的业务目标，并广泛了解了供应商和客户的业务环境。与贸易伙伴的协作联系，使多家企业像一家虚拟企业一样运营。这一级别的特征包括：

- 整个供应链的协作。
- 以服务和财务目标为关键的供应链管理内外协作。
- 将供应链结果和公司整体目标直接相结合的指标。

不同层次的业务流程，必须辅之以相应的 IT 基础设施。以下是四种不同类型的 IT 系统：

第一级：业务流程批量化、独立系统以及冗余数据。重点是用于决策的电子数据表格和手工操作数据。

第二级：整个供应链共享数据。利用适用于整个供应链的规划工具进行决策。例如，应用了专家知识、高级算法和统计方法的需求规划。

第三级：内部数据的可视化。关键客户和供应商都获得这些数据。例如，预测数据与主要供应商分享。在这个层次，不只是数据，业务流程也在整个供应链上共享。

第四级：内部和外部的数据和业务流程共享。

要描述供应链绩效、业务流程的成熟度和 IT 基础设施之间的联系，研究小组收集和分析了来自世界各地 60 家公司 75 个不同供应链的详细（保密）信息数据。研究小组成员还引进了来自 SAP 和 PRTM 的成员，数据收集于 2002—2003 年。

该小组以供应链流程和系统为重点，以发放问卷的形式，收集了来自不同供应链的数据。小组采用了 SCOR 模型来评估供应链业务流程目前的状况。在这个模型中，有七个方面的规划得到了评价：

- 战略规划：网络设计、库存定位与制造策略。
- 需求规划：需求预测和促销计划。
- 供应规划：协调整个供应链的生产、库存和运输活动。

● 供需平衡：权衡供应商的能力和客户需求；使用定价和促销活动，更好地匹配供应和需求。

● 采购规划：材料和商品的采购策略。

● 生产规划：单厂相对整个企业的策略。

● 交货规划：基于预测向客户的承诺、可利用的能力，或者实时的库存和生产信息。

　　对于每一个方面的规划，该小组根据前一部分定义的成熟度，确定了系统和业务流程的级别。具体来说，小组使用从 75 个供应链收集到的数据，从七个方面给每一个供应链确定流程和系统的成熟度。因此，供应链业务和流程的成熟度是在计划维度以七个方面的平均分来评价的。最后，业务流程的成熟度是一个 1～4 之间的数字。一个供应链系统的成熟度就是以这样的方式决定的。

　　我们说一个公司具有成熟的业务流程（系统），那么其成熟度至少是 2。我们确定一流的系统（best-in-class systems，BICS）是在 IT 方面成熟度排名前 20% 的供应链，也就是说，有 20% 的供应链具有顶级的系统成熟水平。当然，并非所有这些供应链都具有成熟的业务流程。

　　使用这些定义和基于实证的研究，结果如下：

● 有成熟业务流程的公司库存水平较低。图 16 - 1 显示，有成熟业务流程的公司大大减少了供应库存的天数、现金周转的时间、库存持有成本以及总报废成本，用收入百分比作为衡量指标。例如，有顶级系统性能的流程成熟的公司，能够降低库存持有成本 35%，这导致第二项重要发现。

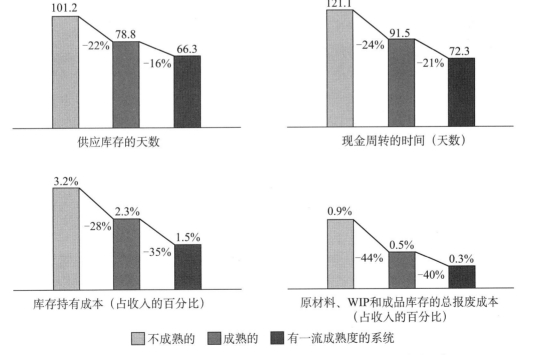

图 16 - 1　有成熟流程的公司改善了库存表现；BICS 公司有更好的流程表现

● 某些领域的改进需要进行 IT 基础设施投资。订单满足率水平见图 16 - 2。注意，只有按库存生产（make-to-stock，MTS）的公司才适用，它不适用于按订单生产（make-to-order，MTO）和按订单配置（configure-to-order，CTO）的公司。这意味着，IT 基础设施在订单满足率上提供了一个巨大的竞争优势。以参加研究的一个公司为例，更加深入地了解这一发现：全球性的玩具生产商在第四季度（旺季）每分钟就有数以千计的订单。每一个订单都要分配给正确的仓库，并且还要考虑替代品。这种环境要求对 IT 基础设施进行投资，以提供合适的订单满足率。

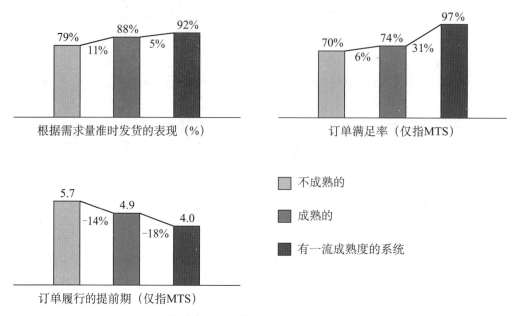

图 16 - 2　准时发货、订单满足率以及订单履行的提前期

● 具有成熟流程的 BICS 公司能获得卓越的财务表现。一个重要的研究结果强调了对系统和流程同时进行投资的重要性。事实上，图 16 - 3 显示，有成熟业务流程和一流 IT 系统的公司平均有 14% 的净利润，而市场平均水平是 8%。也就是说，它们的盈利能力提高了 75%。

● 仅仅对 IT 基础设施投资会造成严重的效率低下。其中，最令人吃惊的研究结果是，公司如果仅在 IT 基础设施方面投资，而不在业务流程方面投资，会遇到严重的效率低下问题（见图 16 - 4）。正如数字显示，BICS 公司，即前 20% 的 IT 成熟的公司，如果业务流程不成熟，则比业务流程不成熟且没有在 IT 基础设施上投资的公司有更长的供应时间、更高的存货成本和更低的利润率。例如，业务流程不成熟的 BICS 公司库存供应时间多 26%，库存持有成本高 28%，平均利润低 7%。这说明如果仅仅改善 IT 系统而没有相应的业务流程改进，其实是浪费金钱。

● IT 投资的优先程度取决于公司的目标。常见的问题是，各种 IT 如何影响绩效，如订单履行的提前期、库存水平或现金周转时间。有趣的是，结果表明，使用需求规划软件模块来支持需求规划流程的公司，订单履行的提前期缩短了 47%，现金周转时间减少了 49%。在供应时间方面对库存水平的影响相当小，低于 10%。另外，用 IT 系统来支持供应规划流程，降低了 40% 的库存（供应天数）。

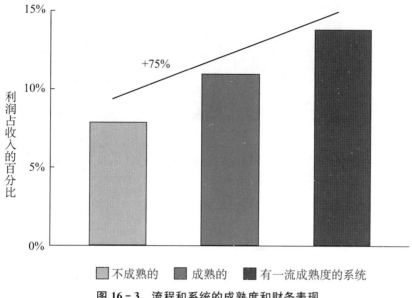

图 16-3　流程和系统的成熟度和财务表现

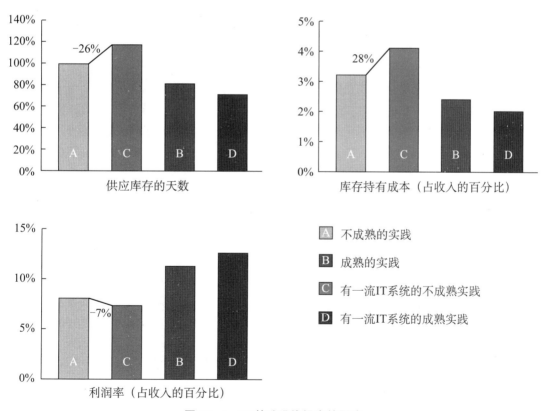

图 16-4　IT 基础设施投资的影响

图 16-5 很好地总结了以上的分析。纵轴提供有关业务流程成熟度的信息，而横轴提供了 IT 系统成熟度的信息。接下来，我们讨论图 16-5 中各部分代表的意思。

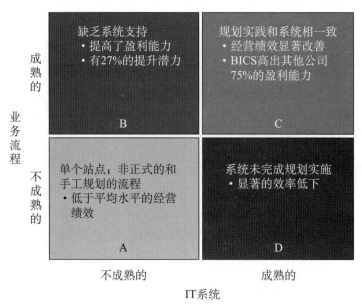

图 16 - 5　流程和系统与运作和财务表现的联系

A 代表业务流程和 IT 系统都不成熟的公司（或更确切地说是供应链）。研究表明，这些供应链的经营绩效低于平均水平。这包括高库存水平、较长的资金周转时间和较低的利润率。

B 代表业务流程成熟但 IT 系统不成熟的供应链。此类别中的公司表现明显优于那些既没有对业务流程进行投资也没有对 IT 系统进行投资的公司。但它们在图中还是留下了很多可增长的空间。具体而言，研究表明，这些供应链可以通过投资 IT，使利润（用净收入的百分比衡量）平均增加 27％，使其 IT 系统转变为卓越的成熟系统。当然，对 IT 的这种投资可能需要调整业务流程。

C 表示有成熟流程和 IT 系统的供应链。这些供应链在经营业绩上有重要改善。更重要的是，供应链的领导者（也就是已经有成熟流程的 BICS 公司——处于 IT 成熟度前 20％）的利润能够比其他公司的利润高 75％。的确，这是非常出色的表现。

最后，D 代表 IT 系统成熟但业务流程不成熟的供应链。令人惊讶的是，研究表明，这些公司的表现甚至比二者都不成熟的公司还要差。当然这需要更仔细的分析。事实上，在同等条件下，人们会期望 IT 系统成熟的公司能有更好的供应链表现，然而研究表明情况并非如此。

对这一矛盾有以下解释。首先，IT 基础设施普遍需要大量的投资和高昂的人员维护成本。其次，IT 只提供信息，如果没有一个流程能够有效地把信息转化为知识和决策，那么供应链将会以一种贪婪的方式对这些庞大的数据进行反应，产生无效的策略。

将业务流程与 IT 系统相结合的重要性已经为行业所承认。在第 17 章，我们将详细讨论面向服务架构（service-oriented architecture，SOA）的新基础设施和软件技术，以及相关的业务流程管理（business process management，BPM）技术，从而能够更好地整合 IT 系统和业务流程，并提供实现这一目标的路径图和技术解决方案。

16.3　供应链信息技术的目标

从另一角度看供应链信息技术的挑战和机会，就是要考虑信息技术与供应链管理相关和满足供应链特殊要求所需要达到的目标。目前，一些企业或者行业距离这些目标还很远，也有一些企业正在朝这些目标前进。为了利用信息，我们需要收集信息、访问信息、分析信息，并且为了合作能与别人分享这些信息。供应链管理系统的目标如下：

- 收集每一个产品从生产到交付（或者购买）的信息，并向所有参与方提供全部的可见信息。
- 通过可信单一数据源（single source of truth，SSOT），访问系统内的任何数据。
- 基于整个供应链提供的信息，分析、计划和权衡企业的各项活动。
- 与供应链伙伴合作。如我们在前几章所讨论的，合作使企业可以通过风险分担和信息共享等方式控制不确定性，并最终实现全局优化。

IT 在供应链管理中的主要目标是，紧密地连接生产点和交付点（或者购买点）。它使信息跟随产品物理运动的轨迹，有时被称为数字孪生（digital twin）或供应链可见性（supply chain visibility）。这样才能够根据真实的数据，进行计划、跟踪以及预测提前期，若有任何一方对产品的行踪感兴趣，那么它可以随时访问这些信息。如图 16-6 所示，我们能够看出，从供应商到制造商的信息流和产品流，在企业内部通过制造商的配送系统，然后到达零售商。

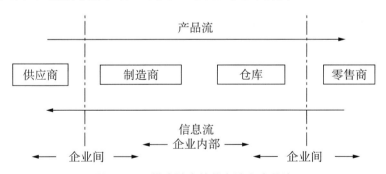

图 16-6　供应链中的信息流和产品流

下面我们分别讨论每一个目标。

- 收集信息。很显然，零售商需要知道其订单所处的状态，供应商应该能够预测制造商将要下达的订单。因此，它们需要访问其他公司信息系统中的数据，以及公司内部不同职能部门和地理位置的数据。更进一步说，参与方需要看到用它们的术语所定义的数据，例如，如果棉花供应商看到"Q-Tips"牌棉签的需求，它们就需要将其转变为所消费棉花的磅数。所以，在整个系统中都需要转换表格（例如物料清单）。

获取有关产品及物料状态的信息，是智能供应链决策的基础。仅仅跟踪供应链过程中的产品是不够的，我们还需要注意信息背后的含义，以便做出调整。如果某次因为送货延迟而影响了生产进度，我们就应该告知某些系统，从而让它们做出适当的调整，或者推迟生产进度，或者寻找替代资源。为了达到这一目标，我们需要在企业或者行业间推行产品识别的标准化（如条形码）。例如，联邦快递公司已经应用了一个对在途包裹进行实时跟踪的系统，不仅公司内部，就连顾客也可以随时知道被运送包裹当前所处的状态，这通常被称为货况追踪（track and trace）。近年来，讨论已经关注到物联网（Internet of Things，IoT）——有时涉及在运输和产品跟踪中的无线射频识别（radio frequency identification，RFID），但也包括使用来自其他不同设备的数据，以及将这些数据集成到现有或新建的业务解决方案中。正如在第 17 章中关于物联网的描述那样，RFID 是这项更复杂领域的一个子集。[5]

● 访问数据。这里我们介绍一个重要的概念，即单点联系（也称为真实时刻，moment of truth）。这个目标指的是，所有可获取的信息，不管是向顾客提供的信息，还是内部要求的数据，都可以通过单点联系。不论查询的方式怎样（如电话、传真、互联网、信息亭），以及查询者是谁，信息都能在某一点得到，并且是唯一的。事实上，这种要求是比较复杂的，因为要满足顾客的查询，我们就必须把分散在企业内部各处的信息收集起来，甚至有时是几个企业的信息。在许多企业中，按照公司内部职能划分的信息系统与岛屿的分布一样。客户服务使用一个系统，会计结算使用另一个系统，生产和分销系统则是完全独立的（见图 16 - 7）。偶尔需要跨系统传递一些重要的信息，但是如果传递不是实时进行的，那么各个系统之间就会存在不一致的数据。客户服务代表收到订单时，可能无法提供有关运输状态的信息，工厂也可能无法得到当前确切的订单信息。理想上来说，需要使用某些数据的每个人都应该可以通过某些接口，访问完全一致的实时数据（见图 16 - 8）。

在依赖单点数据的背景下，出现了一个有趣的发展，即区块链技术对如何维护账本的理论的影响，而这些账本以前是由中央清算所（central clearinghouses）维护的。许多组织正在探索如何使用区块链来转移所有权，并记录权限和活动日志，以跟踪企业之间和跨境的产品和服务流动。这种分布式系统的一个基本优势是，解决了利益不一定一致的个人和机构之间的披露和责任问题。

● 基于供应链数据进行分析。这个目标关系到分析数据，尤其是当考虑到全球供应链情景时。此外，必须利用信息系统，找到最有效的方式来生产、装配、仓储和配送产品，换句话说，即运营供应链的最好方式。我们已经知道，这需要涉及不同层次的决策，例如从安排顾客订单的运作决策，到在仓库内储存什么商品或者未来三个月的生产计划等策略决策，再到仓库的选址，以及将要开发或者生产什么产品的战略决策。要执行这些决策，就必须有一个足够柔性的系统，来应对供应链战略的变化。为了获得这种柔性，需要系统有高度的适配性（configurable），并且需要开发新的标准。我们将在下文详细探讨这些问题。

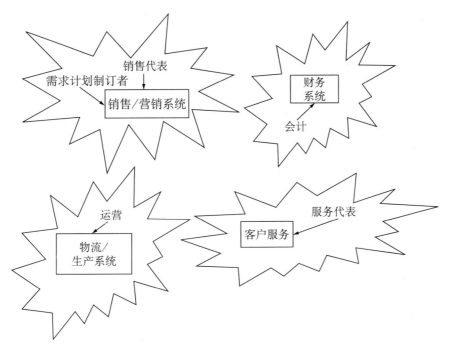

图 16 - 7　目前的信息系统

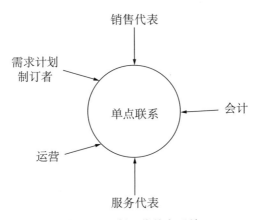

图 16 - 8　新一代信息系统

由于很多行业的变化速度越来越快，以及来自各种传感器和互联网上的活动（例如竞争对手的定价）的新数据（通常被称为大数据，big data）增长速度越来越快，分析数据的需求变得越来越迫切。传统上，数据分析要么使用现成的软件，要么通过 Excel 电子表格完成。定制化的解决方案开发缓慢而烦琐，且开发完成的工具依赖于 IT 部门才能提供给用户。

有两个为数据分析赋能的主要进步。一是机器学习（machine learning，也称为人工智能，artificial intelligence）的使用越来越多，且与之相关的新语言（比如 R 和 Python）提供了强大的内置功能；二是部署云计算的便利性，通过 Amazon Web Services，Microsoft Azure 或者其他云服务提供商，可以访问大数据，获得低成本存储和可拓展的计算能力，从而提供运行大型分析模型的能力。

● 与供应链伙伴合作。与供应链伙伴合作的能力，对于一个公司的成功是至关重要的。事实上，正如我们在第 1 章所了解的，供应链管理的重要目标是，以全局优化代替按顺序的各自为政的决策过程。这不仅需要对信息系统进行复杂的调整，而且需要业务流程的整合。根据供应链的作用，一个企业可能需要与客户的采购系统进行整合，可能要求它的供应商连接进系统或者建立一个合作的平台，也有可能两者并存。合作的层次和类型，依据行业的不同而不同。例如，合作预测最初出现在消费品行业，而供应商整合则经常出现在利用外包生产某些重要组件的高科技行业，这就需要信息系统支持产品和物流的合作。

最近几年，合作已经成为供应链系统的核心。连接并与供应商有效合作的需求，催生了新的系统，即"供应商关系管理系统"（SRM）。此外，20 世纪 90 年代末期，在互联网的快速发展时期，开发了各种各样的交互系统，这些交互系统逐步转变为合作平台（不论是私人之间的交流还是公司之间的正式交流）。在供应链的另一端，为给顾客提供更好的接触和理解顾客的需求，客户关系管理（CRM）系统正在逐步发展。第 17 章将详细讨论一个使供应商和经销商更好相互合作的供应链标准，称为合作计划、预测和补充（CPFR）。

正如我们上面提到的，云服务使跨公司的协作变得更加容易，而且支持这一点的软件也更加容易使用和访问。区块链的定位是货况追踪方面的变革，并与物联网连接，以获得更多机会。

供应链管理的四个目标不必同时达成，而且它们在一定程度上彼此相对独立。它们可以看作平行的目标，不过根据企业所处的行业、公司规模、内部优先次序以及投资回报率（ROI），它们的重要程度会有所不同。例如，银行如果缺少了单点联系能力就无法生存，而运输公司则不可缺少高度发达的跟踪系统，高科技产品的生产商不可缺少生产计划系统。

大多数公司安装了企业资源计划（ERP）系统——以下是相关的典型阶段：

1. 通过在用户友好的平台上整合不同的系统，获得立竿见影的收益。

2. 通过"可信单一数据源"，提高了决策支持能力，增加了实时数据可视化的好处。仪表盘是这一阶段的标志——尽管仪表盘只是创建真正可操作数据的一个阶段。除了仪表盘之外，还有警报基础设施、自动化日常决策等潜力。

3. 通过更敏捷和开放的平台，获得新的商机。这些平台通过智能应用程序实现（思考：面向客户的应用程序、开放的供应商门户、将产品转化为可消费的服务）。随着第 2 阶段数据分析/应用经验的增加，开拓新市场。

16.4　供应链管理系统的组件

ERP 系统试图解决基础设施和访问问题，将企业所有的功能集成在一起，从而使企业更加高效地运营，然而它们无法回答应该做什么、在哪里、什么时间、为谁做等最基本的问题。这也正是计划人员利用各种分析工具〔例如决策支持系统

（DSS）〕所要解决的问题。

决策支持系统各不相同，包括由使用者自行分析的电子表格，到试图综合各领域的专业知识并给出可能答案的专家系统。特定情形下，DSS 是否合适取决于问题的性质、计划的范围以及需要做出决策的类型。在选择 DSS 时，通常会面临在通用工具（不针对具体问题，可以对各种数据进行分析）和昂贵的专用系统之间的权衡。

在构成供应链管理的各领域中，DSS 用于解决各种问题，从战略问题（如第 3章讨论的网络规划），到战术问题（如产品在仓库和生产设施之间的分配），一直到日常业务问题（如生产调度、交付方式的选择以及车辆路线的确定）。由于系统固有的规模和复杂性，DSS 成为做出有效决策的非常重要的工具。

各种企业和行业使用的 DSS 取决于各自的特征，如制造业的特点、需求的波动程度、运输成本和库存成本。举例来说，如果一家公司的主要成本是运输，DSS最重要的应用将是一个车队的路线系统或网络的设计。相反，如果需求高度可变、制造流程复杂，那么，需求规划和生产调度系统可能是最迫切的。

不同的系统通常支持战略、战术和业务水平的解决方案。一些供应链的组件主要是支持某个方面，而其他组件可以支持不止一个，这取决于它们是如何界定和利用的。

16.4.1　决策支持系统

要成功地利用决策支持系统，必须选择合适的绩效衡量标准。例如，目标之一可能是减少总成本，但在某些情况下，提高客户服务水平可能会更合适。决策支持系统的接口，通常允许用户选择不同目标的相对重要性。

一旦收集到数据，必须进行分析和处理。根据决策支持系统和特定的决策，有许多方法来分析数据。重要的是，决策者应了解决策支持系统怎样分析数据，以便评估决策支持系统所做建议的有效性和准确性。至于系统所做的分析哪些最合适，则由最高决策者确定。

数据分析有两种方法。首先是利用商业分析工具，这类工具往往用于通用的目标，数据从 ERP 和其他系统提取。这些系统通常使用以下技术：

- 查询。通常大量的数据使人工分析很困难。通过决策者问一些关于数据的具体问题，决策可以得到简化，如"我们在加州有多少客户"和"每个国家有多少客户购买了价值超过 3 000 美元的产品"，然后来进行决策。这称为描述性分析，有助于回答"过去发生了什么"。

- 统计分析。有时光提问是不够的。在这种情况下，统计技术可以用来确定数据的趋势。例如，平均库存、一条路线的平均停靠次数和长度，以及客户需求变动性等统计数据，都可以被决策者使用。这称为诊断性分析，有助于回答"为什么它会发生"。

- 机器学习。机器学习是一种能够根据过去表现的数据进行模式识别和预测的技术，被认为是预测分析，因为它回答了"将会发生什么"的问题。机器学习结果有两种类型：

一是回归——用于连续数值。例如，如果你需要为产品定价或将房子投放市场——机器学习算法可以从之前的销售中学习，并根据这些信息预测产品价格。

二是分类——用于离散数值。例如，你是否会被某个项目录取，或者你是否患有某种疾病。机器学习算法将再次查看以前的案例，并预测你的特征是否会将你置于某些群体中。

机器学习的另一个方面是使用何种类型的过程。

一是监督——有信息也有对应的结果，例如提供特征列表和由此产生的价格或结论，并使用这些来预测新案例。这通常用于价格预测，但也可用于推荐引擎以及字符和面部识别。

二是无监督——有信息但是没有明确的对应结果，算法仅根据数据得出相关性。这被用于数据挖掘，近年来随着可视化的使用而变得更加复杂，以帮助数据专家确定结果的含义。这种类型的过程在欺诈检测、基因分析和金融方面都有应用。

机器学习的应用包括需求和价格预测、字符或面部识别、医疗诊断、欺诈检测、主题发现（例如趋势新闻）。机器学习如此受欢迎的原因是，可用数据的激增——其中一些是大数据，一些是非数字数据，易于使用和部署的新编程语言，如 Python 和 R，以及通过云计算访问几乎无限的计算资源。因此，机器学习被广泛用于许多领域，以帮助解决相关问题。

第二种数据分析的方法，是利用 DSS 提供专门的接口，针对需要解决的具体问题来显示和报告相关的数据。DSS 采用了分析工具，具备一些解决问题的嵌入式知识。由于这些问题通常是复杂的，决策支持系统运用其问题知识库来找到有效的解决办法。

这些系统通常使用以下分析类型：

● 计算器。简单的决策支持工具可以简化专业计算，如会计成本。在许多情况下，尤其是如果变化是可预见的、易于评估的，简单计算就能得到保证。这种方式主要运用在对一些产品的预测或库存管理中，而其他的则可能需要更先进的工具。

● 仿真。所有的业务流程都存在随机的成分，如销售价格可能会变化，一台机器可能会也可能不会失效。通常，这些问题任意的或随机的因素使得数据分析变得很困难。在这种情况下，仿真往往是一个辅助决策的有效工具。在仿真中，由计算机建立一个流程的模型。模型中的每一个随机元素都有着特定的概率分布。当模型"运行"时，计算机就模拟过程。针对每一个随机事件，电脑会使用指定的概率分布来随机"决定"会发生什么事情。例如，考虑一个生产线的仿真模型。当计算机运行模型时，它做出了一系列的决策。一个工件在机器 1 上停留了多久？在机器 2 上呢？当工件 4 在加工时机器 3 是否会中途损坏？当模型运行时，系统就收集和分析统计数据（例如利用率、完成时间）。既然这是一个随机模型，那么模型每运行一次，就有一种与以前不同的结果。统计工具用来确定模型的平均结果和变化程度。同样，通过改变输入的变量，能比较不同的模型和结论。例如，可以通过同样的客户需求仿真，来比较不同的分销系统。对于那些理解起来十分复杂的难以分析的系统，仿真是一个非常有用的工具。

● 人工智能（AI）。机器学习、人工智能和认知计算等术语可以描述现在应用于供应链和运营的不同方面的高级功能。我们将尝试区分这些术语，但它们都指向相同类型的数据处理，并且经常可以互换使用。

人工智能通常是指可以自我学习、推理和行动的机器。面对新情况时，它们可以像人类和动物一样做出自己的决定。就目前而言，你所听到的绝大多数人工智能的进步和应用都指的是一类被称为机器学习的算法。这些算法使用统计学在大量数据中识别模式。然后，它们使用这些模式来预测你可能喜欢奈飞上的哪些节目，或者根据核磁共振成像（MRI）预测你是否患有癌症。在阿贾伊•阿格拉瓦尔（Ajay Agrawal）、约书亚•甘斯（Joshua Gans）、阿维•戈德法布（Avi Goldfarb）合著的《预测机器：人工智能的简单经济学》（*Prediction Machines：The Simple Economics of Artificial Intelligence*）一书中，三位杰出的经济学家将人工智能的崛起重新定义为预测成本的下降。当人工智能被定义为廉价的预测时，它的非凡潜力就变得清晰起来，因为预测是在不确定性下做出决策的核心，供应链从业者应对此非常熟悉。

机器学习使研究人员、数据科学家、工程师和分析师能够构建可以从数据中学习，并根据数据做出预测的算法。不是遵循一组特定的规则或指令，而是训练一种算法来识别大量数据中的模式。深度学习进一步推动了这一想法，在称为人工神经网络（artificial neural network）的算法分层结构中处理信息，其灵感来自人脑的生物神经网络。

预测性（人工智能）和规范性（随机和确定性优化）的集成被称为智能或认知系统。这些系统虽然与人工智能相似，但通常更具规范性——它们可以帮助决定做什么，而不仅仅是预测会发生什么。例如，在价格优化中使用机器学习和优化，可以提供基于强预测的最佳解决方案，同时优化利润最大化等目标和满足促销预算等约束条件。

另一个例子是交通系统，从各种来源（天气、路线、预测）中获取数据，并使用人工智能和规划参数提供的信息来推荐行动。

在供应链管理中有很多应用人工智能的机会，举例来说：

● 规划：人工智能提供了更好的预测能力，这一直是更好的规划和执行所需要的。

● 风险：人工智能可以帮助企业识别和降低风险。例如，IBM 的 Sterling Supply Chain Insights with Watson 系统，旨在跟踪天气和自然灾害，并预测它们对供应链的影响。

● 物联网：人工智能利用智能传感器和设备产生的数据，进行模式识别和检测异常情况；也经常用于预测性维护和提高运作效率。

● 机器人技术：从制造车间、仓库到运输，人工智能已经提高了将劳动密集型和危险任务自动化的机会，例如智能机器人分拣。在运输中的一个重要应用是自动驾驶卡车。

● 视觉效果：能够处理扫描仪图像、无人机图像，以及在关键检查中处理损坏或故障。

专家系统同样是一种人工智能。这些系统从一个数据库中获得专家的学识，并用它来解决问题。专家系统依赖一个庞大的知识数据库，知识数据库通常用一系列的规则表示。解决一个问题时涉及应用知识库中的规则，以及得出一个结论，该结论能解释它是如何得到的。在一个决策支持系统的组成部分中，专家系统能给出人类决策者没有时间或者没有专业知识能意识到的一些可供选择的解决方法。虽然在物流领域，这些系统并没有得到广泛的应用，但是它们仍然很重要，因为它们具有获得和解释专家分析的能力。

可解释人工智能——机器学习是大多数人工智能解决方案的基础，在机器学习中，设计过程被交给了算法，算法会返回一个密封的黑盒，从外观上看，这个黑盒符合设计要求，但其内部工作原理在很大程度上是未知的。模型和算法的人工智能白盒，与模型和算法的可解释性相关，也称为可解释人工智能（XAI）。XAI 有两种类型，第一类是有助于更好地理解数据的解释，第二类是有助于更好地理解模型的解释。

对 XAI 的需求，是由人工智能面临的以下挑战驱动的：

1）偏差——因为数据可能不够全面，系统经常在不知不觉中产生编码偏差。有人呼吁提高模型训练方法的透明度，并提出了一些关于如何改进这一点的想法。例如图像系统在识别非白人面孔方面存在困难。

2）脆弱性——由于它们编码世界观的轮廓是不可见的，像人类一样流畅的系统可能会突然而意外地退化为胡言乱语，这可能仅仅是因为一个单词的改变，而它错误地认为这是一个关键变量。这些系统甚至可能与精心挑选的数据发生冲突，因为机器学习的某些预测能力是根据训练数据中偶然或错误的部分学习而来，而这些部分却被人类创造者忽视。最常见的例子是根据雪地背景识别狼。

3）使用 XAI 的专家需要了解某些结果的驱动因素，例如医疗诊断或贷款批准决定。这对于大多数 AI 应用程序都不是必需的，但对于那些做出关键决策的应用程序来说，绝对是必要的，并且在事后也可能需要，例如了解无人驾驶汽车发生事故的原因。

目前，最发达的 XAI 形式是一个黑盒过程，它结合了相关情境的知识，使用针对问题的特定数据对人工智能结果进行分析，并确定哪些属性驱动了结果。在其他分析应用程序中，我们可以称之为敏感性分析。其优点是不需要"拆开"算法来了解它是如何工作的，但用户可以更好地理解做出决定的原因。

对于这种类型的 XAI，有一些可用的开源选项：

1）LIME（Local Interpretable Model-agnostic Explanations，局部可解释、不依赖于模型的解释）。因为我们希望能做到不依赖于模型，所以要学习底层模型的行为，就需要扰动输入，看看预测结果将如何变化。这将有利于提升可解释性，因为我们可以通过改变对人类有意义的成分（如单词或图像的一部分）来扰乱输入，即使模型使用的是更复杂的成分作为特征（如单词嵌入）。

2）谷歌在强调可解释性以及从业者如何构建更容易理解、更有代表性、更有弹性的 AI 解决方案方面，一直是早期的领导者。去年该公司公布了 What-If 工具，提供了一系列对交互式可视化和 TensorFlow 模型的探索指导，允许开发人员探索他们的模型如何解释其训练数据，以及对给定输入的细微变化将如何改变其分类，从而洞察模型的鲁棒性。

3）微软的 InterpretML。InterpretML 实现了许多可理解的模型，包括可解释助推机（Explainable Boosting Machine，是对广义加性模型的改进），以及若干种对黑盒模型的行为或其个别预测进行解释的方法。通过轻松访问许多可理解的方法，开发人员能够比较不同方法产生的解释，并选择最能满足他们需要的方法。这种比较还可以通过检查方法之间的一致性，来帮助数据科学家了解对解释的信任程度。

然而，所有这些黑盒 XAI 生成的专门或事后解释，更像是辩解的理由，可能无法捕捉决策过程的真相。（XAI 不是可以解释自己的 AI，它是开发人员的设计决策。）[6] AI 要足够透明，因此所需的解释是设计过程的一部分。

关于为什么这是不可能实现的，有一些争论。人类也会使用复杂和难以理解的决策过程，这些问题本身可能无法解释。又或者，黑盒模型无法避免，因为我们想要解决的问题过于复杂和非线性。如果使用更简单的模型，就会在性能（为了可解释性）上做出我们不想要的权衡。

然而，美国国防部高级研究计划局（DARPA）认为这是人工智能发展的下一个阶段——XAI 项目旨在创建一套机器学习技术，包括：

- 产生更多可解释的模型，同时保持高水平的学习性能（预测精度）。
- 使人类用户能够理解、适当信任和有效管理新一代人工智能合作伙伴。

愿景是新的机器学习系统将有能力解释它们的基本原理，描述它们的优势和劣势，并传达对它们未来行为方式的理解。实现这一目标的策略是开发新的或改进的机器学习技术，以产生更多可解释的模型。这些模型将与最先进的人机接口技术相结合，能够将模型转换为最终用户可理解和有用的解释对话。

DARPA 的目标是实现下一波（第三波）AI 系统，使机器理解它们运行的上下文和环境，并随着时间的推移建立底层解释模型，使它们能够描述现实世界的现象。目前还不清楚如何实现这一目标，但在这一前沿领域已有大量的投资。

数学模型和运算法则。数学工具通常根据运筹学中的原理设计，可以应用数据来确定问题潜在的解决方案。例如，这些工具能为新仓库选择最佳的位置，为一辆卡车选择一条高效的运输路线，为一个零售商店选择一种有效的库存策略。这些运算法则主要有两类：

- 准确算法。给定某一特定问题，准确算法将会找到数学上"最可能的解"。一般来说，准确算法需要长时间的运算，尤其是当问题十分复杂时。很多情况下，并不能找到最优解。在另外一些情况下，虽然可能会找到最优解，但是不值得我们这样做，因为为运算法则输入的数据本身通常是近似数据或者统计数据。近似问题的精确解与近似问题的近似解基本是一致的。

- 启发式算法。这种运算法则为我们提供的是较优解，但不是最优解。启发式算法往往要比准确算法运行得快。大多数使用数学运算法则的 DSS 使用的是启发式算法。一个好的启发式算法可以快速地提供十分接近最优解的解。启发式算法在设计过程中需要权衡方案的质量和求解速度。在求解之外，启发式算法还可以提供启发式算法解和最优解之间的误差估计。

在实际应用中，分析工具往往是以上几种工具的综合使用。几乎所有的决策支持系统都提供一整套工具，有一些还利用类似电子表格这样的一般工具来进行更深层的分析。此外，以上所列的某些工具，可能会被嵌入一般工具（比如电子表格）中使用。

对于一个特定的决策支持系统，选择合适的分析工具需要考虑以下因素：

- 所考虑问题的类型。
- 解决方案的精度要求——很多情况下我们是不必找出最优解的。
- 问题的复杂程度——有些工具不适合解决非常复杂的问题，而其他工具又不能大材小用地去解决过于简单的问题。
- 定量输出指标的数量和种类。
- 对 DSS 运转速度的要求——对于像确定提前期和车辆路线之类的运作系统，速度可能比较重要。
- 目标或者决策者的目的——例如，一个卡车运输路线的 DSS，可能需要找出一条用车最少、总路程最短的方案。

表 16-1 列出了一些问题和适合的分析工具。

表 16-1　应用和分析工具

问题	使用工具
营销	查询、统计、数据挖掘
路线安排	启发式算法、准确算法
生产计划	仿真、启发式算法、调度法则
物流网络配置	仿真、启发式算法、准确算法
模型选择	启发式算法、准确算法

16.4.2　实现卓越供应链的信息技术

在本节，我们主要讨论供应链优化所需要的 IT 功能及这些不同功能之间的关系，如图 16-9 所示。你可以看到，IT 功能可以分为四个层次。

1. 战略网络设计允许计划者选择最佳的数量、地点、仓库或工厂大小；决定最佳采购方案，即哪个工厂/销售商应该生产哪种产品；决定最佳分销渠道，即哪个仓库应该为哪个客户服务。目标是通过使服务机构数量和服务水平之间达到最佳

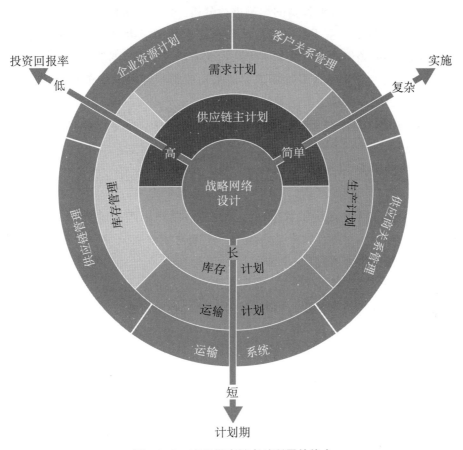

图 16 - 9　实现供应链卓越所需的能力

平衡，最小化包括采购、生产、运输、储存在内的总成本。这些系统的计划期通常长达几个月到几年的时间，以便归总数据，进行长期预测。

2. 战术计划决定较短的计划期内（如几周或几个月）的资源配置。这些系统包括：

● 供应链主计划，协调生产、分销策略和储存需求，通过有效分配供应链的资源获得最大利润，或使系统成本最小。这可使公司提前为季节性销售、促销和紧张的生产能力做准备。

● 库存计划，决定最优安全库存量和怎样在供应链中确定最优的库存位置。

战略网络设计和策略计划的内容是第 3 章所讨论的网络规划问题。在这些情况下，通常使用优化技术以形成有效战略。

3. 运营计划系统使短期的生产、分销、存货和运输计划更加有效率。运营计划的计划期通常是几天到几星期，目标集中在单个职能上，也就是说，每个系统只针对一个职能（例如生产）。因此，这些系统着眼于生成可行的策略，而不是最优化的解决办法，因为没有和其他职能结合在一起、没有具体的分析以及只有短期计划，是不能进行最优化的。运营计划系统包括四个部分：

● 需求计划，基于各种历史和相关信息生成需求预测。可以让用户对促销、新产品引进和其他商业计划的影响进行分析。使用的方法大多是统计分析方法。

● 生产计划，基于供应链主计划或需求预测，生成生产日期安排。采用的方法是基于约束条件的可行性分析方法，此方法可满足所有生产限制条件。

● 库存管理，基于平均需求、需求可变性、原材料提前期，生成对于各类设施的存货计划。采用的方法是统计和计算。

● 运输计划，基于运输线路的具体情况、成本和交货日期，生成运输路线和日期计划。因为有各种运输变量，所以这些系统可以是车辆安排、运输方式选择，也可以是路线和分销计划。

鉴于运营计划的性质，采用的方法大多是启发式方法。

4. 运营实施系统提供数据、交易处理、用户访问和运营公司的基础设施。这些系统一般是实时的（数据是当前的，不断被用户和所发生的事件更新）。运营实施系统包括五个因素：

● 企业资源计划，传统上包括生产、人力资源、财务，现在也包括信息技术基础设施（现在是大多数公司的支柱）。这些系统正在扩展，将融入新功能，而这些功能原本出现在我们讨论过的其他组件中。也提供基于网络的访问和服务，可集成其他组件，从而变得越来越开放。

● 客户关系管理，包括更新、跟踪与客户间的互动信息。这些系统和订单跟踪系统以及其他后端系统连接，为客户和客户服务代表提供更好的信息。

● 供应商关系管理，为供应商提供交易界面，也提供合作活动界面。

● 供应链管理系统，提供工厂和仓库的配送跟踪，也提供事件管理来跟踪基于操作的异常事件。另外，还提供基于当前供应链状态（ATP 或 CTP）的提前期。

● 运输系统，提供内部和外部访问以及跟踪运输的产品的功能。在这个层次上，系统能够做出某些路线计划，不过范围和程度比运输计划系统要小。

图 16-9 列举的是不同能力层之间的区别：

● 战略网络设计的计划期要比运营系统的长。的确，公司通常会对几年内的设施需求做长期投资。供应链主计划的策略会持续几个月或一年。运营系统时间很短，只有几天或几个星期。

● 由于所做出的决策对大规模投资和主要配送决策具有很大影响，战略系统的投资回报率会很高。一般来说，采用战略网络设计的公司，成本可以下降 5%～15%。现在考虑对降低成本同样非常重要的运营计划以及实施，遗憾的是，所需的投资大但回报小。

● 战略网络设计的实施复杂性不是很高，因为其中用到的工具和方法还需要融入其他工具和方法。同样，战略网络设计不需要实时更新，也不需要公司各环节太多的交互。相反，大家都知道，运营系统很难操作和集成，并且需要实时数据和大量的人员培训。

16.5　销售和运营计划

上文所述的一些概念，可以通过一个重要的供应链管理流程——销售和运营计划（S&OP）来加以描述。S&OP 是一个业务流程，能够不断平衡供应和需求。S&OP 通过跨职能，将销售、营销、新产品推出、制造和配送整合到同一计划中，通常涉及产品系列的汇总分析。S&OP 实践始于 20 世纪 80 年代中期，主要侧重于需求的规划和分析。这一过程通常涉及在每月会议上对需求预测和供应能力约束进行比较，确定比较可行的执行计划。大多数公司通过从不同的 ERP、CRM 和制造系统收集数据，使用需求规划软件和电子表格来进行分析。

16.6　集成供应链信息技术

信息技术的各个组成部分是怎样集成在一起的？供应链管理是一项十分复杂的工作，因此要解决上述问题并不是件容易的事情。甚至，有许多企业认为进行 IT 革新可能会得不偿失，因为企业并不敢肯定这是否会带来显著的投资回报率。例如，许多运输公司并没有实施复杂的跟踪系统，主要是因为很少有客户想要收到如此详细的信息。仓库经理之所以没有采用无线射频识别技术，是因为成本太高了。

对人们来说，其中最重要的一点是分析每一系统组件对企业的贡献，然后再根据企业和行业的特殊要求来做投资计划。然而，值得注意的是，全方位解决方案的效果，通常会比各部分解决方案的简单算术加总的效果要好。例如，安装一个仓库控制系统和运输管理系统，将会对提高客户服务质量起到意想不到的效果。

当从一个较大的软件开发商（例如 SAP、甲骨文）购买一套 ERP 系统时，企业通常需要决定是采用公司内部流程，还是接受某些行业的惯例。随着越来越多的企业在订单录入、申请、物料清单等方面开始信息共享，并制订合作计划，它们中的任何一方都可以通过某些标准化的手段来共享信息，从而降低各方的交易成本。然而，事实上，因为每一家 ERP 供应商都在编制自己的标准，直到如今，在供应链管理中还没有出现"一统天下"的标准。

在下面的几节，我们将讨论 ERP 与 DSS 的实施。企业应优先实施什么？应首先投资什么？最后，我们将比较一下择优录用解决方案与单一供应商解决方案的优缺点。

16.6.1　ERP 和 DSS 的实施

实施一个支持供应链集成的系统，要涉及基础设施与决策支持系统（DSS）。

ERP系统作为基础设施的一部分，在许多方面有别于供应链DSS，表16-2在各种实施问题上对ERP和DSS进行了比较。

表 16-2 供应链管理的 ERP 和 DSS

实施问题	ERP	DSS
时间	18~48个月	6~12个月
价值	运营	战略、策略、运营
投资回收期	2~5年	1年
用户	全部终端用户	群体
培训	简单	复杂

现在的问题是，当企业决定在什么时间实施怎样的系统时，应该采取什么样的策略。在16.3节中，IT目标曾经告诉我们，企业必须首先安装ERP系统，只有这样才能够保证数据可访问且完整，也只有这样，才能够运用各种DSS工具来分析整个供应链过程。这可能是一种理想化的建议，但在实际中用以实现供应链效率的数据是早就存在的，这些数据可能不存在于一个容易访问的数据库，但是拿它们组成一个数据库的时间，同实施一个ERP系统的时间比起来，利用这些现已存在的数据还是划算的。

从表16-2中我们可以看到，实施一个ERP系统的时间要比实施DSS的时间长得多。ERP系统对于企业的价值涉及两个目标——可视性与单点联系，这两个目标均有助于提高企业的运营效率。不仅如此，DSS还能够加强企业的战略与策略计划能力，与此同时，这也就意味着DSS有着较高的投资回报率。最后，实施DSS更容易、更便宜，同需要进行大量而广泛培训的ERP系统相比，实施DSS仅影响少数需要高级培训的用户。

事实上，企业不需要等到ERP系统实施后，再安装DSS系统，在许多情况下，实施DSS项目可以获得立竿见影的收益。当然，企业需要根据公司目前的财务及人力资源状况，决定采用什么系统和哪些项目。

安装什么类型的DSS，要看企业所处的行业以及DSS对业务的潜在影响。表16-3给出了不同行业的案例：在软饮料行业，配送是一个主要的成本因素，而在有着复杂制造程序及多样产品的计算机制造行业，配送成本仅仅是生产成本的一部分。

表 16-3 安装 DSS 时的优先级

行业	DSS
软饮料配送商	网络与运输
计算机制造商	需求与制造
消费产品	需求与配送
服饰	需求、能力、配送

16.6.2 择优录用与单一供应商 ERP 解决方案

为获得竞争优势，供应链信息技术解决方案可以由许多部分组成，这些部分包括 IT 基础设施（ERP）及各种决策支持系统（DSS）。整体解决方案最终获得的途径，可以有两种极端的方法：第一种方法是从一个供应商那里购买一套 ERP 系统和 DSS；第二种方法是从不同的供应商那里选择每一功能最适合的解决方案，并由此产生比较适合企业每一功能的系统。由于择优录用方案比较复杂，并且实施需要花费很长的时间，因此，这种投资可能会提供较好的解决方案并保持长期的灵活性。当然，较长的实施时间也可能会导致解决方案最终不够有效，并且很难维持IT 员工的稳定性及人们对该项目的热情。许多企业选择了一个过渡性的方法，即选择一个主要的供应商，当此供应商不能提供某些功能或者某些功能不适合企业时，它们就采用择优录用解决方案或者自己开发该系统。

最后，有些企业（例如沃尔玛）宁愿自己开发专有软件。[7]当然这些企业一般都是特大型企业，拥有专门的 IT 部门，并且拥有一套已经使用得相当好的软件。最近，随着第 17 章讨论的新技术的出现，可以向企业提供更简单的以业务为导向的发展和整合服务，可能会出现一股弃用 ERP、运用内部软件或专业软件的回潮。

表 16 - 4 对这些方案的优缺点做了总结。

表 16 - 4 择优录用与单一供应商和专用软件的比较

安装问题	择优录用	单一供应商	专有软件
时间	2～4 年	12～24 个月	未知
成本	较高	较低	依赖专业技术
柔性	较高	较低	最高
复杂性	较高	较低	最高
解决方案的质量	较高	较低	不确定
适用性	较高	较低	最高
员工培训	较长	较短	最短

小 结

供应链管理信息技术的成功，依赖于以最有效的方式来整合业务流程和新技术。我们提供的证据就是，那些同时关注业务流程和技术的公司超过了其同行。

我们将信息技术的目标分为四个主要方面：

1. 从生产点到送货点，每一产品信息的可得性。

2. 通过单点联系的方式访问数据。

3. 基于全面供应链信息的决策。

4. 与供应链合作伙伴的合作。

怎样才能达到这四个主要目标？对物流经理来说更重要的是，实现这些目标的影响是什么？

首先，程序、通信、数据及接口的标准化，将使基础设施更加物美价廉并且容易安装。IT 基础设施对任何规模的企业都开放，而且能够以一种无缝隙的方式在企业间工作，这就使得人们能够在供应链的各个层级上实现系统的信息化与集成化，所以在每一层级上也就有许多信息及产品跟踪。像联邦快递的一个包裹一样，围绕物联网和区块链实现的新技术，使得产品被贴上标签并在整个供应链过程中被跟踪，因此，很容易对产品进行定位。

其次，各种显示和访问数据的形式将集成在系统内，因此用户并不需要任何专业的知识。这使得系统界面更加直观，并且与手头的任务相关。

再次，各种系统相互作用在一起，以至于模糊了界限。基于云的网络服务使系统集成变得更加容易，因此组织中不同层级的人通过择优录用来购买各自的系统，并且利用通用的接口将这些系统集成在一起。类似地，将来会有更多的应用程序融入企业系统来提供某专项功能。还可以通过开发更复杂、依赖实时数据并具有互操作性的决策支持系统和人工智能来实现。

最后，电子商务将改变我们工作、交流与交易的方式。电子商务为政府和企业提供了一个接口，通过它可以获得有意义的产品数据以及对产品进行比较，并且它还具有发现错误及纠正错误的能力的交易功能。它允许对存在于政府、教育及专有数据库的数据进行访问，并且可以修改或更正这些数据。目前，专有（和公共）电子市场使得买方可以将它们的供应商整合进信息系统。

未来，企业可以将企业间交易模式扩展到更复杂的应用系统，这一系统既执行某些基本的活动，又可以向其他应用系统传递信息。在供应链管理这样一个复杂的过程中，我们不仅需要执行自己的功能，而且要对系统中的其他功能做出提醒，因为这对于我们完成上述的四个目标非常重要。

在第 17 章，我们将详细讨论这些内容。

讨论题

1. 信息技术能帮助供应链解决的主要挑战是什么？

2. 业务流程对供应链管理 IT 的影响是什么？

3. 人工智能的扩展使用将如何影响供应链 IT？

4. 根据以下因素，比较实现供应链卓越（见图 16 - 9）所需的能力：

（1）决策聚焦；

（2）数据集成水平；

（3）实施时间；

（4）分析中涉及的用户数量。

参考文献

第17章

技术标准

学习完本章，你应该能够回答以下问题：

- 技术标准如何影响供应链管理的改进？
- 有哪些比较重要的技术标准和趋势？
- 业务流程管理与网络服务技术是如何联系在一起的？
- 什么是物联网？它会对供应链绩效产生何种影响？

17.1 引 言

本章的目标是回顾与信息技术有关的标准、新的技术平台和不断发展的对有效供应链管理十分重要的其他技术标准。事实上，这些技术标准在供应链管理中都是非常重要的，因为动态的跨公司的信息传递技术是很必要的。

在过去的几年里，IT界有一些重要的变化，相关技术极大地影响了供应链管理。主要包括向云计算服务的转移，机器学习（人工智能）的广泛使用，以及区块链的发展。此外，还有物联网的扩展实施和无线射频识别技术标签的使用。

与此同时，随着IT市场越来越向几个大的厂商集中，信息技术的整体情况也发生了很大变化。这些厂商正在试图制定基础设施平台标准，并与尽可能多的开发商合作，以期成为真正有主导能力的厂商，这些都使集成化应用变得简单易行。

最后，互联网已促成了新的系统设计方法。这些方法中最突出的是面向服务的架构（service-oriented architecture，SOA），这是一个多种独立服务的集成，这些服务以确定的标准进行通信，也是云计算服务的基础。这些服务通常会结合业务流程管理（business process management，BPM），也就是企业所进行的一系列优化和调整业务流程的活动。

正如我们在第 16 章所描述的，基础设施和标准是决定 IT 战略的重要组成部分。在这一章，我们将回顾一些标准和基础设施的细节，然后聚焦某些供应链专门的标准，特别是现代平台，这也是目前许多跟踪和补货活动的基础。

17.2 信息技术标准

信息技术（IT）标准的推动是一个强有力的、日益增长的趋势。虽然有些问题是物流及供应链管理特有的，但大部分应用发生在各行各业的应用领域。IT 领域正经历高度标准化的发展，理由如下：

- 市场力量：企业用户需要标准，以降低系统开发和维护成本。
- 互联：连接不同系统和跨网络工作的需要，推动了标准的发展。
- 新的软件模式：互联网产生了具有新的开发和部署特点的软件需求。
- 规模经济：标准化可以降低系统组件、开发、一体化和维护的价格。

在过去的 30 年，IT 的标准化经历了四个主要阶段，如图 17-1 所示。

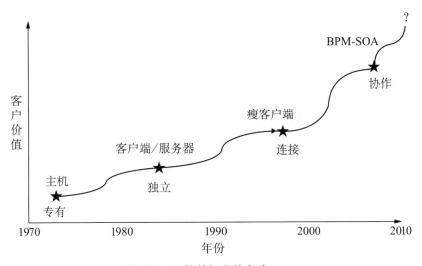

图 17-1 软件标准的变动

资料来源：Inspired by Plattner，H. "Design and Innovations in Enterprise Applications." Presented at the MIT Forum for Supply Chain Innovation，September 2006.

（1）专有：直到 20 世纪 80 年代初，计算机的开发都主要采用专有系统，这种电脑主机主要通过键盘以及后来的没有处理能力的终端（即所谓的哑终端）来进行访问。这种系统之间几乎没有通信。

（2）独立：20 世纪 80 年代初引入的 IBM 的个人计算机软件和硬件，成为第一个标准平台，也就是所谓的 Wintel 联盟，即微软 Windows 和英特尔的标准。这最终创建了一个庞大的用户群，并扩大了市场的应用。通信标准的制定还主要用于一些局域网，如 Ethernet 和 IBM 是主要的竞争者。一些标准是针对商业网络开发的，但是大多数私有网络只用来传递文件。当时引入的电子数据交换（EDI）是一种通用的交易形式，允许企业以电子方式交换原来用纸质文件传递的数据。

随着个人电脑的普及，客户端/服务器模式有了很大发展，集成了个人电脑的功能、标准与业务系统。利用电脑计算能力，创造了一个更加复杂的客户端控制界面。

（3）连接：互联网提供了通信的互联，其标准超过了局域网。20 世纪 90 年代初期开发的浏览器创造了标准的访问界面，是由美国政府开发的，最初主要用于研究机构，后来逐步应用于个人及行业。互联网的另一个贡献主要是，把通信的方式由公司内部通信发展为跨公司之间的交流，使得网络的应用和电话一样普遍。最明显的例子是电子邮件，但这绝不是唯一的形式。互联网极大地简化了个人之间以及公司之间的文件和信息传输。互联网又将电子商务的范围由购物、电子支付和交易扩大到运输追踪和企业间合作。

同时，由于害怕"千年虫"的出现，许多公司决定不再使用原有系统，而使用基于客户端/服务器的 ERP，这些系统已成为公司 IT 的标准骨干。第一代 ERP 系统主要专注于财务和人力资源应用，紧接着在制造和分销等领域增加了功能，再后来，ERP 供应商增加了广泛使用的供应链功能。

（4）协作：这一阶段的标准强调协作，这是公司之间更复杂的沟通形式。支持这个阶段发展的技术围绕服务和工作流技术，所有主要的软件公司都支持这一概念，并相互竞争，研发能够实现这些技术的平台。

这个新的协作阶段也提高了 ERP 系统的重要性及其支持服务和工作流技术的能力。我们将在 17.4 节详细讨论这个问题。

另一种协作的来源围绕物联网和区块链展开，物联网提供了更好地跟踪货物和资源的能力，区块链则提供了使跟踪更可靠的潜在方法。

17.3　信息技术基础设施

信息技术基础设施是任何系统实施成功的一个关键因素。基础设施是数据收集、交易系统接入和通信的基础。信息技术基础设施通常由下列部分组成：

- 接口/显示设备。
- 通信。
- 数据库。
- 系统架构。

17.3.1　接口设备

个人电脑、语音邮件、终端设备、互联网设备、条形码扫描仪、平板电脑和移动电话等是我们最常用的接口设备。信息技术发展的一个主要趋势是，在任何时间与地点都有一致访问能力，接口设备正是在这一领域发挥着主要作用。互联网浏览器正在迅速成为信息访问的界面，虽然在形状、图像显示方面还没有发展到像 Windows 应用程序那样复杂。另外，个人数字助手（PDA）和电话等设备也都在参与竞争，力图成为用户系统访问的接口设备。供应链管理要求提供能跟踪产品的标准方法，这样用户才可以获得所需要的信息以实现高工作效率。例如，记录 POS 系统的信息是很重要的，特别是当供应商能访问这些数据时（如在供应商管理的存货系统中）。

统一编码委员会发明了条形码系统。通用产品代码（UPC）发明于 1973 年，已广泛用于产品扫描和记录。数据自动获取界面，例如条形码读取器和射频标签，已经标准化并且变得很普通了。产品或包装上的电子标签可方便产品定位，特别是在大仓库里定位产品。类似的技术与无线通信装置以及全球定位能力结合起来，能够跟踪运输的产品。一项最近的创新将最终取代 UPC，这就是 RFID 标签，我们将在 17.5 节进一步介绍。

17.3.2 **系统架构**

系统架构是指各种组件——数据库、接口设备、通信设备等——配置的方式。我们之所以加入此主题，是因为通信网络的设计和系统的选择依赖于系统的实施。

传统系统是从部门化的解决方案演变而来的，此解决方案使用了通过哑终端访问的主机或小型机（见图 17-2）。最初，个人计算机脱离公司的主系统而被专门应用于文字处理或电子数据表格等。后来，办公室里的个人计算机通过局域网（LAN）连接在一起，因此用户可以共享文件、互发电子邮件以及实现其他一些应用。这些网络扩展成为广域网（WAN）以连接分散在公司内的各个办公室。最后，新开发出来的系统利用了个人计算机的计算能力和友好的图形界面。在这些系统中，个人计算机通常被称为"客户端"，而主处理器被称为"服务器"。客户端/服务器计算是分布式处理的一种形式，许多用户在这里集中运行某些程序，而其他程序可以在个人计算机上运行。

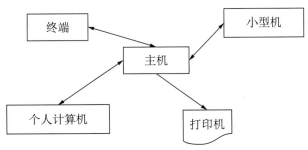

图 17-2 传统系统架构

尽管客户端的复杂程度及其价格、服务器数量和类型以及其他各种设计参数在每一个系统中都不同，但是当前的大多数系统设计都包括客户端/服务器结构（见图 17-3）。典型的例子有允许用户进行结构化查询语言（SQL）请求的数据库服务器、交易处理监视器、索引/安全服务器，以及通信服务器。[1]

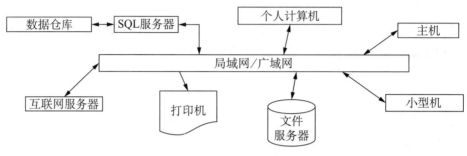

图 17-3　客户端/服务器架构

互联网本身就是一种客户端/服务器结构，在互联网中，本地 PC 浏览器处理来自服务器（甚至是来自遍布全世界的服务器）的 HTML（超文本标记语言）页面以及 Java 应用小程序。客户端/服务器模型现在正朝着以万维网为中心的模型发展，在这种模型中，客户都是与万维网服务器相连接的一个万维网浏览器。

客户端/服务器概念的威力在于，通过在各个专用服务器分配职能，能够有效地执行任务，并且能更容易地添加新的模块和职能。缺点是增加了复杂性，需要管理服务器以确保数据处理的正确和整个网络的更新。客户端/服务器系统也推动了标准化，因为每个服务器需要能够在整个网络上彼此沟通任务和进程。这个功能是所谓的互操作性，这意味着两个系统能够有交互作用的一个复杂的方式，这是设计时就需要有的内置功能。因为系统使用不同的文件格式和通信计划，所以许多系统之间的接口通过建立文件传送或其他临时计划实现。当系统内的标准被广为接受时，进行界面操作并提供全面数据和过程处理的机制将会变得通用。

服务器与客户之间的应用程序统称为中间件（middleware），从字面上解释也就是"客户端/服务器"中间的斜线（/）。它们通常是促进不同的系统结构、通信协议、硬件结构等进行交流的工具。在服务器与客户之间的中间件应用程序部分将依赖于特定的实施环境。目前许多客户端/服务器的设计者都推崇这种三层结构模型。

中间件对于供应链系统的实施是非常重要的。在很多情况下，计划工具所需的信息以多种形式存在于企业的不同位置。恰当的中间件可以用来收集数据，将这些数据整理成各种计划工具可以利用的形式，就是当前许多供应链应用程序的实施过程。例如，某电信企业应该对其提供的各种服务（如长途、无线通信等）有一个账单系统，并且将这些信息存储在不同的系统中。如果客户购买两种或两种以上的服务，客户服务代表就必须在多个位置寻找客户账单，这时中间件就可以执行查询数据库和链接这些信息的功能。当这些流程通过互联网在公司之间应用时，称为企业应用整合（enterprise application integration，EAI）。

更先进的新一代系统架构试图为公司提供互联互通的合作平台，用于实现这一目标的技术就是所谓的 SOA 或者网络服务，我们将在 17.4 节详细讨论。

17.3.3　电子商务

电子商务（e-business）是指企业用电子过程代替物理活动，并在企业、顾客和供应商之间建立新型的合作模式。电子商务可以用来促进不同企业之间以及企业内部各部门之间的交互作用。例如，通过互联网、外部网、订单跟踪以及电子邮件来购买商品。电子商业（e-commerce）是在互联网上通过在线服务购买或出售产品的活动。

其实，电子商务已存在很多年了，例如企业所用的内部专用网，大学和政府机构所用的公共网。互联网标准化程度的不断提高加速了电子商务的应用，尤其是在单个消费者和企业之间以及企业与企业之间。互联网的最初用途是展示所要销售的材料，现在已经发展到可以让用户通过它购买产品并即时跟踪订单的状态。企业还允许用户通过访问数据库来解决产品纠纷问题，这样可以避免直接拜访用户，从而为企业节省一大笔开支。

企业在内部使用的互联网标准叫做内部网（intranet），在外部使用的互联网标准则称为外部网（extranet）。一般来说，互联网、内部网与外部网之间的主要区别在于，谁可以访问这个系统。内部网应用企业内部专用程序，它没有开发客户接口，不注重硬件的兼容性以及安装专门的拨号程序；互联网则可以自由地进行访问；外部网则严格限制企业外部的生意伙伴和客户对某些程序和数据进行有限的访问。互联网标准最近几年开始用于交易——私人或公开的——使得合作伙伴之间可以进行交易或交换信息。

围绕公司内部互联网的使用所开发的另一个概念是"入口"或"仪表盘"，即基于岗位访问公司系统的权限。入口整合了员工需要的所有应用程序和信息资源，以便员工可以在单独的桌面环境下工作，通常是通过网络浏览器。这个功能不仅使员工可以独自有效率地工作，而且员工与其他人（不管是公司内部的还是公司外部的）进行联系也非常方便。入口需要整合结构化和非结构化数据资源的技术，包括数据库、Java 类、网络服务器和 XML。由于更多的组织使用企业入口框架，人们正在寻找方法减少与建立入口相关的时间和成本。对于终端用户来说，整合内容及为信息资源提供更快的访问途径，对于建立和维护入口是至关重要的。

电子商务可以有几个层级的复杂程度，从单向的通信（如 Web 浏览）到直接进入数据库检索个人数据或进行交易（如网上购物或管理银行账户等）。更先进的应用通常采用 EDI，以及最近基于 XML 的过程数据交换。XML 是一种通用标准，并不只是解决某个特定行业的问题。这可以通过一个案例来说明。一家名为 RosettaNet 的高科技公司行业联合会[2]，将自己比作电子商务领域的罗塞塔石碑（Rosetta stone），使用了三种不同的语言进行信息传递。RosettaNet 倡议旨在创造一种管理厂商及其供应商在线合作业务的灵活标准。RosettaNet 定义了同合作伙伴的接口流程，能够处理多个交易伙伴之间的数据，已经被一些高科技公司采用，但实施起来费用很高。如果这种技术被广泛采用，并且有更多的供应商提供支持性系统，或许费用会降低。

以电子方式共享流程特别适用于供应链管理。关于共享流程的另外一个例子是一个基于 web 的标准——合作计划、预测和补充（CPFR），它能够使供应商加强对存货的管理以及不断调整对企业整体的预测。通过 CPFR，各方利用电子的方式，交换一系列的书面协议和支持性数据，包括过去的销售趋势、促销计划以及预测。这使参与方通过关注预测数据的不同，协调整体的预测。各方尽力寻找差异的原因，并提出整体改进的预测数据。正如我们在第 5 章所强调的那样，多方预测对于供应链整体来说代价是比较高的。实际上，与配送方以及其他各方共享预测的结果，能够大大地降低库存的水平，因为可以降低牛鞭效应。要做到这一点，系统应该能够进行数据鉴别，以及确保协调的标准实施。

由零售商、生产商和解决方案提供者组成的"行业间商业标准自发协会"（VICS）开发了 CPFR。这个组织已经开发了一套有关供应链的商业流程，用于在许多买卖功能上进行合作，以提高供应链绩效。这个协会的使命是通过联合管理流程、分享信息，在买方和卖方之间创造合作关系。通过整合需求方和供应方的流程，CPFR 可以在满足顾客需求的情况下，提高效率，增加销售，减少固定资产和运营资本，降低整个供应链的库存。

VICS 开发了 CPFR 指南，解释业务流程、支持技术，改变与实施 CPFR 有关的管理观点。1998 年 6 月，CPFR 指南得到了 VICS 董事会的认可。1999 年 11 月，协会公布了 CPFR 的实施方法，解释了生产商和零售商应该如何实施 CPFR 合作关系。实施方法[3]包括以下九个步骤：

1. 制定合作方针。
2. 开发联合商业计划。
3. 做销售预测。
4. 识别销售预测的例外情况。
5. 关于例外事件进行合作。
6. 做订单预测。
7. 识别订单预测的例外情况。
8. 解决/合作例外事件。
9. 产生订单。

17.4 网络服务和业务流程

在 21 世纪第二个十年初期，面向服务架构（SOA）是首选设计，并使用 IBM

的 WebSphere 和甲骨文的 WebLogic 等工具部署中间件和编写 Java 应用程序。基于硬件的交付控制用于加速这些应用程序并将它们扩展到网络服务，虚拟机是令人兴奋的创新，可以帮助我们更好地利用计算资源。

一旦云基础设施成为主流，计算机资源和存储网络就会以极低的成本提供，而且非常方便，人们不必购买物理硬件或构建自己的服务器。任何应用程序的开发人员都可以轻松且低成本地构建运行在云计算资源上的应用程序。这催生了一批全新的开发人员，他们构建全栈应用程序，并创办公司来推销它们。

另一个关键因素是开源软件（OSS）。开源存在的时间几乎与软件一样长，但几十年来一直处于商业软件领域的边缘。与云计算一起，开源变得多产且无处不在，而不仅仅局限于操作系统，开源进入数据库，包括 SQL 数据库、内存数据库、关系数据库等。从此我们开始看到用于中间件、应用服务器、框架、管理程序、自动化工具和编排平台的开源工具。现在，我们甚至看到以开源形式提供的人工智能和机器学习工具（例如 Tensorflow）。你完全可以使用开源工具，构建具有完整堆栈的整个应用程序。

微服务将一个完整、丰富且复杂的应用程序，分解为一系列通过 API 连接的分散的服务。这种方法使不同的团队能够以不同的速度推进，而不会相互影响。它还标准化了软件元素之间的通信，并促进了资源的可重用性。

与 SOA 互补的是，同样由大型供应商提供的业务流程管理（BPM）。微服务类型的应用程序也需要流程管理，但通常以更轻量级的形式出现，称为工作流。

17.4.1 面向服务架构

面向服务架构（SOA）是一种基于标准的管理服务的方法，通过具有灵活的再用性和重新配置能力的不同业务流程软件包来实现。

SOA 的重要性在于，它是所有主要业务软件提供商的基础开发工具和平台，同时也被系统集成商在开发定制应用时广泛采用。此外，SOA 有三个主要的贡献[4]：

1. 基于 SOA 的集成。传统而言，集成一般是点对点或利用企业应用整合（enterprise application integration，EAI）。这些类型的集成往往很难维护，并且一般使用具有独立基础设施的专有技术。基于 SOA 的集成利用标准的业务流程执行语言，使维护更简单，更容易学习。

2. 综合应用的开发。利用 BPM 制定一个自上而下的方法，以用于应用软件开发和组成现成的可重复使用的内置一体化（服务）组件，使它们易于使用和维护。

3. 对传统应用程序的更新。许多 IT 部门花费 70%～80%的预算，维护主机或其他传统的应用产品。通过 SOA，企业可以定义业务流程，并开始将业务逻辑和应用程序相分离。

17.4.2 SOA 和 BPM

SOA 是与 BPM 紧密相连的，并且从第 16 章的内容可以看到，能否改善业务流程是 IT 投资成功与否的关键。BPM 提供了规范和工具，为商业用户定义端到端的过程，并确定业绩目标和实施管理。BPM 根植于工作流，但它有几个显著的区别：流程的端到端特性、更高的可见性和对变化的支持。BPM 并不需要 SOA，但如果能更容易接入企业服务，就会表现得更好。BPM 系统通常提供图形界面，以确定业务流程和服务之间的联系。另一项应用于 BPM 的技术是业务规则管理系统（business rules management systems，BRMS），能够使企业用户维护规则，并将它们与业务流程联系在一起。

SOA 和 BPM 推动形成了一种分层的方法，其中业务流程工具使用业务服务或复合服务来设计应用程序。较低层提供基本架构、服务实施和实际应用，更详细的信息参见图 17-4。

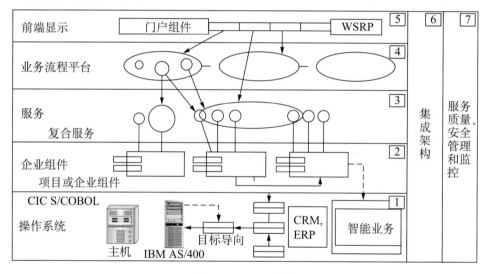

图 17-4　SOA 层级

资料来源：www-128. ibm. com/developrworks/webservices/library/ws-soa-design1.

由于接口是独立于平台的，从理论上说，客户可以从使用任何平台或操作系统、任何编码语言的任何设备上访问或使用这些服务。这一整套的服务将存放在一个网络上使之可以彼此沟通。相关例子包括某些商务功能，如处理支付订单、计算或更新货币汇率、验证用户、在地图上显示地址等。

四大主要软件供应商都已采用了 SOA，并制定了在其业务流程平台上实施的相关战略。表 17-1 总结了四个主要软件供应商所采用的技术方法和手段，主要是总结了其战略、综合平台、知识库以及外部系统。

表 17 - 1　主要软件供应商的 SOA 战略

供应商	SOA 战略	综合平台	知识库	外部系统
IBM	关注应用程序平台；定制化和独立软件	IBM SOA 框架	Web Sphere Registry	Partner World 行业网络
微软	关注平台和现有某些应用程序的界面服务	NET Framework＋WinFX＋Biztalk server	无	NET 合作伙伴系统
甲骨文	Fusion 平台	Oracle Fusion 中间件	Fusion 架构的一部分	Generic 合作伙伴系统
SAP	NetWeaver 平台的企业服务应用程序	NetWeaver 综合应用程序	NetWeaver 架构的一部分	NetWeaver 合作伙伴系统

资料来源：Adapted from Genovese，Y.；S. Hayward；J. Thompson；D. M. Smith；and D. W. Cearley. "BPP Changes Infrastructure and the Business Application Vendor Landscape." Gartner Report，September 28，2006.

17. 4. 3　微服务

微服务将一个完整、丰富且复杂的应用程序，分解为一系列通过 API 连接的分散的服务。这种方法使不同的团队能够以不同的速度推进，而不会相互影响。它还标准化了软件要素之间的通信并促进了资源的可重用性。

其他优势包括：

- 学习曲线低。
- 扩展瓶颈的能力（为需要它的服务提供更多资源）。
- 更快的用户验收测试。
- 更好的商业联盟。

微服务与 SOA 相比如何？

- 通常是单个的分布式系统，而 SOA 则是大型的 。
- 提供加速部署的功能，而 SOA 则处理整体业务转换。
- 专门化，而 SOA 覆盖了跨越多个系统的大范围。

对网络服务的关注，推动了用于支持这类部署的新技术开发：

- 容器镜像是一个轻量级、独立、可执行的软件包，其中包括运行所需的一切：代码、运行时、系统工具、系统库、设置。无论环境如何，容器化软件都可用于基于 Linux 和 Windows 的应用程序，它们将始终以相同的方式运行。容器将软件与其周围环境隔离开来，例如，开发环境和模拟环境之间的差异，并有助于减少在同一基础架构上运行不同软件的团队之间的冲突，比如 Docker 和注册表。
- 编排平台可自动化对容器化应用程序的部署、扩展和管理。例如 Docker

Swarm 和 Kubernetes。

● 服务网格软件层（service mesh software layer），用于解耦微服务之间的通信，类似于 TCP 栈。微服务将只与网格服务对话，网格服务也将成为微服务的神经系统。

实例 17-1

分解平衡奖励

Walgreens Balance® Rewards 计划于 2014 年推出。它允许第三方应用程序连接到 Walgreens 客户数据，并为个人客户奖励积分，用于步行或跑步等各种活动。该服务拥有数百万用户并且非常成功——它的移动应用程序在苹果 App Store 获得了 5 星评级。

借助 Balance® Rewards，Walgreens 希望简化其忠诚度系统中的所有"活动部件"。通过废弃原有架构，让用户通过第三方应用程序登录。开发人员可以使用 API 发送 POST 请求建立连接，将第三方应用程序内部发生的活动数据传递过来，从而为允许该连接发生的客户提供奖励积分。

最终结果：如果客户将计步应用程序连接到 Walgreens 账户，该客户将在走路或跑步时获得奖励积分。对于客户来说，这是对健康的激励，也是对成为 Walgreens 客户的奖励。对于品牌而言，这是一种改善客户和合作伙伴体验的方式，同时将 Walgreens 的数字业务扩展到其他公司的产品和在线体验。

关键是，即使应用程序的整体客户体验很丰富，个别服务也很"小"，比如发送步数数据，发送血糖或血压，然后给予奖励，"那就是 Walgreens 构建了一个微服务"。[5]

17.5 区块链

区块链是一种安全的分布式账本技术，每个人对所有交易都有相同的记录，因此篡改一个实例是不可能的。作为区块链基础的密码学，允许代理人安全地交互（例如，转移资产），同时还保证一旦交易完成，区块链将保持其记录不变。

区块链为需要多个步骤和合作伙伴的交易提供了一个"可信单点"的机会。它有可能消除文书工作并加快交易速度，同时提供信任和永久记录。该技术可用于存储和转移商品所有权并对其进行跟踪，因此，这天然适合供应链管理（SCM）。

它是如何工作的？

1. 所有成员都有共享数据库的副本。当一个成员想要将资产发送给另一个成员时，创建一个数据"块"来表示该交易。

2. 该块与组共享，但保持密码私有。网络能够识别该块，因为其私密数字签名与公共签名相连。

3. 一旦确定了一个块，所有成员就将该块添加到他们的数据库副本中。

4. 复杂的数学方法确保了数据库副本之间的一致性，从而防止了篡改。

每当交易发生时，它都通过公钥密码进行数字签名。你可以使用公钥对正在发送的消息进行签名和加密，只有收件人可以使用自己的私钥解密消息。公钥也用于验证身份和事务——它们用于确保区块链交易确实没有被篡改。要处理交易，你必须确保发件人拥有将被转移的资产，并且它不会被交易两次。这就是区块链允许验证资产所有权和转移的方式。

为了防止双重花费问题，区块链命令多个节点批准交易并对其进行处理。由于解决密码问题需要计算能力，因此验证有困难。新区块与旧区块相连，这意味着恢复旧交易并非不可能。如果有新交易，也必须通知其他节点，这是为了确保所有节点都是同步的，并且不会相互冲突。区块链将通过协调分布式副本来更新，以便它们都具有相同的信息——这称为共识过程。

区块链最好的地方之一是，因为它是一个分散的系统，存在于所有被允许的各方之间，没有必要向中介机构（中间人）支付，节省了时间，避免了冲突。1994年，法律学者、密码学家尼克·萨博（Nick Szabo）意识到，去中心化的账本可以用于智能合同，也称为自执行合同、区块链合同或数字合同。在这种格式中，合同可以转换为计算机代码，存储并在系统上复制，由运行区块链的计算机网络监督。这也将带来账本反馈，如转移资金和接收产品或服务。

17.5.1 优势

区块链为管理多方之间的交易提供了一种新的方法。区块链具有吸引力的两个主要优点是：

● 透明度——进入区块链网络的数据被视为公开；所有细节都作为一个整体嵌入进来。你可能有自己的比特币地址，任何人都可以看到它包含什么，但没有人需要知道它是你的。在没有让其他各方知道的情况下，不能更改任何信息；它足够透明，所有的区块必须在验证其安全性和合法性后，才能批准更改请求。在供应链中，这为跨层级交易的所有各方提供了端到端的可见性。

● 不变性——集中式数据库可能会损坏，并且需要三方之间的信任才能保持信息的准确性。由于不断更新交易的信息流，基于区块链的流程使分类账保持向前发展，从而很难更改存储在区块链中的任何信息。

这就提供了以下好处：

1. 不需要中介——在传统的做事方式中，大多数交易会涉及双方，因此会有一个中介与之合作。这些中介机构为交易增加了信任，但因他们所做的工作增加了一些高额的费用。因此，使用区块链的好处之一是能够摆脱这些中介机构，同时仍然拥有所需的信任。这将在这个过程中为双方节省很多钱。

2. 用户被授权——有了区块链技术，用户可以控制所做的每一笔交易。他们还得到保证，信息在进行的每一次互动中都是安全的。这将鼓励人们进行必要的交易，而不必担心详细信息被泄露。

3. 流程的完整性——由于区块链技术，命令将完全按照给出的方式执行。因此，流程不再需要第三方；点对点交易不再需要中央授权。任何交易都不会受到外部力量的干预。

4. 增强的安全性——区块链技术在其网络中存储数据，因此，保存数据的风险较小。与通常的用户名/密码系统相反，区块链技术使用加密来保护数据。交易一旦输入数据库，就无法更改，这确保了区块链上的所有路径都易于追踪。严格来讲，修改也有可能实现，但是这样做的人需要能够同时控制该网络上一半以上的计算机。

5. 值得信赖的交易——区块链技术非常适合那些希望与互不信任的人进行交易并认为对方会欺骗自己的人。签订合同的两个人可以通过单个账本与共享数据进行交互，而无需中央一方。

6. 更安全地保存数据——使用区块链作为去中心化数据库的功能，不会在单一事件中丢失数据。从 2013 年以来，基于区块链形式的技术可以保证，一场自然灾害不可能完全摧毁整个数据库，并移除所有的信息基础设施，且这种技术有助于对数据进行身份认证。数字身份区块链在这方面很有帮助，因为它确保你可以信任进入账户的人。在使用区块链为自己设置好之后，用户可以立即连接到所有允许使用用的应用程序，而不必担心密码和其他容易被黑客入侵的东西。

17.5.2 挑战

尽管被大肆宣传，区块链还是面临着一些严峻的挑战，包括：

1. 隐私——区块链使得数据难以删除，这可能是遵守隐私监管的一个问题。与此相关的还有过时和低效的问题。

2. 标准化——区块链技术还面临各种集成问题。例如，金融机构需要多个区块链来服务不同的目的。因此，这些机构将必须创建一个访问层，使其不仅与区块链工作，而且与现有的应用程序工作。

3. 低效——保持信息的多个副本需要更多的存储空间。在某些情况下，需要大量的精力来批准一笔交易。

4. 治理——区块链需要一个治理机构来控制和操纵系统。这是为了确保其过程的流畅性，并了解由谁来管理其维护。

17.5.3 应用

目前有两种主要类型的区块链应用：一种是用于加密货币网络，主要是公开的企业对消费者（B2C），另一种是私有的企业对企业（B2B）网络，主要用于跟踪独立的各方之间的货物。

还有许多混合的应用机会，比如 Facebook 的天秤币（Libra coin），主要针对那些没有银行账户的人，可以通过其应用程序转账。与比特币不同，天秤币与现有货币挂钩，比特币的区块链分布在所有使用它的人之间，而天秤币由天秤币协会管理。

在区块链的业务实施领域，我们看到了重大的发展和应用。有示例[6]描述了基于马士基（Maersk）和 IBM TradeLens 区块链的平台，用于管理涉及多个利益相关者的全球货运，以及新加坡的运输综合平台（TRIP），该平台连接了不同的物流利益相关者。商业实施不同于公共实施，因为各方是被许可的——也就是说他们是已知的——所以信任问题不如比特币和其他区块链货币的无信任世界那么重要。因此，交易批准机制更加简单，成本更低。

正如我们上面提到的，区块链技术还没有准备好被广泛采用，这是因为领先的平台以太坊（Ethereum）还存在可扩展性、互操作性和整体可用性等问题。这也是人们主要的担忧之处。以太坊是一个开源分布式公共区块链网络，允许在智能合约功能的帮助下构建去中心化的应用程序。

以太坊的可扩展性问题在于，在它的区块链网络中，每个对等点（peer）都需要验证每笔交易并同时管理共识。此外，由于采取了详尽的措施来确保交易的完整性，无法在公共区块链上执行具有一定保密性和隐私性的交易。

这使得它不适合企业应用程序，导致了超级账本（Hyperledger）的引入，超级账本是一个由 Linux 基金会托管的开源协作项目，由 IBM、Intel 和其他公司支持。它成立于 2015 年 12 月，但现在才推出了一些初步的工作框架。

什么是超级账本？它既不是工具，也不是以太坊那样的平台。它是一个应用多个平台来开发企业解决方案的综合战略。因此，超级账本和以太坊的主要区别集中在它们不同的目的上，主要是 B2B 和 B2C。

这需要关注区块链实现的不同方面：

● 主要的一点是，超级账本对私有和许可的网络是保密的，而以太坊对公共/私有和无许可的（任何人都可以加入的）网络和称为以太（Ether）的内置加密货币是透明的。

● 底层共识机制不同：超级账本提供可插拔的共识算法，无须挖矿。以太坊使用工作量证明（Proof of Work），通过挖矿达成共识。

● 使用不同的编程语言——超级账本的链码用 Golang 编写，以太坊的智能合约则用 Solidity 编写。

超级账本以更快、更简单的方式达成共识和内置的隐私选项，绕过了以太坊的可扩展性问题。这两个组织还共同努力，通过企业以太坊联盟和超级账本，实现互操作性和其他协作，以推进全球区块链商业生态系统建设。

但就业务标准而言，主要有两个相互竞争的超级账本框架，分别由 IBM（Fabric）和英特尔（Sawtooth）引入。

超级账本 Fabric 是一个区块链框架，旨在成为开发具有模块化架构的应用程序或解决方案的基础。Fabric 允许组件即插即用，例如共识和会员服务。Fabric 利用容器技术来托管称为"链码"（chaincode）的智能合约，这些合约构成了系统的应用程序逻辑。Fabric 最初由数字资产公司（Digital Asset）和 IBM 提供。沃尔玛是第一家通过两个案例研究进行测试的公司，一个追踪芒果，另一个追踪猪肉。它是 IBM 食品信任网络的基础。

超级账本 Sawtooth 是一个用于构建、部署和运行分布式账本的模块化平台。分布式账本提供了无须中央授权或实施即可维护的数字记录（例如资产所有权）。有案例研究表明了它是如何追踪海鲜的。众所周知，塔吉特正在使用最初由英特尔提供的 Sawtooth 开发应用于供应链的区块链。

Fabric 和 Sawtooth 有什么区别呢？

● 许可：Sawtooth 支持经许可和无许可的区块链实现，而 Fabric 仅支持经许可的区块链实现。

● 隐私：Fabric 允许将数据子集对一部分参与者保密，而 Sawtooth 允许对等点访问所有数据。

● 共识算法：Sawtooth 使用基于英特尔软件保护扩展（SGX）的消逝时间证明（Proof of Elapsed Time，PoET）来选举领导者，根据随机等待时间切割区块，这是一种比传统工作量证明更节能的方法，可扩展到非常大的网络。Fabric 支持可插入的共识算法将交易排序到区块中，从 v1.0 版本开始提供对 Kafka 的支持，并且对 Raft 和 BFT 的实现正在开发中。

● 交易流程：Sawtooth 支持订单-执行-提交（Order-Execute-Commit）的传统区块链流程。Fabric 支持独特的背书模型，其中交易最初在一组对等点上执行，并遵循执行-订单-提交（Execute-Order-Commit）模型，可以在合同级别或数据级别定义所需的背书节点集。这种方法提高了可扩展性，可以防止合约代码中的不确定性，并使交易在如上所述的一组交易者之间私下执行。

还有一些其他处于不同开发阶段的超级账本项目：

● Burrow，用于在超级账本网络中运行以太坊智能合约。

● Iroha，在区块链的帮助下发现移动应用程序优化的用法。

● Indy，被用作企业的去中心化身份数据库服务。

区块链在商业和消费者应用程序中的使用正在迅速扩大。许多公司和开发人员正在开发部署所需的基础设施，并为超级账本（用于 B2B）和以太坊（用于 B2C）等开源社区做出贡献。通过提供可扩展的、可互操作的解决方案，并为公司和开发人员提供工具，开始为适合的应用程序提供该技术，这为该技术更易于接受打下了基础。

17.5.4　区块链在供应链管理中的应用

区块链在供应链中的应用是非常自然的，因为后者需要跨多个层次和各方跟踪产品。许多公司已经开始试验这项技术，虽然这些项目还只是这些大公司进行的总体跟踪项目的一小部分，但正在组织内部和行业内迅速扩张。

以下是几个例子：

1. 据《华尔街日报》2018 年 6 月 25 日报道，沃尔玛和其他 9 家公司已经与 IBM 合作，发布了食品信托区块链（Food Trust blockchain），用以通过它们的供应链跟踪全球食品。该区块链包括 Nestlé SA、都乐食品（Dole Food Co.）、德里斯科尔（Driscoll's Inc.）、金州食品（Golden State Foods）、克罗格（Kroger Co.）、麦考密克（McCormick and Co.）、麦克莱恩（McLane Co.）、泰森食品（Tyson Foods Inc.）和 Unilever NV，这些公司自 2016 年以来与 IBM 合作，并于 2017 年 8 月开始进行产品试验。食品信托系统存储了大约 100 万件商品的数据，特别是雀巢的南瓜罐头、德里斯科尔的草莓和泰森鸡腿。

2. IBM 和 Chainyard 公司已经启动了一个基于区块链的"信任你的供应商"（Trust Your Supplier）网络。IBM 已与财富 500 强公司［百威英博（Anheuser-Busch InBev）、葛兰素史克（Glaxo Smith Kline）、联想（Lenovo）、诺基亚（Nokia）、施耐德电气（Schneider Electric）和沃达丰（Vodafone）是创始参与者］合作推出该网络，旨在将买家和供应商的验证和引导自动化。

3. 全球航运巨头马士基使用 IBM 技术跟踪集装箱，使其更快、更容易地转运和通过海关。

4. Everledger 是一家成立于 2014 年 4 月的公司，旨在为世界上每颗经过认证的钻石创建一个基于区块链的注册表，其注册表中已经有 220 万颗钻石。首席执行官兼创始人利安娜·肯普（Leanne Kemp）表示，该公司每月增加约 100 000 颗钻石。通过记录每颗钻石的 40 种不同测量值，包括"物理上不可复制的特征"，Everledger 能够追踪一颗钻石从地球上开采出矿石到消费者购买的全过程。该链中的每个参与者，从矿工到切割人员再到零售商，都在 Everledger 区块链网络中维护一个节点——带有数据库的完整副本。

5. 我们有权知道自己在吃什么——这是 TE-FOOD 的标语，它提供世界上最大、最成功的食品追溯解决方案。在利用区块链时，基于分布式账本的系统极大地提高了其链下产品的可扩展性和价值。目前，从农场到餐桌的系统已经上线并全面运行。这家公司成立于 2016 年，为 6 000 多家商业客户提供服务，每天处理 400 000 笔交易，服务人数超过 3 000 万人。公司的承诺是改善食品安全，避免腐败，支持公平贸易，同时在食品供应链公司、消费者和当局之间建立信任。

6. SAP 正在试验用区块链解决纸托盘混乱问题。目前，试点项目的参与者正在评估哪些数据（如托盘类型或位置）最终应该保存在区块链中，以及如何最佳地使用这些数据。未来，司机、仓库工作人员、办公室工作人员和其他相关人员可以访问智能手机和平板电脑以及台式 PC 都可以使用的应用程序。输入的数据要么通过 SAP 云平台区块链（Cloud Platform Blockchain）写入区块链，要么通过相应参与者的单独访问点写入区块链，或再次读取。该项目依赖多链协议来实现托盘票据场景（pallet ticket scenario）。特别是，与其他一些区块链技术相比，提供了低复杂性、低拥有成本、高性能和强大的功能，并且能够尽可能轻松地将它们分布在不同的基础设施中。对于托盘数据的管理，该试点项目依赖于"私有许可区块链"，因为参与者都知道彼此的存在，并且将来也应该如此。在这个访问受限的联盟区块链中，提前共同定义的治理协议规范了其他参与者的准入及合作。读取区块链和执行交易的权利仅限于提前指定的参与者。

7. 考虑复杂的碳信用（carbon credits），试图衡量产品在整个供应链中的影响是很困难的。Veridium、IBM 和 Stellar 三家公司联手解决了这个估值问题。这是通过创建一个数字代币来完成的，该代币充当碳信用额之上的一层，为其赋予价值并使其更易于核算。此外，代币可以在区块链上买卖。[7]

17.6 物联网

物联网是指将全球数十亿个物理设备连接到互联网，并收集和共享数据。借助低价的处理器和无线网络，可以将任何东西（从药丸到飞机）变成物联网的一部分。这为原本笨拙的设备增加了一定程度的数字智能，使它们能够在没有人参与的情况下进行通信，并将数字世界和物理世界融合在一起。

20 世纪 80 和 90 年代，人们一直在讨论向基本物体添加传感器和智能的想法，但除了一些早期的项目——包括联网的自动售货机——都进展缓慢，这仅仅是因为技术还没有到位。

在连接数十亿台设备变得具有成本效益之前，需要足够便宜且省电、几乎可以一次性使用的处理器。RFID 标签（可以无线通信的低功耗芯片）的使用，以及宽带互联网、蜂窝和无线网络可用性的不断提高解决了部分问题。IPv6 的采用——应该为世界（或实际上这个星系）可能需要的每台设备提供足够的 IP 地址——也是物联网扩展的必要步骤。凯文·阿什顿（Kevin Ashton）在 1999 年创造了"物联网"一词，尽管该技术至少需要花十年才能实现这一愿景。

在昂贵的设备上添加 RFID 标签以帮助跟踪其位置是最早的物联网应用之一。从那时起，为物体添加传感器和互联网连接的成本持续下降，专家预测，这一基本功能的成本有一天可能低至 10 美分，从而几乎可以将所有东西连接到互联网。

最初商业和制造业对物联网最感兴趣，相关应用有时被称为机器对机器（machine-to-machine，M2M），但现在的重点是在我们的家庭和办公室中使用智能设备，将其转化为与几乎每个人相关的东西。[8]

17.6.1 区块链和物联网

由于物联网应用的定义是分布式的，分布式账本技术（即区块链）将在设备之间如何直接通信方面发挥作用（保持账本，从而不仅跟踪设备，还跟踪它们如何交互，并潜在地跟踪它们处于何种状态，以及被标记的商品如何被"处理"）。

区块链是涉及交易和交互的应用程序的基础，包括智能合约（智能合约在满足特定条件时自动执行，例如关于货物条件或环境条件）或支持特定物联网流程的其他智能应用程序。通过这种方式，区块链技术不仅可以提高物联网的合规性，还可以提高物联网的功能和成本效率。

例如，IBM 区块链已经允许将（私有）区块链扩展到认知物联网。事实上，最终它将是人工智能、物联网和区块链的结合，这将在各行各业和无数可能的物联网应用中证明是最有趣的。借助区块链，我们可以添加不断变化的数字基础设施，这些基础设施推动了如此多的演进，并影响了如此多的领域，比如从分析方法到安全等各个方面，而这些迄今为止在中心化的环境中无法实现。利用区块链中的物联网数据，开辟了在合作伙伴之间实现业务流程自动化的新方法，而无须建立复杂且昂贵的集中式 IT 基础设施。区块链提供的数据保护功能，可确保更快地解决违约问题，与合作伙伴建立更牢固的工作关系，并在合作伙伴了解到他们可以依赖所提供的信息时提高效率。[9]

17.6.2 无线射频识别 *

无线射频识别（RFID）是一种技术应用，包括发射射频信号的标签和读取信号的设备。标签可以是主动的或被动的，也就是说，要么主动发射信号，要么对信号读取装置进行回应。标签可以是只读或读/写的，可以是一次性或可重复使用的。标签可以用来读取电子产品代码（electronic product code，EPC），这是一种独特的编号，确定了具体项目在供应链中的位置，可以记录信息以便指挥工作流程和装配线，也可以监测和记录环境变化。RFID 被普遍接受的一个必不可少的条件是 EPCglobal 网络，这种网络允许从供应链的任何位置通过密码访问互联网的 RFID 数据。

RFID 的传播和全面实施还需要很多年，EPCglobal 网络尚未被接受为标准。此外，一些挑战仍然存在，如开发通用的国际标准的标签、标签扫描精度的技术问题、减少 RFID 标签的成本等。一个例子是标签的可靠性，根据业内专家分析[10]，其运行只有 80% 的成功率。有时天线会与标签分离，甚至当标签完好时标签读写器也并不总是可靠的。在读取金属或液体中的标签或标签被尼龙输送带干扰时，读取也会有问题。其他还没有解决的 RFID 问题涉及政策问题，如侵犯隐私。

公司开始尝试 RFID 应用有两个重要的驱动因素。一是一些主要的渠道商和采购机构的主导；二是实施该技术可以直接得到好处。

最著名的一项任务是 2003 年，当时的沃尔玛首席信息官琳达·迪尔曼（Linda Dillman）向其前 100 家供应商下达一项要求，要求在 18 个月内对所有箱子和托盘进行 RFID 标记。预计到 2006 年底，其他供应商也将这样做。然而，正如我们预测的那样，RFID 技术相对较新，效果并不好。此外，这些标签并没有为供应商提供有用的数据，对已经很高效的配送中心和仓库几乎没有什么帮助。由于无法根据

---

* Based on David Simchi-Levi，"The Impact of RFID on Supply Chain Efficiency," chap. 8 in Claus Heinrich，*RFID and Beyond：Growing Your Business Through Real World Awareness*（New York：Wiley，2005）. Reprinted with permission of John Wiley & Sons，Inc.

沃尔玛在广告和销售工作中收集的信息采取行动，导致包括宝洁在内的一些公司停止使用 RFID 标签。到 2009 年初，该项目被放弃。

那么，接下来发生了什么？尽管沃尔玛的要求产生了负面影响，但 RFID 一直在供应链中取得进展。它也是物联网新世界的一项关键技术，旨在通过互联网连接世界各地的物理对象，以发送和接收数据。

许多公司继续在使用 RFID 上努力。玛莎百货（Marks and Spencer）[11]也是早期采用者，早在 2003 年就推出了第一个服装跟踪试点项目。玛莎百货扩大了试点项目，并与解决方案提供商合作改进当时处于起步阶段的无源 UHF RFID 系统。玛莎百货是第一家在所有服装和后来的所有非食品产品上部署 RFID 的主要零售商。

梅西百货（Macy's）认为 RFID 是一项主要的技术优势[12]，在整个企业采用 RFID 使公司能够更好地处理缺货商品，提高产品可用性，并最大限度地提高销售潜力。公司还通过定期扫描确定需要从库存区域补充哪些商品，对销售现场快速准确地补货产生了有意义的影响。这种方法在高营业额、限量陈列的商品（如手袋、行李和男士家具）上取得了广泛的成功。

在零售业[13]，RFID 继续被用于服装标签，并在数量上高于所有其他应用——该应用仅在 2017 年就需要 87 亿个 RFID 标签——这仍有一段路要走，因为 RFID 渗透率不到总目标市场（2017 年服装行业）的 20%。奥本大学（Auburn University）发布了一份关于 2016 年 RFID 采用状况的报告[14]，显示 96% 的受访服装零售商计划实施 RFID。

更一般地说，RFID 技术的使用已经从仓库转移到商店，在商店中使用有更多的优势，例如库存可用性、产品可追溯性和防盗。还有一些新的应用，例如更好地了解客户偏好。休闲男装品牌 UNTUCK 在其位于纽约市第五大道的商店试用基于 RFID 的解决方案[15]，该解决方案可跟踪试穿衬衫样品的时间，还可监测试穿尺码是否合适以及与最终购买信息的对比等。

这是由一些重要的发展推动的：

1. 改进 RFID 的性能和成本：当前的 RFID 技术迭代大大提高了性能，标签成本降低，支持软件和硬件（如手持扫描仪、固定的门户网站），以及更好的天线。21 世纪初期，RFID 标签的价格为 50～75 美分，而现在为 3～8 美分。[16]

2. 全渠道供应链的兴起：越来越多的商店通过奖励计划、在线订单和以店面为配送中心的运输，将消费者与供应链联系起来。因此，对 RFID 标签的需求可能会增长，供应链数字（Supply Chain Digital）[17]称，RFID 带来的更快交付速度将推动销售额增长 40%。

3. 经证实的结果：来自奥本大学 RFID 实验室和 GS1 US® 的研究[18]发现，使用支持 EPC 的 RFID 来优化库存管理和协调产品发货的品牌所有者和零售商能够实现 99.9% 的订单准确性。使用商品级 RFID 技术，零售商可以减少缺货、改进损失检测、提高销售利润并加速退货。该研究对来自 5 家领先零售商和 8 家品牌所有者的超过 100 万件商品进行了抽样调查，研究发现，在未实施 RFID 的情况下，

69％的品牌向零售商合作伙伴发送和接收的订单包含数据错误。

因此，相关的好处是增进了零售商与其供应商之间的信任和更有效的沟通。

所有这些令人振奋的发展已经创造了一个繁荣且快速增长的 RFID 技术和服务市场。许多公司正在与客户公司开展各种 RFID 应用试验，并积极准备适应行业巨头，如沃尔玛和全球最大的采购机构——美国国防部（Department of Defense, DoD）的一些应用标准。这些应用包括用 RFID 改进生产工艺，在配送中心管理库存，跟踪产品或集装箱等。根据 IDTechEx 在 2019 年的数据，整个 RFID 市场价值将达到 116 亿美元，到 2022 年将增至 130 亿美元。这包括用于 RFID 标签、卡片、密钥卡和所有其他形式的无源和有源的 RFID 所需要的标签、阅读器以及软件或服务。[19]

目前，大多数的应用还仅仅局限于 RFID 收益明显和实施相对容易的情况。当然，问题是如何在单一设施之外提高效率？也就是 RFID 技术如何才能用来改善整个供应链效率？供应链管理专家和技术专家会说，RFID 将大大提升供应链效率，增加可跟踪性和供应链的业务流程速度。当然，对这些想法我们没有争议，但这些想法的意义却是含糊不清的，可跟踪性提高和业务流程加速会使供应链做出更好的反应，但通过什么样的业务流程来做到这一点？显然，这些过程不仅必须考虑到供应链的复杂性，也要考虑到规模经济以及变动性和不确定性。事实上，从第 16 章我们可以知道，只有通过组合技术和业务流程，供应链效率才可以实现显著改善。

因此，本部分的目标是提出一个使用 RFID 技术来改善供应链绩效的框架和流程。在我们的分析中，把重点放在 RFID 技术提供的优势，如销售点数据，以及供应链协作的相关问题，如技术成本以及由谁来支付这个成本。

17.6.3　RFID 和销售点数据

零售商及其供应商经常用来预测需求的数据是销售点（POS）数据。POS 数据来源于收银机，用以衡量实际销售。具体来说，这是许多需求规划工具预测需求时所使用的历史数据。然而，POS 数据不能完全衡量实际的需求，因为脱销造成的销售缺口无法记录。

事实上，大量的销售缺口是由于物品在货架上摆放错误，或者没有摆在消费者能够找到的货架上。脱销量保守估计是销售量的 7％[20]，但事实是没有人知道真正的数字是多少。例如，拉曼（Raman）、德霍拉特优斯（Dehoratius）和托恩（Ton）[21]整理了许多配送中心和商店执行的问题，这些问题导致客户无法在商店找到想要的产品。一些执行问题的原因涉及配送中心和商店补货流程中的错误，如扫描错误，产品没有从仓库摆放到货架上，在配送中心拿错了货，产品在商店没有进行确认等。产品种类繁多、储存空间狭小以及高库存导致难以维持补货的准确性。这导致了一些产品的错误摆放以及实物库存水平和信息系统记录的库存水平之间的巨大差异。

这对 RFID 来说当然是一个巨大的机会，RFID 能够对现有库存提供更准确的信息。例如，遵守沃尔玛相关标准的公司将得到比 POS 数据更详细的信息。[22] 包括下列活动：

- 到达沃尔玛配送中心。
- 离开沃尔玛配送中心。
- 到达沃尔玛商店。
- 离开商店仓库（摆上货架）。
- 货箱（或标签）被毁。

此信息可获得以下直接好处：

- 更好地控制商品过剩、短缺以及损失索赔管理能力，同时能更好地在供应商、承运人和沃尔玛之间分清责任。
- 更好地控制产品召回。
- 利用数据，改善供应商和沃尔玛之间的协作流程。

但是，RFID 优于 POS 数据的真正好处是，首次实现了销售缺口的量化。由于零售商知道销售是多少，库存是多少，什么时间货架上没有储备，就可能根据实际销售加销售缺口来计算出实际的需求。这项分析需要新的统计和预测技术，以利用这些新的信息。

17.6.4 企业利益

RFID 的实施将改善数据收集工作的准确性和速度。准确性是通过减少扫描的错误以及更好地防止盗窃、挪用，并有效地跟踪过期日期以防止腐坏来实现的。速度是通过更少的存货、通过多目标扫描以清点存货等手段来实现的。这些与新业务流程的结合将促使供应链加速，可以带来更高的供应链效率。

预计零售商将成为实施 RFID 的主要受益者。根据卡尼（Kearney）的一份研究报告[23]，零售商获益的三个主要方面是：

1. 降低库存：一次性节省相当于总系统库存 5％ 左右的现金。这是由于缩短的订单周期和更高的可跟踪性带来了更好的预测。订单周期的缩短带来了周转库存和安全库存量同时降低，而预测准确性的提高则带来了安全库存的降低。

2. 商店和仓库劳动力减少：每年减少商店和仓库劳动力费用的 7.5％。

3. 减少脱销：由于减少了脱销和盗窃，年均 1 美元的销售额可以增加 7 美分的经常性收益。

总体而言，考虑到实施成本，零售商配备全面的 RFID 系统，包括读取设备和可操作的实时企业信息数据库，每 1 美元的销售额可以节省 32 美分。[24]

公司觉得估算实施 RFID 的成本非常困难，而这个成本对于制造商和零售商显然是不同的。估计 RFID 实施中的直接费用包括：

- 标签：这是制造商的一个经常性费用。大多数销售标签的公司都不直接对标签进行报价，因为定价的基础是数量、标签的内存大小以及包装（例如是封装在塑料中还是嵌在一个传统标签中）。[25] 一般而言，一个 96 位 EPC 标签的费用为

20～40美分，具有较高级功能，有热转移和其他特别要求的价格会更高一些。[26]标签是在生产过程中植入的，公司将在所有的货箱上使用标签，即便是那些运送给并不需要标签的顾客的货箱。因此，每年运送 2 000 万箱产品的公司将有 400 万美元的成本，以后几年将逐渐下降。

● 读取设备：这主要是一个固定费用，将由零售商和制造商承担。初步的估计是，大型零售商的配送中心将需要 40 万美元的成本，而商店需要 10 万美元。[27]唯一的持续成本（可变成本）是硬件和软件的维护。

● 信息系统：我们将在下面说明，信息系统将长期受益于 RFID，因为信息系统需要处理由 RFID 提供的实时的、产品层级的信息。

根据业务类型，制造商也可以从 RFID 中受益。内部实施的即时好处包括：

1. 存货可视化：在所有的设施中更好地跟踪库存信息。

2. 劳动效率：减少循环清点产品、条码扫描和手工记录等工作。

3. 改进执行能力：减少货物价值缩水，提高码头和卡车利用率，提高产品的可追溯性。

从长远来看，制造商和零售商都将受益于显著减小的牛鞭效应（越往供应链上游不确定性越大，见第 5 章）。事实上，正如在第 5 章看到的，整个供应链完全的信息透明（比如 RFID 提供的透明度）可以显著降低供应链的不确定性。这不仅可以降低库存水平，还可以更好地利用资源，例如制造和运输资源。同时，减小牛鞭效应也有利于零售商服务水平的改善，而制造商将受益于零售商缺货情况的减少。脱销减少 50%，供应商的收入将提高 5%。[28]

的确，RFID 对于制造和销售量少但昂贵的商品（如药品）的企业好处相当多。[29]而对量大、低成本产品（如食品和杂货）的制造企业，其好处就不那么明显。这主要是两个原因造成的：

1. 通过采用多种技术和工艺，这些行业已经具备了很高效率的供应链。

2. 不确定性在这些行业相对较小，因而具有高度的需求可预测性。

因此，很可能这些量大而低成本的产品制造商，会在技术发展更成熟和价格大幅降低之后，才将 RFID 技术应用到产品货箱和托盘级别。这意味着，RFID 的好处（如防止商店盗窃和直接读取顾客购物车中商品的信息）将要花很长时间才能实现。

然而，货箱一级的 RFID 应用有许多好处。例如，吉列公司（Gillette）认为，该技术的应用可以给企业带来以下好处[30]：

1. 减少托盘接触点，从而提高效率和节省劳动力。

2. 消除人工的货箱和托盘扫描。

3. 取消手工清点货箱的情况。

4. 削减了纸质标签的打印和使用。

5. 缩短了发运之前检查订单的时间。

6. 提高了订单准确性。

7. 减少了与零售商之间对丢失产品的谈判。

8. 减少了在配送中心、仓库和运输过程中的产品流失。

9. 提高了预测效果。

10. 降低了整体库存水平。

11. 减少产品在货架上的缺货。

12. 提高了客户服务水平。

注意 1～8 条好处是源于 RFID 技术的硬件实现，并不需要开发新的业务流程。然而，9～12 条好处需要协调供应链以及新的供应链流程才能够实现。

17.6.5　供应链效率

从 RFID 系统收到的整个供应链的信息中，几乎可以即时看到实时库存和在途产品状态。依靠这方面信息有助于提高库存、运输和补货系统的绩效。

在一个零提前期、没有能力限制、没有规模经济的供应链中，RFID 技术将实现对每一个需求的立即供应。因此，在这样一个理想的供应链中，生产和运输批量是单件规模的，可以根据每个设施的状态管理供应链。具体来说，在这样的环境中，当一个客户在货架上取走一个产品之后，会引发配送中心向零售商店配送此产品，并进一步引发另一个产品的生产。

这正是精确的精益生产，每个生产设施都是对其下游的设施做出反应，这是一个拉动式策略，而不是基于预测的推动式策略。因此，在一个理想的供应链中，从 RFID 技术获得的主要好处将来源于与精益生产有关的策略。

当然，在现实的供应链中，对需求的反应并不是那么简单。首先，需求可以由配送中心的补货来满足，也可以转移到附近的商店，或者可以通过从工厂紧急装运来满足。这些替代选择提供了更好管理供应链的机会，同时也带来了挑战，这是由于供应链的复杂性因此而增加。更重要的是，由于供应链具有准备时间和成本、较长的交货时间、生产和运输中显著的规模经济，个人需求引发工厂生产变得不切实际。

因此，即使有 RFID 技术提供的实时数据，也并不总是需要对每一个事件实时响应。具体来说，RFID 技术并不意味着可以执行纯拉动战略。因此，供应链使用 RFID 数据时，如何考虑规模经济和交货提前期的影响？答案是用一种混合的办法，将规划和执行系统集成起来，在采用由 RFID 技术提供的拉动战略和为满足交货提前期和规模经济要求的推动战略之间取得合理的平衡。

小　结

标准的进步为提高供应链绩效做出了重大贡献。20 世纪 90 年代，互联网的演变是影响供应链变化的一个主要因素。RFID 技术是供应链跟踪的重要基础模块。未来 10 年，主要的新标准将是区块链，我们已经看到它在供应链中的很多应用。

信息互联网的发展与区块链的发展有许多相似之处，许多人称之为价值互联网。虽然信息可以立即在世界各地传播，但从一个国家到另一个国家的单一支付或资产转移是缓慢、昂贵且不可靠的。区块链技术能够交换任何对某人有价值的资产，包括股票、选票、飞行常客积分、证券、知识产权、音乐、科学发现等。

将区块链的增长与互联网进行比较，可以让我们对其潜力和增长过程有所了解。在《区块链的真相》[31]（*The Truth about Blockchain*）一书中，作者写道："区块链是一种基础技术：它有潜力为我们的经济和社会体系创造新的基础。但是，尽管影响将是巨大的，但区块链要渗透到我们的经济和社会基础设施中，还需要几十年的时间。随着技术和制度变革浪潮的发展，采用的过程将是逐步和稳定的，而不是突然的。"

讨论题

　　1. 物联网对供应链管理有什么影响？具体来说，运输公司如何才能利用这种技术改善服务或提供新的服务？

　　2. 管理全球供应链时，标准的重要性是什么？

　　3. 对于利用 RFID 来管理促销活动，你有什么建议？

　　4. 当所有产品都贴有标签时，你如何看待未来的供应链？

　　5. 区块链可以解决哪些供应链信任问题？哪种类型的供应链可以从区块链的实现中受益？

参考文献

图书在版编目（CIP）数据

供应链设计与管理：概念、战略与案例研究：第 4 版/（美）大卫·辛奇-利维，（美）菲利普·卡明斯基，（美）伊迪斯·辛奇-利维著；邵晓峰译. --北京：中国人民大学出版社，2024.4
（工商管理经典译丛. 运营管理系列）
ISBN 978-7-300-32516-3

Ⅰ.①供… Ⅱ.①大… ②菲… ③伊… ④邵… Ⅲ.①供应链管理-英文 Ⅳ.①F252.1

中国国家版本馆 CIP 数据核字（2024）第 014697 号

工商管理经典译丛·运营管理系列
供应链设计与管理——概念、战略与案例研究（第 4 版）
　　大卫·辛奇-利维
［美］菲利普·卡明斯基　　著
　　伊迪斯·辛奇-利维
邵晓峰　译
Gongyinglian Sheji yu Guanli——Gainian、Zhanlüe yu Anli Yanjiu

出版发行	中国人民大学出版社		
社　　址	北京中关村大街 31 号	邮政编码	100080
电　　话	010 - 62511242（总编室）	010 - 62511770（质管部）
	010 - 82501766（邮购部）	010 - 62514148（门市部）
	010 - 62511173（发行公司）	010 - 62515275（盗版举报）
网　　址	http://www.crup.com.cn		
经　　销	新华书店		
印　　刷	涿州市星河印刷有限公司		
开　　本	787 mm×1092 mm　1/16	版　　次	2024 年 4 月第 1 版
印　　张	23.25 插页 1	印　　次	2025 年 6 月第 2 次印刷
字　　数	490 000	定　　价	85.00 元

教师反馈表

　　麦格劳-希尔教育集团（McGraw-Hill Education）是全球领先的教育资源与数字化解决方案提供商。为了更好地提供教学服务，提升教学质量，麦格劳-希尔教师服务中心于 2003 年在京成立。在您确认将本书作为指定教材后，请填好以下表格并经系主任签字盖章后返回我们（或联系我们索要电子版），**我们将免费向您提供相应的教学辅助资源。如果您需要订购或参阅本书的英文原版，我们也将竭诚为您服务。**您也可以扫描下面二维码，直接在网上提交您的需求。

★ 基本信息

姓		名		性别	
学校			院系		
职称			职务		
办公电话			家庭电话		
手机			电子邮箱		
通信地址及邮编					

★ 课程信息

主讲课程		原版书书号		中文书号	
学生人数		学生年级		课程性质	
开课日期		学期数		教材决策者	
教材名称、作者、出版社					

★ 教师需求及建议

提供配套教学课件 （请注明作者／书名／版次）	
推荐教材 （请注明感兴趣领域或相关信息）	
其他需求	
意见和建议（图书和服务）	

是否需要最新图书信息	是、否	系主任签字／盖章	
是否有翻译意愿	是、否		

麦格劳-希尔教育教师服务中心
地址：北京市东城区北三环东路 36 号环球贸易中心 A 座 702 室 教师服务中心 100013
电话：010-57997618/57997600
传真：010 59575582

教师服务信箱：instructorchina@mheducation.com
网址：www.mheducation.com

中国人民大学出版社　管理分社

教师教学服务说明

  中国人民大学出版社管理分社以出版工商管理和公共管理类精品图书为宗旨。为更好地服务一线教师，我们着力建设了一批数字化、立体化的网络教学资源。教师可以通过以下方式获得免费下载教学资源的权限：

★ 在中国人民大学出版社网站 www.crup.com.cn 进行注册，注册后进入"会员中心"，在左侧点击"我的教师认证"，填写相关信息，提交后等待审核。我们将在一个工作日内为您开通相关资源的下载权限。

★ 如您急需教学资源或需要其他帮助，请加入教师 QQ 群或在工作时间与我们联络。

中国人民大学出版社　管理分社

🔔 **教师 QQ 群**：648333426（工商管理）　114970332（财会）　648117133（公共管理）
　　教师群仅限教师加入，入群请备注（学校＋姓名）

☎ **联系电话**：010-62515735，62515987，62515782，82501048，62514760

✉ **电子邮箱**：glcbfs@crup.com.cn

📍 **通讯地址**：北京市海淀区中关村大街甲 59 号文化大厦 1501 室（100872）

管理书社

人大社财会

公共管理与政治学悦读坊